为了人与书的相遇

企鹅一战
中国史

The Penguin China Specials_
FIRST WORLD WAR
SERIES

[英]
乔纳森·芬比 _等著
陈元飞 _等译

Jonathan Fenby | Mark O'Neill | Robert Bickers
Paul French | Frances Wood | Anne Witchard

上海三联书店

目录

第一章　青岛之围

"无上荣耀" 003

进击的日本 006

德国加入进来 010

海外家园 014

孤军奋战 021

对决 028

分赃 040

遗毒 048

第二章　华工军团

军团的缘起 060

法国人的招募 063

英国人的经历 067

拒食马肉 077

为英国人工作 084

慰藉和教育 090

战争结束而中国人未归 099

凡尔赛的背叛 107

归国者的生活 112

第三章 从沙皇铁路到红军

深入俄国的黑暗 129

土地的新主人 131

去工作 138

华工军队 147

从沙皇到布尔什维克革命 156

华工的命运 165

回国 180

第四章 为上海而战

夏日租期 195

一起登上诹访丸号 217

铁杆的世界公民 233

70号高地 250

恢复如常 269

第五章 巴黎的背叛

昙花一现的希望 293

承诺 300

世界的聚会 304

国内问题 308

"你们可以信赖我" 317

山东问题最终提出 320

"中国的圣地" 324

剑拔弩张 328

"对明显的权利肆意地漠视" 333

"三巨头"的心思 335

"在我们唯一朋友的房间里被出卖了" 338

"中国人的不幸" 341

前门 345

"一个悲惨的日子" 348

结局：中国猛醒 352

后记 357

第六章　北洋政府的交易与失望

年轻的共和国 369
不诚实的日本 378
外交世界 388
六国饭店里的德国间谍 398
游客和外地人 405
贷款和枪 416
1917 年 424
战后的失望 436

第七章　伦敦东方人区

莱姆豪斯诞生记 450
招难致灾的黄色 463
亲华热 476
朱清周："肚脐的戏份比头饰多" 487
战后：嗑药的白人姑娘 498

注　释 511

第一章

青岛之围

一战在东亚的唯一一役

[英] 乔纳森·芬比 (Jonathan Fenby)
陈元飞 译

The Siege of Tsingtao

by Jonathan Fenby

Text Copyright © Jonathan Fenby, 2014

First published by Penguin Group Australia. This edition published by arrangement with Penguin Random House Australia Pty Ltd.

All rights reserved.

封底凡无企鹅防伪标识者均属未经授权之非法版本。

"无上荣耀"

1914年夏末,一个烟雾迷蒙的清晨,海天交界处出现了几个舞动的小点。与同一时间经常出现的海市蜃楼不同,这些小点并没有消失,反而随着天色渐亮逐渐清晰起来——那是一艘艘棱角分明的舰船。

"他们来了!"一个在港口巡逻的守卫对着传声筒喊道。其他哨兵随声重复,传递着这一信息。"整个海天相接的地方如同乌云压境一般,敌船密布。"一个哨兵如此描述道。那是15艘战舰。[1]

在海岸驻守的炮兵提高炮口对准了来犯者。那些战舰却在距离海岸15英里处停了下来——那是守军大炮射程和埋设水雷的区域之外。来犯的舰队司令发出了一份无线电报,要求守军同意他们派遣一艘汽艇到港口巡弋。不出所料,守军将领拒绝了。

舰队司令发出了第二封无线电报,宣称这个港口现已被封锁。他们的要求很简单——无条件投降。所有中立国的公民,包括正在该海域享受度假消夏的人,必须在24小时之内离开。舰队的驱逐舰炮击了两个荒无人烟的小岛,以昭示武力。一艘驱逐舰误入岸上守军的大炮射程内,招来一枚炮弹,未被击中。攻击的驱逐舰和防守的鱼雷艇在这片清澈如镜的海域展开了激烈的交锋,最终,驱逐舰在重火力之下付出了 3 死 6 伤的代价后撤退。

由此,第一次世界大战东亚战场上唯一一场武装战役爆发。英日联军又在岸上与德军展开了激战,这是整场青岛争夺战的高潮。德军从一开始就没有任何机会:被切断了外援和补给,阵地又遭到暴雨的冲刷,还有对方小型战机猛烈又精准的轰炸。这支守卫部队担负着德国皇帝在亚洲扩张德意志帝国势力的重要使命,威廉二世在发给他们的电报中说:"在这场艰苦的战斗中,上帝与你们同在。我想念你们。"青岛总督回复道:"我保证将尽最大努力履行我的职责。"[2]

青岛一役,约有 3.2 万名军人参战,不到 500 人战死,近 2000 人受伤,与欧洲战场的冲突规模相比,根本不值一提。其时,在德军向法国马恩河推进的战役中,在德军于坦能堡大败俄军的战役中,死伤士兵都数以十万计。但是,对英国来说,正值协约国在欧洲战场节节败退之时,青岛之战的胜利无异于来自远方的一剂强心针,引起了内阁关注,他们称占领青岛是"对德国的世界大国地位发动的最沉重打击",也是对德战争迄今为止所赢得的"无上荣耀"。[3]

更为重要的是,随着德国的东亚海军舰队丢掉了青岛这个军事基地,并在随后返回欧洲时与英国军队于马尔维纳斯群岛不期而遇,展开激战,终而被彻底摧毁,肇始于 1914 年下半年山东半岛上的这一战役,使亚洲的两个大国形成了 20 世纪基本的关系格局,也确保了 1914 年之后第一次世界大战不会继续在山东半岛蔓延。

日本在 1894 年到 1895 年以压倒性优势击败了清朝,1904 年到 1905 年又艰难地取得了对俄战争的胜利,这次的海上作战和登陆作战标志着这个正处于上升阶段的区域性大国有了一个崭新的进步,连续两次战胜欧洲对手这一不错的战绩使得日本的军国主义势力迅速抬头。日本在实施海面封锁的 4 天之前对德宣战，清朝也马上取消了早在 16 年前就与德意志帝国签订的山东租赁协议。

尽管有 14 万华工在欧洲的西线战场上从事构筑战壕和其他辅助工作，但北京政府在接下来的 3 年内并没有对德宣战。青岛一役后，日本通过《凡尔赛和约》取得了德国原先在山东的权利，这引发了北京的抗议活动，并发展成为一场宏大的要求"科学与民主"的社会改革运动，以期在这个地球上人口最多的国家实现现代化，它影响了包括毛泽东在内的许多思想家、作家和政治家。为了抗议将德国在山东的权利转交给日本，承继了清朝统治地位的中华民国政府拒绝在《凡尔赛和约》上签字。

日本攫取了德国在山东的一切权利后，又逐步占领东北地区、发动全面侵华战争、偷袭珍珠港。今天，距离加藤定吉中将 8 月 27 日封锁青岛港已经 100 年，但这一发生在 20 世纪初的历史事件之"遗产"依然事关重大。2012 年到 2013 年中日有关钓鱼岛问题充斥着紧张的气氛，充分说明历史遗留问题的后坐力多么强大。发生在山东半岛的这次战争，可以说构筑了这个拥有 15 亿人口和世界第二、第三大经济体的地区的现在和未来。

进击的日本

青岛之役前的20年,对于清朝来说是一段千疮百孔的岁月。其时,东亚的权力天平发生了剧烈的倾斜。清朝,传承了两千年的历史,挺过了19世纪中期大规模的造反运动,却因拒不接受与其传统相冲突的现代经济、政治、社会体制而日益衰竭腐朽。与清朝隔海相望的日本,却正在以锐不可当之势走向现代化。19世纪50年代中期,美国海军准将佩里带领舰队抵达日本,轰开了日本的大门。1868年,日本通过明治维新恢复帝制,取代了先前的幕府统治。明治天皇是日本民族的精神向导,带领日本诸官员把西方的先进技术和体制与东方的价值观相融合。在之前日本闭关锁国的250年间,中国一直是东亚的主导力量;而此后,日本明治政府对其战略安全做出如下规划:其国家影响力要以日本为圆心,同心圆状由本土向外辐射。日本军队走向了现代化,组建了拥有当时最先进战舰与巡洋舰的海军;帝国攫取了封建领主对其领地的统治权,将土地转租给农民;引入征兵制;追求工业化——1875年到1900年,煤炭出口量增长了10倍,1873年到1904年,轮船数量从26艘增长到近800艘,铁路里程由18英里增长到4700英里。

在清朝，以倡导自强救国闻名的洋务派也开办了一些相似的企业，但产生的影响微乎其微。掌权人慈禧太后是个保守派，一心只想维护皇权的完整。作为外族，清朝统治者越来越不得人心，深为其汉族臣民厌恶。

清朝还在满足于自己逐渐消退的荣耀，东海对岸的现代化思潮却在蓬勃发展。在此思潮的鼓动下，日本野心勃勃地要扩张领土，获取更强大的经济力量，来吸纳日益增长的人口、传播现代文明。这一挑战并未被北京的统治者所领会，在北京，日本人被视为文化上的次等公民——"倭寇"，他们所应做的只是效忠清朝，如此而已。

接踵而来的事实打破了清朝的迷梦，第一桩便是日本在19世纪70年代占领清朝的领土台湾*，北京政府不得不支付银两使其撤兵。之后，两国在朝鲜问题上起了冲突。清朝把"隐士王国"朝鲜视作纳贡的附属国，日本此时也正在设法将朝鲜纳入其决策者所设想的第一个辐射圈。于是，日本在汉城（今首尔）支持了朝鲜朝廷的一支反叛部队。中日双方均向朝鲜派兵，继而在1884年签订条约，规定未经磋商双方均不可重返朝鲜，随后两国双双撤军。但是10年后，朝鲜统治者请求清朝帮忙镇压一场农民起义，清政府慷慨相助，这给了日本一个很好的借口，他们派兵占领了朝鲜都城和宫廷，安插了自己的傀儡国王，废除了与清朝签订的条约。这一切都以如下名义进行：他们要引领朝鲜沿着日本制定的文明之路前进。

面对挑衅，北京政府向日本宣战，派兵进驻朝鲜平壤。尽管清军的规模大得多，但由于战斗力太弱，终而兵败平壤。接着，日本

---

* 此处历史事件有误，应为占领琉球。（本书所有脚注均为译者注）

海军于中朝边界的鸭绿江江口大败清军,穿过国界线直逼清朝东北,守军纷纷逃窜。日本巧妙地避开了德国人设计的强悍的防卫体系,攻占了战略中心阿瑟港(今大连市旅顺口区)。

日军攻占大连后,看到被捕同胞的头颅悬挂在城门之上,于是开始滥杀无辜,这是43年后他们在南京进行的一场更大规模屠杀的预演。一名美国记者写道:"整座城被洗劫一空,老百姓在自己家中遭到屠杀。"而后,在清朝另一处重要港口山东威海卫,清朝与日本的战争又持续了23天,其时天寒地冻,海风凛冽,波涛汹涌,最后清军全军覆没,胜利的日本控制了通往清朝的渤海湾,夺取了停泊的船只。清朝海军将领丁汝昌服毒自尽。

清王朝危在旦夕。军队颜面扫地尚在其次,关键是日本强大的军事力量随时可以进攻北京。清政府召见重臣李鸿章,他是一名洋务派,多次被清廷委派进行战败后的谈判,但也被当成战争失败的替罪羊。甲午战争之后,日本占领了台湾附近的澎湖屿,李鸿章远渡重洋去日本谈判。一个年轻的日本民族主义者用手枪击中了他的脸,这在一定程度上帮助了他完成谈判任务。然而,东京政府提出的"和平条约"依然苛刻:割让清朝东北大片土地,当地居民成为日本公民;割让台湾;朝鲜脱离与清朝的藩属关系;获取经济特权,并获得相当于大清一年财政收入的赔偿。在55艘载满士兵的战舰威胁下,清朝做出了让步。

一位俄罗斯大臣说:"日本天皇会成为清朝的皇帝。"西方势力对此颇为担心,迫使日本放弃在清朝东北扩张领土的野心,但需要清政府用数额更大的赔款来补偿。条约签订后,李鸿章踏上了漫漫旅途,遍访欧美。甲午战争时清朝估计损失3.5万人,日本官方报出的死亡人数是 969 人，但实际上更多，尤其是在运送军队回乡的船只上爆发了霍乱，实际死亡人数要在 1.7 万人左右。东亚的力量均衡发生了巨变。清朝海关总税务司赫德（Robert Hart）评说："中华帝国的崩塌非常可怕……她以一种最令人心碎、半自我爆炸式的方式迅速土崩瓦解。"日本人的自信心剧增，清政府力量严重削弱，尽管清朝皇帝试图进行改革，但最后还是被慈禧太后镇压了。很快，清朝又被迫向另一个掠夺者出让自己的利益，所不同的是，这次的掠夺者来自地球的另一端。[4]

德国加入进来

第一次鸦片战争后,英国成为第一个向清政府索要特权的国家——中英于1842年签订了《南京条约》,这个不平等条约的第一条规定,英国人有权在清朝的五处港口居住、通商以及制定自己的法律。英国还要求割让香港岛。法国紧随其后与清政府签订条约。在此之前,葡萄牙也已经占领了澳门。

19世纪末,野心勃勃的德国皇帝认为此时正是加入瓜分清朝的最好时机。德国得到了两处租界,一处在北京附近的天津口岸,另一处在长江岸边的汉口,但是与英、俄、法共享的。威廉皇帝真正想要得到的是一个海军基地,供德国军队在亚洲部署力量,攫取更多利益。他扬言道:"德意志帝国一定能长期稳定地驻足亚洲,千万名德国商人会因获悉这一消息而欢呼雀跃;德意志帝国的铁拳一定能死死扼住清朝的喉咙,千万个中国人会因此战战兢兢,不寒而栗!"[5]

出身贵族的德国海军上将阿尔弗雷德·冯蒂尔皮茨(铁毕子,Alfred von Tirpitz),是德国现代海军之父。1896年,他驾船实地考察了清朝海域每个可能作为海军基地的地点。沿清朝海岸线巡视一周后，他选择了胶州湾作为理想的基地。德国表达了买下这里的意愿，北京政府表示绝不出售。但很快，1897年底，两名德国传教士在这一地区传教时被杀，这给德国提供了一个完美的借口。

袭击传教士的事件在清朝各地上演。山东，孔子诞生的地方，历史上就是个动荡不安的地区。其时山东正值大旱，欧洲的基督徒被当地人认为是这场旱灾的罪魁祸首，当地民谣形容教堂为"遮住天"。在当地乡民的争端中，传教士公然支持他们的皈依者，引起了人们极大的不满，随着他们趾高气扬地大肆宣扬基督教，乡民们的怒火逐渐升级。[6]

尽管柏林外交部门敦促要谨慎行事，德国皇帝还是找到了一个完美的机会向清朝索赔。"在其他势力来瓜分或者援助清朝之前，我们必须充分利用好这次绝佳的机会，"他说，"要么现在，要么永不！"[7]

山东天主教会的主教当时身在德国，他希望自己的祖国能"利用这次机会占领胶州"。他告诉德意志的统治者："这是德国在亚洲占领土地、重整威望的最后机会……不管代价有多么巨大，我们在任何情况下都绝不能放弃胶州。"他甚至预言胶州的价值"比上海还大"。[8]

德国驻华公使海靖（Edmund Heyking）极力寻求借口恫吓清朝。一次，一位清朝官员拉住他的袖子，想纠正宴会上他在清朝皇帝面前的失礼之处，海靖以与清朝断交为威胁，使得清朝官员当场向他道歉。为树立德国威望，德国的东亚海军舰队驶入了胶州湾，陆战队也继而登陆。1899年3月，清朝终于给予德国在胶州湾及其腹地99年的租赁期。[9]

有德国军事力量的支持，传教士胆子更大了，他们加紧了传教活动，这激起了当地民众极大的愤慨，演变为一场遍及山东的运动，被称作义和团运动。他们利用古老神秘的宗教仪式，穿着鲜艳的制服演习军法，有些仪式据说可以赋予人刀枪不入的神力。他们宣布拥护皇权，要把清朝从洋人的阴影下解放出来。1900年春天，义和团运动席卷山东，直逼北京。义和团焚烧教堂，杀死皈依基督的中国人，毁坏铁路和电报线路，吸引了很多民众参与。

1900年6月，义和团涌入北京，占领皇宫外的北京内城，烧毁众多基督教教堂。尽管英国人建议谨慎行事，德国驻华公使克林德（Clemens von Ketteler）依然采取了行动，或许德国皇帝会赞许他的行为。克林德指挥公使馆的卫兵反击义和团的破坏行为，在公使馆周围展开激烈的枪战。他亲手将一个中国百姓毒打一顿，还开枪杀死了一名中国男孩。一支来自甘肃的穆斯林官军也加入打击洋人的队伍中，他们被称为"甘军"。激战中，一名日本外交官被杀。

慈禧太后决定接受义和团为清廷盟军，并要求洋人6月20日之前撤离北京。那天早晨，克林德前往清廷当时的外交部——总理各国事务衙门，讨论最后通牒的时间。他正好与清廷皇家卫队碰上，结果被清兵枪杀，据说是为了给被杀害的小男孩报仇。有报道称一名士兵剥了他的皮，吃了他的心。

事态的发展犹如戏剧一般。使馆区被围攻55天之后，列强终于组成了军事介入力量，这是来自英、法、德、俄、意、奥、美、日八国的54 000名士兵和51艘战舰。其中日本派出了最大的分遣队，有20 800名士兵和18艘船。在进军北京的路上，八国联军最初遭到了顽强的抵抗，而后清朝的防卫力量逐渐瓦解，联军的烧杀掠抢使清朝遭受了另一场浩劫。慈禧太后带着皇室成员仓皇逃窜，并命李鸿章答应赔偿白银4.5亿两，相当于今天的66亿美元。其中，已在清朝东北得到特权的俄国得到了赔款的29%，德国得到了20%，日本只得到了7.7%。尽管《辛丑条约》不包含领土割让，但却有更多的特权要求，这让列强更深入地走进了清朝，巩固了它们在清朝的地位。

海外家园

从德国到青岛路途十分遥远,有6000英里之遥,中间要跨过三座巨大的山脉。在延伸到黄海之中的山东半岛的末端,德国人竭尽所能地仿照自己的祖国建立了他们的家园:画着各式各样船只的邮票以德国的分币"芬尼"来命名;税赋在土地税的基础上提高了6%,这还是德国早期政府官员单威廉(Ludwig Schrameier)制定的,他是改革家亨利·乔治(Henry George)的信徒,后者热衷于研究如何避免不公平的土地分配以及财产的投机倒把。这项政策有利于在殖民者之间创造公平的环境,避免泡沫经济的周期循环。

到1913年,青岛及其周围的租借地大约有居民191 200人,其中大多数是中国人,居住在一个被隔离的小镇上。人口普查显示,青岛有4470位欧美人,其中有2400位德国军人,还有316位日本人。在欧洲居民中,有1855位德国人、61位俄罗斯人、51位英国人、40位美国人。

炮台指向大海,摒除外敌;还有一系列内陆防御工事,旨在击退中国军队可能发起的进攻。主要的兵营都是以俾斯麦命名,来纪念这位铁血首相。欧洲人的花园别墅依山而建,可以俯瞰到胶州湾,有红色的瓦坡屋顶和幽深的游廊,后面还有给仆人住的房子。别墅群附近建有一座发电厂和一座现代化的医院,疗养院、教堂、自来水厂、赛马场、啤酒花园、气象观测站一应俱全。开发深水港耗费了8000万马克,而且需要不断地疏浚。港口有一处人工筑造的马蹄状防波堤,一座1公里长的码头,一座干船坞,一架150吨的起重机,1000名华工和50名欧洲员工。[10]

到1909年,租界内40英里的碎石路已经铺设完毕,租界外的路况依然糟糕,每逢雨天便泥泞不堪。青岛啤酒厂生产正宗的德国啤酒,市场里各种时令水果应有尽有,包括美味的葡萄。德国人注重教育,青岛特别高等专门学堂用德语和汉语两种语言授课,学费每年100—200马克,寄宿生每月多收10马克,办学目的是"在清朝传播德国的科技文化,使两国人民结成紧密的联盟"。

在青岛总督府举办的舞会上,系着领结的男士们身着三件套的正装,女士们像在柏林、汉堡、慕尼黑一样穿着优雅的长礼服。德国人和中国人相聚在一起,庆祝德国皇帝的寿辰。当地人好奇地也聚在一起,观察穿着正装的德国人在长长的餐桌前优雅地进餐。周围的小山上和树林里,新栽的松柏已经高过了原先的竹林。走在整洁的林荫路上,可以看到树木茂密的山谷。在山间的梅克伦堡疗养院里,可以享受到十足的传统德国风情。

初夏和晚秋时节,微风从海上吹来,使得青岛气温宜人,吸引了全国各地的度假者。他们畅游于奥古斯特·维多利亚海滩(Auguste Viktoria Beach),在威廉皇帝路堤(Kaiser Wilhelm Embankment)上漫步。海边建有两座现代化的宾馆,其中施特兰德(Strand)有300间客房,并在沿岸设有多处餐厅和咖啡馆。青岛因此享有"东方布莱顿"*之美誉。1912年的一本传教士出版物中说:"卫戍部队的乐队每周在海滩上举行两次迷人的音乐会……当地的娱乐项目也非常丰富。军舰、商船以及当地各式各样的小船频繁地进出港口,给城市增添了热闹的气氛和活力。所有这些都有助于青岛恢复生机、储存能量,整座城市处于快乐之中。"[11]

这片租借地在海军上校麦维德(Alfred Meyer-Waldeck)的统治之下,他身材高大,体格健壮,蓄着山羊胡,1911年就任青岛总督。爱好游泳和骑马的他,脸上总是流露出平静的威严,但其实他脾气暴躁,做事苛求细节。他出生于1864年,与一位普鲁士官员的女儿结婚,育有两女一男。他精明强干,这意味着在亚洲的任期结束之后,他有望继续升职。[12]

德国皇帝总是把德国的军事力量和清朝的商业活动联系起来。1903年《纽约时报》报道,德国在清朝的贸易和资本已经发展到了"不可思议的程度"。德华银行(Deutsche-Asiatische Bank)青岛分行设在一座黄色砖石建筑之中,正是凭借这家银行的力量,20世纪伊始,已经有29家德国企业在青岛运营。通过出口纺织品、丝织品、动植物油、水果、鸡蛋、进口纱线、炼油、金属、糖等,青岛的贸易额在20世纪第一个10年翻了7番。总部设在柏林的山东铁路公司(Shantung Railway Company),先是开通了从青岛到省级驻所济南府的铁路线,后又开通了到北京的铁路线,每天运营的火车有14列,每年可运载64万名乘客和70万吨货物,但是一直没有盈利。一条私有的电报线路连接着青岛和济南府,四艘蒸汽船往返于青岛

---

* 英格兰南部海滨城市,以密布鹅卵石的海滩著称。

和上海之间。

济南府已经发展成为一座繁华的城市，城内修了三条宽阔的街道，有好几家德国商店和一家西式宾馆，辅道上的一座小房子里还有日本的领事馆。山东内陆地区的两家德国煤矿雇佣了5500名中国人和67名欧洲人，1910年产煤55万余吨。由于累计亏损高达10万美元，1912年两家煤矿由山东铁路公司接管。在位置优越的天然良港之上，德国军舰沙恩霍斯特号（Scharnhorst）和格奈森瑙号（Gneisenau）悠然停泊，这块租借地也处在繁茂兴盛之中，德意志帝国在世界的另一端已经成功站稳了脚跟，这令德皇欢欣不已。[13]

中国人民的爱国主义热情逐渐高涨，国际形势也愈加严峻复杂，加之英国利用其影响力限制德国在中国其他地方的活动，这一切都阻挠着德皇在山东扩张势力的野心。向来对中国事务比较谨慎的德国外交部，也遭到来自各方面的压力。然而，青岛仍然是德国征服世界另一端、彰显国力的一个标志，为建设一个租界的样板，德国耗费了巨资。在这个世界上人口最多的国家里，德国觉得即使不能与英国的影响力匹敌，自己也应该在欧洲大国之中排行第二。游客对青岛的发展也有深刻印象，一个旅居日本的美国人写道："德国人证明了……文明可以侵入睡梦中的东方国家，并获得成功。列强也曾经像德国那样在远东建立租界，但没有哪个国家像德国在胶州湾那样成功，把西方文明和本国经验带给了亚洲。"[14]

当然，利用大清帝国的积贫积弱和本国强大的军事力量在清朝发展势力的国家不仅仅只有德国。义和团运动失败后，清政府允许奥匈帝国、比利时和意大利在清朝划分租界，英国租借了山东半岛的威海卫，日本也在山东半岛上取得了巨大利益，俄国扩张了在东北的势力。在清政府尝试现代化的过程中，列强涌入清朝大肆投资建设，尤其是铁路一项，激怒了义和团的拳民，爆发了轰轰烈烈的义和团运动。

在帝国主义列强中，日本的步伐迈得最大。甲午战争后，日本将台湾纳入自己的版图，又在东部的天津、汉口、苏州、杭州和西部的重庆获得租界。日本在日俄战争中取得了第二个重要胜利，不仅向全世界证明了其军事力量，成为第一个击败欧洲强国的亚洲国家，而且可以进一步进军东北。日本从俄国手中接管了铁路，在关东州和南满铁路地区强力发展军事工业，使这一地区成为国中之国，30年后，这里成为日本大规模侵华的策源地。

与此同时，日本签订了一系列国际协约。第一份协约签订于1902年，是与英国在以往贸易协议的基础上签订的。对于一些英国人来说，日本人是"荣誉欧洲人"，其现代化的发展已经让他们脱亚入欧。

日本的主要动机是针对俄国，协议规定缔约的一方在另一方单独陷入与某一国的战争时保持中立，而在陷入与一国以上国家的战争时必须施以援手。该协议使英国放弃了其"光荣孤立"的中立外交政策，对于那些想要推进日本国际影响力的日本政治家来说，这是一个胜利。该协议又在1904年和1905年得到了修订和扩展。然后，东京政府分别与法国和美国达成谅解，1907年又与俄国签订了瓜分东北的秘密条约。至此，日本终于将这个协约体系完整地建立起来。后果之一是日本对朝鲜的侵占得到列强的认可，作为回报，日本也承认了西方殖民者在亚洲的地位；另一后果就是进一步孤立了清朝，使其成为帝国主义掠食者赢弱的美餐。[15]

表面上看，德皇不必担心列强在清朝的争夺，清朝幅员辽阔，列强都足以获得自己的地盘，不需要推翻整个帝国，而且贫弱的帝国恰恰符合他们的胃口。甚至到 1912 年初，年幼的末代皇帝由其母亲宣布退位，古老的帝国终于崩塌，列强仍觉得没什么理由感到忧虑。新的中华民国依然是一只赢弱的动物，各地军阀割据混战。第一任总统孙中山就职三个月就辞职了，大军阀袁世凯成了总统。袁世凯曾经是清廷重臣，后来推翻了大清帝国。1913 年，袁世凯镇压了孙中山和其他一些革命者领导的二次革命，翌年初，袁世凯解散了国会，开始垄断总统的权力。尽管袁世凯的一位美国顾问认为他应该称帝，可西方列强对这一切仍然漠不关心。中国的政权变更、共和国的迅速衰落，并没有影响到他们的利益。欧洲此时深陷大国结盟的泥淖之中，巴尔干半岛更是局势动荡，而中国似乎是一片保护区，一片蕴藏无限可能的神奇土地，西方用坚船利炮在这片土地上宣示了霸权，租界在中国的土地上仿佛一个个孤岛，岛上的欧洲人必须团结起来。

1914 年 6 月 12 日，英国远东舰队的旗舰装甲巡洋舰米诺陶号（Minotaur）驶入青岛，站在甲板上的是海军副司令官托马斯·马丁·杰拉姆（Thomas Martyn Jerram）。据海军历史学者罗伯特·马西（Robert Massie）记载，这位英国军官在沙恩霍斯特号 the Scharnhors 上用餐，又在格奈森瑙号（the Gneisenau）的甲板上与德国女人跳舞。"甲板上彩旗招展，电灯闪烁。舞池设在舰尾炮台高高升起的炮口下面，深色的帆布帘隔开夜色。大盘的肉、蛋糕、面包、黄油供人们取用，室内桌子上还有一杯杯红酒和啤酒。"访客们赢了一场足球赛,然后他们的头儿被邀请去游山。表面上看起来"兄弟情深",但似乎还隐藏着什么。一位德国官员写道:"如果说他们的真实意图是来偷窥我们的战备情况的话,应该不会错得太离谱。"据说一位英国军官也曾微笑着说:"真是个美丽的地方!再过两年就是我们的了。"[16]

孤军奋战

7月,德国东亚舰队的主力舰沙恩霍斯特号和格奈森瑙号全副武装驶离青岛,在太平洋中部和西南部海域展开了长达3个月的巡航,以彰显德国实力。这支舰队的指挥官是海军中将马克西米利安·冯施佩伯爵(Maximilian von Spee),他是个爱打桥牌、精通枪械的大个子。得知斐迪南大公在萨拉热窝遇刺、战争由此爆发的消息时,舰队正在青岛1000英里外的加罗林岛,冯施佩并没有率舰队返回中国,而是决定向南美洲南端的合恩角进发,再横跨大西洋前往德国。1914年11月,在智利的科罗内尔海战中,冯施佩的舰队击败英国海军少将克里斯托弗·克拉多克(Christopher Cradock)指挥的一支英国皇家舰队。次月,冯施佩的舰队到达南大西洋海域,在马尔维纳斯群岛附近遭遇装备精良、规模更大的英国海军,几乎全军覆没,冯施佩与两个儿子阵亡,沙恩霍斯特号和格奈森瑙号被击沉,八艘战舰只有两艘逃脱,其中一艘是德累斯顿级轻型巡洋舰,后在1915年3月中旬遭遇一支英军舰队,其舰长下令凿船自沉。

为摆脱英军在港口之内"瓮中捉鳖",轻型巡洋舰埃姆登号(the Emden)驶出胶州湾,成功避开了英国舰队的追捕,并在接下来的几个月中成为亚洲海域强有力的掠夺者。但是驻守青岛的德国海军实力进一步削弱了，港内只停泊着一艘 S-90 鱼雷艇，四艘炮舰，分别是伊尔底斯号（the Iltis）、美洲豹号（the Jaguar）、老虎号（the Tiger）和猞猁号（the Luchs），还有一艘奥匈帝国的巡洋舰伊丽莎白皇后号（the Kaiserin Elisabeth）。陆上，德军有四支队伍，共计约 1500 人，包括 140 人的威猛骑兵队、装备六座 7.7 厘米口径高射速火炮的野战炮队、108 名军事工程师和两支马拉机枪队伍。另外，180 名租界公民也听候差遣。德军还有两艘黄色的侦查热气球，两架罗姆普勒鸽式单翼机——这是德国首批大量生产的军用飞机，长长的机翼像蝙蝠的翅膀，机身外覆亚麻布，因此当飞行高度达到 1200 英尺就几乎看不见了。

因为没有合适的停泊之地，热气球上的侦查员始终无法观测到租界的全景，所以侦查热气球没有派上多大用场。两架飞机其中的一架在首航时就坠落失事，飞行员也身负重伤。另外一架要成功一些，飞行员贡特尔·普吕朔中尉（Gunther Plüschow）成了战斗英雄，因勇敢自信而名声大振。[17]

德军一年前曾进行过军事演习，并制定了预案，包括征募民用船只以供军用以及储备物资。一艘运兵舰载着定期轮换的新兵到达港口。麦维德总督向其他德国驻华部队请求支援，一支约 750 人的海军队伍从天津赶来，指挥官保罗·库罗中校（Paul Kuhlo）是个大块头，身高超 6 英尺，体重逾 250 磅，出了名的幽默诙谐又小心谨慎。

青岛离德国太远，除了发布消息口头上支持一下，德国皇帝别无他法。青岛有一道天然的陆路防线，从北部的凯撒施图尔山脉往南延伸直到崂山巨峰顶（the Kaiserstuhl and the Litsuner Heights）*，山体正好把青岛和山东其他地区隔开了，但这种地形也让铁路和电报很容易被切断。后来，1.2 万吨的英国战舰凯旋号（the Triumph）从香港起航，巡航山东海域，击沉了一艘载着 1800 吨煤的德国商船，这使青岛的处境更加不妙——从陆路到海路，它已经完全被孤立了。一份防御研究表明，其时德国的炮弹已经十分匮乏，战争的临近也让德华银行遭到了挤兑，以致每每从中国东部其他地区运来现金兑付蜂拥而来的顾客时，银行不得不派重兵把守。来青岛度假的人都匆匆回家了。总督告知住在青岛的英国人，只要在英国领事面前承诺"不会参与任何被认为损害德意志帝国的行为"，他们就可以继续留在青岛，但是英国人和 30 名法国人都离开了。普通士兵的家人也离开了青岛，军官的妻子则留下来做护士。[18]

从 7 月 31 日起，雨一直在下。一名炮兵在日记里写道："房间里湿漉漉的，雨水沿着墙往下淌，天花板上的水也滴落下来。"蚊子成群而来，大雨冲毁了电报线路，碎石路以外的郊区小径几乎无法通行。[19]

8 月 1 日，麦维德宣布戒严令，增强安全防范。步兵驻守租界边界的堡垒，军队则挖掘防御工事、埋放地雷。一些士兵的白色制服被染成绿色和蓝色。在中国各地驻守的德军应召赴青，与留守的德军共同守卫青岛。但麦维德此时并不太担心：虽然俄国已经对德宣战，但是其全部精力仍在东北地区；英国和日本两国虽然能让他

---

* 凯撒施图尔是德国的一个山区，盛产葡萄酒。德国将青岛的一些地方按照德文加以命名，此处应该指青岛的浮山山区。

陷入巨大的麻烦，但它们并没有表态。

一切的改变发生于8月4日：英国对德宣战，真正致命的是东京方面也做出了重大决定。从一份1913年起草的英国军事计划报告中可以明确一点，大英帝国就其自身而言，在未来一段时间内没有发动攻击的能力。这份报告做出了估算：需要集结1万名士兵，搭乘15艘战舰从印度出发，而且这一切还要在海上霸权已经在这里建立起来的基础上。所以，英国海军实施突袭的可能性基本排除。[20]

鉴于德国东亚舰队依然有一定战斗力，而且埃姆登号在该区域依然扮演着掠食者的角色，英国军事计划的制定者担心单凭一己之力可能制服不了德军，便求助于他们的亚洲盟友日本。日本已经打造了一支拥有113艘战舰的舰队，巡洋舰的力量非常强大。当时，英日关系正处于低谷，很大程度上是因为英国担心日本的侵华野心会触犯自己的在华利益。虽然如此，英国向日本的求助依然得到了肯定的回应。英国外交部希望日本对战舰做好部署："找出武装好的德国商船，并摧毁它们。"

8月7日，在英国外交部递交驻伦敦的日本大使的书面请求补充道："日本这样的动作就相当于对德宣战了，但走到这一步也是难以避免的。"当天晚上10时，日本内阁举行会议。曾任驻英大使、时任日本外相的加藤高明（Katō Takaaki）认为，答应英国的请求等于真正与其结盟，这会提高日本在东亚地区的声望。凌晨2时，内阁休会，加藤向天皇报告。当日稍晚，日本诸大臣再次集会，决议向德国下达最后通牒，要求其移交青岛。

加藤坚决彻底的进军方案打乱了英国的计划，英国原本只想让日本助一臂之力，由英军担任主力。英国外交部本来建议也邀请法国和俄国加入围攻青岛，从而达到全部盟友主动出击的效果，这一点完全被日本忽略了。对加藤及其同僚来说，与其说这是与英国等协约国联合攻击德国，不如说是借机扩大日本在华的势力范围。

日本迫切地想要将自己预先设想的一切变为现实，就像甲午战争和日俄战争那样。这一切要在第二次与一个欧洲强国的正面武装对抗的过程中得到实现。中国、澳大利亚和新西兰十分震惊，他们谁也不愿意看见日本扩张势力。但是英国外交部既然已经向其盟友申请援助，也不可能就此罢手。为了给对德宣战做铺垫，东京政府擅自公布了一系列与德国大使的会谈记录。记录说明，会谈过程中，德国大使暴跳如雷，还使用了威胁性的语言。

加藤及其同僚对英国给日本参战设限的企图表示反对，并自行在御前会议上起草了最后通牒，8月15日晚交给德国大使，要求德国将全部战舰撤出东亚海域，将青岛租借地移交日本，再由他们"最终"归还中国。柏林当局有7天考虑作答的时间。这一切距离日本战胜大清帝国仅有20年，日本已经敢公然挑衅大英帝国的决策规划，为实现其在远东称霸的目标迈出了新的一步。

德国大使对这份通牒做出了明确的回应——他收拾行装，即刻回德。8月23日中午，也就是最后期限到临之际，东京的皇宫发表声明："从今天起，我们向德国宣战，带领陆军和海军全力反抗德意志帝国及其所有武装力量……德国正在中国的胶州湾租借地积极备战，它的战舰在东亚海域航行，威胁了我们国家的商业贸易，也威胁了我们协约国的安全。远东地区的和平危在旦夕。"

日本舰队启航了，并开始对德军进行封锁。日本陆军也集结部队计划登陆，此时英国俨然成了配角。英国外交大臣爱德华·格雷（Edward Grey）告诉英国驻东京的大使馆，远东的英军会配合日本行动——当日本有需要时。在印度，英国组织了一支英印军队准备参战，指挥官纳撒尼尔·巴纳迪斯顿（Nathaniel Barnardiston）要求自己的队伍能有独立的身份，但却被告知这支部队应该从属于英国的亚洲协约国日本。[21]

东京政府声称，日本的目标是："根除威胁远东和平的德国在华势力，确保与大不列颠的协约国关系；日本没有其他企图，并未设想扩张领土，也没隐藏任何私欲。"德国驻华公使感到纳闷，德国好端端地待在山东，怎么就威胁到该地区的和平了呢，并指出俄国才是日本真正应该担心的。[22]

尽管发生了这么多事，但没有哪个国家自寻烦恼去与袁世凯领导的中华民国政府商量。袁世凯已经宣布在欧洲各国的争端中保持中立，也不愿与日本有任何的摩擦碰撞。德国深知青岛难守，便在日本准备从长崎出发时将青岛归还给中国，并联系美国华盛顿当局，想得到一份声明——在华的外国租借地应被视为中立领土。

但是日本先发制人，带来了巨大的压力。日本的最后通牒到期时，中国只是废止了与德国签订的租约，让青岛这片领土悬在了空中。一方面，青岛不再归德国合法所有；另一方面，日本的所作所为意味着中国恐怕无法收回青岛。日本建议中国人"为了确保远东的和平，保护中国的领土完整，维持国内的和平与秩序"，理应谨慎行事。用租界的逻辑来说，中国原本拥有武力接管原先租借给德国的土地的权力，但现在被日本剥夺了，日本将此权力委托给了自己，以此来确保中国的领土完整。[23]

这一切的长期后果，格雷给驻东京的英国大使科宁厄姆·格林尼（Conyngham Greene）的备忘录里预测道："这场战争结束后，如果德国战败，法国、俄国以及我们自然会得到中国领土之外的其他地方作为补偿，而日本得到的唯一补偿只能在中国。所以，日本在战争中付出的流血牺牲和财力物力应该得到补偿，我们任意哪国如果发表声明，剥夺日本获得补偿的权利，未免有些不公。"英国外交部对日本驻英大使也说了同样的话。

当时的国际社会，实力政治大行其道，这一切都是以中国的牺牲为代价的。青岛之围后，日本占据了青岛，为其在几十年后对中国发动更大规模的侵略做了重要铺垫，其影响时至今日仍未完全消除。[24]

对决

日本曾经表示，他们没有领土扩张的要求，只是想保护中国的领土完整。而这次占领青岛，日本为其军队选择的登陆地点表明，他们的这种说法虚伪透顶。日本军队并没有开赴山东半岛南海岸，而是9月2日抵达北海岸，所到之处的城镇和铁路一律占领。如果青岛真的是他们的主要目标，他们就要预先确保在那片土地上取得尽可能大的影响力；中国还在幻想将战争影响的范围缩到最小并保持中立，而日本根本无视这一切。

在省会济南日军建立的作战总部中，军官们参考的都是山东省地图，根本不是青岛地图。在欧洲，德国侵占了中立国比利时，英国对此暴跳如雷；此时日军完全无视保持中立的中华民国，但英国对此没有丝毫的不安。驻济南的英国领事约翰·普拉特（John Pratt）言辞强硬地表达了他的愤慨，随后，他就被驻北京的一位英国大臣训斥了一通。

在北京的一次国务会议上，议员梁启超指出，日本公然侵占了中华民国划定的中立区，甚至侵占了原德国租借地以外的领土。他嘲讽似地反问，那里是否有德军的存在？既然没有，日本占领那里居心何在？"他们其实是想占领整个山东，把那里当成另一个满洲。"另一位议员陈国祥问道："如果日本人占领了山东，我们的国家何在？"一位将军说："很显然，日本会夺取任何他们想要的东西作为战利品，这种行为必须制止。"

中华民国政府向日本提出抗议，却遭到了日本人的警告：行进中的日军将会占领所有与省会相连的铁路；中国军队的任何反抗都会被视为"对日军不友好，偏袒德军"。中国被迫接受了这个既成事实。当日本军队长驱直入，走出青岛地区、深入山东腹地、穿过贫穷的农村时，中国军队没有进行任何抵抗。[25]

日本的陆军主力是第十八步兵师，拥有2.3万名士兵，其中包括一支骑兵部队，专门在铁路线上作战，此外还有142门火炮。他们在山东半岛北部一个地方*登陆，一名随军的英国军官记录道："那片海域水很浅，在距离岸边2—5英里的地方，运输船就有可能搁浅，因此那里并不是一个很好的登陆地点。"每14名士兵乘一舢板，他们的枪支放在两只小船上，绑在一起渡到岸边，战马则由汽艇运送到岸上。但暴风雨淹没了舢板，破坏了这一行动，使登陆比原计划晚了11天。

暴雨形成了洪水，阻碍了军队在陆地上的行进。先遣部队一度被洪水拦截，但他们还是在去往青岛的路途中占领了城镇和铁路，完成了既定任务，并尽最大努力掩盖他们的进展。他们限制当地的邮件和电报，不让外国人知道他们的行军路线。[26]

青岛总督麦维德将自己的指挥部建在俾斯麦兵营中一个混凝土

---

* 今山东龙口。

地下室里,他下令加强防御,并派库罗中校带着他的士兵到山上挖战壕、修筑炮兵阵地、埋布地雷、搭建带刺的铁丝网。起初他们用中国劳工,但得知日军已经抵达青岛后,当地人都跑了。库勒清楚他们可能守不住青岛,因此他下令阵地里要有逃生路线。[27]

德国士兵因同胞在欧洲取得胜利而倍感振奋,又因日本向他们下达最后通牒放弃青岛而义愤填膺。"他们可以对一个俄国人这么说,但不能对一个德国人这么说。"一个德军士兵在日记中这样写道。在等待敌军到来的日子里,他们有些无聊。而当日军的飞机从他们上空飞过,投下4颗炸弹却没有造成任何实质性的破坏时,他们又有些兴奋。

9月7日,那个名字没有被记录下来的德军士兵在日记中继续写道:"大家都舒了一口气,他们终于来了。现在一切都交给上帝了。"但接下来的4天毫无动静。"大家都很希望赶紧发生点什么,或者日本胜利,或者我们被打败,或者反之。对我们来说,第一种可能性最大。如果我们1万个人能够长时间抵御住1—15倍于自己的兵力,但这种理想化的猜测并不靠谱……尽管如此,我们是战士,我们还是希望日军能尽快打过来。"对青岛的命运,德皇深为关注,并十分夸张地表示:"向日本投降并交出青岛,比向俄国投降并将柏林献上,更让我觉得耻辱!"当然,或许只是那个时代的种族歧视而已。[28]

大战之前异常宁静,只有零星的小冲突发生。普吕朔中尉驾驶着他的侦察机侦查敌军的地盘,他始终保持足够的高度,以避开日军的炮火。他发现一个日本士兵正在往水源中投放伤寒杆菌,立刻开枪将其击毙。日军的飞机丢下了炸弹,但并没有造成伤害。

在第一次有史记载的海空战斗中,一架日本的水上飞机向停在海湾的伊丽莎白皇后号和美洲豹号投下了炸弹,但没有击中。[29]

9月18日,日本在距离青岛18英里的山东半岛南部第二次登陆。4天之后,一支1650人的英军部队也加入进来,他们由英国南威尔士的边境居民和500名印度锡克教徒组成,后者还给部队带去了一支骡队。他们从天津出发,乘坐的是中国的船只,由英国皇家海军凯旋号和一艘鱼雷艇护送,随航还租用了一艘船作为流动医院一同前往青岛。由于道路状况不佳和日军阻挠,他们进军的速度十分缓慢。

"每个山谷都形成了一股洪流,每条道路或铁轨都陷在污泥中。"被临时授予准将军衔的英军指挥官纳撒尼尔·巴纳迪斯顿这样记录。士兵们都穿着热带短裤,戴着遮阳帽,被持续的倾盆大雨淋得浑身湿透,尽管他们带的装备会陷在泥里,他们依然挣扎着前进。[30]

9月27日,巴纳迪斯顿去拜见日军指挥官神尾光臣(Kamio Mitsuomi)将军。在军队向青岛进发的过程中,一名记者曾到神尾光臣临时设在一个小村庄中的指挥部里拜访,记者这样描述道:"他短小精悍,55岁上下,一头短发,灰色的小胡子将他肥厚丰满的上嘴唇遮住了一部分,下巴宽阔,微微上扬,双唇紧闭。他头上戴着红镶边、缀有五颗尖五角星的黑顶卡其布盖帽,正好遮住他警惕而又狡猾的眼睛。外套和马裤都是灰鼠颜色的卡其布,鞋子是黑色的过膝真皮长靴,他单调的金纽扣外套和短袖上衣和普通士兵几乎一样。一条缀有两颗金黄色星星的几近全黄的肩带,算是他一身军装上全部的装饰了。他的警卫营里藏龙卧虎,都是经过高强度训练的精英,对他进行全方位护卫,从不离开他半步。就在那间只有几盏灯的小屋里，他们一天忙到晚，低头研究着宽大的地图，直到午夜都不休息。"[31]

一位日军指挥部的随军英国少校这样描述神尾光臣："他沉默寡言，气质沉稳。"他在军事行动部署时十分谨慎，被提拔为军官。19世纪90年代，神尾光臣曾任日军驻北京武官，并参加了日军在清朝北方的军事行动。他的参谋长也曾在一支与俄罗斯作战过的日本部队中担任过参谋，然后被派到德军部队中随军。他曾担任日军驻柏林武官，并参加了1908年德军在洛林的演习。他曾被德军嘲弄，这是他永远不能原谅的耻辱。[32]

尽管登陆前两支队伍比较热情，但在陆地上，这对盟友的关系却不太好。日军拥有3万名士兵，命令自上而下畅通无阻，并且对自己的进军计划非常有信心。他们认为没有理由让这支杂牌的英军也参与进来，更没有必要让他们知道自己的对敌策略。双方发生了一次大的纠纷，以致分别上诉到英日两国政府来处理，此后神尾光臣自封为"围攻青岛战时总指挥"，打消了那些英军最后的疑虑，此前他们一直不清楚到底是谁说了算。[33]

日军对英军中那些威尔士边境居民评价不高，但对那些印度锡克教徒的印象就好多了。日军不得不将自己的一部分供给拿出来供应英军，对此他们忿忿不平。更让人哭笑不得的是，有时他们甚至会把英军误认为是德军，并朝他们开火，阻挠他们的行动。最后，英国军队不得不戴上特制的识别标志，并聘请了翻译。据天津的一位英国外交官讲，日本军官告诉中国人，他们的盟友"并不善战，而且军官都来自富有的家庭，不适合艰苦危险的军事生活"。[34]

日军将自己的指挥部设在了山谷中的一块方形区域里。9条狭窄的小巷中分布着很多帐篷，还有简单的石头房子——茅草顶、泥地面、纸糊的窗户、砖垒的火炕。马和小推车、货车、炮架一同被安置在一个小牧场里。通讯町、士兵町、翻译町等小巷的名字标在一张张白纸条上。6—7点是早饭时间，12—1点是午饭时间，5—6点是晚饭时间。为鼓舞士气，天皇和皇后派遣他们的一位侍从副官来到阵前，给日军带来他们良好的祝愿，还有5000支印有皇家标志的香烟，又给军官们带来了5瓶日本清酒。[35]

天气恶劣，路况糟糕，神尾光臣素来谨慎，又对敌军防御力量不是很确定，这意味着日英联军会花好几个星期，先将这座城市全部围起来，然后进行攻击。雨不停地下，马和人的身上都沾满了泥，赶车人的鞭子已经抽裂了，牲口也在努力向前，车轮依然陷在泥里动弹不得。英军也很困难，湿漉漉的松木并不好烧，总是噼啪作响，烧水煮茶变成了奢望；抽烟斗也变得无望，即便他们把烟斗朝下避开雨水，烟斗还是会熄灭。溪水会突然涨到五六码宽。而且山间少有遮蔽之所——山中房子本来就少，又往往没有屋顶，仅有的几间也被大雨冲毁了。[36]

9月底，敌对双方的轮船都带来了枪炮，以增强火力。但是所有的喧哗和骚动都没能产生很大的影响：俾斯麦军营里的一间德军厨房被击中了，但厨师侥幸逃脱；德军营里的猪圈被直接命中，一位中国看守员殉难；一颗炮弹击中了一块墓地，那里埋着日俄战争期间战死的俄国士兵，一时间尸肉横飞，但没有真正的伤亡。[37]

就在日英联军在德军防御的外围实施他们的攻击计划之前，德军已经从他们的前沿阵地上撤了下来。美洲豹号炮舰在海湾中击沉了一艘日本轻型战舰，守卫青岛的德军是有理由欢呼的。但日军占领了鹰巢峰（the Eagle's Nest），可以俯瞰整个青岛。随着日英联军的包围圈逐渐缩小，德军的困境就无可掩藏了，日英联军的优势过于明显，人数是德军的6倍，而且拥有更多枪炮弹药。德军挖好了一个大坟墓，一个军官跳下去，对他的士兵喊道："你们还想见到父亲母亲吗，忘了那一切吧。我们不可能取得胜利，我们只能死在这里。即便如此，在死之前，我们也应该多杀几个日本黄猴子垫背！最后一次想想自己的家园吧，拼了，拼了，乌拉！"[38]

10月初，德军从其前沿阵地上撤了下来，烧毁了梅克伦堡疗养院，并破坏了山谷之间的桥梁。日军的侦察机从头顶上飞过，但麦维德无暇顾及，他正专注于最接近租界的两条山脊，想以此作为两条天然的防线。与此同时，德军的战舰开炮攻击了联军的阵地，水雷击沉了日本的三艘轮船，10月17日炸沉了一艘巡洋舰。日本的大炮炸毁了德军炮舰伊尔底斯号，但德军的鱼雷艇S-90击沉了日本的巡洋舰高千穗号（Takachiho），以损失271人为代价。由于缺乏燃料，S-90无法回到港口，只能凿船自沉。在内陆，日军在济南和其他核心地区加强了防御工事，并占领了铁路和火车。铁路运输暂停了，导致对马车的需求大涨，其价格上涨了50%。[39]

10月中旬，德军策划了一起夜袭，但被击退。随着日英联军进攻德军前线，最惨烈的战役打响了，德军一天就发射了1500多枚炮弹。在麦维德的要求下，双方有一段短暂的停火时间，将各自阵亡的士兵抬回去。但还是有一些士兵的尸体留在了那里，英日联军进发时，在一条战壕里就发现了28具德军尸体。[40]

10月17日，日军攻下孤山–亨利亲王山（Kushan-Prince Henry）一线，占得了一个大大的先机，他们用马将100门攻城加农炮拖到山顶，每门炮配备 1200 发炮弹，并在那里建立了一个观测点。普吕朔中尉每天早晨驾驶飞机侦察，看到了日军每一步的进展，但束手无策。在海上，德军鱼雷艇 S-90 被派出海港执行任务，攻击任何过往的敌军轮船。S-90 击沉了一艘日本巡洋舰，杀死了全船 253 人。燃油耗尽之时，S-90 舰长惧怕被更大的军舰追上而被缴获，也估计到自己无法返航，遂下令凿船自沉。

日军的飞机在月圆之夜持续轰炸，但没有给德军造成太大的损失。一场清新的暴风雨之后，10 月 31 日早上 6 点 10 分，对青岛的大面积轰炸开始了。一名英国军官举起望远镜，对亨利亲王山（the Prince Heinrich Berg）上的一组军事观察员说："先生们，表演开始了！"德军在普吕朔侦察机的指引下也进行了一系列还击，但进攻者的火炮数量占有明显优势，守军却缺乏炮弹。

一个住在日本的美国人杰斐逊·琼斯（Jefferson Jones）获得了随军观察的邀请，他听到"不断的隆隆声，好像有一个巨大的保龄球跑道正在运行之中"。琼斯写道："我们面前就像一幅展开的地图，也像一幕战争的剧场。左边是日英联军在黄海上的巡洋舰，正在准备向青岛开炮。下面是日军的排炮，就驻扎在梅克伦堡疗养院附近，当然，德军从山上撤退时已经将其烧毁。正前方就是青岛，奥匈帝国巡洋舰伊丽莎白皇后号正在港中巡弋。右边能看到德国军港，主要的堡垒和防御工事，还能看到壕沟中日英联军的营寨……青岛后方的山谷中金光四射，那是正在发射炮弹的大炮散发出来的；几乎同时，德军的炮兵阵地上一下子涌起巨大的蓝白色烟雾，那就是日军炮弹爆炸的地方。"[41]

一名英国军官告诉《字林西报》(North China Daily News)[*]的记者:"日军的轰炸极其精确,已经到了没法再精确的程度,绝对是超一流的。"大轰炸第二天的午夜,记者听到"急速如鼓点一般的滚滚排炮和马克沁重机枪的声音,后来又被重炮轰鸣如雷的声音所打断,前者淹没在后者中间,完全听不到了。天空中时而有红色的闪光"。炮弹将德军在山中挖好的堡垒和掩体完全摧毁,并导致港口的煤炭储备库、标准石油和亚洲石油的储油罐着火,港口的150吨起重机也被炸翻。奥匈帝国巡洋舰打尽炮弹之后,舰长下令将有用的设备全部拆走,甚至没来得及对自己的巡洋舰喃喃地说声"永别了,丽莎[†]",他就下令凿船自沉。[42]

大轰炸持续了一周,日英联军的步兵终于在一块狭窄的前线阵地上分四节向前推进,那里距德军的防线大约有 5000 码。一些日本步兵行进速度缓慢,他们呈平行队列前进,一边进攻一边挖战壕。另一些人在山腰上挖掩体,并用树枝掩盖起来。

巴纳迪斯顿将军的英军总部建在一条漂亮的绿色壕沟中,周围生长着细细的松树。德军的炮火并不精确,所以没有造成什么损失。当炮弹远远地落在安全距离之外时,英军就开始唱"不能不爱你"。但工程兵们将一艘平底船抬过一条河床时,还是遭遇了炮击,8 名威尔士士兵阵亡,24 人受伤。

当联军抵达山上的第一批掩体时,才发现德军早已放弃了这些阵地。在其他地方,德军蹲踞在他们相对安全的阵地中,根本不会

---

[*] 英国人在中国出版的历史最久的英文报纸。
[†] 伊丽莎白的简称。

在掩体上方露头,更不会和联军交火。一些德军被俘虏了,一名英国军官见到一组60人的德军俘虏,"他们把头低在胸前……看到他们沮丧的样子,你绝对不会有任何愉悦之情。他们都是勇士,已经尽了最大的努力,现在弹尽粮绝,衣衫褴褛。看到英国人就站在旁边,他们有些惊愕;走过我们身边时,他们抬起了头,直勾勾地盯着我们,眼里燃烧着怒火,仅这一举动就好像耗尽了他们最后的气力。"[43]

麦维德很快得出了结论,他们顽强的抵抗最终还是徒劳无功,尽管德皇发来上谕肯定守军的努力:"我和整个德国为在青岛作战的英雄们感到骄傲,他们忠于自己的总督,完成自己的使命。你们应该知道我的感激之情。"

经过双方大炮一夜的交火,翌日清晨,一群气势汹汹的日军向德军防御的主阵线发起了冲锋,俘虏了200名德军。随后,联军发动了总攻。《字林西报》的记者写道:"决战时地动山摇,噪音好像群山都在被巨大的铁棍抽打似的。"轰炸搅起了大堆的泥土和石块,把很多人埋到底下。一些德军在撤退进城之前,炸掉了他们的掩体。[44]

防守阵地上血流成河。日军红十字会的人不时抬着担架进进出出。那位记者看到,"一个男人的脸血肉模糊,另一个两条腿被炸飞了,第三个人身体的各部分搅到一起,已经无法辨认。"德国人在失败来临之际炸掉了他们的堡垒。一名日本军官站在已经攻下来的堡垒顶上,举起了他的国旗,"狂笑不止,就像在学校里成功玩了一把恶作剧之后开怀大笑的小男孩。"他捡起一把德国军官的配剑递给记者,用法语大喊"留个念想吧"(Pour mémoire),然后继续声嘶力竭地嚎叫。

在第九号掩体里,很多尸体被炸成了碎片,周围遍布碎了的衣服、绑腿、皮带、纸张、钟表、温度计和树枝。日本飞机飞遍青岛上空，说如果德军毁掉他们武器和舰船的话，将是"违背上帝的意志，并且违反人性"。随着联军将包含烈性炸药的炸弹换成榴霰弹，德军阵地上更是一片哀号，他们的通讯被切断了，很多枪炮已经损坏，壕沟阵线和铁丝网也被攻破。神尾光臣在后方的帐篷里平静地坐着抽雪茄，哄他的鹦鹉吃早餐，周围电话响声不断。[45]

普吕朔中尉向攻城的联军投下了数枚炸弹，坚称自己用手枪击落了一架日本飞机。他在后来的侦察飞行中差点被地面的炮火击中，随后他的飞机被拦截到了内陆。他随身带着青岛总督的急件，飞了150英里之后，他的飞机扎到了稻田里。接着他又步行、坐船、乘火车去了上海，在那里得到了瑞士的旅游护照，乘船取道日本长崎去了夏威夷的檀香山，后来又去了旧金山，随后横跨美国大陆去了纽约，在那里他的一个朋友帮助他上了一艘去意大利的船。由于天气原因，这艘船停靠在了直布罗陀，英国人逮捕了他，把他送到了列斯特郡的战犯集中营，可他很快逃跑了。在伦敦藏了一段时间之后，他终于回到了德国，只是又被德国当作英国间谍抓了起来，直到他真实身份被核实。他被德国誉为"从青岛归来的英雄"，继续在德军占领的拉脱维亚服役，并写了一本畅销书，详细描述了他的经历。1931年，他在阿根廷的巴塔哥尼亚因飞机坠毁而死。

一些德国军官坚持认为最后应该展开巷战，但麦维德下令挂出了休战旗，那是11月7日早上6点30分。他给神尾光臣写了一张便条："我的所有防御措施已经用尽，为了这座门户洞开的城市，我准备好了投降协商。"日本士兵直接躺在地上睡觉，德军战俘成群地站着，有守卫看守。《字林西报》的记者写道："德军俘虏中，有些人面露愠色,有些人在聊天甚至大笑,还有三四个人喝醉了。"

英军进城的时间在日军之前,四个人并排着走,用口哨吹着"大家都这么做"(Everybody's doing it)。当他们走过时,被俘的德军转身弯腰,用屁股迎接他们,嘲讽他们竟然跟亚洲人结盟来对付自己的欧洲同胞。英军随后在港口一间巨大的货仓里集合,长长的桌子上摆满了面包、牛奶、黄油罐头和果酱。有两个人出去散步,被德军的炮弹炸死——那是一个还没准备好投降的德国士兵发射的。洽降谈判会在当天下午举行。联军要求所有德军都必须当作战犯关押,并且德军的所有装备属于他们。经过协商,在德军同意相关条款之后,条约由德日双方军队的参谋长和一名日本海军军官签署。没有人咨询英国人的意见,文件的签署也与英国人无关。

11月16日,联军正式占领青岛之后,日本天皇的代表穿着燕尾服、灯笼裤和黄色的鞋子来到青岛。他交给英军一份羊皮书,对他们参与这场战争表示欣慰。另外还有大宗的香烟,上面印有皇家的菊花冠饰。神尾光臣宴请了英国军官,但在庆祝胜利的阅兵仪式中,英军并没有出现。尽管巴纳迪斯顿后来在东京极其风光,由天皇亲自赐宴,但英国使馆收到了日本递交的备忘录,称此役如果直接交给神尾光臣和他的士兵的话,"行事将更加便宜"。[46]

一个日本人被任命为新的青岛总督,日本也明确表示不会将这片土地还给中国。在陆地作战中,日军的伤亡人数统计为236死、1282伤;英军12死、53伤。德军199死、504伤,阵亡的德国士兵都埋在青岛,绝大多数德国士兵被带到亨利亲王山脚下的集中营关押,但德国军官还可以留在青岛,并有一定自由,随后,他们被轮船运到了日本的战犯集中营。

分赃

正当协约国在欧洲战场上节节败退之时，发生在东方的一场小战役取得了决定性的胜利，这无异于天大的好消息。一份英国内阁记录披露："日本攻占青岛，给德国在世界势力范围内最强有力的一击。虽然日本的攻取范围受到了各种限制，但在德国人眼中，这是自开战以来，协约国从他们那里赢得的最大的战利品。"据《一战英国史》(*British History of the Great War*)的官方记载："青岛战争开始仅三个月，远东海域的敌军已被彻底蔫除。根据在白厅起草的协议，日本可以随便占领这些德国的地盘。"[47]

两个月后，日本首相大隈重信（Okuma Shigenobu）和外务大臣加藤高明（Katŏ Takaaki）起草、天皇批准的"二十一条"呈递在袁世凯面前，加入协约国集团并取得青岛之役的胜利对东京政府意味着什么就再明显不过了。这些条约以巩固日本武力夺取的地盘为出发点，坚持维护其对山东铁路、海岸线以及重要城市的控制权；日本继续扩大其在东北和内蒙古的影响范围；北京政府不得将日本的租借地让与或租借给日本以外的国家。除了领土方面，日本还提出一系列其他要求：北京政府和警察机关要委任日本人担任顾问。

东京政府警告，上述要求必须保密，而且，如果他们的要求得不到满足，就会有灾难性的后果。这些要求都写在一张印有战舰和机枪水印的纸上，算是威胁到家了。北京政府拒绝签约，并向西方列强公开了条约内容，希望列强考虑到自己在中国的利益而支持中国。日本的这一希望落空之后，袁世凯同东京政府签订了一系列新条约，将总数降到了13条。

条约于1915年5月25日签订。袁世凯反对日本扩张在华势力，这是肯定的，但到底反对到什么程度，这一点还存在争议。袁世凯极其狡诈，毫无原则，这个典型的政客此时正在密谋称帝。他的这个梦想在1915年底实现了，他甚至希望在走向帝王的道路上能赢得东京政府的支持。（称帝不久，袁世凯遭到主要省份的反对而被迫退位，翌年去世。）

看到日本的野心之大，英美两国都有所警惕。美国主张列强在华"利益均沾"，提出"门户开放"政策，得知日本对东北、内蒙古以及山东的"特殊兴趣"，美国只是对中国主权进一步遭到侵犯表示了关注，英国政府则担忧日本企图将中国变成"傀儡国"。

事情通常都是如此，"关注""担忧"最终没能转化成先发制人的行动，尤其是当英国需要请求日本派遣战舰来地中海支援作战时。日本政府同意向马耳他派遣战舰，英国外交部作出回应："英王殿下的政府非常乐意对日本政府提出的要求作出回应，我们会全力支持日本，确保将德国在山东利益的处置权交给日本。"1917年2月，英日两国签订了秘密协议，分割了德国在太平洋上占领的诸岛屿。随后，法国、意大利、俄国也达成了相似的意见。1918年，中国不得不与日本签订秘密条约，在该条约里，中国继续对列强在山东的利益表示"欣然同意"。

1917年8月，中国决定对德宣战，但作用却无足轻重。10万中国人前往法国为协约国挖战壕，解放了协约国士兵去战斗，但他们的作用同样无足轻重。大量劳工或成炮灰，或生病而死，他们很快被胜利者遗忘。(直到现在，人们仍然可以去法国北部参观华工墓园。) 清王朝灭亡5年后，中国开始了10年之久的军阀割据混战，在这段时期，中华民国的外交部依然在北京行使职权。外交部的官员们预计到德国会战败，对德宣战有利可图，战后可以让中国政府作为战胜国收回租借给欧洲列强的土地。但是，日本依据他们的东亚门罗主义，坚持扩大自己的影响力，并希望1917年与英国签订的秘密条约能支持他们的主张。为了促成此事，日本用2000万日元贿赂中国北方的主要军阀，来支持日本在山东的利益。

在1919年的巴黎和会上，日本得知国际上对其继续把持山东普遍怀有敌意。当时英日的秘密条约已经为诸协约国所知晓，美国总统伍德罗·威尔逊（Woodrow Wilson）认为该条约是私底下的安排，他绝不认可。英国首相戴维·劳合·乔治（David Lloyd George）向日本保证道，承诺就是承诺，英国不会反悔，但英国只是保证支持日本的主张，并不能确保这些承诺能最终实现。在巴黎和会上，日本的另一项主要请求——在国际联盟的章程里加入种族平等的条款——遭到了否决。这一条款让威尔逊甚为烦恼，作为一个得到美国南方各州有力支持的党派领袖，当日本获得了大多数与会国支持时，他已经有些左支右绌了。最终，他只能下令宣布该意见"未被采纳"，原因是没有一致通过。

得知协约国胜利的好消息，中华民国全民休假三天，并组织了一场 6 万人参与、贯穿北京城的阅兵庆典。中国对巴黎和会抱有很高的期望——中国最终于 1917 年对德宣战，并派遣了大量劳工支援欧洲战场。在去巴黎之前，中国代表团就废除一切不平等条约、收回租界、铁路以及割让给列强的关税控制权等问题进行了讨论，并提出了相关对策。中国赴巴黎参加和会的代表团有 60 人之多，住在塞纳河左岸的鲁特西亚酒店（Lutetia Hotel）。他们是中国各个派系的代表，名义上的团长为陆徵祥，毕业于上海的一所西方人兴办的学校，并娶了一位比利时太太。会议快要结束时，陆徵祥失踪了。几年后，他成了比利时本笃会修道院的院长，死后葬于布鲁日。

中国代表团获得了以美国国务卿罗伯特·兰辛（Robert Lansing）为首的美国人的同情。得知日本所做的一切之后，兰辛开始称日本为"侵略成性的普鲁士"，此次巴黎之行，他要跟日本"一次性见个分晓"。美国代表团帮助了中国代表团，一个叫顾维钧的年轻中国代表给美国代表团留下了深刻印象。顾维钧毕业于美国哥伦比亚大学，他出口成章，言辞犀利，与日本人僵硬刻板的表现形成了鲜明的对比。极具洞察力的美国驻华公使芮恩施（Paul Reinsch）警告说："如果国际社会赋予日本更大的权力，任其为所欲为，如果国际社会以所谓的门罗主义的形式还是以其他手段，让日本理解为这是对其在华特殊地位的认可，那么，一种无形的力量就会开始启动，必然会引发大型的武装冲突，而且就在一代人的时间内。"[48]

英国政府担心日本的扩张会对英国在华利益构成威胁，而且日本政府总体上对巴纳迪斯顿带领的英军在围攻青岛时的表现颇有微词,那种不加掩饰的蔑视也进一步刺激了英国。驻东京的英国大使写道:"今天我们才逐渐认清了日本,真正的日本,坦白地说就是一个极度喜欢投机的国家,甚至可以说非常自私,同那些伟大的国家相比,它在一战中的作用微乎其微,但它却不知道天高地厚,一副这个世界舍我其谁的架势。"[49]

但日本决不妥协,它已在种族平等议案被否决一事上做出退让,绝不能接受第二次失败。于是日本威胁道,如果在山东问题上再不能如愿,他们将退出巴黎和会。继意大利因没有在亚得里亚海的阜姆得到自己想要的领土而退出和会后,日本再度退出可能会引发灾难性的后果。日本的王牌很简单:不论他们对所谓的国家权利发表什么见解,在大会需要做出决议的最后几天里,与会国的首要任务是通过一个全面的协议,对威尔逊来说,尤其重要的是建立国际联盟。

中国自 19 世纪中期以来就有着悲惨的历史,聚集在法国外交部的政治家们似乎对日本的野蛮侵略视若无睹,这与国际联盟亟待完善的国际原则完全是背道而驰的。正如取代贝尔福(Arthur James Balfour)成为英国外交大臣的寇仁(Curzon)所言:"看着日本的海岸线,就会对中国这个了无生气、无依无靠的大块头感到失望乃至绝望,这曾是世界上人口最稠密的国家之一,但它现在的凝聚力和国力都严重匮乏,陷于无休止的南北方冲突之间,既无军力,又无士气,完全沦为了列强争相抢夺的美餐。"[50]

威尔逊最终改变了行动方针,与英国首相劳合·乔治站在一边,维护了条约的尊严,甚至还有那些秘密条约,其中包括北京政府同东京政府在山东问题上达成一致意见的条约。顾维钧竭力申诉,但没有什么效果,他只得在最后发出警告:"这是一个重要的问题,事关我们能否保证远东半个世纪的和平；如若不然，就会形成非常糟糕的局面，导致战争在十年之内爆发。"他的警告与芮恩施的观点十分相近。大会最后一天的早上，在种族平等问题上让日本陷入尴尬的境地后，协约国主要的三方势力英、法、美在青岛问题上不敢再冒险，他们惧怕日本退出和会。"意大利走了，如果日本也回家了，国际联盟还成何体统？"当威尔逊的新闻秘书告诉他国际舆论普遍支持中国时，他道出了自己的苦衷。[51]

因此，日本得到了一个满意的结果。声称因为担心中国而一宿未眠的美国总统向媒体解释道，要解决那个中国也卷入其中的复杂条约，这就算最好的办法了。他还有另一顾虑，如果日本退出和会，将会与俄国、德国形成军事联盟。"我知道我违背了自己的原则，应该受到指责，但我必须效命于自己的职责——维护世界秩序，努力倡导形成世界组织，反对混乱无序，不能让世界回到军国主义的老路上去。"他这样解释道，好像将中国领土移交给日本真的成了促进秩序、抑制军国主义的灵丹妙药。[52]

当然，还是有一个限制性的条款。威尔逊关于民族自决的一番华丽辞藻，以及英国对日本扩大在华利益所产生影响的担心意味着，东京政府必须在原则上同意将山东半岛全权交还中国，只保留从德国继承过来的经济特权和在青岛现有情况下建立租界的权利。但这毫无意义，因为没有确定具体的归还日期，而日本所取得的"经济特权"范围很广，包括济南到青岛的铁路、采矿权以及电报业务，再加上德国所有的国家资产。"作为协约国的一员，为了那个还未诞生的国际联盟，同时也为了更大程度上的统一，中国承受了战败德国的压力，向日本投降了，完全听凭日本处置，除了日本所承诺的'良好待遇'之外，中国其实毫无保障，境遇也就可想而知了。"《远东时报》(Far Eastern Review)的报道如是说。[53]

得知这一消息，住在巴黎的中国公民怒火中烧，组织了群情激昂的集会。为阻止中国代表团去凡尔赛宫参加签约仪式，他们封锁了中国代表团居住的酒店。贝尔福指责中国忘恩负义，因为"没花一分钱，没动一兵一卒"，中国就"恢复了自己的主权，而如果靠一己之力，这根本是无法完成的"。有些报道声称日本毫无恶意，只是为了帮助中国，对此，英国代表团的其他代表是持怀疑态度的，威尔逊更是根本不相信日本的谎言。寇仁迫使日本拟定一个归还山东半岛的日期，并联合美国试图让日本放宽对华政策，但是没有取得什么效果，归还日期最终也没有确定。[54]

在北京，得知凡尔赛和约一事，学生们非常气愤，他们烧了亲日派官僚的住宅。随着事态升级，抗议演变成了五四运动，呼吁国家要有一位"赛先生"和一位"德先生"，这是科学和民主的形象称呼。虽然在那个军阀统治的混乱年代，五四运动的实际影响受到了一定限制，但还是影响了包括毛泽东在内的一大批知识分子和作家。随后，该运动又受到蒋介石国民政权所提倡的"儒家法西斯"主张的限制，但五四运动的精神仍是20世纪中国的主旋律之一，它期望通过理性对话而不是习惯性地使用武力来解决争端。[55]

在旨在寻求中国国家统一的大会上，南方的代表要求北京政府废除与日本签订的所有战时协约，坚决捍卫山东主权，却遭到了北方军阀的反对，他们更愿意同东京政府调停和解。随后会议解散，八年国内混战的局面形成。

在山东和其他地区，人们定期组织大型的抗日游行活动。日本丝毫不为所动。1895年，日本迫于西方列强的压力，曾被迫将一部分利益归还中国；此一时彼一时，现在的日本有同英、法、意、俄等国签订的协议，再加上两次战胜欧洲陆军和海军所取得的信心，还有对中国的蔑视——他们称中国的群情激昂为"五分钟的爱国主义"——日本认为他们无须惊慌失措，完全有能力控制局面。[56]

遗毒

东亚两个大国之间的关系既复杂又简单。复杂性可以追溯到中华帝国统治的巅峰之时，也可以延伸到中华帝国的最后时刻——其时，日本为包括孙中山在内的革命者提供了避难场所。20世纪前半叶，东京的侵略者盯上了东北与蒙古，同时将中国的其他土地视作待剥削和待殖民的土地，并将整个中国作为同苏联一决雌雄的基地，争夺意识形态和领土上的双重霸权。虽然中国在1922年形式上收回了山东的租借地，但日本仍在山东驻军，表面上的目的只是保护侨居山东的日本居民，"顺便"有效地控制铁路。处于军阀10年混战的中国根本无暇顾及这些。

即便在蒋介石的领导下，国民党于1927年在南京组建国民政府之后，中国仍然很羸弱。1928年春天，日本军队同中国军队在济南发生冲突。造成冲突的原因并不清楚，据报道：日本扫荡了政府大楼，杀害了16名工作人员，而且割掉了一名政府官员的舌头，然后向他的头部开枪。日本人的枪炮肆意蹂躏着这座古城，中国军队一出动便遭到了埋伏。《纽约时报》驻华记者亚朋德（Hallett Abend）预计死亡人数在6000左右。上海、广州、武汉都举行了反日游行及抵制活动，而蒋介石此时正在同北方军阀作战，他建议人民隐忍，聚集复仇的情绪，直至他们有能力做出反击的那一刻。

日本的扩张之路漫无止境。盘踞在奉天的日本关东军鹰派军官发现军阀张作霖不肯乖乖顺从，便炸毁了他乘坐的火车，将其杀害。日本人认为张作霖吸毒成瘾的儿子会驯顺一点，但是张学良顶住压力投靠了蒋介石。1931年9月，正当张学良身在北京之时，日本制造了一场事变，反而诬陷中国军队挑衅，借此机会占领了整个东北。自此，日本军队逐步向华北扩张，直至1937年7月，在离北京不远处发生了卢沟桥事变，这是中日爆发全面战争的导火索，也标志着东亚战场上第二次世界大战的开始。

这场战争波及了全中国，中国的死亡人数在1400万至2000万之间，很多是在战争中被捕的平民百姓。战争摧毁了大半个中国，尤其是发达地区。难民如洪水一般背井离乡，流离失所。日本的统治极其残酷，尽管东京政府曾宣布要"使中国尽快步入现代文明"，但其所作所为并没有让中国人民信服。日本军队犯下了无数罪行，尤其是南京大屠杀，简直是罪恶滔天。东京政府企图建立一个由蒋介石曾经的同僚和竞争对手汪兆铭领导的傀儡政府，但也只是一场悲惨的哑剧。

勉强与共产党结为同盟的国民党，被日军驱赶到了三峡背后的避难所——重庆。他们与日军打了很多硬仗，尽管后来很多不被认可，但从根本上说，他们是在等待美国对日本动手。1945年抗日战争胜利后，中国已是筋疲力尽，国民政府也大失民心。4年后，共产党夺取了政权。

20世纪70年代后期以来，中国政府致力于发展经济，并欢迎日本来华投资，中国当局似乎放下了耻辱的过去。但20世纪90年代以来，中国施行了"爱国教育"计划，向国人讲述中国受制于列强的百年国耻，其中日本所犯的罪行最为严重。近年来，由于隔海相望的日本拒不道歉，中国遏制已久的怒火急剧升温。21世纪的第二个10年，一些无人居住的岩石小岛上争端又起。之前对中国卑躬屈膝的日本，在新首相安倍晋三的领导下作风强硬，中国也将国家实力与军事力量作为重头戏。

  1914年青岛一役塑造了一段传奇历史，于今仍有回响。考虑到经济和战略的重要性，中日两国关系不仅对自身而言意义重大，而且在整个亚洲乃至全世界都具有举足轻重的地位。100年前的那场大雨中，发生在山东半岛的青岛一役于我们这个时代仍具有相当的意义。

延伸阅读与致谢

查尔斯·伯迪克（Charles Burdick）的著作 The Japanese Siege of Tsingtau (Hamden, Conn; Archon Books, 1976) 是关于该事件最完整的英文记述，本章撰写中特别参考了书中取自德文档案的大量文献。杰斐逊·琼斯（Jefferson Jones）的著作 The Fall of Tsingtau (Boston; Houghton Mifflin, 1915 and Wilmington: Scholarly resources 1973) 包含来自同盟国方目击者的材料。

斯图尔特·洛内（Stewart Lone）的著作 Japan's First Modern War (London; Macmillan, 1994) 清晰详细地呈现了 1894 年至 1895 年的中日甲午战争。伊恩·尼什（Ian Nish）的著作 Alliance in Decline (London; Athlone, 1972) 提供了一份 1908 年至 1923 年间美日关系的出色记述，与彼得·杜斯（Peter Duus）主编的 The Volume Six of The Cambridge History of Japan (Cambridge, 1988) 的相关章节一道为青岛之围提供了背景。此外，对于该背景的记述，伊恩·尼什（Ian Nish）的著作 The Origins of the Russo-Japanese War (London; Longman, 1985) 也很出色。

拉纳·米特（Rana Mitter）的两本书是关于青岛之围之后的事态发展的一流著作，A Bitter Revolution: China's Struggle with the Modern World (Oxford; OUP 2005) 记述五四运动，China's War with Japan, 1937-1945: The Struggle for Survival (London: Allen Lane, 2013) 是关于 1937 年至 1945 年抗日战争最出色的英文作品。我所撰写的 Penguin History of Modern China (London; Penguin, second edition 2013) 从中方视角讲述了自 1894 年以降的中日关系，着重于国民党时期和宏观的中国情境。

浸信会的著作 Shantung, The Sacred Province of China (Shanghai; Christian Literature Society 1912) 提供了一份对于战前山东省和青岛的最好记述，虽然其西方传教士的视角显而易见。

玛格丽特·麦克米伦（Margaret Macmillan）的著作 The Peacemakers (London; John Murray, new edition 2003) 是一部有关凡尔赛和会的出色作品，其中有讨论日本和中国的部分。

《北华捷报》(The North China Herald)，出版于上海，汇辑了《字林西报》(North China Daily News) 的报道，并及时报道前线战事。整套《北华捷报》可以在伦敦大学亚非学院阅览（SOAS）。英方的官方记录存于国家档案局。我对上述机构中同事的帮助深表感谢。

参考文献

Allan, James, *Under the Dragon Flag* (London: Heinemann, 1898).
Burdick, Charles B., *The Japanese Siege of Tsingtau* (Hamden, Conn: Archon Books, 1976).
Corbett, Sir Julian S., *Official History of the Great War: Naval Operations, Vol. I* (London: Longmans, Green and Co. 1920).
Creelman, James, *On the Great Highway* (New York: Lothrop, 1901).
Dorwart, Jeffery M., *The Pigtail War* (Amherst: University of Massachusetts Press, 1975).
Duus, peter, ed., *The Cambridge History of Japan* (Cambridge: Cambridge University Press, 1988).
Eastlake, F. Warrington and Yoshi-Aki, Yamada, *Heroic Japan: A History of the War between China & Japan* (Yokohama: Kelly and Walsh, ltd [no date]).
Forsyth, Robert Coventry, ed., *Shantung, The Sacred Province of China* (Shanghai: Christian Literature Society, 1912).
Jones, Jefferson, *The Fall of Tsingtau* (Wilmington: Scholarly resources, Inc., 1973).
Lone, Stewart, *Japan's First Modern War* (London: St Martin's Press, 1994).
Macmillan, Margaret, *The Peacemakers* (London: John Murray, new edition 2003).
Massie, Robert K., *Castles of Steel* (London: Jonathan Cape, 2004).
Mitter, Rana, *Bitter Revolution* (Oxford: Oxford University Press, 2005).
Mitter, Rana, *China's War with Japan 1937-1945: The Struggle for Survival* (London: Penguin Books, 2013).
Nicolson, Harold, *Peacemaking, 1919* (London: Constable & Co Ltd, 1933).
Nish, Ian H., *Alliance in Decline: A Study in Anglo-Japanese Relations 1908-23*

(London: The Athlone Press, 1972).

Schrecker, John E., *Imperialism and Chinese Nationalism: Germany in Shantung* (Cambridge, M.A.: Harvard University Press, 1972).

第二章

华工军团

被遗忘的一战中国劳工

[英] 马克·奥尼尔（Mark O'Neill）
丁建新 译

The Chinese Labour Corps

by Mark O'Neill

Text Copyright © Mark O'Neill, 2014

First published by Penguin Group Australia. This edition published by arrangement with Penguin Random House Australia Pty Ltd.

All rights reserved.

封底凡无企鹅防伪标识者均属未经授权之非法版本。

欧陆之战，本与我中华平民无关。身为中立之人，我等华人来到欧洲，但求温饱而已……贤君美名，必将万世流芳。故而何不休兵，遴选福地，以筑和平宫殿？

这段话摘自一封触动人心的信。信是写给德皇威廉二世的，吁请他结束第一次世界大战的血腥冲突。写信的人是一位中国劳工，名为袁春（音译，Yuan Chun[*]）。

袁春是大约13.5万名中国劳工中的一员。1916年至1922年间，这些人被送到法国和比利时，帮助协约国作战。他们装载货物、开挖战壕、填充沙袋、修理坦克和大炮；他们铺设铁路、维修道路、建设港口和机场；他们清除战场上的死马和弹药，收集阵亡者遗体并为他们挖掘墓穴。

第一次世界大战期间，协约国雇用了大量外国工人。其中中国

---

[*] 本书英文原著的内容，援引了不少的历史人物姓名，今皆遵从"名从主人"原则，予以翻译还原，个别不确者则注明为"音译"，以待完善。

人是最大的群体，人数超过印度人、南非黑人、埃及人和西印度群岛人，也构成了中国人向欧洲的第一次大规模迁移。为英国军队工作的94 400人加入华工军团（the Chinese Labour Corps, CLC），这是这些劳工最常用的名称。其余4万人为法国工作，在部队中，在农场、矿井和工厂里。这部分人中，有约1万人被"借"给美国远征军协助作战。战争结束时，留下来的3000名工人构成了在法国的华人社群。

华工的非凡事迹，在欧洲或中国几乎不为人知。历史书讲述第一次世界大战期间的各个战役，成千上万的人卷入，遍及欧洲和中东。这些书探究各交战国的政治，详述人类生命的可怕代价——死于这四年冲突的人超过历史上任何战争，并批评各国领导人不能制止杀戮，"驴子率领的狮群"是刻画英国军队及其将领的流行说法。然而，对于中国在第一次世界大战中的作为，历史书保持着沉默。

将近一个世纪，华工的事迹一直是这场大战秘而不宣的一页，至多不过是条脚注。招募和运送华工的国家，英国、法国和加拿大，不遗余力地为这一行动保密。华工自己几乎没有留下记录，然而他们的事迹，跟战争其他参与者同样动人心弦，非比寻常。

华工离家万里，与这场冲突并不相干。对大多数人而言，这是他们第一次出国。他们大都是文盲，看不懂中文，更别提法文或英文了。他们发现自己置身于陌生的国度，距离可怕的战争咫尺之遥，在危险的条件下生活和工作，程度完全超出以往的经验。他们来到这里，不是为自己的国家作战，而是为了赚取微薄的薪资。

这些工人约有3000名亡故，死因或为空袭和炮击，或为清除未爆炸弹药时的事故，或为结核病和大流感之类疾病。至少700人甚至还未到达欧洲，就死于德国潜艇的袭击。

中国人的遗体埋葬在为他们留出的两处墓园，以及在法国和比利时的一些军人墓园。有些人的墓碑损坏，姓名就此湮没；家国万里，几乎无人前来凭吊。跟所有曾陷身那场可怕冲突的人一样，幸存者们伤痕累累——在身体上，也在精神上。本章所讲述的，就是这些华工的事迹，他们在第一次世界大战中的经历，以及对协约国苦战的贡献。

军团的缘起

1914年7月28日第一次世界大战爆发时，中国年幼的共和国还不满3岁。对于其领导者，当务之急是防止战争蔓延到自己的国家。这种可能性是现实存在的，因为交战各方——英国、法国、德国、奥匈帝国和俄国——在中国都拥有租借地和经济利益。共和国名义上是独立的主权国家，实际上却虚弱不堪，依赖于其他国家。租借地有27处，它们不会允许中国征收超过5%的关税。中国还在向8个国家支付使中国大伤元气的庚子赔款，数额为4.5亿两白银，相当于如今逾65亿美元。到20世纪40年代末赔款最终分期付清时，算上利息，总额将近10亿两白银。

中国政府急于避免处境恶化，1914年8月6日宣布"欧洲战争期间绝对中立"，并禁止外国在中国领土或领海采取敌对行动。不过，在一些人看到危险的地方，另一些人看到机会。战争会削弱帝国主义列强，并给予中国在世界事务中发挥更大作用的机会吗？中国如果加入获胜一方，能够收复让与西方列强的租借地，尤其是东部省份山东那些被德国占据的土地吗？还有，中国参战能够导致巨额庚子赔款减少吗？

诸如此类的盘算，在梁士诒灵活的头脑中打着转。此人是总统袁世凯的高级幕僚。1904年和1905年，梁士诒曾协助一项条约的谈判，在该条约中，英国承认了清朝对西藏的主权。他还担任过清政府的铁路总局局长。这些经历给予了梁士诒对外交的理解，这在新共和国的领导人中是少有的。他确信英法俄联盟会赢得战争，竭力说服中国领导人加入协约国，以便从这一潜在的胜利中获益。

战争爆发不过几个星期，梁士诒就向英国驻华公使朱尔典（John Jordan）提议，双方动用5万中国军队，联合进攻山东胶州湾——德国自1898年便占据了该地。以这种方式，中国会加入协约国一方，并索回一部分丧失的领土。朱尔典没跟法国和俄国同伴商量，当即拒绝了这一设想。英国认为冲突会是短期的，它不需要中国及其弱小军力的支持。也许更重要的是，英国是世界头号帝国，不愿与一个半殖民地国家结盟来扰乱殖民地秩序。

英国在东亚的主要盟友是日本，已在1902年签订条约。作为在清朝的殖民者，日本是唯一没有直接卷入冲突的国家，其领导人迅速动作，以利用因欧洲人无暇顾及而形成的权力真空。在战争的第一周里，日本就向英国提出，如果能够取得德国在太平洋地区的领地，日本会向英国提供军事协助。1914年11月，日本采取快速果断的行动，进攻并夺取了德国人控制的青岛，它是山东最重要的城市。这次闪击使日本在中国获取了更加稳固的立足点，也提高了它在欧洲列强眼中的地位。

1915年初，梁士诒再度向英国人建议，派遣工人和士兵加入协约国一方作战。他提出的模式是"常胜军"式的，常胜军是19世纪60年代的一支中国军队，由戈登（George Gordon）将军和其他英国军官率领，曾击败太平天国造反者。梁士诒的提议再次被拒绝，阻力在于日本以及英国工会的强烈反对，后者不同意输入中国劳工。

两度受挫之后，梁士诒再退一步，提出了向欧洲派遣工人而非士兵的设想。与在法国以及东部战线作战的大军相比，北洋政府的陆军和海军微不足道，但富有人力资源。协约国在战场上蒙受着巨大损失，迫切需要人手；如果不是在前线，也需要他们在兵工厂工作，修筑道路、铁路和桥梁，为部队提供后勤支持。

梁士诒及其同僚的一大心结，是1915年1月18日日本对北洋政府提出的"二十一条"——坚持自己在华的广泛权利和特殊权益。北洋政府起初拒绝后，日本又提出精简了的"十三条"，为袁世凯政府所接受，双方于1915年5月25日签订了协议。显然，北洋政府需要西方列强的帮助来对付日本，收回德国在山东的前租借地，它们业已被日本攫取。北洋政府也希望本国工人在海外时能学会对祖国现代化有用的技能，并希望他们的对外援助能在战争结束时的谈判桌上，为中国争得一席之地。

于是，1915年初夏，北洋政府提议：向英国和法国派遣总共30万工人，执行非战斗任务。

梁士诒的坚持不懈得到了回报。6月，法国决定接受这一提议。

法国人的招募

早在1915年3月,法国陆军部就曾考虑引进中国工人,协助法国作战,不过这个想法被放弃了。然而,随着战事愈演愈烈,法国不断从其殖民地抽调工人,包括阿尔及利亚、摩洛哥、突尼斯、越南和马达加斯加,数量超过18万人。局面明朗起来,这个国家对人力持续增长的需求是无法满足的。

回应中国关于人力的提议,法国派出了一个招募团,由乔治斯·陶履德(Georges Truptil)率领,他是一名退伍中校。此时中国尚属中立一方,为了防止德国人指责破坏中立,中方提出,中国劳工由民营公司招募,陶履德还应隐藏身份,扮成农业发展专家。

为了促进招募行动,梁士诒和中国实业银行行长成立了惠民公司,管理招工,并维持业务属于私人行为的假象。公司总部在北京,又在天津、青岛、香港和江苏浦口设立了分支机构。另一些民营公司也参与到这有利可图的招募生意,在广西、云南、四川和上海招收了一些工人,但惠民公司始终是主要的招募者。在后来的几年里,该公司招收了总共近3.2万人,按每名工人100法郎向法方收费,其中50法郎交给应征者的家人。

提供人力时，中国政府开列了三项条件：这些人不会参与作战，他们得到的权利与自由会与法国工人相同，以及中国保留派出外交人员去保障工人的权利与自由得到尊重。清王朝最后50年统治时期的记忆犹新，当时一些中国人作为契约劳工被输送到古巴、秘鲁、美国和南非，工作条件与奴隶相差无几。这些劳工俗称"卖猪仔"，意即售出的猪，这一名称确切地说明了他们在社会层级中所处的位置。这些人的家人在码头送行时，不知道还能不能再见到自己的亲人。中国政府不愿见到历史重演。

1916年1月17日，陶履德抵达北京，随后经数月谈判，与惠民公司达成了协议。在法国这边，陶履德也得与政府的不同部门，尤其是陆军部和外交部取得共识；还得与法国最大的工会——劳工总同盟（La Confédération Générale du Travail）达成一致。劳工总同盟唯恐中国人会在战时或者战后影响其成员就业，它要求对华工的人数加以限制，并在合同中规定期限。

双方达成的五年合同比英国人后来提出的要友善些。合同第一条指明，为了维持中国的中立，华工必须作为志愿者和平民在工厂或农场中做工，不得参与任何与战争相关的事务。尽管合同规定华工不会参与军事行动，但它没有明确提出他们会被隔离于作战地区之外。合同承诺他们享有法国工人享有的周日休息和其他权利，并与法国工友同工同酬。重要的是，华工被赋予服务结束后留居法国的选择权。

合同中承诺，每天供应至少100克大米，如果工人同意也可代之以欧洲食物。离开中国时，他们会领到两件蓝色棉布衬衫、两条蓝色棉布裤子、一条棉裤，以及一张草席和一些炊具。如果他们在工作中受伤，雇主必须支付治疗费用并予以补偿。第15条规定雇主还必须保护华工免于遭受其他国家人员虐待。

1916年5月14日，陶履德签订一份合同，雇用5万名工人，主要来自中国北方各省。他们将隶属于由法国陆军部指挥的殖民军。在一份日期为4月16日的报告中，驻北京的法国武官对他在巴黎的部长写道："中国工人，尤其是来自北方的那些，必定令我们满意。他们沉静、强健、勤劳而温顺。他们将适应我们的气候并胜任工作，无论多么艰苦的体力劳动。"

1916年7月，受雇于法国的第一批华工在天津乘船出发，有外国传教士和会说汉语的军官同行。按照行程，他们将横渡印度洋，通过苏伊士运河，穿越地中海，最后于8月24日到达马赛。

这些工人远赴他乡，出于简单的经济考量：向他们及其家人许诺的工钱比他们在国内挣到的多。然而当这些人出于自愿，而非听命于政府签下合同时，对于这场战争及其起因，或者欧洲战场对人类生命的可怕屠戮，他们几乎或全无所知。他们中的大多数是不识字的农民或低收入的城市工人，没有收音机或电视告诉他们空袭和轰炸之恐怖，而那是他们中许多人很快就会遭遇到的。警告他们面临之事也不符合招募者的利益。随着死亡人数逐周上升，法国极度需要人力。

阿托斯号的沉没

德国和奥匈帝国的外交人员注意到去法国领事馆签订合同的工人数量，引起了他们的警惕。1916年5月起，德国驻北京公使馆一再向中国政府提出抗议，指出这无异于派遣士兵站在法国人一边作战。中国政府回应道，这些人受雇于私人承包商，不意味中国破坏中立：本国公民如果愿意，寻求国外工作是他们的权利。

德国人开始在招工站散发传单，并在他们的中文出版物上发表声明，警告应征者所谓避开战争区域的承诺是骗局，他们的生命会由于空袭和轰炸而陷于险境。"你们将蒙受天下最残酷的打击，沦为游荡沙场的鬼魂。你们将永远找不到回乡的路，永远无法安葬于故土之中。"传单上说，薪酬将是低廉的，并以不断贬值的纸币支付；而为此他们得长时间从事使人筋疲力尽的工作，还得生活在强大的德国炮兵射程之内。

传单也被放在运送工人去欧洲的轮船上，威胁道：在大西洋和地中海巡逻的德国潜艇会击沉协约国船只——包括非武装船只——而不加警告。威胁于1917年2月17日落实，当时法国轮船阿托斯号（Athos）在距马耳他海岸200海里处被德国潜艇击沉，导致754人丧生，包括543名中国人，他们注定永远无法踏上欧洲的土地，而成为这场世界大战最初的中国牺牲者。死者包括罗伯特·黑登（Robert Haden），美国南部长老会布道团在苏州的传教士，他在尽力挽救一名华工的生命时溺水而亡。

这场悲剧发生后，运送工人的轮船不再取道苏伊士运河与地中海前往欧洲。改为越过太平洋到达加拿大，乘火车穿越该国，再登船越过大西洋，由反潜巡逻舰艇护送；另一条路线为经新加坡越过印度洋，绕过好望角，北上西非海岸，过直布罗陀到马赛。两条路线都把从中国出发的旅程增加到3个月，使本已漫长的旅途更加难以忍耐。

英国人的经历

起初,英国人拒绝中国提供人力。工会的反对是个关键因素,因为国内失业率居高不下,工会担心中国工人的竞争,他们廉价、能干,又没有工会组织。殖民主义的一条核心原则"殖民者优于被殖民者"也岌岌可危:如果黑人和亚洲人适合为大英帝国而战乃至捐躯,为什么他们在国内不能享有与白人平等的权利?再者,使用中国工人会提高中国的地位,并冒视中国为协约国成员而赋予中国更多权利的风险。

然而到了1916年中期,这些考虑由于英国在战场上的毁灭性损失而变得无足轻重,这些损失甚至使国家的未来处于险境。1916年7月,历时141天的索姆河战役打响,当月就有近18.7万名英国士兵阵亡、负伤或失踪。局势险恶,陆军大臣戴维·劳合·乔治私下说:"我们即将输掉这场战争。"

7月28日,英国陆军议会(the British Army Council)接受了中国的提议。英国已抽不出任何白人劳力来从事军队的后勤工作,每名壮丁都是战场需要的。英国政府排除将殖民统治已久的香港作为招募中心,而将山东东端的威海卫作为最好的选择。英国人认为,身量不高的广东人不适合做重体力劳动,强健的北方人最符合要求,能够适应法国北部与比利时寒冷潮湿的严冬。第一次世界大战期间来到欧洲的中国工人总共约 13.5 万名,其中 8 万人来自山东,那里绝大多数男性人口从事农业,习惯于艰苦的体力劳动。

在英国人看来,这个区域堪称理想。自 1898 年 7 月 1 日以来,英国对威海卫港拥有租约,它是英国驻华舰队(the British Chinese Fleet)的夏季驻地。由于这个港口不被视为清朝领土,所以在法律上,招工没有违反中国的战时中立原则。此外,1904 年向南非的金矿和钻石矿输送"苦力"时,威海卫曾充当招工中心,那时修建的设施仍在。

为了领导这项任务,英国人委任了托马斯·伯恩(Thomas Bourne),一名有 28 年在华经验的铁路工程师。1916 年 10 月 28 日,伯恩到达北京,三天后即起程前往威海卫。他与 6 名英国职员在当地成立了办事处。办事处拥有 1 名外科医生、20 名中国文书和杂工、20 名中国和锡克警卫。

起初,中国人对英国招募行动的回应是迟缓的。到 11 月下旬,伯恩只招到不足 40 人。中国人怀疑是被英国军队雇用,不清楚在世界另一边等待他们的是什么。

工人签订的文件比法国合同简单,只有一页,一面是英文,另一面是中文。它讲明工人签约出于自愿,条件已对他们事先说清,职责将涉及"铁路、马路、工厂、矿务、船坞、农田、森林等处工作。绝不派作战斗之事"。报酬仅为每天 1 法郎,另外国内家人每月收到 10 块中国银圆。作为回报,他们将每天工作 10 小时,每周 7 天,对中国节日予以适当考虑。一个工头管 60 个人,每天会得到 1.5 法郎，家人则每月15块中国银圆。熟练工人挣得多一些，每天5法郎的最高薪俸属于口译员和会说英语的职员。在死亡或全残的情况下，工人家人将收到150块中国银圆；部分伤残的，数额会达到75块中国银圆。

这份合同为期三年，比法国合同的五年期限短，并可由于工人一方的行为不当或工作不力而随时终止。虽然华工是作为平民招募的，也不会穿军装，他们却须服从军纪，可能受到军法审判，乃至处决。

以英国标准衡量，他们的报酬是低的。不过一连三年的有保证收入，这在华工看来就是很好的薪资了。应征者免费提供食物、衣服、医疗和住宿，服务结束后"在任何情况下"都免费归国。有别于法国合同，英国合同规定所有中国工人均将被遣返，这主要是迫于英国强大的工会运动的压力。

工人如果接受这些条款，就报出姓名、年龄和家庭住址。文书将这些细节添加到文件中，加盖英国移民局（the British Emigration Bureau）的印信。工人随后在合同上按下拇指等手指的指纹，作为签名。

裸体和消毒

中国政府密切参与了合同起草，然而招工行动持续失利。1917年1月，中国外交部向伦敦提出协助建议，其概述的三项条件，显示了中国通过华工军团提供人力的提议是如何与其外交目标密切相关的：英国将帮助中国在战后和平会议上争得一席之地；允许庚子赔款延期50年支付而不增加利息；立即允许中国提高关税。最终，华工军团这份北京的人力礼物，连一项条件的回报都未能换取。

在英国，华工军团的存在一直秘而不宣，甚至对议会都保密，只有少数军事和外交官员才知晓。其存在的首次公布是在1916年11月15日，当时官方的《伦敦宪报》（London Gazette）报道，利物浦军团的布赖恩·费尔法克斯（Bryan Fairfax）中校已被任命为该团指挥官。费尔法克斯曾于义和团运动期间在中国服役，也在南非服过役。1916年7月的索姆河战役中，他率领手下作战，因毒气致伤而退役归国。1917年他重返法国，组建华工军团总部。

英国的招募工作渐有起色，很大程度上得力于口口相传和已有的遍布城乡的殖民网络。在中国的外国势力里，数英国涉足最广，深入商业、学校、布道站和工厂。传教士是最有效的招募者，有上好的机会接近潜在应征者，这在外国人中并不多见。传教士生活在普通中国人中间，如农民、木匠、铁匠、石匠、烧砖工、泥瓦匠等，并且使用这些人的语言。终于，成千上万的人应征加入华工军团，被贫困、劳动力过剩和中国政局不稳的合力所说服。

成为华工军团成员的第一天，应征者被告知脱掉衣服，裸体列队，由一名英国士兵朝身上洒消毒液。然后医官检查他们是否患有21种疾病，包括支气管炎、疟疾、肺结核、龋齿、性病和沙眼，后者是山东多发的眼睑传染病。传染病备受关注，因为如果带到法国，造成的影响可能是毁灭性的。出于医学考虑，30%—60%的应征者被拒，主要是由于沙眼。那些入选者，大多数年龄在20—40岁。

以拇指等手指的指纹签署雇用合同之后，工人领到一个铝制手环，上面冲压出一个五位数序列号，用金属铆钉固定到手腕上。与序列号一起的是他的姓名，使用罗马字母与汉字。那些不知道自己名字或姓氏的人，则提供了所在村庄名、本人绰号，或其薪酬的国内接受者的详细资料。这成了他们以后三年的"姓名"。手环必须一直戴着，只能在回国之后摘掉。手环加上指纹，成为便于管理的有效识别方法。不过这在许多中国人看来形同冒犯，他们觉得有如犯人在前往监狱途中被记录在案。

在沧口的招募

1917年1月，威海卫之外又开设了一个招募站，地处山东铁路沿线的沧口。这个招募中心设于德国人废弃的一个大丝绸厂内，位于青岛以北15公里处。青岛是大型港口，可以停泊远洋班轮，处于英国的盟友日本的控制下。1914年11月，日本人由英国人帮助，从德国人手中夺取了它。

沧口很快成为更重要的招募中心。在后来的14个月里，这个功能齐全的机构招收了数千劳工。管理华工军团项目的英国外交官阿尔文·奥格登（Alwyne Ogden）爵士写道："苦力来自中国北方各地，尤其在春节期间，这时他们会停下在满洲田野的劳作，回家度过这年度假期。看到我们的广告，听说面临的前景，他们多半都会长途跋涉，也许100英里乃至更远，来到我们的招募处。"大多数应征者来自山东和直隶，其他人则来自奉天、吉林、江苏、湖北、湖南、安徽和山西等省。

1918年1月，华工军团少尉达里尔·克莱因（Daryl Klein）写道:"今晚在食堂得知,苦力对于会到什么地方去不闻不问。得到不会加入西部前线作战的保证之后,他们无忧无虑地出发,仿佛参加精心安排的冒险,只要有吃有穿,就不关心目的地的情况。"克莱因1917年末进入华工军团,是护送一批4200名工人的13名军官之一,同行者还有5名口译和1名卫生员。1918年2月,他们离开青岛,取道加拿大前往法国。在所著《与中国佬在一起》(With the Chinks)一书中,他记述了自己的经历。

应征者在沧口受到审查。入选者在坐火车到达青岛以前,得到了食物、衣服和配发的什物。为漫长的旅程做准备,工人们接受了数周的训练。在中国警卫的协助下,英国军士操练工人们,并强调个人卫生的重要性。工人们在大型公用浴室里冲洗身体。他们剪掉辫子,剃成光头。每人发给两身蓝色棉布夏衣和一套冬衣,包括毛裤、毛衣、背心、棕色帆布雨衣和一顶带耳毡帽,以及一枚铜质徽章,冲压有华工军团的首字母缩写CLC。

他们每15人一班,选出一名班长。班长文化程度较高,薪酬也较高,佩戴臂章。每天三顿饭,食物有大米、蔬菜和鱼,每周吃两次肉,茶水管够。免费的衣服和食物,质量高于他们通常所见,造成了一种好印象,增加了工人们的好感。

1917年1月18日,英国的华工军团招募行动开展3个月后,第一批1088名工人准备就绪。两个星期的训练和准备之后,工人们被送往青岛的码头,登上旅程。在那里,他们看到了生来从未见过,也想象不出的东西——巨大的船只,这些庞然大物将载运他们穿洋过海。离岸之前,工人们再次接受消毒液喷洒,序列号和手环也最后一次受到检查。他们在6名候补军官、1名医生和1

名正规军上尉的陪同下登船，阵阵鞭炮响起，给启程添加了几分庆祝之感。

工人们得到准许携带上船的独轮车和架子车，后来证明在佛兰德斯和皮卡第（Picardy）的泥泞与尘土中施展不开。不过同样允许携带的乐器，如鼓、笛子和三弦琴，则成为他们调剂心情的主要手段，无论在漫长的航程中，还是在法国和比利时营地的夜晚，都是如此。

绷紧的神经

到1917年4月末，英国人已经把35 000名华工送到欧洲战场上工作。1918年3月，最后一批近2000人离开中国，英国人已经招募了94 400名华工，远远超过法国人招募的人数。战争期间法国人将运送大约4万人，这个数字比巴黎起初设立的10万人目标少了一半多，主要是由于缺乏船只。这个问题同样阻碍了英国战争议会招募15万名华工的目标。英国人雇用的大多数华工是乘加拿大太平洋航运公司(the Canadian Pacific Line)的俄罗斯皇后号(Empress of Russia)或亚洲皇后号（Empress of Asia）到达欧洲的。1917年2月阿托斯号被击沉后，运送华工的路线改为从中国经日本港口长崎、横滨或门司，补充燃煤、食物和淡水，横越太平洋到加拿大。华工被安排住在甲板下拥挤而通风不良的货舱里，与船上的欧洲乘客分隔开。克莱因写道："苦力不是乘客，乘客拥有各自的舱室，苦力更多的是货物、牲畜，他们得另外归成一堆，装进一个舱里。"

最强烈地感受到这种歧视的人是翻译，他们能说英语，曾在中国或海外与"大鼻子"们打成一片。他们有资格得到优于工人的住宿条件和食物，却发现级别最低的英军二等兵都比他们住得宽敞。一艘轮船抵达日本，停靠6天，英国人上岸休息娱乐，2000名中国工人却被命令留在船上，关到逼仄而闷热的空间里，空气稀薄，卫生极差。克莱因还描述了穿越太平洋的航程中，一个夜里偷了一把花生的工人如何受到军法审判；他被铐到绞车上6个小时，以告示其罪行，作为对其他人的警告。

工人们以前几乎都没出过海，更别提跨越大洋了，许多人饱受晕船之苦。他们经过三周航行，越过太平洋到达温哥华时，情况并未改善。加拿大不欢迎中国工人，坚持对进入该国的人征收500加元的"人头税"，相当于一个普通工人的10年工资。为了不支付税款，华工被迫在温哥华外围的威廉黑德（William Head）拥挤的船上等待。他们得耽搁上让人难受的好几天，有时是好几个星期，才能被送进火车车厢，登上穿越该国的旅途。

温哥华拥有加拿大最大的华人社群，1911年人口普查显示有3559人。战争爆发后，尽管失业率超过50%，华人社群仍购买了10万加元的战争债券，显示出他们的爱国心。有些华人在加拿大军队中服役，加入协约国一边作战。尽管当局努力防止华工军团与华人居民有任何接触，运载华工的闷罐车滞留温哥华时，当地华人还是跟他们说话，递给他们食品。华工不被允许离开锁闭的车厢，处于武装警卫之下。有的加拿大人不愿意让中国人过境，虑及他们的反对，车窗被遮挡；车上也没有床。

一旦起程，火车要经历8天8夜，开行9000公里，才能到达东部省份纽芬兰的哈利法克斯港（Halifax）。中途停车时不允许工人们下车，即便是活动一下也不行，以确保他们路过加拿大而没有

"进入",因而无须支付人头税。加拿大政府极力为行动保密,实施新闻封锁,命令铁路工人不得提及所运货物。在温哥华,工人们从轮船转移到火车上时,有一群人拍照。当过记者的新闻检查官命令警察没收了照片。尽管竭尽全力,加拿大新闻检察官也无法制止美国报纸,包括《西雅图时报》(The Seattle Times)和《旧金山调查者》(San Francisco Examiner),报道这些工人的动向。

加拿大政府还拦截了中国驻温哥华领事馆的对外通信,以及任何寄到加拿大的收件人姓名为华人的私人信件。政府的顾虑是,加拿大华人公民也许试图说服华工不要去法国,而滞留在加拿大。政府截获的加拿大华人往来信件也表明,他们是了解事态的。一封由温哥华的李侃思(音译,Lee Kaun Sit)写给其广东朋友安义(音译,On Yick)的信中写道:"协约国正在中国各地鼓动人们为其工作。人们如果听信,就会吃尽苦头。超过1万名中国人在俄国接近战争前线的地方做工。乘皇后号轮船抵达法国的几千名中国人将落入同样的下场。"另一个人对在上海的同事写道:"来自山东的几千人正乘轮船抵达,将被送上法国前线。他们必死无疑。"

1917年3月至1918年3月,共有8.4万名华工乘火车穿越加拿大全境前往欧洲。在东海岸的哈利法克斯,人们下车后便进入一个营地,四周是带刺铁丝网,有武装士兵把守。他们从那里登上运兵船和政府接管的客轮,穿越大西洋,闯过漫长旅程最后也是最危险的一段,由反潜巡逻舰艇护送。工人不得不穿着救生衣,夜里禁止一切亮光,以免引来潜艇。克莱因写道:

> 生活受到严厉限制。苦力全程都得戴救生圈。所有的舷窗

都被涂上油漆封死。舱内空气令人窒息。有个人抱怨时，一名军士答道："一个人憋死也比四千人都完蛋强。"护航的只是一艘小型炮艇。在潜艇出没区，再冷静也可能猝不及防。这是个危机四伏，需要冒险和勇气的区域，尤其是个不实警报频发的区域。神经在这里不得放松。对于具有想象力的人，这是一场噩梦。不管怎样，总是令人胆战心惊。

两段漫长的海上航行和拥挤不堪的旅途条件，对于工人们是极大的折磨，尤其是在遭遇风暴，浪高数米的时候。克莱因描述了一次航行中他在甲板下面看到的情景：

> 我下到中部的一个统舱，那里住着我们公司的 150 多人。还没下到他们中间，我就听到阵阵呻吟，就像进了刑讯室。多数人崩溃了，有的人一下子没了力气，躺在船舱地面上，连铺位都爬不上去，虚弱的样子令人震惊。

有些人无法忍受晕船和痛苦，投海结束了自己的生命。中国官方统计中对自杀人数没有记录，只是记载有 700 人死于德国潜艇攻击，包括阿托斯号上的那些人。

抵达英国时，有些船停靠在利物浦或普利茅斯，工人们从那里被火车送到福克斯顿，然后被轮船送到法国北部皮卡第的滨海努瓦耶勒（Noyelles-sur-Mer）华工军团总部。另一些船直接驶往布洛涅、勒阿弗尔（Le Havre）和法国其他港口。

拒食马肉

1916年8月,第一批华工抵达马赛前夕,《向上报》(*L'Excelsior*)报道,这些工人大部分来自中国北方,业已通过细致的选择程序。"他们会比安南［越南］人更适应我们的气候。医学检查表明,他们大多数身体状况出色。他们的到达,对于我们持续的招募工作是个好消息。"

英国人将华工完全用于法国和比利时前线,支持英国军队作战。法国人则把这些华工安排到本国的工厂里工作,无论国有和私营,因为前方的大量伤亡,工业劳动力已严重短缺。中国人加入了来自法国各殖民地的女性和男性劳动大军,被派去帮助制造军火、舰船、飞机、金属制品和石油化工产品。他们还在全国各城市的建筑工程中出力,从北部的敦刻尔克到西北的布雷斯特和南部的里昂、圣艾蒂安和图卢兹。他们在港口和仓库卸载货物,在矿山里劳作,在田野里和森林中苦干。

根据中国官方报告,23 166名华工在远离前线的地方做工。在输送到法国的4万名华工中占58%,这些人生活在营地或营房中,通常在城市郊外,上下班跟其他外籍工人一样由士兵护送。这些人在华工中是最幸运的，因为他们远离战火，没有暴露在德国人的炮击和轰炸之下。干完了活，他们可以随意走动，自由出入周边城镇的咖啡馆、餐厅和妓院。

虽然华工签订的合同承诺雇主会像对待法国员工一样对待他们，但他们的居住条件和食物还是很差。口译员严重短缺，导致语言和文化上的误解，还有工作与生活习惯方面的冲突。工厂工友和市镇居民大都对他们怀有好奇心和排外心理，有些店主不肯卖给他们香烟。华工被发给质量差的衣服，供应吃不惯的食物，包括马肉。1917年10月，一个叫李骏（音译，Li Jun）的人为工人们申述，中国人是不吃马肉的，如果非吃不可，他们就要闹事。马肉马上就从菜单中去掉了。

华工的合同还规定，他们会与欧洲工友同工同酬，但情况并非总是如此。薪酬由雇主和工人直接商定，每天从1法郎到5法郎不等。这些人本是农民，习惯于艰苦的生活和田地里长时间劳作，但没有在工厂中或作为大型团队成员工作的经验，对战争也几乎一无所知。一些中国工人在法国工厂中死于事故、纠纷和治疗不当的疾病。1916年到1918年，华工卷入了25次罢工或暴力示威。他们自己也有争端，通常事关赌博，还与其他外籍工人产生冲突。1917年1月，在巴塞斯（Bassens）的一家火药厂，与阿拉伯工人的斗殴造成两名中国人死亡。几天后，在贝尔热拉克（Bergerac）的一家火药厂，500名中国人攻击250名阿尔及利亚人，1名中国人被杀，60人受伤。

抗议的起因则是恶劣的工作条件、不支付工资、被指定做合同以外的工作和监工的打骂。由于语言和文化上的障碍和口译员的缺乏，华工与监工及其他外籍工人之间经常发生误会，一个小小的意外就可能迅速演化成数十人卷入的暴力事件。1917年2月，在巴黎—奥尔良铁路线上的佩里格（Perigueux），100名华工举行罢工，抗议薪酬问题。5个月后，在法国中南部的圣巴泰勒米勒普兰（Saint-Barthélemy-le-Plain），两名在铁路上干活的华工试图使一列火车出轨。

导致暴力抗议的另一种不满，是华工被迫在前线附近工作，处于德国大炮和轰炸机覆盖范围而产生的愤怒。合同指明，他们不会被用于军事行动，所以他们没有想到被置于敌人攻击的险境中。最令人震惊的例子发生在1917年，在敦刻尔克附近一家钢铁厂，由于德军空袭的持续危险，500名华工拒绝工作。赶来恢复秩序的警察受到一阵砖头的迎击，于是朝天鸣枪。根据事件的官方报告，工人丝毫没有被镇住。在他们看来，武装的法国警察比不上德国轰炸机可怕。然而，警察开始向华工射击，打死1人、打伤6人，遂使事态演变为悲剧。

法国及来自其他国家的工人怀着畏惧和敌意看待华工，华工则抱怨雇主和公务员以暴力对待他们。1918年3月1日，针对各地华工不同级别的指挥官，法国总理乔治·克列孟梭（Georges Clemenceau）被迫发出如下警告："我已经注意到，中国工人已沦为其守护者野蛮行径的受害者。这种现象之不可接受的性质、它的严重性，及其可能带来的后果，想来无须提醒你们注意。"他再三警告，那些对中国工人动用鞭子和警棍的人将受到惩罚。

在一些工人饱受猜疑的同时，另一些却得以与当地人打成一片。在工厂里，他们跟法国妇女并肩工作，她们被大批动员来顶替被送上前方的男人。合适的法国男人严重短缺，这些中国人则既年轻又健康，在某些情况下，浪漫故事便发生了。

这种结果已在司法部长的意料之中。在运送华工的第一艘轮船抵达法国之前，1916年7月26日，他向圣丰斯（Saint-Fons）市长发出一封密信，警示法国妇女与来自中国或非洲殖民地的男子之间的婚姻。"他们如果生儿育女，这将给孩子和母亲都带来严重的后果。首先，孩子会丧失法国人的身份，而且，孩子如果留在法国，他们异常的姓名会使母亲与一个土人旧情难忘。在法律上我们无法反对这样的结合。"出于种族纯粹性的观念并考虑到混血儿国籍问题，他向法国的市长们建议："谨慎地提请这些混血儿的母亲注意他的关切，并使她们意识到这些恋情的不幸后果。"

中国宣战

1917年3月14日，中国断绝了与德国的外交关系。作为交换，协约国同意暂停庚子赔款的支付直至战事结束。1917年8月14日，在美国参战4个月之后，中国对德国和奥匈帝国宣战。与两年前向协约国提供人力的提议相同，中国的主要目的是在战后的谈判桌上争得一席之地，并赢回在山东此时正被日本占据的德国租借地。

对于中国，做出宣战的决定并非轻而易举。在领导层和公众中，意见都是分歧的。赞成的人指出，这是收回丧失数十年的领土的良机，因为美国被奉为列强中对待中国最为慷慨的一个。支持中立的人的见解也同样有力：1917年春夏，哪一方将会赢得战争尚不明朗，如果德国赢了，它会对中国实施什么报复？如果协约国赢了，它们会倾向于中国的诉求而罔顾日本吗？国际交往事涉国家利益，而非公平正义。

康有为，清朝晚期一位重要的改革家，出色地总结了中立的处境：

> 顷美德事起，与我无涉。内考国民无贵贱智愚，闻绝德议加入战团，无不痛心惊告，恐启衅祸国。
>
> 欧战孰胜孰败姑勿论，惟竭全欧列强之力，及美日之财械以与德战，不能得德尺寸地，而法失十州，比利时、塞维、罗马尼亚已灭矣。其胜则全欧危变，况我之弱乎！其败耶，和议成后，德舰仍能来袭，各国畏德，谁能为我兴师？不鉴于高丽乎，岂有兴仁义之师助之者乎？

中国对德宣战后，法国人觉得将华工移至更接近前线的地方是理所当然的，以执行与战争相关的任务，类似于英国人麾下华工军团所完成的那些。

在前线附近工作的华工，许多由于战争而备感摧残——永不停息的轰炸、掠过头顶的飞机、卡车和火车没完没了的噪音。这些人适应了山东和直隶乡间艰苦繁重的劳动生活，但对靠近前线度日全无准备。1918年5月23日，在滨海努瓦耶勒的英国人华工军团总部附近，一些华工遭到炮击，他们越过带刺铁丝网逃跑。数日之后他们才被找到，饥饿憔悴，神情恍惚，不知所措地在乡间游荡。

1918年初，法国和中国开始讨论，建立一支4万人的中国远征军，作为工兵在前线工作。这支部队由正规军中的志愿者和来自中国北方的工人组成，由中国人指挥，每个营配备一名法国军官。两国均热衷于这一项目，它也得到了协约国其他成员的支持。

第一批1万人本应于1918年2月底离开中国，可是这支大军始终没有出动。协约国无法提供运送他们的轮船，美国人也没有贷款给他们置办装备。

为俄国人和美国人工作

1915年底到1922年之间，也有大约20万华工到俄国做工。作为英法的盟国，俄国在战争中蒙受了巨大损失。华工先前集中在远东地区，不过在战争期间，他们散布到了俄国各地，包括大西北的摩尔曼斯克铁路、黑海的巴库油田和乌克兰东南部顿涅茨盆地的钢铁厂和煤矿。跟在法国的工人一样，他们由私营公司招募，以维持中国的中立表象。

在俄国，许多工人历经苦难。俄国雇主和中国中间人不履行合同，致使他们得不到应得的报酬，吃不饱穿不暖，也拿不到许诺的回国路费。他们在严冬里修建摩尔曼斯克铁路，当气温降至零下20摄氏度时，许多人冻死了。1917年的俄国革命和随后的内战让他们难上加难。恶劣的生活和工作条件促使许多中国人加入了布尔什维克红军。许多背井离乡远赴俄国的中国人一去不归。

美国也需要成千上万的工人来协助其部队。除了来自欧洲、中南半岛和北非的工人，美国要求法国支援5万名工人，法国则提供了1万名中国人。到1918年8月，这个数字已经增加到近1.2万人。这些华工的主要任务是搬运弹药和挖掘战壕，他们一直为美国人工作，直到1919年5月才重归法国人支配。

一般而言，与那些受雇于英国人和美国人的华工相比，为法国人工作的华工要幸运些。战争期间与华工一起工作，后来成为著名教育家的蒋廷黻说："跟法国人在一起的华工，比那些跟英国人在一起的华工觉得满意一些。除了纪律，军官对华工的态度差异也是一个重要因素。法国人的种族意识淡薄得多，他们的方式更为民主，对手下的工人多了份家长式的关心……在大部分时间里，英国军官固守其身为军官，或许是作为白人的尊严。"

徐国琦在其出色的著作《一战中的华工》(*Strangers on the Western Front: Chinese Workers in the Great War*) 中写道："在三支军队（英国、法国和美国）中，中国人看来最不愿意为后者工作，他们认为美国人比法国人吝啬，相信美国人让他们工作更长的时间。"

美国人还不如法国人和英国人，对于管理这支外国人大军，他们根本没做过准备。美国人与法国人对合同条款一再争执。美国军官对待华工态度恶劣，不得人心。在一个典型的误会事例中，当一名美国军官对一群华工说"Let's go"（咱们走吧），工人们把工具扔到地上，因为在汉语里，"go"听起来就是"狗"。

为英国人工作

1917年4月初，当英国招募的第一批华工抵达时，英国军队业已准备好一套体系接纳他们。英国人选择于滨海努瓦耶勒设立华工军团总部，此地位于法国北部的皮卡第，是索姆省的一个镇，临近英吉利海峡，距索姆河战场100公里（索姆河战役是这场战争中最惨烈的一役）。这个为华工建立的大型营地虽然有些偏僻，但由于附近有铁路线，离前线并不算远。

附近的埃塔普勒港（Étaples）已成为英国远征军的主要补给站和营地。这里是法国境内最大的营地，占地12平方公里，有10万人，20所医院。其他19个营地设在加来，该地区是战争期间英国军队最重要的中心。

除了滨海努瓦耶勒，在距华工即将做工的地点更近之处，英国人也设置了大量临时营地，每个营地可容纳多达3000名工人，住在营房或帐篷里。英国人为这些中国人建立了4所医院，以滨海努瓦耶勒的最大，有1500张病床，设备齐全，配备了说汉语的医生和中国护理员护理病患。中国工人得到与英国士兵相同的关心照料。医院的设施包括X光透视机和手术室、专门的沙眼病房（与其他眼部疾病与损伤隔离)、一个传染病隔离区、一个很大的因战争压力而精神失常患者的诊疗区。这里还有一个拘留中心。为了营造家乡气息,每个病房都养了只金丝雀,大门旁还耸立着一座仿造的宝塔,有好几米高,以鸣锣报时。虽然远离中国上万公里,它是世界上最大的中国人医院。

华工军团的指挥官布赖恩·费尔法克斯上校在镇上的弗兰苏庄园(Château de Fransu)居住和办公。另有一幢房屋作为军官宿舍,军士们则住在船工旅店(Hôtel des Voyageurs)。相比之下,华工的生活和工作受军纪约束,住在四周是带刺铁丝网的营地中,还有武装士兵把守。作为非战斗人员,华工没有武器。他们睡在营房或大帐篷里,每个房间50张床。他们不允许与英军士兵共用厕所,主要是为了防止沙眼传播。华工每天工作10小时,每周7天,传统的中国节日除外。每500人组成一营,其中24人为英国军官和士兵,领队为少校或上尉。华工单元的关键人物是工头,均为中国人,在一名英国军官的指挥下监督华工。这些人对华工单元的有效运作至关重要,因为在几乎没有欧洲人掺和、只由工头监督的情况下,工人们干活最顺心。口译员在华工军团的管理和运作中也起到了关键作用,华工和军官之间的沟通主要靠他们。

华工提供体力劳动,设立卡车-摩托车修理点,锻制-油漆坊,为前线的英军服务。在1917年11月20日到12月7日的康布雷战役中,他们对维修坦克起到了重要作用。挖战壕是他们另一项最重要的任务,英国人总计有9600公里长的战壕,中国工人比印度工人或英国士兵挖得都快。只是,由于不允许他们上前线,那里的战壕由英国士兵挖掘。

华工每天两顿饭，上班前和下班后。饭由中国炊事员做，食物有大米、肉或鱼干、蔬菜、茶叶、胡桃油、盐、面粉和人造黄油。工头和口译员多为学生出身，比普通工人吃得好一些。大多数工人用钱仔细，英国人为他们开设了一间储蓄银行。银行一直营业到1918年8月，吸纳储蓄超过1400万法郎。

工人出色，管理无情

英国军队积极地防止中国人与欧洲人之间产生任何联系，无论是与平民还是与军人。劳工总监在华工军团1918年8月2日印发的《华工纪事》（Notes on Chinese Labour）中指出，英国军官不得与华工相熟，因为它"致使威信损失和效率大为下降……白人官兵与中国雇员过分熟稔会破坏纪律，应予反对"。

华工离开营房时须持有通行证，并且不允许与外部任何人有社会交往，无论对方是协约国士兵、其他外籍工人还是法国民众。在营地外，他们必须穿统一服装、戴帽子，以便于辨认。华工受到严格的军纪约束，包括要是罢工就会遭受体罚和监禁。如果迟到、旷工或辱骂上司，他们还得支付罚款。

在英国人看来，由于战事吃紧，也为了尽最大可能有效地使用华工，这些管制措施是必不可少的。作为世界上最大的帝国，英国人有管理大批民众的经验，但从未管过这样的中国人大军。与来自各殖民地的工人队伍相比，华工造成的问题既不同也更复杂。军队对前者更熟悉些。从行政的观点看，把工人们关在封闭的营地里，是管理工人最划算的手段。

这些中国人公认为优秀的工人。1919年11月，关于英国军队在战争期间使用的外籍工人，劳工总监向总军需官写了一份报告。他高度评价中国人，说印度人难以忍受法国北部的寒冬，南非黑人则不能用于危险地区。"如果运用得当，华工无疑是最能干的。假如没有华工军团的出色工作，1918年敌人进攻时，我们在后方所组织的广泛的防御系统是不可能完成的。"

劳工总监在1918年8月的《华工纪事》（下发给英国军官）写道：中国人非常强壮，只要使用得当，就是世界上最好的工人。"这些苦力之能干令人惊讶……（6人）一组挖掘，进度为每人每8小时230立方英尺白垩与燧石，加上约1英尺厚的表土。"劳工总监核准，有4725名华工对坦克、轻便铁路及货车的生产高度熟练，并极为擅长从事其他专门工作。

赞美也来自法军将领费迪南·福煦（Ferdinand Foch）元帅，1917年和1918年的协约国联军总司令："他们是足以锻炼成优秀士兵的第一流工人，承受得起现代炮火的考验。"华工军团第二批工人的英国指挥官马尼科·戈尔（Manico Gull）甚至说："他们从山东海滨而来，无疑成为欧洲大战最重要的方面之一。"戈尔的说法也许夸张了，是为了满足战时宣传的需要，然而他表达了大多数指挥官的看法。1918年6月的《消息报》（*L'Information*）发表文章评论道："在法国雇用的所有外籍工人中，最令人满意的一直是黄种人，雇主们的所有报告都同意这一点。中国人能适应各种天气，他们耐心而专注，不停地工作。来自中国北方的那些人非常强壮。"

造反和哗变

为英国人工作的华工面临的障碍，与为法国人工作的华工面临的障碍相同。一个困难是口译员的长期短缺，一个4200人的营地只有5名口译员。中国中央电视台2009年5月播出的一部纪录片报道，误解导致小事升级的事件不胜枚举。"有的时候，英军警卫开枪，打死中国工人。中国工人受到严格的军纪约束，惩罚包括绑到树上。英国人批评法国人对待这些工人温和，允许他们跟当地人打成一片。英国人说，法国人应当像他们一样对待工人。"

为了应对这一问题，英国军队印制了一本常用语手册，供华工营地的管理人员使用，其中包括"我要8个人马上到那里去""你为什么不吃这种食物""这帐篷里不够干净""你明天必须洗个澡"之类的句子。

口译员的缺乏意味着，当中国工人抱怨而英国军官或士兵听不懂时，英国人的回应可能是处罚，有时军官还会开枪。这导致愤恨、受伤甚至死亡。基督教青年会（YMCA）的一份报告披露，有个管理1000人的中尉据说打工人耳光，对他们连踢带骂，工人们则诅咒他，最后发起罢工。警卫开了火，4名工人被杀。

尽管合同承诺不得将他们用于军事行动，许多华工发现自己处于与士兵无异的风险中。1917年9月4日和5日，在德军对敦刻尔克和布洛涅的轰炸中，中国人有15名丧生、21名受伤。1918年5月18日夜，至少50人在德军空袭中遇难。那年7月30日，有更多人在德军轰炸其营地时死亡；其他逃出营地的人坚决不肯返回，被带到离前线较远的另一处营地。有传言说，中国工人用手榴弹炸死一些德国战俘，为同伴之死复仇。

1917年7月和9月，在接近比利时边境的勒弗兰库克(Leffrinckoucke)，当地钢铁厂里的华工在遭到德国飞机轰炸后进行罢工，逃到乡下。规模最大的造反之一发生于1917年9月，在埃塔普勒的英国士兵哗变之后，当时有1000名士兵冲出营地，穿过邻近的勒图凯，越出了给他们划定的界限。哗变被炮兵连和机枪部队的士兵弹压下去。

哗变的消息传到了在布洛涅港工作的中国和埃及工人耳中，他们也举行了罢工，抗议恶劣的工作条件、食物、待遇，以及德军轰炸的风险。工人们进入布洛涅市，企图抢劫一家带餐厅的旅馆，不过被赶走了。他们随后冲击一所军官俱乐部。士兵开枪，打死打伤大量工人，逮捕了其余的人。

这与哗变英军的惩处对比鲜明。只有1个英国人由于企图哗变而被处死，3人被处10年劳役，10人被判1年监禁并做苦工，33人接受7到90天战地惩罚。

布赖恩·福西特(Brian Fawcett)出色的著作《中国军团在法国1917—1921》(Chinese Labour Corps in France 1917—1921) 记载，哗变发生过多次。1917年10月10日，对纪律产生争执之后，有5人丧生，14人受伤。1917年12月16日在莱丰蒂内特(Les Fontinettes)，由于英国军士欺凌而发生哗变，1名武装警卫打死4名中国人，打伤9人，还有1名加拿大士兵丧生。那些被判定犯有哗变和罢工罪行的人被处以1年或2年苦工。

英国人处决了10名战争期间为之工作的中国人：1人由于谋杀其英国指挥官，其他9人均因杀害工友。这些判决由军事法庭审判后宣布，尽管这些中国人既非战斗人员，亦非士兵。

慰藉和教育

华工在法国和比利时的生活与工作环境艰苦而危险，不过他们的确得到了帮助。对于跟法国人一起工作的那些华工，协助来自勤工俭学运动；对于跟英国人一起工作的那些华工，支持则来自基督教青年会。

勤工俭学运动

勤工俭学运动出自李石曾的构想。李石曾生于北京一个富裕而有声望的家庭，他1902年离开中国，在巴黎的巴斯德学院学习生物学。6年后，他在巴黎西北郊建立一个豆制品厂，从直隶老家的村子里请了30名工人，前往法国为他工作。他开办了一所学校，给员工上法文、中文和技术课，还禁止他们抽大烟、酗酒或赌博。李石曾相信，劳动和学习的结合，会使他手下的工人成为有见识的、独立的公民。

李石曾1905年加入同盟会，同盟会是国民党的前身，是旨在推翻清王朝的革命党。作为知识分子兼实业家，李石曾将法国誉为值得中国学习的"共和楷模"。这一信念的关键,是中国人应该被送到西方学习,接受科学、社会进步和现代工业的教育。

1911年10月辛亥革命成功后,一个新的共和政府在中国执政。教育部长为蔡元培,他是文化和教育改革的先驱,也是李石曾的朋友。在蔡元培的支持下,李石曾创立了勤工俭学运动,旨在教育中国工人和学生,使之相互了解,并治愈其痼疾——酗酒、赌博和抽大烟。1912年2月,李石曾和四个志同道合的伙伴,包括蔡元培,建立了留法俭学会。俭学会在北京和成都开办预备学校,组织学生在法国的学校实习。1912年和1913年,俭学会资助了120名中国青年到法国旅行。

第一次世界大战期间,华工来到欧洲,为李石曾和同伴提供了绝佳的机会,大规模地实现他们的想法。他们敦促政府向欧洲派遣工人,以便工人们学习新的技能和欧洲的社会习惯,再带回去改良中国。有人引用李石曾1917年的话说:"在法中国工人将形成未来训练有素的工人阶级的核心。返回中国后,他们将有助于传播产业的专门技能。长期接触过欧洲文明,可以帮助改革社会和消除不良习惯。"

1916年6月,在蔡元培和法国一些著名人士的帮助下,李石曾建立了华法教育会,以发展两国间的合作和文化联系,并帮助华工在法期间的组织。也是这一年,在法国政府每年1万法郎的资助下,教育会在巴黎成立了中国工人学校,教授中文、法文、科学、数学、文化和公共组织等课程。学校的目标之一是培养受过最好教育的工人,作为其他工人的口译员和教师。第一批学生24名,他们已经在法国生活了一段时间。

勤工俭学运动为华工开设夜校，还创办了《华工杂志》，出版了三年半。杂志的文章采用白话文，而非文言文，因此通俗易读，在工人中获得了广泛读者，到1918年最高发行量达到3万份。1917年5月，在莱孚日（Les Vosges）的一个营地，有5%的人能读到这份杂志；一年之后，读者已经增长到30%。

杂志强调教育和学习西方方式之重要，并发布关于华工、欧战、中国和世界的消息。每期的最后几页都编排一个英、法、中三种文字的词汇表。第一期载有欧洲地图，标示各个交战国，并谴责德国发动战争："这个国家想使整个世界都属于它。它是人类的敌人。"

对于许多华工来说，这份杂志是最重要的外界消息来源，他们还能看到其他工人受到怎样的对待。有一期报道了德国最大的军火工厂工人举行罢工，以及该厂的定量配给实施情况。另一期讲述了布尔日（Bourges）的一家工厂，16名华工由于盗窃、赌博和斗殴，被遣送回国的经过。还有一期报道法国东部的翁热斯（Vonges），900名华工利用业余时间养猪种菜。杂志引用一名巴黎的华工的话："我到法国来，不仅由于工钱比国内高，也着眼于它的政治观念。法国是个模范共和国，这里的工会维护工人的利益。我想要获得经验、知识和全面教育，这些在我回到中国后会派上大用场。"

《华工杂志》推崇勤工俭学运动的目标：教育、互助、正直，以及节俭的生活。它指导在法国如何行事：外出时穿着得体，要戴帽子；参观博物馆不要触碰任何东西；在电影院或剧院里，演出开始后不大声说话；要走人行道，不捡拾他人掉落的东西。1917年的一期劝告：不应为小事争吵或打架，除非紧急情况不应借给朋友钱，不应抽大烟、酗酒或赌博，不应挥霍金钱。杂志建议，星期天可以做很多事情，例如学法语、看书或参观博物馆，参加"让我们学习和结交新朋友"的活动。杂志这样做，意在制止许多工人从农村带来的习惯——说话大嗓门、随地吐痰、大声争吵和赌博——这些都使他们不受欧洲人待见。一期杂志发表了中国驻法公使致华工的信，信中写道："停工是违法的。赌博在国内外都被禁止。斗殴不可接受，工作必须守时。"

李石曾对惠民公司深感不满，勤工俭学运动于是直接参与招工。在1917年发表于该杂志的一篇文章中，李石曾写道，惠民公司的唯一动机是利润，它对待工人犹如奴隶，没有适当的选拔流程。他指责惠民公司招入了一些恶棍，他们在法国赌博、嫖妓，在法国群众心目中留下坏印象。

1916年，勤工俭学运动派出一名代表到云南和广西招募工人，成功地与2500—5000人签约。勤工俭学运动的合同与惠民公司不同，除了承诺与法国工人同工同酬，雇主还承诺教育中国员工；作为交换，员工必须没有坏习惯。

基督教青年会

英国人方面，基督教青年会组织了大量会说汉语的传教士，还有其他志愿者，提供教育、娱乐和精神安慰。基督教青年会是西方基督教教会发起的，以劝人皈依为目标；勤工俭学运动是中国人在法国政府的支持下组织的，具有社会、政治的而非宗教的目标。因此两个组织的性质是不同的。

1919年出版的小册子《基督教青年会与在法华工军团》("YMCA

with the Chinese Labour Corps in France"）记载：

> 在法华工军团首批劳工到达之际，基督教青年会英国委员会便采取措施，为他们提供社会、娱乐和教育服务。起初不免困难重重，军官们心存疑虑，唯恐会说汉语的基督教青年会工作人员深入营地，与劳工建立充满同情的关系，会有损于纪律。出于这一理由，基督教青年会起初提供的帮助遭到拒绝。

不过，由于对华人志愿者行为的正面报道，基督教青年会逐渐赢得了费尔法克斯上校和其他军官的支持。而且，虽然尚未获取正式许可，在加来、敦刻尔克、布洛涅、埃塔普勒、迪耶普、勒阿弗尔和阿布维尔都开设了中心。1918 年 2 月，英国军队正式邀请基督教青年会协助工作。

基督教青年会志愿者组织谈话、聚会和看电影等娱乐活动，以取代赌博，因为赌博具有可怕的、有时是致命的后果。1917 年初，基督教青年会有 641 名男女志愿者，1919 年 2 月增加到男性 1024 人、女性 735 人。只有很少的人能说汉语。1918 年底时，已经成立了 80 多个中心。为华工军团工作的 194 家公司中，有 100 多家得到中心的服务。

基督教青年会也积极帮助为法国人工作的人们。1919 年，它已建立了 38 个中心，那些跟法国人一起工作的人，70% 以上得到中心的服务。在英军驻地里，国际委员会（International Committee）有 61 名秘书，都会说汉语，其中有 39 名中国人，22 名英国人或美国人。在法国人驻地内，有 21 名中国人和 14 名会说汉语的美国人。

典型的基督教青年会中心有一个大的中央房间，设有小卖部。工人们下班后可以来这里喝茶、玩游戏、看电影、听演讲、上教育课、做礼拜和查经。体育活动包括足球、排球、跳棋、篮球、乒乓球和拳击。此外还有戏剧、传统音乐和戏曲，演出当然要经过审查，非常受欢迎。

华工为英国人每周工作7天，仅有的休息日是中国的传统节日。他们装饰营房、扎纸灯笼、吃特别的食物、登台演出、唱传统戏曲来庆祝节日。他们也表演太极拳和其他武术，演奏从中国带来的乐器。

在华工和他们的管理者之间，基督教青年会的工作人员发挥了重要的联络作用，提供了一定程度的慰藉、关心和教育的机会，那是他们在别处找不到的。工人被视为独立的个体，而不是作为一个编号，被驱遣到战壕或铁路专用线，奉命做工，而不问接下来10个小时干什么。因为约80%的华工是文盲，基督教青年会的工作人员每周一次为他们代笔写信。每月有多达5万封信从法国送到中国，被亲属们读了又读。这些信装在华工军团特别印制的信封里，由军方审查员读过，确保不包含军事秘密。

基督教青年会最出众的中国人成员是晏阳初。他出身四川的一个书香门第，曾就读于基督教中国内地会开办的一所学堂和香港大学，1918年毕业于耶鲁大学。他回忆说："在我愚昧的智力生活里，我第一次发现自己国家普通民众的价值。他们缺乏的是教育。"

为华工组织识字班的成功，首先便归功于晏阳初。他以1000个最常用汉字编写了一本启蒙读本，还编发了一本期刊《华工周报》，只使用这些字。他为数百名工人代笔写信，有一封是这样写的：

　　向我的哥哥问安。从我上次看见你，我已经离开了1万里路。我在这里很好,你不需要担心。我现在每天能赚3法郎工钱。这里生活很贵,我还不能攒太多钱寄回家。在我离开前,我们那一天在姚湾吵架,忘了吧。我做了不该做的事情。请照顾好我们的爹妈。我三年或者五年以后就会回家,我会带足够的钱回来给他们养老。

后来,美国远征军基督教青年会的教育部门邀请晏阳初来到巴黎,为在法华工编一份报纸。报纸1919年1月创办,不到三周订阅量就达到2000份,最高发行量达到1.5万份。跟勤工俭学运动的《华工杂志》一样,这份报纸采用了白话文,刊登全球简讯,包括欧洲、美国和中国的新闻。由于当地没有中文排版厂,晏阳初就手写报纸内容,然后以平版印刷。

报纸的社论敦促工人不要相互打骂,不要赌博、偷窃或嫖妓,因为西方人对中国和中国人的看法,所依据的是华工的行为。编者鼓励读者就自己在法国的生活、怎样改进中国教育之类话题,向报纸投稿。

勤工俭学运动和基督教青年会的出版物都是英法军方审查的对象。谈论山东和西藏问题的文章经常受到审查,有时还会开天窗。

传教士

基督教青年会的成员还包括来自中国的外国传教士,其中有笔者的祖父弗雷德里克·奥尼尔(Frederick O'Neill)牧师。他是爱尔兰长老会的牧师,1897年起在奉天法库县传教。在他撰写的书籍和报告中,他讲述了自己与华工军团有关的两年经历。

奥尼尔被分配到滨海努瓦耶勒的中国人总医院,在那里他安慰病人和临终者,为他们代笔写信,举行宗教仪式和主持葬礼。他还管理基督教青年会的一个机构,向华工营地派送工作者。他和其他传教士跟华工在一起生活,他们认为华工军团是向年轻人传播福音的好地方。这些人被从家乡带出来,置于一个需要精神关怀和慰藉的环境里。

在一份报告中,他讲述了华工军团驻地遭到的一次炸弹袭击:"最近的猛烈进攻开始时,他们距离几个轰炸中心不到几英里。炸弹散落到正在路面干活的100人当中,他们跑开了。营里得到命令撤离,丢弃装备。跑散的人被聚拢。没有交通工具可用。他们昼夜兼行,长途跋涉,困了倒头便睡。距他们最近的一次危险是有一次一发炮弹在他们前方50码的路上爆炸,所幸没有人受伤。一个美国营地给了他们食物。先是步行,后来乘火车,他们没用一周就到达了中国人补给站。"

没过几天,这些华工被指派做切割木材的活,他们来听弗雷德里克布道。"我称赞他们在战斗中的良好表现,他们高兴得眉开眼笑。然后,我通俗地讲解我们宗教的真正意义,上帝、基督和爱,危险和恐惧,死亡和永生,他们聚精会神地听着,被人那么专注地看让我几乎承受不了。"

就在1919年4月返回中国之前,奥尼尔写道:"可以确定地说,基督教青年会向中国人展现了手足情谊。通过演讲、电影、文学和布道,成千上万的陌生人得到了前所未有的教诲。走南闯北的农民和工匠的眼界会拓宽,迷信对他们的控制很可能减少。他们会视基督教为主动服务。"

1919年5月中旬,祖父和妻子安妮离开法国返回奉天。同行有许多英国军官和与华工军团一起服务的平民,包括来自中国东北的长老会传教士威廉·卡尔然(William Cargin)牧师。由于奥尼尔为华工军团所做的工作,他被中国政府授予文虎勋章。

战争结束而中国人未归

1918年11月11日,德皇威廉二世退位、签订停战协议,世界一片欢腾。这场导致1600万人死亡、2000万人受伤的人类史上最可怕的战争,终于结束了。

对于士兵,漫长的战场噩梦到了头,他们可以解甲归田了。可是华工无法返回自己的祖国,他们的三年和五年合同尚未到期。不管怎样,能把他们运过大西洋的轮船业已满员,运送着成千上万美国和加拿大的士兵与平民,没有外籍工人的铺位。

战争结束时,有20余万来自英国各殖民地的人为协约国工作,包括10万埃及人、2.1万印度人和2万南非人。在法国人招募的中国人中,战争结束时尚有3.5万人;1200人由于健康问题或违纪而被遣返,600人由于事故、疾病或争斗而死亡。6个月后,华工军团有8万人尚在工作;迟至1919年10月,仍余5万人。

对于协约国,中国人在战后跟在战时同样可贵。法国北部和比利时的大片地区满目疮痍,犹如月球表面。没有建筑物留存,没有公路、铁路或电报线杆,没有可以耕种的农田。乡野战壕纵横,52个月的战斗残迹遍地——人和动物的尸体、子弹壳、未爆炸的炮弹、带刺的铁丝网、锈蚀的汽车和破铜烂铁，一片狼藉。

重建的巨大任务落到了法国和英国军队肩上，两支军队都有自己的中国人队伍。在前线，在后方，遗弃的军械数以百吨计。修复、挪走或销毁它们的责任，属于停战时控制当地的协约国部队。中国人被卷入了，为英国军队修复这些装备，它们在紧接着的战后时期被卖给了当地人。然而在英国，由于工会反对，重建工作没有雇用华工。

法国人将70%的中国劳力调到前线，从事回收和重建工作。根据官方数字，在法国卷入战争的十个大区中，共有1.1万幢公共建筑和35万幢住房被毁，250万公顷土地、6.2万公里道路、1858公里运河和5000公里铁路需要整修。停战不到一个月，法国政府就成立了紧急工程服务机构，开展最迫切的重建项目。到1919年，它雇用了超过26万人，其中包括5—6万名法国人、20万名战俘和殖民地工人，以及2.5万名中国人。

中国人被用于搜寻并标示未爆炮弹（法国专家随后会来引爆），移走带刺铁丝网和动物尸体，填平战壕，修复土地和重建房屋。他们还开挖沟渠，为农田引回河水，以尽快恢复农业生产，因为那些生活在原来德军防线后面的人都已几成饿殍。另一些人在农场或工厂中做工，还有230人被送到矿井工作。

清除弹药，其中有些可能爆炸，是件艰难而危险的工作。工人们没有受到专门的培训，有些工人炸死炸伤。另一件吃力不讨好的工作是收集并掩埋阵亡士兵，这项任务对于中国人特别困难，他们认为接触死人会招致噩运。

关系恶化

几个月过去，中国人和当地居民之间的关系趋于恶化。流亡于法国各地的人们赶回家乡，急于重建家园和防止他人劫掠或占据。他们想要尽快恢复正常生活，厌恶如此众多的外人存在。然而时世偏偏就不是正常的，他们处于无政府状态下。文官政府的支柱，包括警察，都没有到位，公共服务即便存在也质量很差。有些中国人利用这种无政府局面入室盗窃，有时还向居民勒索金钱或攻击他们，当地媒体极尽其详地报道这类案件。对中国人的另一种抱怨，是他们在房屋附近施放烟花和引爆弹药的习惯，这使住在房子里的人心惊肉跳。

至于华工，他们有自己的苦衷。他们十分想在战争结束之际回国，现在却发现自己住得比战时的营地或营房还要糟。他们被安排住进谷仓或受损房屋、弃置兵营或破漏帐篷中，里面的地面是泥土的。没有燃料取暖或做饭时，他们从铁路线上偷木头，或从附近的铁路仓库里偷煤炭。战争期间形成的支持网络撤除了——如基督教青年会的各个中心，工作人员也回了家，工人们只剩下有限的医疗待遇。战争期间的严格纪律松弛了，武器也到处都拿得到。

随着华工们相互接触，比较工资和各方面条件，纠纷愈演愈烈。1919年夏末，四五百名工人聚到一起，朝苏瓦松镇（Soissons）进发，要求支付拖欠的一个月工资，抗议对其中一名工人所施行的暴力。武装士兵在镇外严阵以待，得到了开火命令。幸运的是，有人找到了一位会说汉语的上校，他迎了上去，倾听工人们的不满，防止了一场屠杀。

同样的事情发生在佛兰德斯西部韦斯托克（Westhoek）的农村地区，那里也饱受战火摧残。战争期间，舆论对华工的存在一直是赞许的。1918年2月11日是中国的春节，波普林格市（Poperinghe）的居民还跟华工一起庆祝了节日。然而停战以后，跟加来地区一样，情况变化了。居民们流亡数月之后返回家园，只见房屋和农场化为废墟，来自55种不同文化背景的士兵和工人驻扎当地，其中最异类的要数中国人。

居民和当地媒体传播着中国人犯下的罪行。1919年5月9日，当地人朱尔·巴约尔（Jules Bailleul）在家中遇害。巴约尔所属教区的牧师阿希尔·范·瓦勒格姆（Achiel Van Walleghem）在日记中写道："由于种种奇怪的事情——前方的抢劫，尤其是中国人——这个地区变得越来越不安全。英国军官数量不足，对这些人没有太大权威。这些人溜出营地，四处游荡，带着很容易找到的枪和手榴弹"

1919年4—8月，佛兰德斯西部的参议员们在比利时议会发表讲话，历数中国人犯下的罪行，要求"所有殖民地部队"迅速撤离。在6月17日的答复中，陆军部长菲尔让斯·马松（Fulgence Masson）说，驻扎在佛兰德斯西部的1.2万名华工正在从事有益而危险的工作，将战场恢复为家园。"如果将他们马上撤出，这个任务就得由比利时人承担。所以，让他们把工作做完，对比利时会更有利。"

马松还评论道，中国人所犯罪错的数量，一直被报纸和舆论夸张了。在这种恐惧不安的氛围里，很容易引发"黄祸"论调，因为在外籍工人里，中国人被认为是"最古怪的"。马松说，政府所能做的，也就是要求英国军队增加配属华工军团的军官数量，并加强纪律，例如命令工人待在营地两三百米的半径之内。

为了社会安定和取悦舆论，英法政府也许本想遣返中国人，然而两国政府不能这么做——劳工们正在从事的工作实在必不可少，又牵涉本国人不愿意承担的任务。1919年8月31日，法军上尉勒伯夫（Leboeuf）向上级报告，他带领的华工营填平了23 523平方米战壕，平均每名工人每天10.5平方米。"如果由认真负责的平民、三四个好的监工（工头）监管，并由军方指挥官严格管理，华工可以取得很好的业绩，无论解放区的人们如何说三道四。"

1919年8月，在法国北部的几份报纸上，刊登了第一军团司令官诺莱（Nollet）上将的一封信。信中说："你们想看到所有的中国人都离开法国，然而要是实现这一愿望，就不免给解放区的重建带来巨大损害。华工们的清除工作非常有效且极为重要，［法国］地方和军队的工人都取代不了他们。"

华工终于回国

工作终于完成，工人们被遣送回国。他们没有空手而归。伦敦中国公使馆的一份报告写明，1919年5月26日，华工在法国银行的储蓄达5100万法郎；工作3年后平均储蓄800法郎，5年后1300法郎。这个数字不包括工人已经寄给国内家人的钱。

到1920年9月，英国已经遣返了全部约94 400名华工，其中73人在回程中死亡。为英国工作的华工没人得到准许留在欧洲。在被送回国前，华工军团的大概191名中国人与斯拉夫-不列颠军团

(Slavo-British Legion）在俄国北部一起服役，作为这支 255 500 人的外籍军队的一部分，为亲沙皇的白俄罗斯人与布尔什维克作战，时间为 1918—1920 年。1922 年底，法国已经将外籍工人遣返完毕。中国人是最后一批离开的工人，3000 人选择留了下来。

绝大多数工人跟来时一样，经由加拿大回国。在那里，他们领受了与出国时相同的严格控制和普遍漠视。从前方归国的加拿大士兵被当作英雄迎接，面对欢迎集会、彩旗和笑盈盈的姑娘，中国人遭到冷落。

1920 年 2 月 17 日，哈利法克斯的《先驱报》（Herald）发表了一篇文章，题为《遭到忽视的非凡成就》("Great events which pass unnoticed")。它指出："在所有的事情都得到如实看待时，华工负责的地方是数一数二的……在加拿大军队前线，最大的一些华工营地每天都遭到远程炮击，他们在没有月亮的夜晚经常受到轰炸……他们是筑路者，对维持补给线的价值无可估量；他们在交通困难的地区提供运输队，在其他数不清的方面开展工作。对于赢得战争，这有如火力拦截，[以及]全线出击，完全是不可或缺的。"

死后区别，一如生前

为英国人工作的中国人，几乎都带回家一枚铜质的战争纪念章，上面有英王乔治五世的侧面像，还刻着华工本人的多位数军用号码。它跟颁发给英国军人的纪念章样式相同，但不是银质的。

此外，由于尽忠职守，华工军团有部分成员获得嘉奖，包括建功服务勋章（Meritorious Service Medal）。有一枚勋章颁发给了华工军团第59营的王玉劭（音译，Wang Yushao），号码15 333。对他的褒扬为：

> 1919年6月9日在马尔科英（位于康布雷附近），他观察到有一堆紧挨收集站的弹药着了火。他自发行动，提着两桶水冲上去，泼向火焰，接着抓起一颗正在燃烧的英国"P"炸弹（显然是火源），扔到弹药堆的安全距离之外。然后他继续扑灭弹药堆上的火焰，此刻火已蔓延到四周草地上，那里散放着枪榴弹和德国炮弹。多亏其不顾个人安危的自发行动，想方设法制止了一场可能发生的大爆炸。

阻止爆炸和事故，在敌军火力下拯救他人，这种英勇行为的实例还有很多，其中一些发生在战斗中。它们显示华工的合同已被突破，如果不是字面意义上，也是精神意义上。没领到纪念章的华工，只有那些受到军法处置的人。

华工军团留在法国的最后60名成员，被赋予一项令人心情沉重的任务——在墓碑上镌刻死亡华工的名字。在法国和比利时，华工的坟墓有2000座。这些人死于轰炸、炮击和毒气，死于战后清除未爆炸弹药时的事故，死于种种意外事件和疾病，包括肺结核和致命的西班牙大流感，后者在法国夺走了40多万人的生命。中国人更愿意将遗体运回国安葬，然而在战时和战后的条件下，这是做不到的。华工有4座墓园，其余的华工安葬于法国和比利时的40座军人墓园，以及英联邦公墓中划出的区域。英国军官和华工军团军人的遗体，则与英联邦其他死者葬在一起。死后一如生前，中国人受到不同对待。

英国军队在滨海努瓦耶勒建了一个美丽的墓园，挨着华工军团总部和医院。每个葬礼都有当天的值班医官到场，棺木覆盖英国国旗，由其他患者抬送。

时至今日，这个墓园仍是缅怀华工的主要场所。近些年每逢清明节，中国大使馆、在法华人团体和法国军方的代表都会聚集此地，献上花环以表追忆。墓园由中国赠送的两尊石狮守卫，立有842块墓碑，每块都铭刻着汉字成语："鞠躬尽瘁""流芳百世""勇往直前"或是"虽死犹生"。墓园由联邦战争公墓委员会（the Commonwealth War Graves Commission）维护，每块墓碑都以英文刻有军团名称、死者号码、去世日期，以中文刻有死者姓名和家乡的省名。那些受到军法处置的华工也葬在此地。

对最终死亡人数的估计众说纷纭，有些出版物认为高达1万。最近的研究提出，这个数字约为3000。由于战时死亡原因众多而情况各异，精确的数字很难算出。没有人做过准确的记录。

凡尔赛的背叛

停战之后,中国的期待是很高的。北京有一场场胜利游行,群情激昂的民众拆掉了一座纪念碑,那是清廷迫于压力为义和团运动中被杀的德国人树立的。这是中国第一次跻身于赢得重大军事胜利的国际联盟,也是中国第一次将要位居世界强国之列。梁士诒在战争初期的估算证明是准确的,他预见到协约国的胜利,说服两个国家接受大批的援助工人。这些人怀着勇气和毅力服务,为胜利做出了重大的贡献。

中国外交部派出62名官员组成的代表团,参加将要决定和平的会议——巴黎和会。1919年1月18日,会议在巴黎西南宏大的凡尔赛宫召开,有26个国家的代表出席。凡尔赛宫是世界最大的宫殿之一,是少有的与北京紫禁城相匹敌的建筑群。两处建筑都是君主专制的象征,意在震慑那些进入的人,使之认识到自己的微不足道。中国代表也许没有领会到这层意思,他们一心憧憬着一个民主平等的新世界。

对于一次史无前例、重绘世界版图的会议,中国的要求是谦和的。中国要求将德国在山东的租借地交还中国,还要求终止在其境内的殖民制度——治外法权和外国可以驻军的租借地。这些要求与美国总统威尔逊1918年1月宣布的"十四点原则"相一致,威尔逊以之勾勒了他对战后世界的设想。

然而,当中国外交部长陆徵祥及其同事抵达这座华丽的宫殿时,他们必定感到了难以忍受的打击。他们的5位谈判代表只被留出两个席位,相形之下,5个日本对手都有自己的席位。对于中国,日本是比德国和奥斯曼帝国更大的敌人。中国代表随后得知,条约第156条将德国在山东的利益给予了日本。他们还发现,自己的政府不够诚实,没有事先向他们讲清曾与日本签订的两个秘密协定,它们赋予日本在山东的政治与经济权利。

日本代表团指出,作为英国的盟友,日本1914年8月即已参战,在战争期间帮助各个盟国。1915年2月,其驻新加坡的海军帮助镇压了对抗英国政府的印度军队哗变。1917年,日本应伦敦请求,派出由17艘舰船组成的第二特遣舰队前往马耳他,执行为运兵船护航的任务,开展反潜作战。日军从马耳他出动348次,护送788艘舰船运载了70万名士兵,大大帮助了作战。他们从损坏和沉没的船舶上营救了7075人,自身损失68人;坂城号(Sakaki)驱逐舰被奥匈帝国潜艇用鱼雷击沉,遭受沉重损失。作为对这种海军援助的交换,英国、法国和意大利都签订了秘密条约,支持日本战后对德国在山东租借地的索取。

相比之下,中国直到1917年8月才参战,也不曾派出作战部队。英国外交大臣贝尔福说,中国在战争期间未曾"花费一个先令或丧失一条生命"——完全无视华工的贡献。中国代表很快发现,谈判与威尔逊高调宣称的十四点原则牵涉无几,而与胜利者的利益密切相关。

1919年1月28日，中国代表团的发言人顾维钧就山东问题发表了充满激情的讲话。他当时并不知晓本国政府已与日本签订协定。他将山东描述为"中华文明的摇篮"，孔子和孟子诞生的地方，中国不可能丢弃它，一如基督徒不可能放弃耶路撒冷。如果日本继续租借山东，那里就会成为日本进入中国整个北方的战略门户。

顾维钧的话感动了与会的许多代表，但威尔逊总统及其欧洲盟友认为，依照国际法和各项条约，日本应当接收德国在山东的所有权利。义愤填膺的中国代表团离开谈判桌，并将决定的消息报送北京上峰。消息激起舆论沸腾，政府承受着纷至沓来的请愿和抗议，包括中国赴法留学生和工人的声音。与国内同胞相比，他们能够更多几分深思熟虑。华工们尤其愤懑难平，他们相信收回山东权利是政府派他们协助战事的主要理由。

签订条约的最后期限是6月28日，北京政府命令代表团回到凡尔赛宫签订协议，但是在巴黎的中国学生和工人围住中国官员下榻的宾馆，阻止他们参加签字仪式。

最终的条约是由27个战胜国中的26个签署的——中国缺席。中国于1919年9月宣布结束与德国的战争，并于1921年与德国另行签订了一个条约。

1922年华盛顿海军会议期间，美国居间调停，山东主权遂于当年2月4日交还中国，但赋予该地区日本居民特别权利。

梁士诒下注派遣华工，使他赢得了胜利者的一个席位，但毫无战利品。康有为的预言被证明是正确的："岂有兴仁义之师助之者乎？"

中国在胜利游行中的位置

中国在胜利者中应有的位置，在一次胜利大游行中得到强调。1919年7月19日星期六，游行队伍穿行在伦敦的大街上。一组骑在马上的7名中国军官，身着军人礼服，携带国旗，行进在参加游行的18个国家1.5万名士兵中。

在伦敦这座全球大帝国的首都，这座见识过诸多此类壮观景象的城市，游行规模盛况空前。在英国庆祝打赢史上最可怕战争的4天狂欢中，这次游行是高光时刻。游行队伍代表的18个国家中，只有3个位于亚洲——中国、日本和印度，后者当时是英国殖民地。

应首相戴维·劳合·乔治之请，建筑师埃德温·勒琴斯（Edwin Lutyens）设计了和平纪念碑（the Cenotaph）——希腊语中意为衣冠冢——以纪念那些战死或负伤的人。他在不到两周时间里完成了这件新古典主义杰作，游行当天早上在白厅揭幕。几小时内，观众献上的花环已经围住了基座。1920年，一座以波特兰石料制成的永久性纪念碑在同一地点揭幕，从此成为每年举行纪念仪式的场所，时间为最接近11月11日停战纪念日的星期日。

游行队伍的主体由英国人和法国人构成，这两个国家为胜利做出了最大的贡献。中国军官以唐在礼中将为首，他是上海人，被派到巴黎，率领准备派往法国的中国远征军。他在巴黎建立了总部，只是这支部队一直没有离开中国。

中国参阅士兵人数虽小，但其象征意义却大。这是中国人第一次被列入国际大阅兵。当天，伦敦成为世界的中心，全球媒体云集，记录这桩盛事，许多媒体将中国人的出现作为一新耳目、引人注目的事件报道。一张 7 名军官的大幅照片刊登在《伦敦新闻画报》（*Illustrated London News*）上。

归国者的生活

在欧洲的经历改变了中国工人,尤其是那些抓住机会教育自己的人。许多人学会了阅读,获得了对更广阔世界的了解。假如他们留在山东乡下务农,或是在天津港卸载成麻袋的大米,上述了解将绝无可能。

2009年,山东大学的学者张岩采访了65名归国者后裔,他们大部分住在山东淄博的周村区。他发现,华工们没有实现像李石曾这样的知识分子的期待,即希望他们能成为中国社会的变革力量。工人们回到传统深厚的乡村社会,那里完全没有准备好接受改变。张岩察觉,由于这些人的社会地位和社会与时代的限制,他们的影响微不足道。

张岩发现:"从总体上讲,归国华工的境遇是悲剧的。这种悲剧的形成除了与中国当时极为严酷的社会、政治生态有关外,从主观层面来说,也和当时中、法、英等国政府消极的安置政策有关。一方面,战后英法等国政府把这些不再有利用价值的华工当成包袱而迅速遭返,使许多华工的利益,特别是死亡、伤残华工的利益未得到应有的补偿;另一方面,当时的北京政府对于归国华工也未真正落实保护、安置、重用措施，华工所学难有'用武之地'。他们出国多年的经验、阅历、技能与见识这笔财富，未能成功有效地组织到国家的建设事业中去。"将他们用于工业、建筑和其他领域的计划都落空了，他们也没有在建立工会或改变社会的努力中起到作用。

工人们从欧洲带回了纪念品，使家人和邻居又高兴又惊讶，诸如瑞士手表、法国风光图片、军装、留声机、皮鞋和手摇电影机等等。他们千辛万苦挣来的钱很快用光了，因为传统习惯要求，这些钱得跟兄弟姐妹、亲戚和家长分享。

例如朱文增有兄弟姐妹8人，他就得把挣到的钱分给他们。另一位归国者李凤龙有兄弟姐妹6人。"他们虽都带回了可观的节余工薪，却依旧很快陷入贫困，"张岩在报告中写道，"李宝贵更是不满自己的工薪被家庭成员分花而离家出走。"寥寥无几的归国者办起工厂或进入商界，绝大多数人重操旧业务农，有些人在赌博中输光了全部积蓄。

张岩研究的65名归国者中，有10人由于生活窘困或身体残疾而从未结婚，2人没有住所而寄住庙宇。武立忠在国外受了伤，终身残疾，依靠弟弟生活。何立才在"文化大革命"期间成为阶级斗争的对象，因为他曾经出国。他选择了自杀。

不过另一些人受到法国见闻的启迪，造成了一些变化，比如给自己的农田引进水泵和拖拉机。孙干受法国乡村教育影响，创建了淄博第一所乡村女子学校。李荣坤让三个女儿解除裹脚布，还送她们上了学。

马骊是华裔法国学者，编有一本关于华工的重要著作《第一次世界大战期间在法国的中国工人》(*Les travailleurs chinois en France dans la Première Guerre mondiale*)。2010年夏,她遇到来自山东淄博、周村和威海的35位华工家庭后裔。她写道:"我遇到一位85岁的老大爷,他叔父从法国回来时带了些农具。他向我展示它们。他解释说,对于讲述自己在战争中的经历,工人们感到极大的困难。他们饱受精神创伤,他们谈到飞机和轰炸。按照合同,他们不该参加战斗或上前线。可是并非如此,他们发现自己上了战场。"回国后他们靠在法国挣到的钱过日子,等到钱花光了,他们重新成为农民。有些人归国前染上了梅毒,因为与前线附近的法国妓女接触。"许多工人带着法国妻子回国,往往是他们的第二个妻子。国内的家人不接受她们,许多女人不得不经由领事协助返回法国。"

有些工人失明或负重伤后回国。与华工军团签订的合同只给予区区75块银圆的补偿,这成为中英两国政府间的一项争端。1918年底,英国陆军部同意了比较宽厚的条款,向死于服务期间的华工家属发放18个月的工资。不过,它排除了支付养老金的可能,说辞是,向远在中国的人支付,它恐怕管理不好。

张岩与比利时学者冯浩烈(Philip Vanhaelemeersch)合作,就战时死于德军空袭的13名华工撰写了一份报告。事件发生于1917年11月15日,地点为比利时波普林格的华工营地。死者掩埋于附近的村子,遗骸后来移至法国北部巴约尔(Bailleul)的一处墓地。两位作者发现,这些工人的死讯从未通知他们在山东的家人。两人将研究结果告知死者亲戚,他们又惊讶又感动,为得以结束家族史的这一章而欣慰。

2010年5月29日,波普林格举行仪式,纪念这13位华工,该市市长和中国驻比利时使馆临时代办陈小明出席。一座纪念碑揭幕，陈小明发表讲话，充分表达了众人的心情。他说："今天在波普林格举办这样一个纪念活动，不仅是对逝去亡灵的肯定，也是对其亲人和后代的抚慰，更是要激励两国人民不断开创友好合作的新局面。"

智识影响

与华工打交道的中国知识分子所受的影响更大。这场战争之前，两个群体生活在各自的世界里。知识分子在国内和国外埋头书案，以文凭和人脉装备自己，在政府、大学或公司里投身于事业，没想到，或者说不需要接触亿万农民和工人，虽然他们构成了同胞的绝大多数。同样，一个山东农民或天津港工人，也没有条件或机会接触这些西装革履的大人先生，他们的中国话高雅得令人不知所云。是发生在法国的战争使他们相遇。

基督教青年会的晏阳初、文人林语堂、学生蒋廷黻等等，这些人眼中的华工不是目不识丁的农民，而是自己的同胞，是正在异国他乡的纷飞战火中挣扎求生、需要自己帮助的手足同胞。他们在各服务中心里代笔写信、办识字班、组织音乐演出，通过演讲帮助华工了解世界。他们惊讶地发现工人们学习何等神速，认识到完全是文化的缺乏遏制了工人的潜能。多亏了他们的援手，许多工人在归国时已经能够阅读。

这部分中国精英为自己的经历所改变。林语堂中断在哈佛大学攻读博士，志愿为华工服务，他后来成为20世纪最著名的中国作家和知识分子之一。

晏阳初说:"战前我从未与劳工打过交道……属于学者阶层的我们,感到自己跟他们完全隔离。可是在法国,我有幸每天和他们共处,熟悉他们。我发现这些人与我相差无几,我们之间唯一的区别,是我已有优势而他们没有。"

晏阳初拥有杰出的学术资质,本可在政界、学界或实业界一展身手。然而他没有走这条路,1923年,他创办了中华平民教育促进会,传播到全国各省几千个村落。他倾其后半生,在中国、菲律宾等国开展平民教育。他还创办了国际乡村改造学院。

晏阳初是一位坚强有力的人物,一位富于魅力的演说家,然而他觉得,工人教给他的,要比他教给他们的多。1943年,他入选世界最具影响的十位人物,与亨利·福特和爱因斯坦比肩。

留在法国

战争结束后,估计有3000名华工选择留在法国。他们或是跟法国妻子结了婚,或是与新的雇主签订了工作合同。

战争已经杀害了170万法国人,几乎全为适婚年龄男子。三分之一的13—30岁男性人口死亡;若就15—49岁的男性人口而言,这个数字是13.3%。死亡人数相当于总人口的4%还多,致使法国成为损失最惨重的参战国家。另有超过400万人负伤。在一个人口仅为4000万的国家,这些数据令人震惊,乃至引起亡国灭种之忧。为了确保法兰西的未来,有人甚至提出允许一夫多妻。

娶了法国妻子的华工大都是在工厂里结识她们的,他们在那里制造机械、坦克或其他武器。初期来到法国的工人最幸运，他们在工厂里做工，没有被派到接近前线的地区；他们跟法国工人享有相同的假日，能够与当地人打成一片。中国人年龄在18—40岁，身体健康，工作刻苦而有效率。他们把钱存起来，而不是花在酒吧和餐馆里。

蒋廷黻是留美学生，在巴黎管理一个中国人服务中心。他认为法国人比英国人偏见少，跟华工相处更融洽，一起吃饭，说说笑笑。他讲过一个法国女子的事例。这女子到蒋廷黻的中心找他，说她想嫁给一个姓杨的中国人，甚至准备跟他远赴中国。"他不同于许多法国人，不喝酒，也从来没打过我。我要是找个法国人，他就可能酗酒，把我们的钱都花在酒上，还时常毒打我。不嫁给杨先生的话，我就完全没机会结婚了。"她说。

法国政府不鼓励这种趋势，尤其反对婚后夫妻双双离开这个国家的想法。法国女人就应当嫁给在国外服完兵役归来的法国男人。政府决定，禁止女人搭乘运送华工回国的船舶。一名华工把妻子裹在毯子里偷运上船，但她被发现并带回岸上。他再也没有见到她。

不过，如果夫妇留在法国，就地生儿育女，政府就比较赞许。根据一份1925年6月布里索·德马耶（Brissaud Desmaillet）上尉给陆军部的报告，有70名中国工人与法国妇女结婚。张长松即其中之一，1917年6月他出国赴法，在码头上当了8个月搬运工，接着受雇埋葬尸体，然后被调到一家机械厂，在那里遇到了未来的妻子路易丝（Louise），厂里的清洁工。他们1921年结婚，证书是巴黎的中国公使馆颁发的。

1801年的一条法律规定，嫁给外国人的法国女人即失去法国国籍。在战后的局面下，法国政府推翻了这项政策，以弥补人口的巨大损失。1914—1927年，约有12万法国女人嫁给外国人，失去了其公民身份；6万嫁给法国人的外国女人则取得了这一身份。政策的修改允许路易丝这样的妇女恢复法国国籍，她就和丈夫举办了第二次，也是世俗的婚礼。张长松皈依天主教时，他们又到教堂办了第三次婚礼。张长松在一家煤矿工作了32年，没发生过一次事故。这对夫妇恩恩爱爱60余年，生了13个孩子，孩子们极少说中国话。

最有名的中国移民是朱桂生。他在1916年签订了一份为期5年的合同。他熬过5个月令人精疲力竭的舟车劳顿才到达法国，战争期间在三个营地待过。1922年，朱桂生与一个法国女人结婚，取得法国公民身份。夫妇俩住在西部港口城市拉罗谢尔（La Rochelle），育有一子二女。朱桂生当过吊车司机、码头工人和电工，并于第二次世界大战期间在法国军队中服役，表现出众。他成了著名的市民，过生日时市长也登门祝贺。朱桂生2002年逝世，享年106岁，是活得最久的一战华工。该市市长赞扬他，说他是融入法国社会的楷模，拉罗谢尔市民的骄傲。

朱桂生有个邻居叫刘德胜，战争期间也在拉罗谢尔港做过工，爱上了当地的一个姑娘。他曾三次被送到马赛以遣返中国，每次他都逃跑，两次被抓获并送回马赛。最终，他得以迎娶心上人。在长久的婚姻中，夫妇俩养育了15个孩子。

在接受一位法国学者的采访时，他们的一个女儿特别提道，母亲的家人从未反对这门婚事。祖母对她说："至少，刘先生不会酗酒和打她。"婚后，刘德胜把工资交给妻子，还允许她继续工作，这些自由在当时的法国已婚妇女中是罕见的。他培植了一个菜园，给自己做中国饭菜，但不对子女说中国话，也从不谈及中国或战争期间自己在华工营地的生活。他割断了与中国老家的所有联系。

与朱桂生同船去国的人中有位毕粹德，两人出自山东同一村庄。毕粹德当年20岁，留下了妻子和1岁的儿子。他死于1919年9月9日，正在搬运的弹药爆炸了。他在山东的亲人所收到的，唯有他的战争纪念章和补偿金。他躺进了坟墓，号码为97237。

迟来的承认

有些华工留在索姆的村庄里，但大多数住到了巴黎第13区里昂车站周围。他们在工厂里做工，尤其是在布洛涅－比朗库尔的雷诺汽车厂，以及庞阿德（Panhard）和勒瓦索尔（Levassor）工厂。

一些工人来自浙江温州附近的青田县。有一个人叫叶青元，是青田当地人，1917年底自愿赴欧。他在日记中写道："我的家乡是个贫穷的小山村，对老天对人都是不幸，在那里你无法谋生。1918年11月德国投降时，政府给了我们一笔遣散费。我跟堂兄一起，在巴黎的里昂车站附近开了一家餐馆。法国人非常好奇，都想尝尝中国菜。6个月里，我们忙得脚不沾地。"

1920年底，叶青元有了足够的钱回国，娶了个本地姑娘，然后带着三个兄弟重返巴黎。他们开餐馆，也开店铺卖杂货和青田石雕。1985年退休后，叶青元终于回到中国，在祖祖辈辈居住的村庄安度晚年。

初期的移民在巴黎保持低调，急于融合，强调其法国公民身份。20世纪20年代，周恩来和邓小平也曾赴法勤工俭学，他们都是未来的共产主义革命领袖。

随着岁月的流逝，华工的历史和贡献遭到遗忘，尤其是在法国，政府也漠然视之。直到1988年11月，才在巴黎一座建筑物的外墙上镶嵌了一面简朴的铜牌，以纪念华工。这座建筑物属于法国国家铁路公司。战争结束70年后，这是官方的首次承认。一年后，两名健在的华工收到法国荣誉军团勋章（French Légion d'Honneur）。2002年清明节，近800名法国人和中国人参加了首次大型纪念活动，其中有30名法国军队和退伍军人组织的代表。2008年11月，一座纪念碑在巴黎第13区，现今唐人街的一个公园内揭幕。碑上以法文和中文铭刻着："纪念在第一次世界大战中为法国捐躯的中国工人和战士。"

对于这种迟来的承认，热拉尔·张（Gerard Tchang）感到苦涩，他的父亲是1917年从江苏淮安来到法国的。他说："如今在法国，没人听说过这段历史。我参观过巴黎市政厅的一个第一次世界大战展览，其中没有提到中国人。这段历史已经被忘得一干二净。现在，比我父亲贡献小得多的人也得奖牌，难道是由于我父亲是中国人吗？"

菲利普·梁（Philippe Liang）年过八旬，原籍厦门，后迁至越南，又到法国。"20世纪40年代我来到法国时，这里对中国人还有种族偏见，但现在没有了。如今针对的是黑人和阿拉伯人。中国人的地位在上升，有些人拥有实力非常雄厚的产业。"

今日法国的华人社区，人口已增至逾50万。与初期移民不同，这些人满怀信心。他们的自信来自经济成功、与主流社会的融合和祖国的繁荣发展。移民的第二代和第三代都干得很好，胜过许多来自法国前非洲殖民地的侨民。

每年清明节，在唐人街纪念碑、法国国家铁路公司纪念牌和法国北部的华工墓园，华人社区成员都会聚到一起，献上花环。

结语

中国工人参与这场历史上最惨烈的战争，并没有给中国带来利益。他们被派到法国去，是出于中国参战会得到回报的预期，可是各大战胜国没有给予中国减少庚子赔款的待遇，也没有理睬北京对终止殖民特权的要求。与1913年相比，1919年上海的中国警察并无更大可能出手逮捕毒打黄包车夫的英法醉鬼。各大战胜国领导人对中国的蔑视与偏见，与其绝大多数公民看待华工的心态如出一辙。

事实上，战后的局势对于中国越发不利。遥远的德意志帝国在山东的势力被更邻近也更危险的日本取代。顾维钧在凡尔赛宫发言中所做的预测，证明是非常准确的：仅仅12年后，日本就利用对山东的侵占帮助其夺取东北，引发1937年对中国的全面侵略战争。日本的军界高层目睹了中国在一战中的软弱和腐朽，以及西方列强不情愿施以援手。正像凡尔赛宫的媾和导致相隔不过20年的更可怕的战争一样，日本侵占山东为逼近的一场残酷的战争埋下了种子。

在外交上，中国从工人参战中一无所获。这些工人大都也没有从自身经历中得益。有一些人攒下了在国内挣不到的钱，也有几千人在法国为自己造就了新的生活。但是许多人由于战时经历而造成身心创伤,致使他们无法恢复在国内的正常生活。大多数人回到棉花地和苹果园里,干起先前从事的农活。他们不会在自己国家的政治和文化生活中有所作为。

借由欧洲一行的机会,中国工人离开熟悉的国内环境,进入一个陌生的新世界,遭遇了法兰西的异域习俗和战火纷飞的危险现实。

> 一切顺利,我很高兴到了地方,不料一天晚上毫无预警,我们突然被一声巨大的爆炸惊醒。大家马上跑到外面……从那以后,几乎每天夜里,我们的睡眠都被打断。只要报警的锣声一响,大家就被命令进防空洞。一幢又一幢华美的建筑被毁,巨大的弹坑随处可见。许多人死于非命,妇女和孩子都不能幸免……我很快就变得惧怕晴朗的夜晚。

致谢

我想感谢许多人,是他们使我关于华工军团的写作成为可能。

首先是多米尼克·登多文(Dominiek Dendooven),在佛兰德斯战场博物馆(In Flanders Field Museum)研究员,他抽出了宝贵时间阅读并修改本章。2010年5月,该馆和法国与比利时的四个参与机构合作,以"第一次世界大战中的中国工人"为题组织了一次国际会议。这是迄今就此课题在欧洲举行的最重要的学术会议。会议论文收入《第一次世界大战期间在法国的中国工人》一书,编者马骊。该书是可贵的资料来源,作者为来自比利时、法国、英国、德国、加拿大和中国的学者。

另一个重要的资料来源是香港大学历史学教授徐国琦所著《一战中的华工》,该书细节丰富,诚属多年研究之成果。

我还必须感谢布赖恩·福西特,他撰写的《中国军团在法国1917—1921》一书令我受益。我感谢格雷戈里·詹姆斯(Gregory James),他对这一课题具有真知灼见。保罗·弗伦奇(Paul French)提供了一本达里尔·克莱因所著《与中国佬在一起》,以及许多很好的建议。

我感谢山东大学的张岩和比利时西佛兰德学院的访问学者冯浩烈,他们的研究工作富于教益。

中国中央电视台2009年播出的六集纪录片,表达了中国官方对华工问题的看法。

贝尔法斯特的联合神学院(the Union Theological)甘布尔图书馆(the

Gamble Library）热心提供了查阅弗雷德里克·奥尼尔（Frederick O'Neill）牧师所撰报告的机会。弗雷德里克·奥尼尔是我的祖父，曾于1917—1919年服务于华工军团。

第三章

从沙皇铁路到红军

赴俄华工在一战以及
布尔什维克革命期间的经历

[英] 马克·奥尼尔
胡晓凯 译

From the Tsar's Railway to the Red Army

by Mark O'Neill

Text Copyright © Mark O'Neill, 2014

First published by Penguin Group Australia. This edition published by arrangement with Penguin Random House Australia Pty Ltd.

All rights reserved.

封底凡无企鹅防伪标识者均属未经授权之非法版本。

深入俄国的黑暗

> 我们这个工段上，斫树做道木，抬土筑路基。每天从早晨七点钟一直干到晚上七点钟，要干十二个小时。吃的就更坏了，起先还能吃点馒头，后来就只有黑面包了。吃的水是从沼泽里挑来的，发黑色。沙皇政府根本不顾我们的死活。生病的人还要被逼着去抬枕木，搬石头，许多人就是这样连病带累地给折磨死了。

季寿山用这段情绪激动的话来描述他在俄国的遭遇。当时，他作为一名建筑工人，赴俄修建一段长达1000公里的铁路，这段铁路从圣彼得堡延伸到摩尔曼斯克的北极港。这项工作是在隆冬进行的，几个月都见不到日光。

一战期间，超过20万中国工人前往俄国支援协约国集团作战，季寿山是其中的一员。1916到1922年间，还有13.5万人被派往法国和比利时，但战时接收华工最多的是俄国。

尽管华工得到保证不会卷入战争，却有几千名华工为东部战线的军队挖战壕、运弹药；许多人被俘虏，被关在德国和奥匈帝国的战俘营。还有些人在农场、森林、工厂和矿山劳作，修公路和铁路，装货物。华工经常被雇佣他们的华人包工头欺骗，得不到承诺的食物、燃料和衣物。

在之后的1917年，华工的生活条件更加恶化，俄国爆发了两大革命事件——沙皇被推翻、布尔什维克人夺取了政权——跟着就是内战。经济崩溃了，许多华工失业，但因为战争无法返回家乡。4万多名华工加入了红军，其中许多人在革命战争中牺牲，俄国各地都能看到他们的无名墓碑。一些人成为列宁等人的保镖，还有些人加入了新苏维埃秘密警察组织——契卡。

还有一些人被困在离家几千里的异国，孤立无援，只得在街上做小买卖、乞讨或从事犯罪活动。

他们的困难被描述为中国400年移民史中最悲惨的一幕。这些人当初跨越国境到达俄国，梦想着挣钱为家人买一幢房子或做点儿生意。没料到等待他们的却是地狱一般的生活。

本章讲述的就是这20万华工的故事，这个故事在俄国和中国都鲜为人知，在其他地方更是如此。俄国和中国的历史书都描述了一战期间惨烈的战役、十月革命和内战，而华工不过是这一巨幕角落的细节。

与他们并肩作战的士兵一样，华工的经历富有戏剧性和不平凡。他们发现自己成为内战中身不由己的演员。这场内战导致了世界第一个共产主义国家的成立，也引发了来自14个国家的外国军队的入侵，用温斯顿·丘吉尔的话来说，这些国家都想要"将布尔什维克的婴儿扼杀在摇篮里"。

土地的新主人

在一战期间到达俄国的这20万中国人,是有史以来最大规模的一批赴俄中国移民,但他们并不是第一批。

从19世纪60年代开始,在50余年的时间里,汉人和满族人一直在向俄国的远东地区移民,和当地包括朝鲜族、先住民和俄国少数民族在内的为数不多的人群杂居。在这片广袤的土地上,中国人打鱼、捕猎、掘金、挖人参和其他植物根茎;许多人都是季节性劳作,春天冰雪融化后来,一直待到冬天开始。

俄国人在1639年首先到达太平洋,在征服西伯利亚后为俄罗斯帝国东部边境增加了几百万平方公里的土地。俄国最大规模的扩张发生在19世纪后半叶,在这一时期,俄罗斯帝国的疆域进一步扩大,延伸到清朝最北部省份黑龙江边界的阿穆尔河(即黑龙江)。俄国在这一地区发展了一支强大的军事力量,建立了海军前哨基地,鼓励本国人民在此定居。

它南边毗邻清朝,在俄国和其他帝国主义国家眼中,此时的清朝是一只令人垂涎待宰的肥鸡。在1850—1864年间,清政府在忙着镇压南方发生的太平天国起义。这是历史上最惨烈的战争之一,这场内战造成了约2000万人丧生,其中绝大多数是平民,这也为俄国提供了绝好的机会,利用清朝的劣势,将其对阿穆尔地区的控制合法化。

时任远东总督的尼古拉·穆拉维约夫(Nikolay Muraviev),在蒙古和满洲边境驻扎了上万人的部队。在清朝第二次鸦片战争(1856—1860)将要失败时,他的机会来了。他威胁要在第二战场发动战争,清廷不得不同意与俄国签订协议。

俄国签订了两个对自己很有利的条约,这就是1858年的《瑷珲条约》和1860年的《北京条约》。这两个条约将中俄边界划定在阿穆尔河,将原先的边界向南推进,并允许俄国在海参崴(即今天的符拉迪沃斯托克)建立港口和海军基地。根据《瑷珲条约》,西到乌苏里河,北到阿穆尔河,东和南到日本海的疆域将由俄国和清朝共同管辖。而仅仅在两年后的1860年,俄国侵吞了这块疆域,清朝失去了100多万平方公里的土地。

在对俄国人采取更加强硬的措施之前,清朝皇帝将这些条约视为权宜之计。但是这一时刻没有到来。当俄国政府设立以符拉迪沃斯托克为行政中心滨海边疆区时,清朝到日本海的入口被封堵了。

俄国管理这块新的疆域需要巨额花费,然而,在1867年,阿穆尔-乌苏里地区的开发和防卫费用,使得俄国决定以720万美元将阿拉斯加卖给美国。

俄国土地上的中国劳动力

俄国获得了一大片疆域,但它却被迫依赖中国的劳动力来开发这片土地。尽管有奖励措施,但几乎没有俄国人愿意迁移到这片帝国边疆的苦寒之地,而被沙皇强行流放到这里的囚犯和政治犯的数量又远远不够。修公路、铁路、房屋、工厂,伐木,挖煤和铁矿,种植小麦、玉米和蔬菜,这些都需要人力。

从 1860—1882 年,对于外国人进入俄国远东的滨海边疆区和阿穆尔河地区没有任何限制。1879 年进行的一项调查显示,和俄国人同样数量的朝鲜人和中国人迁入滨海边疆区,有数年时间,中国人的数量超过了俄国人。清政府对这一迁移也持鼓励态度,因为清朝几百万的失业劳动力被视为国内骚乱的潜在源头。俄国公司雇佣华工在符拉迪沃斯托克修建新的海军基地和其他公共建筑,移民们带着养家糊口的钱和学会的新技能返回中国。

然而,在 19 世纪 80 年代,俄国开始对华人的大批涌入感到震惊,随之产生了一个新的词汇——"黄祸"。1887 年,俄国政府对清朝移民征收一种"人头税",并用这笔钱鼓励俄国人到此定居。1892 年,外国人被禁止购买这里的土地。尽管有这些措施出台,来自清朝的移民潮依然持续了一段时间。1896 年,当阿穆尔地区的吉柳伊河盆地发现了黄金,数千名中国人远赴那里,还有的到了更远的雅库茨克采金区。远东的开发依赖华工,到 1910 年,华工占到阿穆尔地区和滨海边疆区公共工程和采金业所雇佣外国工人数量的 81%。

华工还参与到俄国铁路的修建工作中。1890 年 3 月,在访问日本回国后，未来的俄国沙皇尼古拉二世来到符拉迪沃斯托克，主持了西伯利亚大铁路远东段的开工仪式，从这里到莫斯科的距离为9259公里。尼古拉二世在日记中写道："我期待乘坐舒适的沙皇列车号穿越西伯利亚荒原。"这列火车是在圣彼得堡设计并建造的，作为沙皇及其随从穿行于俄国各地的移动办公室。

中国的人力对这项工程的完成至关重要，它将俄国远东地区同欧俄地区联结起来。绝大多数非中国籍工人是俄国囚犯。沙皇希望这条铁路可以加速对远东地区的殖民，就像通往太平洋的铁路带动了美国人口向西部迁移一样。他也希望用这条新的铁路线快速运送士兵，对付寻求控制朝鲜和满洲的日本。施工条件是艰苦的，特别是在冬天，气温远低于零度，许多华工在修建铁路时死去。从符拉迪沃斯托克到哈巴罗夫斯克[*]这一段铁路在1897年完工，到莫斯科的铁路在1916年贯通。

华工也是修建东清铁路（亦称"东省铁路"中东铁路）的主要劳动力。这是跨越西伯利亚的一条捷径，从西伯利亚城市赤塔附近，跨越满洲的北部，经过哈尔滨，到达符拉迪沃斯托克。这条铁路1901年11月开始通车。东清铁路公司是一家俄国公司，总部设在哈尔滨。俄国的铁路工程师愿意雇佣华工，因为他们比俄国工人工作更努力，并且不谈政治；他们也更便宜：一份滨海边疆区的政府调查报告显示，俄国工人的平均月工资为58.27卢布，相比之

---

[*] 哈巴罗夫斯克，即伯力，位于黑龙江、乌苏里江汇合口东岸的中等城市。伯力是清朝前期东北边疆重镇之一。伯力是俄罗斯东岸重要的航空、水路和铁路重镇。伯力原属清朝领土，因《北京条约》，在1860年后，割让为俄国领土，后更名为哈巴罗夫斯克。

下，华工的平均工资只有 38.08 卢布。

这些铁路不仅将俄国人带到了远东，也将中国人带到了欧洲。圣彼得堡的阔太太和富家小姐们在晨起散步时，吃惊地发现城市的街道上出现了来自中国的小贩，售卖他们自己制作的纸花等物件；那些没什么可卖的人则开始乞讨。在这些新来者中，有来自浙江青田的较为富裕的移民，他们开了小铺子，售卖家乡的商品，比如花盆、石雕、手袋和其他皮革制品。这些外来者并不受欢迎，他们的乞讨行为造成了华人的负面形象，当时华人既受到警察又受到社会公众的恶劣对待。

黑暗的一幕

中俄历史上最黑暗的一幕发生在 1900 年，彼时针对外国传教士及其信徒的义和团运动正在清朝北方蔓延。1900 年 6 月，义和团围困由英国、美国、法国、意大利和俄国驻防的外国公使馆。义和团运动甚至蔓延到黑龙江的瑷珲，以及黑龙江对岸的布拉戈维申斯克。1900 年 7 月，清军和义和团对布拉戈维申斯克进行了近两个星期的炮轰。

布拉戈维申斯克的军事长官和警察局长决定驱逐整个华人社群，视之为潜在的第五纵队*队员。没人愿意提供船只将华人送到对岸的清朝，所以他们被带到河流最狭窄的地方，然后被推下河。

---

* 第五纵队：国际政治学界一个通称的俗语，用来描述那些隐藏在敌人（国）后方的内应力量。

3000多名华人丧命，不是溺亡就是死在哥萨克人*的子弹之下。这场大屠杀永远铭刻在旅居俄国的华人的记忆中，即使在今天，依然没有华人愿意住在大屠杀发生的地点，传说那里有死者的亡灵在游荡。

几千名住在符拉迪沃斯托克、哈巴罗夫斯克等地的华人被当局驱逐出境，使得俄国远东地区的华人数量降到了50年来的最低水平。政府鼓励国内移民的努力终于看到了成果，俄国人的数量超过了华人。滨海边疆区的俄国人口从1897年的18.9万升至1911年的38万，而当时这里的人口总量为52.4万；阿穆尔地区的人口在1911年为28.6万，其中包括24.2万俄国人，而在1897年，这里的人口只有12万。绝大多数移民是农民，他们在这里的新家继续从事之前的职业，而中国人则迁到了城市。

1910年，在滨海边疆区和阿穆尔地区的华人数量在15万左右，约占这两个地区人口总量的20%。只有5%的人有固定的住宅房产，2%有俄国国籍。大多数华人移民是没有永久住址的年轻人，他们在春节后来到这里，待一到四年的时间。或者如果能找到工作，他们便一直待下去，然后回家。少数是生意人，他们待的时间更长，在这里开店，卖中国的商品。

---

* "哥萨克"一词源于突厥语，含义是"自由自在的人"或"勇敢的人"。大约在公元15—16世纪时，由于地主贵族的压榨和沙皇政府的迫害，俄罗斯和乌克兰等民族中的一些农奴和城市贫民（主要是青壮年）不堪忍受残酷压迫，被迫逃亡出走，流落他乡。当时，在俄国南部地区，草原辽阔，人烟稀少，飞禽走兽随处可见，各种鱼类俯拾即是。再加上沙皇的统治鞭长莫及，于是，这里便成为逃亡者的避难藏身之所，并逐渐形成几个定居中心。

进入欧俄

一战爆发后,在俄国的许多地区,华工成为主要的劳动力来源。由于大规模征兵,东部战线又伤亡惨重,成千上万的士兵被俘,俄国亟需人力。正如在符拉迪沃斯托克和哈巴罗夫斯克所做的一样,华工在欧俄修建公路和铁路、开采矿石、伐木、开垦田地。

一战期间,20万华工移民俄国;其与自《瑷珲条约》和俄国远东边界划定后50年间的移居模式别无二致。在这些年中,一些华工带着清朝政府批准的契约和俄国当局下发的签证四处漂泊,另一些到这里的人既没有契约也没有签证,他们受雇于私人公司或者个人(有华人也有俄国人),这些雇主允诺他们结束贫穷,过上更好的生活。

去工作

东部战线的战争开始于1914年8月1日，以俄国入侵东普鲁士和奥匈帝国控制下的加利西亚地区为标志。战前俄国的军事力量为140万士兵，有70个步兵师和24个骑兵师；动员后又增加了310万人，另有几百万人准备好了投入战争。

除了人力，俄国的战争装备很差。德国每平方公里的铁轨数量是俄国的10倍。俄国士兵平均要穿越1290公里才能到达战场，而德国士兵需要走的距离不到前者的四分之一。俄国的重工业规模太小，无法装备沙皇尼古拉二世想要组织的庞大军队，它的弹药存量也有限。与此同时，俄国在海上遭到封锁，德国的U型潜水艇控制着波罗的海，德国的盟友土耳其控制着黑海的入口——达达尼尔海峡。随着战争爆发，俄国也失去了它大部分的国外补给和外汇收入。1913年俄国出口的粮食总量为1000万吨，这比它当年全部收成的10%还要多，它最大的食物出口国之一就是德国。

和其他欧洲国家首脑一样，沙皇尼古拉二世认为战争不会持续很长时间。同时，他小心翼翼地掩藏了一个事实，即俄国是世界大国中最弱的一个。1914年，俄国85%的人口是生活困难的农民，全国九岁以上人口的识字率是 40%。虽然这个国家生产大量的食物，谷物栽培占到了种植业的 90%，但几乎不生产制造业产品，它 70% 的机器都是进口的，甚至就连像斧头和镰刀这样的农具也都是进口的。在战争期间，它 20% 的子弹，40% 的步枪，60% 的机关枪、飞机和机动车辆都是进口的。俄国高达 45 亿美元的外债，几乎全部借自英国和法国。1918 年新苏维埃政府成立后，拒绝偿还这笔债务。这是史上最大的一起违约事件，也是西方国家反对苏维埃政府并试图颠覆它的一个主要原因。

尽管缺少武器装备，俄军最高指挥部还是命令立即进攻东普鲁士。这是一场灾难。1914 年 8 月 23 日到 30 日之间，在坦能堡战役中（今波兰北部城市奥尔什丁），德国第八集团军重创了俄国第二集团军。有 5 万多俄军士兵伤亡，10 万人被俘，被缴获枪支 500 部。俄国最训练有素的一些军官在这场战争中牺牲。

西线战场的发展与东线战场有所不同。它在法国北部和比利时西部的一个有限区域内，并演变成一场堑壕战。而在东线战场，战线被拉得很长，从北部的圣彼得堡到南部的黑海，从西部的波罗的海到东部的明斯克，跨越 1600 多公里。士兵密度较低，战线更容易被突破。一旦一条战线被突破，遥远的距离和薄弱的通信网络使防御的一方很难提供援助，这导致了大批俄国士兵被德军和奥匈军队俘虏。历史学者尼克·科尼什（Nick Cornish）认为俄国被俘士兵数量高达 500 万，比一战中英国、法国和德国被俘士兵总数（130 万）的三倍还要多。

一场消耗战在漫长的东部战线上打响了。从加利西亚撤退的邓尼金将军（General Denikin）这样写道："德国重型火炮击溃了整个堑壕战线及其防御者,我们几乎没有做出回应,因为我们没有可以回应的装备。我们的兵团虽然精疲力竭,还是用刺刀击退了一次又一次的进攻。鲜血无止境地流着,士兵越来越少,坟墓的数量成倍增加。"

到了战争的第二年,俄国面临人力极度匮乏的困境。1915年春夏,士兵总伤亡人数达到140万。同年8月5日,俄国军队撤退,华沙落入德军手中。

和英国、法国不同,俄国没有海外殖民地可以去招募士兵和劳工。它的西部边境被战争封锁了。只有一个国家可以提供它需要的人力,并且可以很快提供,那就是中国。而俄国有着50年的经验,知道华工有多么有用。

章程样本

战争还在进行中时,俄国政府就意识到它很快会需要几千名工人。1914年7月21日,大臣会议讨论了取消对外国劳工的限制措施。1915年8月和11月,由于俄国人力在战争中继续被大量消耗,政府通过决议,允许更多华工入境。

1914年之前,绝大部分华工的工作地点在远东。战争爆发后,劳动力短缺的局面严重,华工被派往俄国各地,从北极圈的摩尔曼斯克到东部战线上的堑壕,从乌克兰的顿涅茨盆地到西伯利亚的田野。

1918年,中国驻俄全权公使刘镜人提出应该拟一份条款严格的合同样本:华工应享受同俄国工人同等的权利,合同应详细说明工作的性质、工资和生活条件，华工不应参与违背中国中立立场的工作，北京政府有权派人监督，确保这些条款的执行。

合同包含以下六条主要条款：

《募工章程》

第一章　华工赴外工作章程

第一款　凡外国工厂或他项事业机关募雇华工，应照该国本地工人一律待遇，不得有特别章程。

第二款　外国工厂或他项事业机关关于募雇华工之先，当将关于招工及包工之各条件所订之合同或章程及其内部管理工人章程等洋文底稿一面由该国驻华领事备文送请招工地方之道署或交涉局核准，一面由招工处将其招工或包工之各章程或合同先行呈请该管地方官核验。

第三款　本章程第二款所指之关于招工或包工各条件及所订之合同或章程，应载有本章程本款以下各条款，否则视为不合例，即由招工地方之中国官署将该项合同或章程一律驳回，重令遵照修订，其应载之各条如下：

（甲）华工往何国、何地、何种机关、何项工作。

（乙）华工出境护照费及来往川资概由工厂或他项事业机关给付。

（丙）华工工资及花红之定数当已该国本地工人所得工资及花红为标准，工资及花红如系按月或按星期或按日计算者，应载明每月或每星期或每日工作所得之准数。倘逾若干时期后可陆续递加工资及花红者亦应载明。如工资及花红系按工作生产之多少为定则当估算工人每日至少可得若干之约数载入条件。

包工者应得之用银只得在工人花红内抽取百分之若干,如工人除工资外并无花红,则包工用银可在工资内抽取。总之,如何抽取及抽取若干均须载明。除此项包工用银外,工人应得之工资须如数发给,到工后不得有丝毫克扣。

(丁) 华工工作合同期限不得逾三年,合同期限未满以前倘欲将华工撤回,该国工厂或他项事业机关应以每工人自离工之日起计至合同期满之日止给其应得工资总数之半为偿,其应得工资总数须照该工人等离工前三月所领工资之数折中计算。倘在合同期内工厂或他机关停办或倒闭者华工应有索偿之权。

华工工作合同期满后,倘工厂或他项事业机关愿留华工,而华工亦愿继续工作者,则可续订合同,否则即予川资送回中国,不得转送他处工作。

(戊) 华工出外工作人地生疏,各工厂或他项事业机关当为建设合于卫生之房屋。

到华工食物衣服及其应需之他项物件,该厂或该机关应自行担任筹备,以原价揭示公众,乃由工人直接购买。

(己) 该厂或该机关应设有赐医赐药处,以便工人就诊调理,如华工因工残废或毙命者,应有一定恤款。此外如华工工作处有劳动保险之例(因工遇险或伤或毙之保险,名劳动保险),则该厂或该机关应代为保险,照该国本地工人一律办理。

第四款　包工者在华招工时,当先考验应招工人是否堪充工厂或他项机关所指之工作。倘应招工人到工时仍有不合所指之工作者，概归包工者任责。该工厂或该机关如以该工人等不能工作而必须撤回者，仍应照给川资并另予相当之赔偿费，包工者亦不得强令工作。

第五款　凡遇华工与其包工头龃龉情事，或华工中有自相冲突，其所隶之工厂或他机关之管理处应为秉公排解，如该厂或该机关因不通言语无从排解或该机关与华工有彼此不惬等情，当向该地中国领事接洽办理。该地方如未设有中国领事，则当向中国通商事务员接洽。

第六款　华工如有违犯所在国之公法被警所拘，工人等不谙语言彼此或有误会之处，该警局当知照中国领事署或通商事务员代为剖解。

第七款　战争期内（如中国现处中立地位）交战国不得募华工充当关于直接战事之工役。

第八款　以上所载本章各款如不遵照办理，不得招募华工出境工作。

这份章程样本由身在遥远北京的外交部官员起草。他们热心地想为即将赴俄援助的华工争取最好的待遇，因俄国将陷入历史上最具毁灭性的战争。与清末出国华工签订的章程相比，它有一个巨大的改善，那时的华工以契约劳工的身份前往秘鲁、古巴、南非和美国，条件比奴隶好不了多少。

北京政府支持这一招募活动，前提是不违背中国的中立国立场，不得要求华工在战场上服务或从事与战争相关的工作。作为协约国集团的成员，中国愿意帮助俄国，它相信协约国会赢得战争，而这些赴俄的华工，就像在法国和比利时的华工一样，会帮助中国在战争胜利后的谈判桌上获得一席之地。

天高皇帝远

然而，事情并没有按那些用心良苦的北京官员所设计和希望的方式进行。一战中，20万赴俄华工比他们赴法和赴英的伙伴们运气要差一些。

华工前往法国和比利时，是中国政府与法国和英国谈判的结果。北京政府参与起草和批准了那些合同。参加赴英中国劳工团的工人在位于青岛和威海卫的接待中心接受了培训和体检，他们领到了暖衣，伙食也很好。在这些人到达欧洲后，三国政府负责他们的保障工作。这些工人并不是完全处在他们上级（如军官、军士长、公司经理）的控制下，如果合同没有得到履行或出了问题，他们可以向更高的层级求助。

而赴俄华工的情况就不同了。北京政府在招募环节失控，批准程序太慢，许多机构都急于从雇佣华工派往俄国中获利，其中既有国营也有私营机构。结果造成许多到达俄国的华工所持的合同并未经过审核，其中没有包含外交部规定的条款，他们在俄国得不到法律保护，在遭受不公平待遇后求助无门。还有许多赴俄华工根本没有合同，由某个中国的包工头或者承包人和他们一起赴俄，并代表他们签了协议；这些华工的命运就掌握在这些包工头和他们的俄国雇主手中。

华工大多先乘火车到哈尔滨，从这里转乘火车向西到达边境城镇满洲里。再从那里跨境进入西伯利亚，在一个他们从未见过的国家开始新的生活。

华工主要的招募方是义成公司。这家公司表面是私人企业，实际是由中俄官员和商人拥有，其主要雇员都是公职人员。义成公司的创立者名叫周冕，是黑龙江的一名高级官员，而公司的董事长柴维桐则是吉林的一名高级官员。

义成公司在招募上的触角伸得很广。它总部设在吉林长春，在东北全境乃至山东的一些城市包括青岛和威海卫（这两个城市是赴英中国劳工团的主要招募中心），都设有办事处。东北三省、直隶，到处是无业或半就业人群，他们都愿意通过到国外工作碰碰运气，一些有工作的人也愿意申请，他们相信国外的生活一定比经常遭受洪涝等自然灾害的国内要好。

义成公司是华工市场的诸多参与者之一。俄国对华工需求如此强烈，而这一生意又非常有利可图，它因此吸引了地方政府和军阀，以及一些私营公司参与其中。这些包工头从俄国雇主支付的费用、护照的费用，快速找到工人的额外酬金，以及为华工购置衣服和食物的协议中分得一杯羹。

理论上，只有外交部有权批准华工要签约的合同，地方政府在合同批准后发放护照。而实际上，护照在合同没有获批的情况下便发放了。地方政府发放的护照数量过多，多于获批的合同数量，在有些地方甚至要多出高达一倍。护照是从设立在俄国远东的办事处发放的；后来，俄国政府不承认这些护照合法，将持有这种护照的人视为非法劳工。这导致了许多问题，包括工资水平、工人享受的待遇，以及合同到期后谁负责将他们遣返回国的问题。

除了持有未获批的合同外，许多劳工也没有领到他们应得的食品、衣物和其他福利，因为合同中对于雇主和承包人的责任含糊其词，或者干脆全部删掉了。一些招募公司侵吞了应该发给工人的衣物、食品等。举例来说，在1916年，义成公司代表华工向当地工厂下了6万件衣物的订单，然而，这些衣物并没有到工人手里，而是被义成公司在黑市上卖掉。

这一制度有缺陷且复杂，中央政府无法也没有对它进行必要的监督。因为中华民国刚刚成立五年，中央政府对地方政府的控制能力有限。大量的钱都流到了地方政府、军阀和私人公司的腰包，北京政府下达的命令和规章被无视。

在接下来的六年中，这一有缺陷的制度将对赴俄华工产生糟糕的，有时甚至是致命的影响。

华工军队

关于一战期间赴俄工作的华工人数,学者们争议较大。在1988年出版的《旅俄华工与十月革命》一书中,李永昌认为,把持有和未持有官方批准合同的华工都算在内,总数在45万左右。根据他的估计,其中15万去了欧俄,30万去了西伯利亚和远东。

然而,大多数学者估计这一数字在20万左右。在一份发表于2010年的研究报告中,一位俄罗斯学者搜寻了圣彼得堡的国家档案馆。在1916年1月1日—1917年9月1日这一时期,他发现了67 123名华工的记录,其中23 450名从事建筑工程,20 908名修建铁路,3127名在矿山工作,3641名在工厂,生产钢铁、汽车、纺织品等产品。还有几千名从事砍伐和运送木材的工作。招募的高峰月是在1916年7月,华工人数为15 114名,然后是1917年的3月份,招募人数为4937。

华工遍布俄国全境,从北部的摩尔曼斯克和卡累利阿(Karelia),到南部的黑海、格鲁吉亚和巴库油田,还有莫斯科和圣彼得堡,白俄罗斯和乌克兰。在欧俄工作的华工超过6.5万人。

根据北京的外交部制定的规则,华工不可受雇在战争前线或其附近工作，因为这会破坏中国在战争中的中立立场。但是，根据广州的暨南大学历史系教授谢清明发表于2013年1月的一篇文章(《十月革命后的俄国华人社会》)，战争期间有5万名华工在前线工作——挖堑壕、运送弹药和做其他支持工作。其中有2万人牺牲。

一些华工被德军俘虏，他们被派去战俘营工作。那里的条件非常恶劣，许多人死于过度劳累、疾病或虐待。

对于这些数字的巨大分歧，也反映了关于华工资料的缺乏。俄国的许多历史档案在十月革命及过去100年的战争和政治运动中被毁掉。而华工大部分都目不识丁，没有留下文字记录。

对于中国学者来说，研究这一课题困难重重，因为在苏维埃时代，他们只能有限地或者无法查阅俄国的档案。1991年以及苏联解体后，这一情况才得以改善。

因为与当时的政治路线相悖，这个故事许多年无法被述说。华工被俄国警察和民众虐待，以及因缺乏帮助死于饥饿和疾病，与当时"两个伟大民族的历史友谊"的宣传相悖。

通向北极的铁路

华工参与的首批项目之一是修建一条从首府圣彼得堡到北极圈以北科拉半岛上的新不冻港摩尔曼斯克的铁路。这条铁路线在战争爆发后成为当务之急，因为德国及其盟友对俄国进行了海上和陆上的封锁。

由于这一封锁，俄国的盟友英国和法国，只能通过挪威和瑞典运送战争物资到俄国西北边疆或到太平洋上的符拉迪沃斯托克。位于俄国北部白海上的阿尔汉格尔斯克港，也是一个终年不冻港，但是它比摩尔曼斯克更靠东，离欧洲的距离也更远。符拉迪沃斯托克离前线有几千里之遥，而西伯利亚大铁路只能运载战争所需物资的七分之一。

科拉半岛北部受到巴伦支海的冲刷，东部和东南受到白海（the White Sea）的冲刷，半岛几乎全部位于北极圈以北。摩尔曼斯克毗邻墨西哥湾流，冬天温度较高；它优越的天然港使其免受风暴袭击。但是，这个城市的年平均温度只有零摄氏度，一年中只有300天能见到阳光，11月22日至1月15日期间，这里都被包裹在极夜的黑幕中。平均来说，它一年有130天下雨，168天下雪，降雨（雪）量比欧洲任何一个城市都要高。这个铁路项目讨论了30年，但由于地理和气候造成的巨大工程难题，它从未付诸实施。

铁路第一期的施工开始于1914年6月，从圣彼得堡到彼得罗扎沃茨克，全长300公里，施工结束于1915年夏天。二期工程初步勘定长1044公里，从彼得罗扎沃茨克到摩尔曼斯克，施工开始于1914年秋天，在极夜的黑幕中施工依然在进行，这段铁路于1916年12月3日开通。修路一共花费1.8亿卢布。为了在如此短的时间内将铁路修好，政府从俄国全境雇佣了3万名农民，征用了德国和奥地利的超过5万名战俘，同时还有约1万名中国人。总共算下来，参与到铁路修建中的有10万人之多。

铁路在冰冻的沼泽、无人居住的岩石地带，在湖泊、茂密的针叶林带和北极冻原的永冻层上修建。在零下40度的寒冷和暗夜中，工人们每天24小时倒班工作。许多工人由于极端条件、营养不良和疾病而死去。有人估计死亡人数为2.5万人，即每修建1公里铁路，就有19人死亡。其中有400名华人被冻死,因为他们没有得到合同中允诺的冬衣。

这其中一个华工是季寿山,他在1960年出版的回忆录中写道:

> 我们这个工段上,除了华工外,还有不少德国和奥匈帝国籍的战俘,他们也和我们一样,做着沉重的工作。斫树做道木,抬土筑路基。每天从早晨七点钟一直干到晚上七点钟,要干十二个小时。
>
> 吃的就更坏了,起先还能吃点馒头,后来就只有黑面包了;菜,特别是新鲜蔬菜,一点也没有,偶尔领到一点土豆干或白菜干,就算不错了。吃的水是从沼泽里挑来的,发黑色,有一股腥气。木头房子更是四面透风。工地上既没有一个医生,也没有半点药品。在中国招工时,明明说的是每天两块羌帖[即卢布],但是到这里,我们每月最多只能拿到三十多个羌帖。
>
> 沙皇政府根本不顾我们的死活。生病的人还要被逼着去抬枕木、搬石头,许多人就是这样连病带累地给折磨死了。

俄国工人一天能挣到三块到四块卢布,而华工只能挣到他们的一半。华工不仅受到俄国守卫的虐待,还受到俄国和奥地利战俘的欺侮。

战争的生命线

铁路工人(包括华工、俄工、奥地利和德国工人)的惨烈牺牲，其作用对于一战以及后来 1939—1945 年战争中的俄国是无法估量的。这条铁路使得俄国海军能够在摩尔曼斯克建立它的北冰洋舰队，摩尔曼斯克是沙俄最后建立的一个城市。为向沙皇家族致敬，在 1916 年 7 月 6 日这里被命名为"摩尔曼上的罗曼诺夫"[*]，包括一个港口和一个海军基地。一年以后，摩尔曼斯克成为科拉半岛上最大的城市，有大约 10 万人口。在这一新港口有七大停泊位，能够同时供七条大型船只停泊，吞吐英国和法国运来的大量战争物资。

华人是这座新城市的首批居住者，上海区就是以他们命名的。他们开酒吧，供应一种叫作汉扎（音译，hanzha）的当地啤酒。需要水手的船长经常到这些酒吧巡视，带走喝这种烈性酒醉倒的人。酒吧这些不走运的客人第二天早晨醒来，就会发现自己躺在一条出海的拖网渔船上。

华工还被送去乌克兰东部的顿涅茨盆地（the Donets Basin）采煤。那里的采矿业从 19 世纪早期就开始了，到 1913 年，它出产了 1690 万吨的煤，占俄国总产量的 70% 还要多。这里的采煤工作是世界上最危险的，它需要在深 300—1200 米处作业，还伴有高浓度的甲烷、煤尘爆炸和岩层突裂的危险。在矿山工作的华工经常住在地下，以接近他们不值得羡慕的工作地点。

还有几千名华工在林场中采伐和运送木材，在木材加工厂干活。他们住在林场的帐篷里。其中一个叫李振东的华工在他的回忆录中

---

[*] 罗曼诺夫王朝（1613—1917 年）是统治俄罗斯的第二个也是最后一个王朝，它也是俄国历史上最强盛的王朝。

写道,"1916年,在帝国主义战争最激烈期间,我随1.2万名招募来的穷苦华人来到俄国。我们在离彼得格勒不远的伐木场做工。我们是寻求幸福生活的,可是我们在服苦役。在沙皇俄国跟在北洋政府一样,都是吸血资本家的天下。在林场每天要干15个钟头,睡在潮湿的窑洞里,又挤又脏,可是我们的劳动报酬少的可怜,勉强混饭而已"。

来自辽宁丹东的姚信成和其他200名华工一起来到一片林场工作,他说:"〔我们〕共同住在一个木棚子里。当时,那里的情景很是可怕,据说这一带林子里经常有豺狼虎豹出现;而比野兽更可怕的是那些森林地带的蚊子,一个个都有蜻蜓那么大,并且非常多,咬起人来特别厉害,使得工作们在一天劳累的工作以后仍旧无法安睡。此外,还必须随时防备毒蛇的侵袭。我们这么多工人住在一所木房子里,空气十分浑浊,简直和狗洞差不多。"

一位俄国学者描述了1916年9月一处林场的情况:"2000名华工在那里工作,他们都还穿着夏衣。一些人甚至没有鞋穿。他们住的帐篷里没有供热设备,地上还有水。他们只能领到很少的面粉、蔬菜、食用油、糖和土豆,这只是他们应得的一小部分。他们只好到附近的村庄抢或者乞讨,因此被警察用警棍和皮带抽打。"

生存条件恶化

随着战争推进,华工在俄国的生存条件进一步恶化,食品、衣物等生活必需品严重匮乏。被抛进社会最底层的华工,只能挣到维持最低生活水平的工资,对于生活必需品匮乏和通货膨胀的抵御能力最弱。

华工散落在这个庞大的国家,各地的情况也有很大差异。最幸运的当属在圣彼得堡和莫斯科工作的华工,这两地有中国大使馆和领事馆,如果他们想要换工作、投诉自己受到虐待或雇主违反合同,可以向这两个机构申请求助。

然而,大多数的在城市外工作的华工就没这么走运了。他们的命运完全被雇主和雇佣他们的华人包工头操纵。根据北京外交部起草的合同样本,工人应该领到足以让他们抵御俄国寒冬的衣物,领到保证他们正常工作的足够数量和质量的食物,以及在寒冬取暖的燃料。事实上,雇主和包工头扣留了一部分食物、衣物和燃料,自己留下或在市场上出售。在修建从莫斯科到来宾斯基的西伯利亚铁路的华工中,由于食品、衣物和医疗服务供应不足,107人死亡,523人生病。

华工本应享受和他们共事的俄工一样的工资,这条规定经常被无视,他们领到的工资只有俄工的50%到60%,其余的被雇主和包工头扣下。另外,华工的工作地点和内容与起初被告知的也不同;那些被送到战争前线的人从未被告知这将是他们的目的地。他们在包工头之间被转卖。

华工对工作条件不满意,却没有合法途径来换工作。他们唯一的出路就是逃跑。当逃跑变得普遍,俄国警察变得更加严厉。华工被迫和俄工分开住在另一个地方,为的是容易控制他们。

另一个问题是,在合同到期后,雇主拒绝按照约定,将华工遣返回国。华工不得不自己想办法回家,有些人甚至无力承担回家的路费。

罢工和抗议

对于糟糕的工作和生活条件的愤怒，华工发泄的对象主要是雇佣他们的包工头，有时会使用暴力。

在1915到1917年间，发生了许多抗议事件。乌拉尔的一处矿山是生存条件最糟糕的地方之一，那里有1.7万名华工。1915年12月，华工拒绝下矿井，还砸了矿山办公室。1916年5月26日，在附近同一个老板经营的木材工厂，由于他拒绝改善工人的生活条件，并逮捕了华工代表，2600名华工集体罢工。警察被召见并开火，1人被杀，8人受伤。工人拿起斧头和石头，将警察驱离；当地政府动用军队，260人被捕入狱。

有580名华工，被一个名叫林琴的哈尔滨包工头带到俄国中部的一处林场做工。然而，与签订的合同相悖，他们的工资只有俄工的一半；并且见不到现金，只有食品券。冬天到了，他们没有御寒的棉衣；唯一的食品是面包、白水煮面条和土豆。1916年9月21日，听说又要降低工资，400名华工手持斧头冲向管理所，要求见林琴。然而，接见他们的却是荷枪实弹的哥萨克警察，派出所所长下令向工人开枪，3人当场死亡，43人受重伤。

1916年9月5日，在乌克兰南部港市敖德萨附近的一处金矿工作的517名华工，带着斧头和木棍来到公司管理办公室，要求发放衣物、工资，改善食物质量。在与当地警察谈判，得到发放衣物和工资的承诺后，他们回到了矿上。但是，这次罢工失败了，公司管理层并没有兑现诺言。

1916年底，在距离圣彼得堡90公里的一处火车站工作的华工进行罢工。为终止罢工，警察出动，造成10人死亡，40人入狱。

国内的愤怒

工人向位于圣彼得堡的中国公使馆递交请愿书和投诉信，大使馆将这些文件送到了哈尔滨，华工大部分的合同都是在这里签署的。政府办公室将外交部的要求通知华工招聘人员，即改善工作条件，禁止让华工在战争前线的危险环境下工作，允许中国官员看望工人。

负责这一卷宗的是中国驻圣彼得堡公使刘镜人，他通知中国政府放缓招募。从1916年初开始，他将华工被送往前线挖掘堑壕的报告送交北京的外交部；他在报告里说，合同没有得到遵守，并描述了华工受到的剥削和虐待。

当华工遭虐待的消息散布开来，德国驻中国的大使馆和领事馆通过他们的消息渠道散播了这些报告。中国政府因此放慢了发放护照的速度，对华工招募的积极态度减弱。1917年1月，德国外交部向北京提出抗议，要求终止华工招募，指责中国帮助敌国。对于德国而言，华工招募政策无异于派兵直接援助协约国作战。

对于在俄国的华工，他们的状况类似于奴隶：没有任何权利，被送到战争前线工作，不断换工作，被包工头之间转卖。所有这些都是非法行径。

从沙皇到布尔什维克革命

当时间的车轮从 1916 年驶入 1917 年，俄国的华工被卷入一系列戏剧性的事件中，这些事件在他们身边发生，它的结果将对他们产生深刻的影响。

1914 年沙皇尼古拉二世宣布参战，在国内起初造成了一股爱国狂热情绪和对沙皇的支持，而之后战场上的结果激起了人民的不满。这年年末，仅仅参战五个月，就有 39 万俄国士兵牺牲，接近 100 万人受伤。新招募的士兵几乎没有培训就被派上战场。

俄国军队在起初对抗德国盟友奥匈军队的战争中取得了胜利，征服了西乌克兰加利西亚的大片土地。但是这一情况在 1915 年发生改变，德国将其袭击重点转移到东部战线。德国军队的指挥更得力，战备供应更好，训练也更到位。俄国军队被迫撤出了加利西亚和俄属波兰*。1916 年 10 月底，俄军士兵有 160 万到 180 万牺牲，200 万被俘，100 万失踪。

---

* 俄属波兰（Russian Poland）：指 18 世纪俄、普、奥瓜分波兰后，沙俄分得的波兰领土，包括原波兰王国的绝大部分。

战争对俄国经济的打击同样致命，暴露出俄德两国在工业力量上的巨大差距。由于德国的海军舰艇和潜水艇控制着波罗的海，奥斯曼帝国控制着黑海入口，俄国的港口就只有北冰洋上的摩尔曼斯克和阿尔汉格尔斯克，以及太平洋上的符拉迪沃斯托克。俄军缺乏弹药、制服、食物，甚至鞋子。到1915年中，被派往战争上的士兵没有发放武器——他们被告知使用牺牲的士兵手中的武器，不管是我方还是敌方的。

国内交通系统被军队垄断，无法运送俄国城市和产业工人所需的食物和生活必需品。到1915年底，出现食品短缺，食物和燃料的价格飞涨。在圣彼得堡，面粉的价格在1913—1916年间涨了99%，肉涨了232%，黄油涨了124%，盐涨了483%。波兰煤田早前的陷落，导致出现煤短缺，并有200—300万难民涌进俄国，1917年，这一数字上升至970万，所有人都需要解决吃饭问题。

到1917年，物价比1914年涨了四倍。然而受益的并不是农民，而是从他们手中购买食物的中间商。所以，农民倾向于囤积粮食，转向自给农业。

圣彼得堡是一条长供应线的末端。商店因为缺乏面包、糖、肉和其他食物而关闭。仅剩下的食品供应线拉得更长。工人阶层的女人们一周花40小时排队购买食物；为了谋生，她们开始从事乞讨、卖淫和犯罪。

反对战争

越来越多的俄国人民开始问自己：打这场可怕的战争是为了什

么目的，为了谁？但是，政府的"绝对系统"（the absolutist system）使得许多迫在眉睫的问题得不到解决。

沙皇尼古拉二世是一个对自己神圣的统治权深信不疑的专制君主；他相信不管付出多大牺牲，俄国人民的忠诚是不可撼动的。在1914年拍摄的一张著名照片上，沙皇拿着一件宗教圣物，骑在马上，士兵跪在他的面前；这张照片正好捕捉到了他所信仰的宗教与皇族权利的混合。

1915年秋天，尼古拉二世亲临战争指挥作战，将政府交给了他生于德国的妻子亚历山德拉（Alexandra）和议会杜马。亚历山德拉非常不受欢迎，因为她不仅是半个德国人，而且完全不够资格来指挥针对世界最强大的军事国家的工业战。她最亲密的一个顾问是神秘主义者格里高利·拉斯普京（Grigori Rasputin）。亚历山德拉逐渐相信上帝通过拉斯普京对她讲话，拉斯普京也是唯一能救她唯一的、患血友病的儿子阿列克谢（Alexei）的人。

在沙皇前往前线之后，拉斯普京对于沙皇皇后的影响更加增强了。这个神秘主义者被政治阶层和俄国东正教教会所厌恶，1916年12月30日，一些贵族枪杀了他，并将他的尸体扔进了涅瓦河（the Neva River）。

前线死亡人数继续上升，国内的生活条件恶化，激起了三个关键群体即农民、工人和士兵的普遍不满。俄国的土地所有制高度集中，占总数1.5%的人拥有全国25%的土地。大多数农民是勉强维持生计的雇农，对他们来说，战时的通货膨胀和交通的破坏使得生活条件更加糟糕。

工业化已经来到了俄国，工厂的工人高度集中。1914年，大约 40% 的产业工人在超过 1000 人的工厂做工，这一数字在美国是 18%。在莫斯科和圣彼得堡，工会和社会主义运动有很强的力量。人们不会忘记 1905 年 1 月的"血腥星期日"大屠杀，沙皇的军队射杀了几百名手无寸铁的抗议者。作为回应，工人们举行了大规模罢工，迫使尼古拉二世允许通过选举产生议会。

1916 年，许多从小便效忠沙皇的军官被杀，取而代之的是一些选拔上来的士兵，对沙皇没有那种绝对地服从。当他们看到许多人被杀和被俘，和上级军官的不适当的战略，士兵们问自己是为什么作战。难道他们仅仅是为了有钱有权阶层的利益而做的炮灰？

1916 年 10 月，秘密警察的圣彼得堡分支"奥克瑞纳"（Okhrana）警告"在不久的未来，为生活所迫的帝国社会底层有可能发动暴乱"。那一年的 11 月，国家杜马警告沙皇说，除非建立一种宪政政府，可怕的灾难会降临这个国家。

问题非常清晰了，但尼古拉二世却选择忽视这一呈给他的建议。

推翻沙皇

1917 年 2 月初，圣彼得堡（彼时在俄国已改名为彼得格勒）的工人开始罢工和示威游行。3 月 7 日，城市最大的工厂普提洛夫（Putilov）的工人宣布罢工，这家工厂是为军队生产大炮和铁路机车。

第二天，一系列为国际妇女节举行的会议和集会变成了经济和政治会议。要求得到面包的示威者得到产业工人的支持，他们认为这是继续进行罢工的原因。女工们游行到附近的工厂，召集了超过 5 万名工人加入罢工。到 3 月 10 日，他们已经关停了在首都几乎所有的工厂，以及许多商业和服务企业。学生、白领工人和教师加入在街上和公众集会中的工人群体。上千名华人住在这个城市，他们也站在了罢工者的一边。

为了镇压暴乱，沙皇动用了军队。首都有至少18万军队，但绝大多数都是未经过训练或受伤的。这些士兵中，只有大约1.2万人被认为是可靠的，但他们不愿与示威人群对抗，因为其中有许多女人。在1905年1月，士兵们愿意对抗议的工人射击，但这次不同了。3月11日，当沙皇下令军队用武力镇压暴乱时，军队开始叛变。

一些士兵加入暴乱人群，许多军官要么被射杀，要么躲了起来：军队失去了镇压抗议人群的能力。人们拆除了首都各处沙皇政府的标志，政府的权威坍塌了。

杜马在自由派的敦促下，建立了一个临时委员会，以恢复法律和秩序。同时，3月12日，社会主义政党建立了代表城市工人和士兵的彼得格勒苏维埃。第二天，余下的忠诚群体就宣布不再效忠沙皇。

3月14日，沙皇乘坐火车回到彼得格勒；路上遭到一支反叛的军队拦截。当他最终到达目的地时，军队司令和他仅余的大臣都一致建议他逊位。第二天，他代表他本人和皇太子，宣布退位。他提名他的弟弟米哈伊尔·亚历山德罗维奇大公（Michael Alexandrovich）做他的继任者。

六天后，已经不是沙皇并被警卫轻蔑地称呼"尼可拉斯·罗曼诺夫"（Nicholas Romanov）的尼可拉斯与家人团聚，同时被新成立的临时政府软禁。从1613年起便开始统治俄国的罗曼诺夫王朝就这样走到了尽头。

临时政府

3月15日，临时政府从沙皇政府手中接过了政权。新政府在九天后被英国、法国和意大利承认，他们要求临时政府继续在东线战场上与德国作战。协约国要不惜一切代价避免俄德签署和平协定或于东线投降，因为这将使德军能够将几万名士兵转移到法国和比利时战场。

4月18日，外交部长帕维尔·米留科夫（Pavel Milyukov）向协约国各政府发出外交照会，声明俄国临时政府将继续参战，"进行到彻底胜利"。作为回应，4月20、21日，工人和士兵举行大规模示威游行，反对继续战争，并要求米留科夫辞职。

由于政治党派斗争和国家机构崩溃，临时政府无法做出决定性的政策决策。实际的权利大都掌握在它的对手——彼得格勒苏维埃——手中，它的力量在军队和铁路上尤其强大。

布尔什维克政党在城市中的影响力也日益扩大，部分是因为它完善的民兵组织。到1917年9月，它在彼得格勒苏维埃成员中占据了大多数，由托洛茨基（Trotsky）出任主席。布尔什维克政党宣传结束战争，让死伤人数不再上升，即使这意味着向德国投降，丧失土地。政党领袖列宁相信，俄国打这场战争，是作为法国和英国资本主义、帝国主义的工具，结束战争对于巩固国内的苏维埃政权是极为必要的，这一立场在士兵和城市工人中间非常受欢迎。布尔什维克成员在军队中散播这条信息，激起士兵们的不满和反叛情绪。

临时政府设立"士兵委员会"，夺取了原本军官掌握的许多权力，进一步削弱了军官阶层的权威。它还废除了军队的死刑，骚乱和反叛变得普遍。军官经常成为士兵骚乱甚至谋杀的对象。

尽管军队境况每况愈下，军事部长亚历山大·克伦斯基（Alexander Kerensky）下令在1917年7月发动进攻。这成为俄国军队在战争期间发动的最后一次进攻。克伦斯基希望，一场俄军胜利的战役，会赢得民众支持，恢复士兵的士气；这又将加强政府原本虚弱的力量。用他的话说，这证明了"世界上最民主的军队"的有效性。

从1917年7月1日开始，俄国军队发动对加利西亚的德国和奥匈部队的进攻，向利沃夫推进。俄国军队靠猛烈的炮击在战争伊始赢得了胜利，这在俄国的战争前线从未发生过；大多数的大炮都来自英国和日本。奥地利人无法抵御这一炮轰，敌军战线的巨大空挡使得俄军没有遭遇任何抵抗，一路前进。但是德军的实力更强大，他们的坚强防线导致进攻俄军的大批伤亡。

当俄国伤亡人数继续增加，步兵军队的士气愈加低落。接下来的胜利要归功于骑兵、炮兵和特种部队的努力，因为大多数其他士兵拒绝服从命令。到7月16日，俄国军队的进攻已经完全瘫痪。7月19日，德国和奥匈军队发动反击，几乎未遇抵抗。第二天，俄国战线被击溃，到7月23日，俄军后退240公里。9月3日，德军进入俄国最大的城市之一里加。守卫里加的俄国军队逃跑、拒绝作战。10月，德军在爱沙尼亚群岛进行水陆两栖登陆。这些行动使德军距离彼得格勒不到500公里，使这个城市本已混乱的政治形势雪上加霜。

这一军事溃败大大削弱了俄国临时政府的力量，增加了布尔什维克武装夺取政权的可能性。进攻的失败暴露出军队中士气有多么不足；将军无法调遣手下的士兵执行他的命令。

布尔什维克的崛起

列宁及其政党进行最后行动的时机现在已经成熟。10月25—26日（俄历），布尔什维克领导下的赤卫军对运转不灵的临时政府发起总攻。10月25日，大多数的政府办公室都被布尔什维克士兵占领和控制。临时部长们的最后一个堡垒，涅瓦河畔沙皇的冬宫，在10月26日夜里被攻占。

布尔什维克人建立了自己的政府。他们废除了私有财产，将俄国银行收归国有，并拒绝偿还协约国借给沙皇的130亿卢布的战争贷款。

协约国拒绝承认这一新政府，媒体称之为"无政府状态在彼得格勒登基"。1917年12月，协约国最高军事委员会宣布支持愿意继续对德作战的俄国军队。但是新政权不愿继续对德作战，1918年3月3日，新的苏维埃共和国与德国签订了《布列斯特－立托夫斯克条约》(the Treaty of Brest-Litovsk)，结束了东部战线的战争。

这对俄国是一次羞辱。国家损失了前俄罗斯帝国四分之一的人口和工业，包括它90%的煤矿。它放弃了对芬兰、白俄罗斯、乌克兰以及三个波罗的海国家爱沙尼亚、拉脱维亚和立陶宛的所有领土主张。波兰成为一个独立的国家。

这个条约签订的背后推动力量是列宁。尽管损失很大，他认为只有马上恢复和平，才能使得年轻的布尔什维克政府在俄国巩固政权，抵抗所有的敌人。他也考虑到了大量的伤亡情况。

在他的《俄军和第一次世界大战》(*The Russian Army and the First World War*) 一书中，历史学家尼克·科尼什 (Nik Cornish) 认为，俄国在战场上的死亡人数为 200.6 万人，是 15—49 岁之间的男性人口的 5%。据他估计，俄国的平民伤亡人数可能高达 150 万。《布列斯特－立托夫斯克条约》的签订也意味着，500 万的俄国战俘可以回家了——其中包括许多被俘的和俄国军队并肩作战的华工。

华工的命运

十月革命以后，在临时政府统治期间，许多雇佣华工的工厂、矿山和公司倒闭或者破产。他们无法或不愿兑现与华工签署的合同上最重要的一个条款，即将他们遣返回国，费用由雇主承担。几千名华工失去工作或住所，而没有任何人为此承担责任。

在十月革命前，工人们的平均月工资为30卢布，在物价相对稳定的时期足以维持生存。他们几乎没有积蓄，而物价在继续攀升。许多人没有钱或者没有途径买到回中国的火车票，被迫乞讨或犯罪以求生存和挣得回家的路费。

那些无法回家的人去到大城市，他们成为街头市场的小贩，做零工或沦为流浪汉。大量华人涌入彼得格勒，一时成为问题。1917年4月24日，俄国内务部官员和中国公使馆的代表就此议题召开会议。官员们没有提高失业华人的津贴，因为这将引来更多人，他们决定努力改善临时工人的工作条件和权利。在遣返问题上，会议成立了专门委员会，有中国公使馆参与。它安排中俄官员走访华工生活的地方，为生病或没钱的人提供经济帮助，安排他们以低廉的票价或者免费回家。多亏了这一倡议，几千名华人得以在1917年9

月前回国。

北京政府接着采取进一步行动,要求临时政府将所有华工遣返回国,但是遭到拒绝。北京政府转而要求遣返持有合法合同的华工,临时政府回应称,许多华工已经回家,一些人死亡;至于剩下的人,因为没有财力组织这么大规模的遣返,临时政府需要确认哪些人持有合法合同,哪些人没有。

虽然与沙俄政府相比,临时政府对华工的困境抱有更大的同情,但它没能实施有效的遣返政策。这是俄国历史上一个关键时刻:国家仍处在战争状态,对手是世界上最强大的军事国家,几百万名俄国人沦为战俘。此时,遣返其中许多是非法入境的外国工人,不是首先要考虑的事。

工人们采取对策,成立小型团体,试图找到回国的路。有的成功了,有的在路上被抢劫或杀害,有的死于寒冷或饥饿,而有的则被绝望吞噬了生命。

中华旅俄联合会

1917年3月14日,中国断绝与德国的外交关系,8月14日,它加入协约国集团参战。美国在当年4月已经加入协约国,使得协约国集团取胜几乎没有悬念。北京政府想要站在胜利者一边,从战后的和平协定中分一杯羹。

对于在彼得格勒、莫斯科和鄂木斯克街头数千名华工的日常生活和回国征程,北洋政府的决定毫无帮助。然而,在1917年4月18日,在混乱和悲惨中,传来了一条好消息:一个帮助华工的协会成立了。

这就是"中华旅俄联合会"（第二年改名为"旅俄华工联合会"），它由在俄的八个中国学生在彼得格勒注册成立。在俄国，这是第一个中国人自己的协会。

联合会主席是一名中学数学老师，名叫刘泽荣，广东人。1897年，五岁的刘泽荣随父母迁到高加索地区，他的父亲受邀到此教授茶叶种植。刘泽荣在俄国接受教育，十月革命前，他正在圣彼得堡大学学习建筑工程。后来，他到一所中学做数学老师。他的中国学生被同胞遭受的苦难震动，想要做一点事情帮助他们，特别是帮他们尽快回国。他们成立了"中华旅俄联合会"，宗旨是："联络旅俄华人，保护华侨的合法行动，辅助旅俄学商工三界。"

联合会的成员有中国外交官、商人和学生。一些成员放弃了他们的学业或报酬优渥的工作，来帮助华工，为他们向政府陈情游说。北京政府拨出10万卢布的救济金帮助华工，而他们只收到了三分之一的款项，剩下的被中国驻彼得格勒的公使馆扣下。不过，在随后的12个月里，大使馆帮助安排了3万名劳工回国。

公使馆还帮助无业华工找工作，成立招募办公室，与需要工人的俄国工厂联系。它为华工享受与俄工同等的工资和福利进行活动，成立中心帮助华工获得医疗服务和住宿。

当布尔什维克1917年10月夺得政权时，在俄的华工总数达到近20万，其中大多数都对新政府抱欢迎态度。

当时在铁路上工作的华工刘福回忆道："十月革命打响了以后，他们两个〔大司机米哈伊尔和二司机伊万〕高兴极了，我也帮助他们在火车头上插起镰刀锤子的红旗，跟着到处贴标语。开庆祝大会，游行示威，他们都把我叫上，我们举手拥护苏维埃政权，高呼打倒克伦斯基临时政府的口号。由于两个司机的帮助,我听了许多报告,参加了许多讨论会,开始明白了一个从来没有明白过的真理:穷人要不把国家大权拿过来,走遍天下也找不到生活,也找不到幸福。"

俄国的华工处在社会最底层,是在城市或农村没有稳定工作或收入和没有公民权利的工人。他们被俄国人歧视,很容易成为警察和当地军队侵扰和抢劫的对象。布尔什维克的意识形态——无产阶级专政,全世界工人平等——对他们非常有吸引力。他们相信,新政府统治下的生活一定比之前的生活更好。

在布尔什维克方面,他们希望获得华工的支持。这个国家因为不同阶级、党派和区域而四分五裂;新政府需要得到尽可能多的支持。

中国人加入红军

《布列斯特-立托夫斯克条约》的条款激怒了俄国的前协约国盟友;这意味着德国可以将几千名士兵运送到西部战线,以及获得协约国先前运往俄国的几千吨战争物资。他们对新苏维埃政府拒绝偿还债务的行为感到愤怒,也害怕它会将暴力革命的理念传播到他们自己国家的工人和士兵中。

协约国决心支持俄国内战中反对布尔什维克的力量,这股力量突然爆发出来,试图颠覆新政权。在俄国,新政府遭到几十个团体的抵制,包括地主、共和党人、保守派、中产阶级的主体、亲君主主义者、自由派人士、部队将军、非布尔什维克社会主义者和民主改良派人士。他们的军队被称为白军,由沙俄军队将军领导,控制着帝国的大部分地区。他们在内战中得到14个协约国集团军队的帮助，这场内战将持续五年，造成370万人的伤亡。

这场内战和华工没有直接关系，他们在俄国内乱中属于局外人。然而，几千名中国人加入了红军，在多条战线包括波兰、白俄罗斯、乌克兰、高加索、伏尔加地区和西伯利亚勇猛作战，立下战功。

对于中国红军战士的人数，俄国和中国学者的估计有分歧；一致的意见是在4—5万名之间。也有的估计，包括当时中国外交部的外交官在内，人数要达到7万。

中国人和红军内其他战士穿一样的制服。他们在俄国军官指挥下作战，军官发现他们作战意志坚定且有效率。大多数中国人对俄国人的认识有限，这意味着他们对俄国人的性格或地方不掺杂个人感情，因此他们的军官可以用他们来执行处决命令。他们作为"突袭部队"也非常有用，因为敌人料不到会有不同种族的人对他们发动攻击。

中国人的存在也被白军用来作宣传，作为红军没有得到俄国人民支持的证据，因为它使用的是中国人、拉脱维亚人和其他外国人。

中国人参与作战，也违背了本国政府的意志，因为北京政府和其他协约国国家立场一致，不承认苏维埃政权。1918年，北京政府派遣海军舰船和官兵到达俄国远东地区，保护那里中国居民的生命和财产安全。这是协约国派到西伯利亚的9万名士兵的一部分，他们进行干预以支持白军。

为什么这么多中国人冒着生命危险，为一个外国政府作战？一些人是受到十月革命的启发，它为穷人和受压迫者承诺了一个更好的未来。在俄国的领导人中，列宁是少有的具有国际化眼光的一位。他对中国人很友好，欢迎他们加入他的党派，对待中国人的态度与绝大多数的俄国人截然不同。

白军士兵将华人视为可疑人士，认为他们可能是布尔什维克的间谍。1919年3月28日，政治报纸《真理报》刊发报道，俄国南部的白军士兵打死了50名来自湖北和山东的中国人，其中包括11名女人，23名孩子，原因不明。

一些中国人是由于意识形态的原因志愿参军，但大多数人加入是作为对悲惨和绝望处境的一种逃离。成为士兵意味着衣食有着落，有暖和地方住，这给了他们之前在俄国从未享受过的社会地位和尊重。

还有一些人是被迫参加。由于内战双方都迫切需要更多的人，他们使用武力强迫人们参军，要么加入，要么没命，没得选。

中国第一位布尔什维克

苏维埃红军中最著名，官阶最高的中国人是任辅臣，十月革命爆发时他33岁，被认为是中国第一位布尔什维克。

1918年11月，任辅臣在战斗中牺牲，时任"中国红鹰团"团长。1989年11月，苏联授予他一枚红旗荣誉勋章；1993年，他的塑像在家乡辽宁铁岭落成，被誉为"无产阶级的英雄"。

任辅臣1884年4月出生在铁岭的农村。由于家贫，他只受过五年正式教育，五年里，他和身为学校老师的一个叔叔住在一起。由于家庭状况改善，他进入了铁岭的银冈书院。1898年，他加入一家俄国公司担任秘书，这家公司当时正在修建从哈尔滨到港口城市大连的铁路。他正是在这一时期开始学习俄语。

1904年，日俄战争爆发，任辅臣加入俄国军队担任口译。由于他认识的很多军官都是社会民主党员,他开始对社会民主党,也就是布尔什维克党的前身,有了了解。在这些军官的影响下,他放弃了警察的稳定工作,到哈尔滨的一所俄国陆军学校教授中文。

1908年,任辅臣秘密加入布尔什维克党,成为该党的第一位中国党员。他成功躲避了沙皇秘密警察的追捕,却遭到一名被他们买通的中国人枪击,中弹并身受重伤。在他住院养伤期间,秘密警察打算将他干掉。妻子张含光设法营救,任辅臣化装后成功被运出医院,在其他党员的帮助下,他连夜逃到了齐齐哈尔。后来他回到黑龙江省警察总署工作,成为中俄边境上的一名巡逻队长;党组织给他的任务是掩护被沙俄流放到西伯利亚地区的政治犯,潜渡中国越境避难。

沙俄政府要求引渡任辅臣,但他与黑龙江地方政府的关系保护了他,使他能够继续留在中国工作。

1914年12月,任辅臣报名和其他两千多名华工到乌拉尔地区的彼尔姆边疆区,从事采矿、伐木等艰苦劳动。一年后,他的妻子带着三个孩子来和他团聚。这里的生活条件非常艰苦,任辅臣和其他华工不得温饱,医疗条件也跟不上;一些人生病后去世了。任辅臣为改善华工生活条件积极活动,得到了其他华工的支持。他成立了一个革命基层组织,1916年,当矿主扣留了华工的部分工资时,他组织了一次罢工。矿主通知了当地警察,以"组织暴乱"的罪名将他软禁。多亏了一些知名华商的帮助,任辅臣被释放,而华工的工作条件也得到了改善。这一成功让华工坚定了抗争的决心。

1917年11月,十月革命爆发的消息传来,彼尔姆省的华工奔走相告,一片欢腾。在任辅臣的领导下,所有华工都加入了红军。"中国团"很快成立了,它的使命是保卫新政权,抵抗它面临的国内及国外敌人的攻击。任辅臣购置了枪支弹药,1917年11月25日,在伏尔加河上游的卡马河矿区,他组织成立了红军的第一支中国武装。他的行动得到了列宁的注意,被任命为"中国团"的团长。

这些华工受到了红军的热烈欢迎,作为第二十九攻击团被编入红军第三军,任辅臣任政委。在短暂的训练后,他们被派往前线作战。

1917年底,新生苏维埃政权正处于最艰苦的时期,东线形势尤为险恶,那里的白军得到协约国集团的支持,活动更为猖獗。中国团在矿区附近一个村庄与白军交战,一举全歼了敌人。

1918年春天,中国团在伏尔加地区卡马河一带作战;他们作战英勇,得到了上级的嘉奖,但是牺牲的人数也很多,高达一半。任辅臣很重视用共产主义思想武装部队,他告诉士兵:"如果你不愿为俄国人而死,记住,你从小时候起,就见过中国人被俄国人和日本人杀害。而今天,你们是在为第一个代表农民和工人的政府血战到底。"

1918年10月,中国团在与白军将领高尔察克(Alexander Kolchak)的军队交战中占据上风,白军死伤数百人,300人被俘。10月27日,最高苏维埃将"中国团"命名为"红鹰团",并在附近一座镇上举行了授旗仪式。俄国士兵在仪式上高呼"真正的朋友"。

11月底的一个晚上,正当任辅臣的部队在列车车厢里熟睡时,他们被一支数量远超他们的白军包围。任辅臣意识到这可能是他最后一场战斗了,便交代一个助理,他死后,所有财产都留给他的妻子。一个告密者将列车的具体位置告诉了白军,他们包围了列车,并用机枪扫射。这场战斗持续了几天几夜,中国团没有等到支援。第二天,一支红军小分队赶到，发现任辅臣和他的部队已经全部壮烈牺牲。

12月28日，一份共产主义报纸刊发了苏维埃政府为任辅臣发的俄文讣告。讣告高度赞扬了他的革命精神，称他将所有的努力和信任都献给了苏维埃俄国："纪念这位异国人民的儿子，纪念任辅臣同志。他把自己的生命贡献给了全世界被压迫人民的事业，他将永远活在革命战士的心中。"

列宁的警卫

红军中另一个有名的中国人名叫李富清，他后来成为列宁的警卫员。李富清1898年出生于沈阳一个贫穷的家庭，他的父亲是个木匠。为了帮助家人，李富清13岁开始养猪和牛。后来他成为一名矿工，1916年4月，他得知一家俄国公司在招工，支付200卢布，合同期为两年。于是李富清和两个表兄弟一起报了名，这批华工共有3000名，他们坐火车从哈尔滨出发，穿越国境进入俄国。

他们本来被告知会在一家工厂工作，然而，在火车上坐了许多天后，他们被命令下车。然后来到一片森林，这里根本没有什么工厂。他们的工作是在前线附近挖堑壕。他们遭到沙皇士兵的粗暴对待，被用机枪和皮带毒打。由于无法忍受虐待，其中一个华工上吊自杀，还有一个切掉了自己的手指头。

之后不久，李富清和其他华工，还有沙皇警卫都被德军俘虏，关进了一个营帐。他们负责修路和修监狱；吃的只有几片黑面包。1917年春天，由于李富清所不知道的原因，他们被释放了，并设法回到了俄国。

当他们穿越乌克兰的平原时,一个俄国人出现,告诉他们,除非他们能组织起来,袭击附近一个储存着食物、衣服和武器的沙俄陆军仓库,否则他们就会饿死。李富清懂一点俄语,理解了他的话。他和180名华工加入了300名俄国人的队伍,这些俄国人从战场上带来了武器。他们一起袭击了一座小镇上的警察局,缴获了30条步枪。然后,他们又袭击了一个军事基地,得到了近100条步枪。就这样,一个革命团成立了。

在开展游击活动期间,团里的中国人和俄国人结下了深厚的友谊,同甘共苦。这种友谊与工人们之前体验到的不同。不久后,李富清和其他华工加入了红军。他的团曾在白俄罗斯、乌克兰、伏尔加河上游和波兰作战。

1918年冬天,包括李富清在内的200名士兵被选中成为列宁的警卫,其中有70名中国人。李富清所在的小组有四个人,他们站在列宁办公室下面警戒,在列宁外出时跟在他左右。列宁有时会和他们谈话。那时李富清只有20岁,不识字,俄语也不太懂。

1919年10月,李富清被派往乌克兰,在一个骑兵团担任中队长,与一队白军作战。他再没有见过列宁。1924年1月,列宁去世,彼时李富清正在莫斯科的一个军事学院学习,他作为学员代表被派去参加葬礼。

1931年,李富清被派往新疆,被当地一个军阀软禁。由于无法离开新疆,李富清在省会乌鲁木齐开了一家餐馆。1949年,中国人民解放军占领了新疆,51岁的李富清入伍做了一名厨师。1957年,他受邀到莫斯科参加十月革命爆发40周年庆典。

亚基尔将军

中国志愿者加入红军作战时,领导他们的是红军最著名的将领之一约纳·亚基尔将军(Iona Yakir)。1918年初,亚基尔将军率领的中国军团在乌克兰迎战奥匈军队的占领军,士兵们在战场上展示出勇气和决心。

亚基尔将军后来在内战中成为红军最高指挥官之一,先后三次被授予红旗勋章。他1928、1929年在柏林的一所高级军事学院学习,后对红军进行了改革。1936年,他在基辅附近组织了一次军事演习,有6.5万军人参加,装备包括坦克和飞机。这是世界有史以来最大规模的一次军事演习,让在场的西方国家军事代表震惊不已。

斯大林对于他这种创新和独立思考心存猜忌,1937年6月11日,在大清洗运动中将亚基尔将军处决。如果他活着,将成为红军1941—1945年抵抗纳粹侵略的战争中最重要的指挥官之一。

授勋的退伍军人

红军中另外一个有名的中国人叫包其三。他1887年生于沈阳,后被沙俄军队的一名军官带到俄国,住在高加索地区,就读了当地一所中学。后来他成为一名水手,在出海的货船上工作,通晓俄语和英语。

1917年10月,包其三加入红军,当时他在彼得格勒一家工厂做工。在内战中他表现突出,被任命为中国营的营长。1919年年初,在高加索地区的一次撤退中,他率领的500名士兵有300名牺牲。

内战结束后，中国营被解散。包其三留在军队，从事土地整治工作。由于在战斗中的英勇表现，他被授予一枚红旗勋章。

苏联的档案中找不到1924年后关于包其三的任何记录。有人说，他在20世纪30年代的大清洗运动中被迫害致死；还有人说，他回到了中国，在抗日战争中牺牲。

在俄罗斯全国都能看到内战中牺牲的无名中国人的墓碑。墓碑上写着"无名烈士之墓"或"友谊之墓"。

在位于莫斯科红场的列宁墓旁，有两个红军战士的名字，王某和张某，大理石上刻着"他们牺牲于1918年"。关于这两个人的历史却不为世人所知。

"契卡"

1917年12月，列宁颁布一道政令，成立了全俄肃反委员会"契卡"，这是第一个苏维埃国家安全组织，也是克格勃的前身。出任主席的是贵族出身的费利克斯·捷尔任斯基（Felix Dzerzhinsky），他后来成为一名共产党员，在军事和安全方面成为新政府上的左膀右臂。

对俄国革命极为拥护的中国志愿者被允许加入契卡以及它下属的许多军事部门。1919年，契卡拥有700名中国成员。

北京政府支持白军

当华工为俄国革命抛头颅、洒热血时，他们的政府站在对立的一边。1917年底，中国士兵占领了黑龙江的"中东铁路"，解除了控制它的亲布尔什维克的俄国人的武装。该铁路负责人德米特里·霍瓦斯（Dmitri Horvath）将军，也是远东地区反布尔什维克运动的领导人之一，组成了临时政府，得到了北京政府的支持。

1918年2月，协约国将大使馆从俄国撤出；中国也加入其中，因为当时留下有很大危险。3月，苏维埃政府将首都从彼得格勒迁到莫斯科，因为后者更深入内陆腹地，相比之下更为安全。

离开之前，中国外交官向旅俄华工联合会会长刘泽荣颁布委任状，委托他全权代理海外华人的利益。如果需要，他可以向丹麦大使馆求助。丹麦大使馆成为办事处，旅俄华工联合会成为华工和苏维埃政府的中间人。

1918年9月28日，英国、日本、美国、法国和意大利政府就中国士兵帮助布尔什维克作战向北京抗议。中国外交总长陆徵祥及其在巴黎和谈上的首席代表，向旅俄华工联合会写信，请它劝说华工离开红军。

他的请求被置若罔闻。外交家们在圣彼得堡过着特权生活，没有向华工提供过任何帮助，因此工人们对他们也没有丝毫尊重。

切断与苏维埃政府的外交关系，也意味着北京政府与新的苏维埃政权没有直接接触。这是一个重大的决定，因为成千上万的中国公民仍旧滞留俄国。其他的协约国都不需要考虑这样巨大的人力负担。

拯救工人

随着中国公使馆的撤出，旅俄华工联合会与苏维埃政府建立了良好的关系。新政府比沙皇政府表现出对滞留华工更多的同情,并积极努力来帮助他们。新政府对刘泽荣本人也非常尊重。它向旅俄华工联合会提供了3000卢布,铁道部也免费为华工提供回国的火车票。

从1918年春天起,苏维埃政府开始向华工发放粮食券,使他们免于饥饿。它还指定专人在司法听证时与华工坐在一起,并同意刘泽荣的请求,让华工享受与俄工同等的工资、工时、医疗和保险待遇。

但旅俄华工联合会自身处境也很困难,它在彼得格勒只留下三名高级官员。散布在这个庞大国家大量工人的求助,让它有些吃不消。

1918年3月,旅俄华工联合会的官员朱绍阳写信给他的同事张永奎:

> 去年一年,由于工作的缘故,我老了很多。过去几年,我把全部精力都用在帮助工人上……我们不能把他们扔在这个动荡的辽阔的国家——不像领事馆的那些人,他们只关心自身的利益。
>
> 最近,乌克兰的华工情况非常艰难。他们被称为布尔什维克,或被认为是莫斯科和彼得格勒派来的俄国间谍。9月底,乌克兰政府命令逮捕其境内所有的华工。由于我们的努力,他们很快被释放。乌克兰政府现在不干涉他们的人身自由,但他们全都丢掉了工作。有些人知道他们的前雇主是谁,有的人则不知道。
>
> 在寒冬腊月,他们连最起码的保护都没有。如果他们建立一个新政府,向苏维埃政府宣战,这对他们将是沉重的打击。人人都说,华人全都参加了红军,报纸上经常报道说,他们见

人就杀。另外,还有大批从德国和匈牙利战俘营中释放的华人战俘。我们的情况很困难……我们无法满足每个工人的需求。

转向"左倾"

1918年12月24日,旅俄华工联合会进驻原中国驻彼得格勒使馆。它没有升中华民国的国旗,而是升了一面代表华工的红旗。北京政府没有提出抗议;它想维持与新苏维埃政府的关系,将联合会作为它的代表。政府提供资金支持,并命令地方政府全力帮助华工归国。等他们一旦到达中国,政府会向他们提供从哈尔滨到长春和大连的低价票或补贴票,从那里他们可以乘船回到山东或直隶的家乡。通过所有这些努力,几千名工人都得以回到家乡。

1918年这一年间,旅俄华工联合会成为一个政治色彩日益浓厚的机构。根据俄国《真理报》报道,它拥有4—6万名会员,从黑海到哈巴罗夫斯克和符拉迪沃斯托克,它在俄国全境的许多城市都设有分支机构。它不仅吸引华工加入,也吸引商人和工匠。

1919年3月,刘泽荣作为海外华人代表列席了共产国际第一次代表会议;列宁成立共产国际,目的是将革命输出到印度、中国、日本、菲律宾等国家。

刘泽荣后来又参加了两次会议,并在1920年8月受到列宁接见。他还收到一封列宁亲笔签名的信,命令政府所有机构都为他提供帮助。因此,联合会在俄国全境的分支机构都得到了当地布尔什维克党的支持。在1921年6月第三次年度会议上,联合会成立了一个共产党分支机构。

回国

华工中没有加入红军的只能靠自己，内战进一步摧毁了俄国经济，他们在其中苟延残喘。从1917年到1919年，人均产量减半，其中最严重的是在交通和大型工业领域。1919年春，彼得格勒工人的人均卡路里摄入量不足1600，是战前水平的一半。几十万的俄国人死于饥饿、伤寒、痢疾、霍乱。

华工中有全职工作的算是幸运的；其他人做零工、乞讨或者犯罪，勉强填饱肚子。他们面临的头等大事是回国。苏维埃政府也愿意让他们回国，并努力加速这一进程；几千名无业华工被视为俄国经济的负担，也是潜在的治安威胁。但是，政府认为遣返华工是中国政府的责任；北京则回应称这是苏维埃政府的责任。新成立的苏维埃政府说，它没有资金，要求北京政府提供经费；北京政府则提议苏维埃政府动用庚子赔款，让俄亚银行提供10万元经费，莫斯科政府同意考虑这一提议。

1919年5月，由于苏维埃新政府的努力，3万到4万名华工回到祖国。当内战切断了西伯利亚铁路，华工归国梦碎，新政府试图为滞留俄国的华工找到工作。

感谢英国人

一些华工得以回国，还要感谢英国海军。这些华工中就有北极港摩尔曼斯克和阿尔汉格尔斯克的华人社区成员。他们之前的工作是修建从摩尔曼斯克到彼得格勒的铁路。1918 年夏，英国的海军舰船来到这两个港市，这是协约国在俄国北方干预行动的一部分，他们的目的是支持白军，阻止战争物资落入布尔什维克或者德国人手中。英国人向那些有能力支付费用的人提供了一条出路。一共有 60 名中国人应征上船，他们来自为白军作战或修建防御工事的 219 人志愿营。舰船将这些华工带到英国，他们从那里经过加拿大或法国回到祖国。当红军 1920 年占领摩尔曼斯克时，他们发现那里有 245 名中国人等待着回国。

1919 年 11 月，旅俄华工联合会高级官员朱绍阳，得到驻巴黎中国公使馆的批准，到俄国南部帮助那里的同胞。他首先到法国、意大利和土耳其，和那里的华商会面，就撤离华工一事向他们求助。在土耳其，他发现有 200 名华工在濒临里海的巴库工作，这是一个主要出产石油的城市。他先安排这些华工在一座矿山工作，同时为他们安排回家的船。但包工头私吞了他们大部分的工资，华工因此进行了罢工。在英国和丹麦大使的帮助下，朱绍阳转而安排华工在一家英资工厂工作。他们自己留下一半工资，另外一半放在丹麦大使馆的一个保险柜里，作为回家的路费。朱绍阳从四个华商那里募集到 456 英磅的款项，资助华工回家。由于法国和意大利海军已经回国，撤离华工这件事就落在了英国海军身上。

接下来，朱绍阳到了俄国南方，那里有 1 万多名华工在等待回国。他无法得到精确的人数,因为一些人在为红军作战中牺牲,一些人在内战的混乱中死于疾病和饥饿。他安排 271 人搭乘英国开往土耳其的船只离开。当红军在 1920 年 2 月占领了敖德萨时,英国人离开了,朱绍阳也和他们一起离开;他的任务就此画上了句号。

符拉迪沃斯托克

在有华人居住的俄国城市中,符拉迪沃斯托克是个特例。1917 年,在它 9.7 万的人口中,30% 是华人。许多是移民劳工,其他则主要是经商,经营商店、工厂或大宗地产。他们开饭店、面包房和洗衣店。今天,在城市的中心,还可以看到一片由狭窄的通道、房屋、庭院和楼梯组成的迷宫一样的所在,这就是华人曾经居住的地方。

1917 年末,一个布尔什维克政府接管了这座城市,领导人是一个名叫康斯坦丁·苏哈诺夫(Konstantin Sukhanov)的大学生,它背后得到代表工人、水手和士兵利益的当地大多数苏维埃代表的支持。就像遍布俄国的商人一样,华人也为大革命及其可能造成的结果吓到了。

当新政府开始接管城市中的工厂和军事设施时,华人商会向本国政府求助,瑷珲、哈巴罗夫斯克和阿穆尔省的商会也纷纷效法。他们提议政府向边境附近的城市派兵,也向满洲两个势力最大的军阀孙烈臣和张作霖求助。中国驻符拉迪沃斯托克的领事支持了这些请求。

1918 年 3 月 13 日,政府决定派一艘名为飞鲸号的商船和它最大的海军舰船海龙号前往执行任务。海龙号4月9日出发,一周后到达符拉迪沃斯托克,得到当地华人社团的热烈欢迎。这是中国政府首次出动船只从国外撤离本国公民。

当市政府拒绝让两口棺材上飞鲸号时,海龙号派出40名士兵护送,当地政府妥协了。4月18日,飞鲸号载着1165名中国人,离开符拉迪沃斯托克,前往山东烟台。海龙号几次向符拉迪沃斯托克派兵,保护那里的中国人,由于他们与俄国工人竞争工作机会,激怒了后者并遭到围攻。

协约国也在密切关注符拉迪沃斯托克,那里有他们提供的65万吨战争物资,还在码头上储备着。他们急于使这一战略港口免于落入红军手中,决定在俄国远东地区实施干预,支持一个白俄政府,继续与德国作战。

1918年6月,协约国海军陆战队从金角湾的军舰登陆。他们占领了火车站、兵工厂和其他战略要地,推翻了当地苏维埃政府,逮捕了苏哈诺夫,控制了协约国的战争物资。7月末,一个由霍瓦斯领导的白军政府接管了城市的行政、司法和金融机构。两万多名当地居民参加了一场标志着城市"陷落"的"葬礼"。

1918年8月,一支9万人的协约国干预军队到达西伯利亚。其中有7万名日本军人和8000名美国军人,另外有4000名加拿大人、4000名中国人、2400名意大利人、1500名英国人、800名法国人和几千名波兰人。日本曾经是协约国集团中唯一没有向法国和比利时前线派兵的国家;现在它是唯一一个为这样的军事行动储备了大批军队的国家。

到11月,日本军队已经占领了滨海省和赤塔以东的西伯利亚地区的所有港口城市和主要城镇。日本政府和军队痛恨共产主义。如果他们不能阻止苏维埃政府夺取政权，那么至少他们想在西伯利亚建立一个亲西方的缓冲国。

中国政府决定参加这次行动，这也是近代她第一次向国外派驻军队。派兵旨在保护俄国的中国公民，保障其在阿穆尔河的利益，收回被沙皇政府占领的土地。8月22日，中国部队中的4000名士兵，包括骑兵、步兵、炮兵和机枪营，进入西伯利亚。在一些城镇，士兵发现既没有俄国警察也没有军队的存在，当地的中国居民已经武装起来，保护自身安全。

1919年夏，协约国的干预行动宣告失败。红军俘获并处决了白军政权的领导者海军上将高尔察克，西伯利亚的白军政权倒台。高尔察克是沙皇政府统治下的黑海舰队的司令，他在西伯利亚的省会鄂木斯克建立了"国民政府"。1920年6月，美国、英国和其他协约国的士兵从符拉迪沃斯托克撤退。日本直到1922年10月才撤兵；他们损失了5000人，这些人要么在战斗中牺牲，要么死于疾病；整个远征行动花费了超过9亿日元。

1920年11月，苏维埃政府成立了远东省，使粮食买卖成为国家专营。红军于1922年10月25日占领了符拉迪沃斯托克，俄国内战终于结束。

新政府对华商社团没有好感，怀疑华人囤积居奇，投机倒把，并对他们与北京政府的关系保持警惕。苏维埃政府开始实行国有化，取缔私营企业。在这个新的工人的国家，华人工厂主、洗衣店、面包店和饭馆将没有立足之地。大部分商人都打道回国，扔下了他们在这里的家、工厂和生意。

苦难的回国之路

对于许多华工来说，回国是一场戏剧性的奥德赛，包括几个月的等待、隐藏、破碎的旅程、乞讨和恐惧。他们身后是许多永远回不了家的朋友和同事。

最终踏上中国国土的人，期待受到热烈欢迎，但是没有。反之，政府对他们充满猜忌。

许多华工都曾在红军中作战，或者加入过其他布尔什维克组织。政府害怕他们被苏维埃政府利用来传播共产主义。列宁曾经谈到世界革命和将他的哲学传播到俄国之外，这些华工是否是他的工具，会煽动国内的工人和农民推翻他们的主人，传播社会主义？北京政府要求当地政府监视这些华工。东北地区势力最大的军阀张作霖，命令对回国的华工进行问询，尽快将他们送回家乡。一些人被拘捕，有少数几个被拒绝入境。

大约4万名归国华工在哈尔滨定居，这是中国最像俄国的城市。在大革命后，来自白军的10万余名俄国人和其他难民逃到哈尔滨，使它成为苏维埃之外最大的俄国城市。哈尔滨有俄国的学校系统，并出版俄国报纸和杂志。它是一座国际大都市，有来自16个国家的领事馆，许多教派的基督教堂，讲45种语言的53个民族。它是一个工业、商业和银行业中心，归国的华工在这里能找到工作。从经济上讲，他们要从零开始，因为他们口袋里的卢布在这里一文不值，无法兑换。

变"红"

北京政府的怀疑并非空穴来风。这些华工经历了历史上最不同寻常的事件——俄国从君主专制国家转变成世界上第一个共产主义国家。许多人都当过兵，为革命成功甘冒生命危险。

在自己的国家，一场革命也推翻了古老的帝国制度，建立了一个共和国。然而，这场革命在中国许多地方都遗留了帝国的碎片——土地占有权、私人企业、外国公司和外国人的特权。中央政府软弱无能，效率低下。军阀控制了国家的大片区域。革命后的几百万名中国人的生活并不比革命之前更好。

苏维埃的革命对许多中国人有着强大的吸引力。他们看到了穷人的反抗，看到了工人阶级代替了封建帝制，成功抵御了强大的日本、英国、法国和其他殖民国家的侵略。

他们看到了第一次世界大战的残暴屠杀，近1000万士兵被杀，欧洲的广大地区遭受蹂躏。他们看到了战争的动机——交战国的国家利益，而和平协定使战胜国，特别是英国、法国、日本和美国，变得比战前更强大。

战争的胜利为中国、埃及、印度和英法在非洲的殖民地带来了什么好处呢？这些地方为战争提供了成千上万的士兵和大量的战争物资。他们的牺牲并没有换来国家的独立，也没有改善本国人民的权利。美国总统伍德罗·威尔逊在他1918年1月8日的著名演讲中，提出的民主和民族自决原则，难道这只适用于欧洲国家吗？

在《凡尔赛和约》下，中国并没有赢回她先被德国占领、后又被日本1914年夺取的山东部分领土。看起来，战争好像并没有提高国际秩序的公正或道德。对于许多中国人来说，俄国革命让他们看到了希望，改善国内穷人和底层人民生活境况，建立一个更公平的世界秩序。

1919年7月，苏俄政府副外交人民委员加拉罕（L. M. Karakhan）宣布，新政府将抛弃过往沙俄的帝国主义政策，将放弃在东北地区的特殊利益，废除沙皇政府与清朝、日本和欧洲国家签订的一切秘密条约，放弃庚子赔款的俄国部分，无偿将东清铁路归还中国。

苏维埃的目标是"将人民从外国资本的军事力量的枷锁中解放出来，这一枷锁压迫着东方的人民，主要是中国人民"。这将意味着，归还中国远东地区100万平方公里的土地，包括符拉迪沃斯托克和哈巴罗夫斯克。他的话感动和激励了许多中国人，让他们相信莫斯科政府是一个更好和更有道德的政府。

但是这一意向并未正式形成条约。列宁于1924年1月逝世，他的继任者斯大林，再未提出这一意向。他的举动与那些殖民国家的民族主义领导人相似。苏维埃联盟和俄国之后再没出现一个像列宁一样的亲华领导人。

一位翻译《国际歌》的中国人

尽管1921年7月中国共产党成立时，归国华工没有直接参与其中，但许多人带回了他们在俄国的所见所闻，俄国语言、文化和思维的知识以及在苏维埃联盟的人脉。他们将对这种新的意识形态在中国的发展做出重要贡献。

在中国共产党的领导人中，与苏维埃有最直接接触的是瞿秋白。

1899年1月，他生于一个富裕的家庭，后来家道中落。他是个知识分子，学习过佛教、文言文和罗素的作品。1917年春天，他参加普通文官考试未被录取，于是考入外交部办的语言专修所，学习俄文。

他最初接触马克思主义，是在北京大学图书馆馆长李大钊于学校举办的会议上。也是在这些会议上，他认识了将在1949年成为共产主义中国领导人的毛泽东。

1920年，瞿秋白作为北京《晨报》的特约通讯员被派往莫斯科。在俄国的生活很艰难，但他为自己看到的俄国人的高尚品格所鼓舞。

"现在我是高兴的，因为我看到了思想的海洋上的灯塔"。他在一份报告中写道，"尽管她只是一道红线，微弱而不清晰，但是能在不断前进的无限进步中看到她"。

他曾听列宁演讲，与一位高级人民委员谈论"无产阶级教育"，还在列夫·托尔斯泰居住的亚斯纳亚·波利亚纳庄园（Yasnaya Polyana），与这位伟人的孙女索菲亚一起漫步。1922年初，他加入了布尔什维克党。

1922年1月，瞿秋白在于莫斯科举行的"远东劳动者"会议上担任口译，与会者有来自中国、朝鲜、日本、爪哇和印度等国的代表。共产国际的发言人季诺维也夫（Grigory Zinoviev）告诉他们，"记住，历史的进程已经提出了这样的问题。你要么与无产阶级并肩作战赢得独立，要么根本就赢不了。你要么与无产阶级合作或者在她的引导下在他们的手中得到解放，要么你注定永远做英国、美国和日本联盟下的奴隶"。

1923年1月，受当时中国共产党领导人陈独秀的邀请，瞿秋白从俄国启程回国，负责党的宣传工作。1927年，在陈独秀下台后，他成为共产党的实际领导人。他翻译了《国际歌》(Internationale)的官方中文版本《英特纳雄耐尔》，这也成为中国共产党的党歌。

1928年4月，他回到莫斯科，以中国共产党代表的身份在这里待了两年。1930年，在党内关于革命应以何种手段进行的激烈争论中，他被免去党内领导职务。

1935年6月18日，瞿秋白在福建长汀县被国民党军人杀害。

回到俄国

俄国的政府企业在十月革命后便停止招募华工，而私营企业尤其是为西伯利亚的工程，则直到1922年才停止对华工的招募。新的苏联政府对中国投资者或企业家没有需求，但它的远东地区仍然需要劳动力。在第一个五年计划（1928—1932）中，苏联引进许多华工进入这一地区，在港口、工厂、林地、内陆运输和洗衣店工作。

在符拉迪沃斯托克的港口苏联政府雇佣中国人来发展和运输货物。华工还受雇于阿穆尔地区的金矿。1928年，受雇的有800到1000名华工。这些工人处在社会最底层，与一战期间的境况无异。他们每年有一个月的假期，参加传播社会主义的夜校，被鼓励将这种意识形态带回中国。

根据1926年的人口普查结果，苏联当时仍有10万名中国人，其中7万名都在远东。但是，情况在发生变化。斯大林忘记了列宁的国际视野和他平等对待世界各国工人的承诺，实行了排外政策。1926年1月5日，苏联政府的外交委员会宣布了阻止中国人和朝鲜人进入俄国的措施，称他们构成"严重威胁"。

在 20 世纪 30 年代的大清洗运动中，华人被赶出俄国。在 1931—1934 年以及 1937—1938 年间，大约 8000 名华人被强行驱逐，超过 1 万名被逮捕。最后一批华人在 1938 年被驱逐出境。

政府鼓励或强迫俄国人迁到远东，取代那里的华工。中国人的贡献被从历史书中删去，历史被重写，宣称开发那片区域的只是俄国人。

到 20 世纪 40 年代，100 年来，在远东地区首次没有中国人的身影。作为苏联太平洋舰队的中心，符拉迪沃斯托克对外国人关闭，也成为环太平洋地区唯一一个没有唐人街的城市。

直到 1991 年苏联解体后，中国人作为工人和投资者，在 50 年后，再次回到符拉迪沃斯托克和俄国远东。

致谢

在撰写这章的工作上,我要感谢的人很多,特别是来自中国大陆、台湾地区、俄罗斯和英国的学者,他们对本章中涉及的议题进行过细致调查。鉴于这一主题的性质,进行这项研究困难重重。我向他们的决心和辛苦工作致敬。

这些学者包括《旅俄华工和十月革命》的作者李永昌,该书是关于这一主题最详细的作品。还有"中研院"近代史研究所的陈三井教授,东吴大学的历史教授何萍,延边大学的刘涛教授,和北京海淀外国语实验学校的步军则(音译,Bu Junze)。

我还要感谢伯蒂尔·林特纳(Bertil Lintner)的精彩著作《万维网》(World. Wide.Web)和他关于在俄国远东华工的著作。还有山东大学历史系的张岩和香港记者易秀君(音译,Yip Siu-jun),感谢他们在联系人和资料上提供的帮助。

另一本重要的材料是马克·哈里森(Mark Harrison)和安德烈·马尔科维奇(Andrei Markevich)撰写的(《俄国国内1914—1922年间的经济》)(Russia's Home Front 1914—1922: The Economy)一书。

第四章

为上海而战

在上海滩挫败德国皇帝

[英]罗伯特·毕可思（Robert Bickers）
陈元飞 译

Getting Stuck in for Shanghai

by Robert Bickers

Text Copyright © Robert Bickers, 2014

First published by Penguin Group Australia. This edition published by arrangement with Penguin Random House Australia Pty Ltd.

All rights reserved.

封底凡无企鹅防伪标识者均属未经授权之非法版本。

夏日租期

这是1914年6月21日，酷热来袭。在接下来的40个日日夜夜里，气温一直都高于这个季节的平均记录，并且意志坚决，毫不退缩。高温天气从来一视同仁，上到富有的银行家，下到普通水手，酷热都不会放过，并让他们如兄弟般敦睦友好，共同陷入宁夏的平静，一如这座城市的公墓。大家工作的步调慢了下来。新发明的电风扇和人力驱动的蒲扇说明，上帝对人类的怜悯真是少得可怜。报纸上刊登的广告疯狂鼓吹：维生素片可以缓解酷暑的煎熬，让人们感受到一丝清凉。城市中繁华的商业机构仍尽力吸引顾客：马克西姆公园（Maxim Garden）可以提供"上海最凉爽的场所"，跳舞夜场通宵开放，并配有西班牙的管弦乐队现场奏乐；阿波罗剧院（Apollo Theatre）极力推出餐后观影的消遣项目，并提供"清凉之地"供人们暂时逃避酷暑。如果还不能达到消暑的目的，索性租艘游艇夜间在水上游览一番。但夜间在水上会使人感到幽闭和恐惧，而白天的气温又太过无情——温度计显示白天的最低气温是32摄氏度。

随着世界大战的爆发，"大热"就不那么可怕了——大战似乎平息了日夜的燥热，但却在上海的各个总会、外滩以及南京路沿途慢慢孕育出了一场空前绝后的狂热——那是一种嗜血的狂热，极度渴望暴力。欧洲战场的战报一条条快速传来，让这座城市将近1.1万欧洲居民感到困惑和沮丧，他们在上海的黄浦江畔建设了这一切，并竭力想维系下来，但战争的消息似乎让这一切都岌岌可危。

世界大同是上海一直奉行的信条。这座城市的外籍群体最喜欢干的事，莫过于找个由头庆贺一下，就像文监师路（Boone Road）上的汕头洋子店（Santow Yoko）打出的广告那样，最好饰以"世界各国"的"旗帜"。这个夏天，即便汗流浃背，可当美国国庆、法国国庆、英王生日及日本天皇生日时，他们也会像往常一样举杯祝酒、炫耀一番。军舰装饰一新，燃放焰火，登陆的海军列队行军并敬礼。作为上海义勇队（Shanghai Volunteer Corps）[*]的成员，外国居民也身着制服，列队游行；杰出的德国指挥家鲁道夫·布克（Rudolf Buck）带领着上海乐队，沿途演奏各国的基督教赞美诗和国歌。

7月4日，美国人为其国庆开放了领事馆，在礼查饭店（Astor House Hotel）举行了招待会，全上海都在为美国人的自由饮酒庆贺。度过了闷热的10天后，正是法国人民攻陷巴士底狱的日子——法国国庆日，于是法国人又来了，提着灯笼的义勇队成员领队游行，走在前面的是布克带领的乐队和由三色法国国旗装饰的有轨电车。7月14日也是法国领事馆和精英云集的上海总会（Shanghai Club）[†]的开放参观日，这一天，时光在互相问候的祝酒词中溜走。那些外

---

[*] 1853年4月，英美等国以保护侨民为名组织了上海义勇队，后称万国商团，中国人俗称"洋枪队"。
[†] 英国在沪侨民的俱乐部，创设于1861年。

国居民称自己为"欧美上海人",他们只羡慕彼此国家的君主制与共和政体。在沿街驻足观看游行和交通灯的中国人警觉的眼神中,这些外国人敦睦友好,团结一致。就在7月14日,那些中国人发现法租界向西延伸了很多,甚至把他们的家也涵盖进去。和蔼可亲的世界大同主义(Cosmopolitanism,亦译为"世界主义")掩饰了帝国主义的土地掠夺,虽然这种掠夺是条约中明确允许的,但所有这一切都得有战船战舰、军事堡垒和列队行军的义勇队做后盾,有了这一切的支撑,上海的外国租界才得以充分发展。

尽管1904年《英法协定》签约的周年纪念日在今年7月广为关注,但法国人和英国人都非常警惕对方。长久以来,英国人和德国人已在此地形成了亲密而惬意的关系。在大上海的企业中,他们是彼此忠实的伙伴。1月份,上海公共租界工部局总董*,英国人爱德华·皮尔斯(Edward Pearce)检阅了德国人民为庆祝德皇威廉二世生日而组成的游行队伍。队伍很长,在最前面领队的是巡捕房的印度锡克族骑警,乐队紧随其后,最后是德国义勇队,人人手持火把,向黄浦江畔德国人聚居区的中心康科迪亚总会(Club Concordia)台阶的方向行进。紧随其后的是其德国同胞和"异国战友",再后面就是来自德国轻型巡洋舰埃姆登号和炮舰水獭号的海军陆战队员。皮尔斯极尽夸奖之能事,他用拉丁语宣称上海的座右铭是"所有联合为一"(Omnia Juncta In Uno),意思是说,既然大家处于统一的集体中,所以必须同心协力。他的工部局能够号召德国志愿者,对此他很自豪,"他们毕竟都是德国士兵,懂得自己的职责,也守规矩"。

---

* 外国人在上海公共租界内的最高行政机构,由董事会领导,董事通过互选产生总董。

他的"自豪感溢于言表"。所有在场者都为德国人欢呼三声,然后才解散,走之前,大家把火把聚在了一起,在外滩上形成了很大的篝火。[1]

上海公共租界工部局由 9 名外国居民组成,他们掌管着这座城市的公共租界。上海老城区的核心是由城墙围绕而成的旧城,而现在公共租界的区域越来越大,已经超出了老城区的范围,延伸到了外滩的南沿,这里也是城市的中心。即便是生活在这座城市的英国居民,有时也会将这里误认为是英国的殖民地,但其实不是,这里不是任何国家的殖民地。尽管在这里英国人占大多数,但他们并没有统治权。工部局当选的董事绝大多数为英国人,通常还有两个席位是留给德国人的,按照惯例,其中一位会担任仅次于皮尔斯的工部局副总董。英国人野心勃勃,但其他国家也有各自的利益,有些问题非常敏感,英国人也就格外谨慎,竭力平衡各国利益,因为公共租界是大家共同享有的。"所有联合为一"的思想指导着他们,尽管这很大程度上把中国人排除在外。当然,这在欧美上海人看来也是理所当然的。

工部局的海外后台都驻在伦敦,接受英国的供给,几百位职员也多为英国人,甚至连巡捕*都雇佣英籍印度人。上海的地理位置十分重要,向北沿着海岸线可到达东北,向西沿长江可进入四川,向南可到达法属印度支那的边境线。因此,上海被认为是国外机构驻华最重要的城市。自 1842 年清朝为外国贸易和定居开放了众多通商口岸以来,清朝各口岸都有大批外国控制的飞地,但没有哪块飞

---

* 公共租界里维持治安的警察。

地像黄浦江畔自诩为"模范租界"的上海这样繁华壮美。

1843年11月英国人到达后,上海越过溪流纵横的低洼平原,逐渐向西、北、东三个方向延伸,成为一座大都市。其他欧洲商人加入了英国人的新租界。由于英国租界与美国租界相邻,后者在1863年也加入了"大英地盘",形成了公共租界。而临近的法国租界却保持着独立。外国人在上海修筑公路、码头、教堂和赛马场;设计墓地、公园、别墅、公寓,建成了崭新的办公楼、总会和楼台馆所。他们的第一个任务是筑高黄浦江的路堤,后来,那里成为上海的前窗——美丽的外滩。大英总领馆铺青叠翠的草坪和美轮美奂的建筑占据了外滩的最佳位置,隔壁就是怡和洋行(Jardines Matheson)庄严气派的办公楼,似乎也凭借其次佳位置彰显着自己的实力。往南是银行、保险公司和商行、宾店、报馆,最后是紧挨法租界的上海总会——这一名字掩盖了英国人性格的本质,也让人看不清英国人生活的重心。外滩的草地都有绿树环绕,周围零星分布着纪念碑和雕塑纪念物,草地延展的尽头是一片欢乐的海洋——公共花园(Public Park)。公园里布克的乐队在夏日夜晚中演奏,欧美上海人聚在一起,恨不能把江畔所有的凉风都招来。

上海的公共租界给一个多语言的团体提供了处所——那里的人至少有30个国籍,并且"英国人"这一类别掩盖了很多来自加拿大、澳大利亚及其他一些英语国家的人。有人认为这一群体非富即贵,他们都在怡和洋行、太古洋行(Butterfield & Swire)或银行等金融机构工作,是上流社会的富人,然而真实情况远非如此。可以确定的是,工部局的常规记录中的确有很多此类记载,但上海的外国居民也在工部局、工厂、船舶公司、造船厂、伊尔贝茨(Ilbertz,

皮尔斯为董事长）那样的小规模代理洋行、中国海关、中国邮局等地上班，当销售员、送奶工、裁缝、工程师、律师、园丁、旅店老板等。圣三一大教堂（Holy Trinity Cathedral）聘用了一位手风琴师，还有一位职业高尔夫球手。工部局为巡捕房招募了印度的锡克教徒，他们的雇佣成本低于英国人，且被认为比中国人"可靠"。成百上千的人被雇佣为私人警员或监视人员。上海这座城市看起来与英国人当时在世界各地的殖民地很像，实际上并非如此。因为上海不是殖民地，也因为上海的国际多元化，最重要的是它有相对的政治自治——上海由英、德、美和其他利益集团共同管理，共享权力和利益。

随同英国人一起抵达上海的是英国的社会风俗，还有一些个性——在一个小型聚居区里，有个性通常被证明是更加重要的。在上海生活的英国人认为自己比本土的英国人或者那些英国殖民地的英国人更加民主、文明、完善，他们真正做到了精英统治。举个例子来说，至少上海没有殖民地总督，他们自己管理本地事务。当时爱德华七世在英国的统治饱受人民批评，激起民众极大的愤慨，所以英国本土还不如上海的公共租界显得祥和，当时的回忆录和书信都提到了这一点。《字林西报》出版了一本《女士红皮书》（*Ladies Red Book*），正式的社交访问——包括接访和出访——被记录其中，因此上海的欧洲贵妇可以知道某人是否为上海的欧美上流社会所认可。人们可以通过你所属的总会来判断你，可以通过你所在的共济会来判断你，还可以通过你的住址、职位、雇主以及你在体育场上的技术娴熟程度等一切来判断你。人们也会根据你的"种族"来判断你。欧亚混血儿——混杂着华人和英国人的血统，通常是英国臣民——在上流社会一般是受到排挤的，无论有多成功都会被歧视，成为公众和文化鄙夷的对象。有一点似乎是不言自明的：华人已经完全被排除在上海的欧美上流社会之外，尽管欧美上海人要完全依靠与华人通力合作才能让上海运转起来。

这是一个相对舒适的居住地点，即便对那些充当巡捕的英国工人阶层也是如此，虽然他们只是充当次要角色。上海的英国巡捕有点仆人的意思，就是"侍者"。他们从到达上海的那一刻起，擦干净鞋子，刮干净胡子，扣上制服扣子，就开始了他们的侍者生涯。各种常用语手册特别关注"主人"或"女主人"需要向仆人传达的指令，充斥其中的大多数是洋泾浜英语，一些杂种外国人彼此间会使用这种语言，把他们与欧美上海人区分开来。身为欧美上海人的雇主几乎不会要求或鼓励外国人学习汉语，这样一来，真正愿意学汉语的人就更少了。尽管上海的消费水平不低，生活质量还是很高的。你可以生活得像贵族阶层一样，尽管你真实的身份可能并非如此。这里是一个可以让众多外国男女彻底改造自己的地方，尽管不少人可能会在裂缝中摔下去，坠入深渊，但贫穷的外国人依然享有治外法权，在他们国家凌驾于中国之上的领事时代，即便处于生死关头，他们仍有可能挖掘到他们生命中的金矿——其时，公共租界极端排斥压制华人，这对欧美人来说是巨大的机会。

公共花园里演奏着音乐，保姆们照顾着小孩，欧美上海人正思考着世界，他们的世界正如《字林西报》中显示的那样——"公正而不中立"。作为上海最大的英文报纸，它有很多有力的竞争者——同为英国报纸的《文汇报》(*Shanghai Mercury*)、美国的《上海泰晤士报》(*Shanghai Times*)、德国的《德文新报》(*Der Ostasiatische*

Lloyd)、法国的《中法新汇报》(*L'Echo de Chine*)等。轻阅读则有《东方速写》(*The Eastern Sketch*)和《外滩画报》(*The Bund*)等幽默风趣的周刊,更受当地民众热爱的是《赛胜猎报》(*Sport and Gossip*),以及米娜·肖罗克(Mina Shorrock)主编的《上海社会》(*Social Shanghai*),当地精英可以在浮华的报载中看到自己的照片。

上海的出版业非常活跃,会定期涌现一些新的报刊,当然,也会定期倒闭一些报馆,还有一些阅读人数不那么多的学术期刊,比如皇家亚洲学会华北分会或中国医疗协会的期刊。传教士则读月刊《教务杂志》(*Chinese Recorder*)以便跟上时代的步伐,也要跟上一些冗长无趣的辩论,尤其是"God"的正确中文翻译到底为何。当时上海报刊的编辑和撰稿人两倍于国外报纸驻中国的通讯记者,所以这些报刊很大程度上将中国介绍给了世界,也以很多方式将世界介绍给了中国。当地的中文报纸很多时候直接将上海外文报刊的文章翻译过来刊登,同时也有越来越多的英语读者直接阅读英文报刊。

阅读业发展迅猛,文化方面的追求则由上海活跃的音乐团体和业余剧团挑起了大梁,以迎合各类爱好者。运动赛事依然是很多欧美上海人的最爱。上海每年全行业停业两次,就为了外国精英们争相赛马,年轻男子骑着矮壮的蒙古马在赛马场中比试快慢。上海跑马总会(Shanghai Race Club)位于公共租界的中心,四周房屋林立,南京路延伸至此更名为涌泉路(Bubbling Well Road)。跑马会也是当地社会生活的中心,工部局的达官要人都在此志愿服务,出任各委员会的委员、专员,并充当管理人员和执法官。会场内还有板球总会和其他运动场地,甚至还有一家报馆,专门刊发赛事的详细报道,以愉悦读者,扩大销量。例如英美烟草公司对战上海拍球总会，上海公共租界巡捕房对战圣安德鲁斯大学队。来自不同通商口岸的队伍纷纷赶到上海切磋技艺。优质的打猎场地坐落在上海西部的运河附近，猎人们参与上海猎纸会（Shanghai Paper Hunt），以猎纸*代替猎狐（因为上海没有狐狸可猎）。一旁的运河里，假日时也经常有人驾船游玩，甚至住在船上。上海划船总会（Shanghai Rowing Club）为纪念英国赛艇活动的发源地泰晤士河，将上海西北的一个地方命名为亨利港（Hen-li），并举办赛艇大会。1914年夏天，德国队大获全胜，赢得了冠军。

19世纪后半期欧洲兴起了义勇队之风，上海义勇队也随之出现，并于1854年（基本友好的）"泥城之战"（The Battle of Muddy Flat）†中经受了战火的洗礼。到今年春天，义勇队迎来了那次会战60周年纪念日，他们给新建的训练大厅铺设基石，举行奠基仪式。英国人和德国人是最具激情的义勇队成员，他们每周集体进行由各国组织的游行，穿上统一的国家制服参加演练，以保护租界免受内外的威胁——好吧，还是直说，免受清朝民众的内外夹击，实际上他们通常对此事也比较直言不讳。不管是义勇队、划船会还是猎纸会、跑马会都能使年轻人强身健体，至少可以让他们避免整天无事生非、喝个烂醉——众所周知，租界的夜生活非常糜烂。

在上海的新旅馆和总会里，在那些无益健康的酒吧和妓院里，

---

* 又称撒纸赛马，比赛前一天在比赛路线上抛撒碎纸，比赛当天以最先到达纸尽处者为胜。

† 1854年上海义勇队纠结英、美海军向清军发动攻击，战争以清军战败而告终。当时《北华捷报》记者采访了一名英国士兵，他指着自己一脚泥水兴奋地讲，这次战争可以叫作The Battle of Muddy Feet（泥脚之战），稿子排印时，排字员无法理解，擅自将Muddy Feet改为Muddy Flat，变成了"泥城之战"。

常常可以看到在上海社会中占压倒性优势地位的男人们的身影，在享受生活或陷入悲伤时，他们通常会去这些地方。最近几年出现了东欧妇女涌入"花街"的现象，那条街在英国总领馆的后面，秘密开设了很多妓院，这些所谓的"美国女孩"*声名狼藉，极大地贬低了美国人的形象，不少美国官员对此颇为关注——其实所有人都知道这些"美国女孩"的来路——这些美国官员奔走呼吁，希望在中国上海成立一个新的美国法院，对她们进行处理，以洗清美国的恶名。这一举动闹出了很大动静，结果适得其反，反倒让大家的注意力放在了真正的美国老鸨身上，就是这群人在欧美上海男人不上班时给他们提供"服务"。

上海有太多丑陋的生活百态，因为没有统一的司法审判机构，各国都有自己的法院和执政官，而执政官有时未必那么公正无私，尤其是在决定一些名声不好的企业命运时。比如，他有可能会温和地妨碍一下巡捕房的调查，这完全正常。如果有人愿意为需求日益迫切的大众提供机会，让他们能在兆丰酒店（Jessfield Inn）、阿兰布拉酒店（Alhambra）、阿尔卡扎城堡酒店（Alcazar）的轮盘赌上试试手气，那么他就必须为各种复杂因素做好准备，以阻碍法律对他的限制：他得拥有多重国籍，有的用来拥有赌场的产业，有的用来租赁酒店场地，还有的用来合法运营赌场——因为各国的法律是不一样的。检查工作受阻的巡捕往往气急败坏，他们会抄近道突击检查，甚至采取暴力手段。1909年8月，当时的巡捕房督查布鲁斯

---

* 当时的东欧白人女子涌入上海"花街"，自称"美国人"以提高身价，乃是公开的秘密。

（CD Bruce）带着希尔顿－约翰逊（Alan Hilton-Johnson）和其他高级警官突袭了设街垒障碍阻止检查的兆丰酒店，双方展开了激烈的枪战，最终警官恩格利（Ernest Engley）和其他三名警员因攻击酒店一个暴力抗法的印度守卫而被罚款。此种情况似乎第一次明确说明，上海巡捕的管辖范围模糊隐晦，定位不明。[2]

多数犯罪案例并没有激烈的案情，类似敲诈勒索之类的案件对于很多巡捕来讲只是日常工作中的常规部分。1912年，英国领事得出结论，上海绝不能组成陪审团审判任何与1910年上海证券交易"橡胶热"大崩溃相关的金融诈骗。[3]倒不是因为上海太小，这里居住着2000多个成年英国人，只是因为这不过是腐败案件中最寻常不过的案子，犯案的英国人太多了。不论是那些大班———一些大规模贸易公司的经理，还是承包做零工的小人物，他们都一样，会与外界建立广泛关联，并售卖股票——完全是欺诈性的投机工具——并且往往是故意的。上海的市场已完全被操纵了，其主要生意介于正当和不正当之间，最为显眼的是新开办的若干家啤酒厂，那是1900年清朝北方义和团运动兴起后给外国驻军解渴而兴建的，还成立了新的橡胶公司。随着时间的变化，法律法规也有了新的调整，当时进行的一些不法生意已经不再违法，然而，以常规的眼光来看，有些事情还是不怎么诚实正义。

上海镶嵌在利益之网中，这张网纵横中华大地。先前的70年间，外国势力已经在清朝攫取了一系列令人眼花缭乱的利益，有的是以战争相威胁而获得的，有的是以和平为代价而获得的，还有的是因这样或那样损害的补偿而获得的——反正这一切都是建立在清朝的损失之上。在这个国家的领土上，有一小块被八个国家控制的

"公共租界"，此外，还有正式的独立殖民地，也有被英、法、日、俄、德夺取的"租界"。驻上海的外交官们声明他们有"势力范围"，以此要求对清朝国内获得的任何利益都优先享有，比如铁路特许权。同时，来自数个国家的舰船沿长江和珠江巡航，维护秩序。在天津，八个外国租界彼此相邻，武汉也有五个租界。法国占领了中南半岛，那些国家都是以清朝为宗主国的藩属国。俄国割占了亚洲东北部的大片沿海地带，之后与日本在清朝东北的归属问题上争端升级，进而开战，最终俄国战败，而日俄之战大部分是在清朝国土上打的。抛开冲突不谈，当竞争带来的利益很少时，各国通常会选择合作，尽管实际上通过竞争所获得的实惠已经够多了。许多中国人担心"亡国灭种"，他们对列强恨之入骨，对清政府的无力反抗极度愤慨。在1911—1912年推翻清政府、建立中华民国的运动中，中国人民做出了巨大贡献，也就没什么好奇怪的了。

总的来说，外国人比较欢迎革命的"年幼"中国——他们有时候用这样的形容词称呼她。只要不打扰他们的世界，他们也支持中国的现代化计划。但这种希望是不现实的，因为抵抗外来势力是中国民族主义者的基本原则。但是上海的外国人太过于沉浸在自己的世界中了，他们仍然以扩张租界为目的。1913年，皮尔斯授权了夺取上海闸北地区的军事行动，由巡捕和德国义勇队具体实施——这也是德国义勇队让他感到骄傲的时候。这场行动的负责人是巡捕房督查布鲁斯，他后来成为英军上校。他负责指挥德国义勇队和巡捕，并取得了一定进展，但后来受到阻挠，又被迫退出了闸北。1914年，法国正处于扩张时期，而英国在公然夺取领地失败后，又想通过阴谋扩张地盘——英国开始和中国外交部协商正式扩张租界的事，即便在一战开战后也没休止。然而，在这一切背后，列强也十分清楚，日本在中国的势力正在悄悄崛起，成为这个松散列强联盟中的新成员，并且羽翼日益丰满。这位新成员胃口极大，野心勃勃，已经带来了越来越多的不安定因素。

上海的外国人依然坚持他们好战的传统，坚决捍卫"他们的"城市免受攻击。他们密切关注着黄浦江，因为中国推翻清王朝统治之后，军阀割据，派系纷争，陷入了一片混乱。1913年，中国的第一大党国民党由于刺杀和贿赂事件，被排挤出了新国会，国民党发动了一场声势浩大的运动，来反抗北洋政府的新独裁者袁世凯，那场运动最终失败了，上海就是其中一个血腥的战场。运动的失败与英国给袁世凯的帮助有很大关系，英国给袁世凯提供了一大笔贷款，同时也让袁在上海的海军力量坚定地站在了英国人一边。列强固然想看到一个民主的中国，可不管他们的这种信念有多么强烈，他们首先还是更愿意看到一个强悍有力的人来掌管中国，以免战乱纷争不断。

列强对战乱心存恐惧，同时也害怕有人反抗他们的统治。就在14年之前，清政府还与义和团联手打击列强势力，一切还历历在目：那是一场席卷华北大地的农民运动，声势浩大。在京津地区，义和团包围了外国使馆区，最终导致多国部队从天津登陆，以恢复秩序，继续维持列强养尊处优、高高在上的特权。多国联军登陆后马上跟义和团与清军展开激战，并取得胜利，随后，他们又在华北各地东奔西走，烧杀抢掠，犯下滔天罪行，以此来"惩罚"那些曾经支持义和团的清朝北方各地区。1901—1902年，数万中国人在这场浩劫中丧生。1914年，上海持续高温，不同语种的新闻铺天盖地，持续报道义和团主义和义和团帮派，造成了一定的恐慌。警戒心理弥漫在上海各地，成了欧美上海人心中绷得最紧的一根弦。

撤开那些令人悲叹的中国历史，也暂且不谈媒体报道的恐怖因素，一战爆发之前的那段岁月对于上海来说还算是美好的。查尔斯·达温特（Charles Darwent）牧师最近在上海出版的旅行指南《上海：旅游居住常备手册》（Shanghai: A Handbook for Travellers and Residents）中提道，在全世界，或者至少在全亚洲，没有什么地方的景观可以与上海相媲美。该书的序言说，上海的寺庙和会馆"比日本的都要美丽宏伟"，而且还保留了与众不同的墓地。达温特在书中引领读者到所有的观光胜地领略这座城市的魅力，并用相机拍下了那些美景——假如乘客带相机的话，这些景色也肯定会留在他们的相机中。通过书中描述的这些令人惊讶、异乎寻常的美景，我们可以看出，那些支持上海是"模范殖民地"的人对上海是多么地盲目推崇，因为在他们眼里几乎没有哪里能像上海那么美。他们为自己在中国所实现的梦想和建造的繁华感到骄傲。当他们天花乱坠地谈论起自己的殖民地时，他们总会把整个上海讨论一番，将其作为所有通商口岸的典范。上海是所有其他租界的"母亲"，早在1893年，那些标志着上海租界成立50周年的纪念旗帜就已经表明了这一点。上海巍然屹立在那里，她以一种趾高气昂的姿态给中国其他城市的当权者带来了无声的斥责和巨大的挑战，激励着他们尽快改革，使他们的城市迅速走向现代化。

外国人认为，上海作为现代世界大同主义的典范，也是一枝独秀。德国失事炮舰伊尔底斯号全体船员纪念碑* 伫立在怡和洋行的

---

* 1896年夏，伊尔底斯号遇暴风雨沉没于黄海，77名船员丧生。

地界上，就在公共花园的入口处。能获得此种许可，应该是这家公司给予德国的"莫大荣幸"。就像一位传教士作家写的那样："在英国的地盘上建立起了一座让德国倍感珍贵的纪念碑。"[4] 1907年，德国开始大张旗鼓地吹响爱国主义的号角，在这种情绪的感召下，康科迪亚总会回报了大英帝国的这一恩惠。他们在上海总会大楼重建的那几年里，款待了上海总会的英国会员，因此，大多数显要的英国人享受了他们德国朋友的热情款待。德式风格的康德迪亚总会是"上海滩最好的建筑"，里面有"美丽的壁画"，画着柏林、不来梅、维也纳和慕尼黑，酒吧的椽子上刻着应景的语录，餐厅里最令人印象深刻的是德国皇帝肖像。[5] 只有通过这种体现爱国精神的陈设，民族自豪感才能适当地抒发一下。但在现实当中，他们在商界以及外国会所结成的联盟更加实际。他们奏乐、游行、比赛、划船、唱歌，同欢共饮。

实际上，许多欧美上海人对租界的帝国主义政治活动并不怎么关注。如果他们在华的外交官夺取了另一座城市的几英亩土地，并在那里升起他们的国旗，他们会为之鼓掌喝彩（如若不成功他们又会加以谴责）。但是，他们依然会随心所欲地生活工作在他们想待的地方。尽管当所签订的条约内容看起来比较乐观时，他们也会抓紧时间为之一搏，但总的来说，如果已经在某列强的租界里建立了自己的企业，那么重新为自己的企业选定地点在他们看来毫无必要。即便最终他们母国的政府迎头赶上，用他们帝国主义的手段也给他们赢得并建立了一块新租界，他们通常也觉得没必要搬家。英国人住在德国的天津租界里，德国人住在上海的法国租界里——一切都杂乱无章。打开1914年8月1号的《字林西报》，你可以从中随便挑取你感兴趣的话题——关于俄国、德国、比利时、法国、英国或日本的银行、船只或保险公司的信息。喝一杯朝日啤酒或青岛啤酒，抿一口乔治四世的苏格兰威士忌，尝一下依云矿泉水。这一切都彰显了在中国的外国居民舒适欢愉的生活。这就是当时上海的思想潮流和社会风气，一切都非常真实，在1914年上海的酷暑中，想让大家像剑拔弩张的欧洲那样彼此仇恨，简直难以理解，而且根本无法真正做到。

当然，他们已经得到足够的刺激了，和整个欧洲所得到的刺激一样多。1914年之前，媒体和通俗小说散布的恐怖言论所形成的火力网已经让欧洲大陆陷入了最糟糕的境地。从1871年开始，欧洲人的通俗文化和公开辩论会周期性地在广播里播出，广播里的故事说的是德国入侵了"毫无防备"的英国。最近发生的，同时也最让人担忧的是，《每日邮报》雇佣了一群人，他们身着德军制服，身前身后挂着两块广告牌，像巨大的三明治那样在英国城镇游行，为威廉·勒丘（William Le Queux）的长篇连载小说《1910年的入侵》(*The Invasion of 1910*) 做宣传。四处都能发现间谍，他们伪装成德国侍者、乐队成员和商旅人士潜伏下来。有的人毫无主见，人云亦云，也有的人针锋相对，煽风点火，各种言论已是星火燎原。德国、法国的作家都乐于虚构这种关于战争和入侵题材的小说，一时间洛阳纸贵，这种恐怖题材的战争小说似乎成了大家的最爱。

当《中国邮报》(*China Mail*)* 连载俄法入侵香港岛事件的小说时，香港就为1897年10月自身的防御准备不足而倍感自责。[6] 但

---

* 香港第三份英文报纸，也是香港历史影响最大的英文报纸。

欧美上海人认为，他们的敌人并不在欧洲，而在其他地方。当时上海也盛行这类入侵租界的虚构小说——由于欧洲最近内讧，战事频起，欧洲国家打得两败俱伤，无暇东顾，清朝的武装力量趁此机会收回租界等等。[7]1900年，这些梦魇一般的小说情节似乎就要上演，英国陷入南非战争，整个欧洲也被搅得心神不宁。清政府的军队用新式克虏伯大炮轰击天津租界，农民袭击了外国公使馆和铁路设施。虽然他们被击退了，但这依然是一个重要的警告，敦促上海要继续小心，时刻保持警惕。

1914年酷热难耐的7月末，欧洲电报局频频传来令人难以置信的消息，上海滩上上下下、总会的男男女女都聚集在一起，谈论着斐迪南大公遇刺、奥匈帝国对塞尔维亚发出最后通牒等一系列重大事件。7月28日星期二，奥匈帝国驻上海总领事在《字林西报》头版刊登了该国的动员令，并在同一天向塞尔维亚宣战。两天以后俄国也动员起来。8月1日星期六，事情突然恶化，"整个早晨谣言四起"；"战争狂热"笼罩着每一个人。人们在南京路的路透社办公室等候，或者在他们各自的总会里一起谈论消息。布克指挥中午和晚上的流行轻音乐节目时，公共花园里几乎没有游人了。瑞士的年度社区庆典或许应该更加柔和一些，尤其是他们在义勇队的射击场举行射击比赛时，似乎有点过于彰显武力了，不能不让人们产生丰富联想。那天，从香港坐船赶来的德国人和英国人"一直保持距离而且互不言语"，他们中的一员说，"他们都担心引出敏感话题"。中途，船上爆发的小火苗引起了一场小小的火灾，同船的人合力将其扑灭，这一事件或许给人们紧绷的神经提供了一丝令人欢迎的慰藉。[8]

欧美上海人应该何去何从？对有些人来说他们别无选择，法律要求他们重新加入军队。还是8月1日那个炙热的星期六，德国总领事发布了动员令，所以部分在上海的德国人首先离开了，他们向北进发，加入了青岛的卫戍部队——那里是德国的租界。20人搭乘正午的南京快车赶往青岛，晚上又有另外40人加入，其中有5人是布克乐队的成员。对战争歇斯底里的狂热情绪已经开始席卷欧洲，现在这种情绪又渐渐逼近上海。300名男男女女聚集在车站，用德语高声唱着"保卫莱茵河！""德意志高于一切！"《德文新报》的编辑给后备军做了一场慷慨激昂的演讲，然后，他们踏上了去往北方的征途。[9]

正当上海在8月的第一个夜晚沉沉睡去之际，欧洲迎来了全面的战争：法国和德国政府发布了战争动员令，德国对俄国宣战。驻上海的各国领事也是指挥链的一部分，命令已经发出，从各自国家的首都来到了中国，所以对他们来说，一切都清楚明了。8月初，由于各国相继进入战争状态，各项规章制度纷至沓来。3日，德国对法国宣战，并入侵比利时。4日，英国携其庞大的帝国与德国开战。但在上海，领事的宣战令只是传达到了个人，上海的租界并没有进入敌对状态，已经登记的动产，有的属于英国，有的属于德国——比如商船——这一切都没有进入战争状态。当领事馆的员工挑灯夜战，破译电报并准备政府通告时，他们新的敌人并不知情，而且正在街上闲逛。英国驻上海总领事埃弗拉德·法磊斯（Everard Fraser）去上海总会吃午饭必须要经过德国的康科迪亚总会，他可以从后面绕道走，这在一定程度上对他这样身份的人来说有失体面；他也可以穿过外滩直达草坪，但是这样他就不得不经过伊尔底斯号纪念碑，碑上说不定还会有新近献上的悼念花圈。

对于德国总领事胡贝特·克尼平（Hubert Knipping）来说，当他往南走去康科迪亚总会时，必须经过英国同行的办公室，或者路过两座英国纪念碑，其中一座是为了纪念"常胜军"——这支军队后期由查尔斯·乔治·戈登（Charles George Gordon）上将领导，就是"中国人"戈登*，他是大英帝国最杰出的将领。所以最好能避开那座纪念碑。对法国领事来说事情就简单一些，他的租界是法兰西帝国的一部分，所以他说的话实际上有法律效力，但是，按照固定程序，下一届法租界总董将是德国人，而且这位总董还有200多位同事住在法租界里。为了维护当地和平，法国领事选择了辞职。

美国记者约翰·鲍威尔（John Powell）后来回忆这段往事：英国人和德国人各自是怎样绕道而行，曲曲折折地踱步到各自的总会。开始，他们一定会感到莫名其妙，因为他们的生意彼此交融，根本不可分割。[10]他们共同创办了公司，在董事会和体育总会委员会里都是并肩而坐。当你要跟一个人谈生意、讨论家务事或者赛马时，你怎么对他大打出手？《文汇报》的一个主管是德国人，《德文新报》也是在《文汇报》的出版社印刷。英国人爱德华·皮尔斯和德国银行家海因策·菲格（Heinze Figge）在工部局共事，而菲格又在警备委员会当主席，负责管理公共租界的警卫，并雇佣了许多英国的退伍军人。指挥家布克和他剩下的乐队成员依然会在租界的闲

---

* 戈登曾指挥"常胜军"协助清军与太平军作战，获得清朝皇帝封赏而被世人取绰号为"中国人"。

暇时间在公共花园为大家带来美妙的音乐。德国义勇队的武器装备是英国生产的步枪，弹药又是由香港政府提供的。有些人对叫嚣战争的人不屑一顾，对德国皇帝威廉二世和他那帮好战之人不屑一顾，他们坚持认为，经济正在飞速发展，根本不可能引发战争。这样的论调或许只有在上海才基本符合事实，但另一方面，那只是因为许多上海的英国人和德国人热切希望不要开战罢了。然而，这仅仅是他们一厢情愿。

8月4日，《字林西报》恳请大家团结起来，因为从欧洲传来了坏消息：

> 上海，就像我们经常想起来的那样，是一个世界性的地方，尽管其他地方因为一些偶然因素而出现敌意，许多国家还是致力于以一种友好的精神共荣共生。在未来的日子里，这种友谊恐怕会受到前所未有的考验。

在遥远的战场上，胜利的荣耀会给黄浦江畔的这片土地带来麻烦，《字林西报》的编辑欧文·格林（Owen Green）写道：

> 我们已经谈到英国在上海留下的一切，对此上海的英国人民有责任去维护它。上海这片土地上的各个国家都是如此。在战时黑暗的日子里，如果聚集在上海的各个国家都能为了共同利益而尊重彼此的感受，那么我们可以说，最伟大的爱国精神莫过于此。

格林主张至少应该维持公共秩序，确保兼容并包的世界大同主义，团结一致，以维护帝国主义在上海的统治，共享所有的"遗产"。[11]

但中国"威胁"论一直存在，对此的担忧波及上海的大部分地区。由于英国在鼓动战争，总领事法磊斯立刻给英国驻北京公使馆发电报，提醒他们留心租界面临的真正危险。英国海军部队已经撤回欧洲参战，那么法磊斯的直系领导、英国驻华公使约翰·朱尔典（John Newell Jordan）爵士有没有可能劝说美国专门派遣一艘军舰到上海港口升起列强的旗帜呢？当地的中国军队似乎焦躁不安，"还有一些计划公然宣称，要利用列强之间的复杂矛盾有所动作，随之而来的就是各种流言，让人心神不宁"。

这是法磊斯发往北京的关于战争带来的新问题的第一个记录。之后他又拍电报询问，是否有可能恢复列强在长江上昭示武力的巡弋，包括德国在内（这会占用他们的船只，减少大英帝国海军的压力）。尽管这个建议"令人十分震惊"，因为各国已经宣战，再让敌对双方的军舰一起巡弋委实有些匪夷所思，但"上海当地如果出现骚乱，外国人在租界将受不到任何保护，万一激起事端，其后果之严重，将比任何其他事件更令人震惊"。[12]巡捕房在每处驻地都增设了火药库，工部局也立即着手为上海义勇队招募新兵，越来越多的成员先离开上海义勇队，然后再次参军，不少人把他们曾经的军团经历写到推荐信上，以此来获得提拔。[13]

已经有人接受了格林对平静和克制的呼吁，他们愿意听从格林的意见，而且认同他的人不仅局限在英国人之间。"我们就在这里，而且我们都希望战争结束后依然留在这里。"这是英国的一个敌人用英语写的，但这位德国人的英语没有任何语法问题，他把这句话写到了上海的一家报纸上,时间是 8 月末。同时他还写道,欧美上海人要警惕席卷上海滩的那些"最荒诞不经的谣言",这会影响"这里",影响"我们的'主人'"。他想暗示华人才是他们共同的、最大的敌人。英国和德国曾经"唇齿相依",并且将来也会如此,两国应该维持他们的友谊和他们在上海的据点,防备"主人"耍花招,这才是最重要的。[14]欧洲的这场战争被双方视为一种责任,甚至是一场圣战,他们毫不怀疑战争的必要性和合理性。上海当地也出现了局部的混乱,这与上海的世界大同主义不相融。这些矛盾冲突持续存在,折磨了欧美上海人好几个月,甚至是后来好几年的时间。然而战争还是无情地爆发了,他们中的许多人,总计有数百名欧美人,蜂拥离开了上海,坐上了回家的船,到岸后下船继续前行,冷酷无情地前进,来到军训场地,登上运输工具,进入世界各地的战壕和战场。

一起登上诹访丸号

1914年10月16日清晨，大约有7000人拥挤在上海外滩上，聚集在浮桥、码头、附近建筑物的屋顶和窗台上，或者聚集在港口的船舶上，这时当然没人会怀疑上海英国人的忠心。他们都来了——英国人自然来了，还有其他人，尤其是日本人，也有中国人，他们共同来欢送上海的英国志愿军人。来自各行各业的110名英国志愿军登上了港口的补给供应船亚历山大号，这只船会带他们出港，登上日本邮船株式会社航线上的诹访丸号（Suwa Maru）新汽轮。当这些志愿军集中到海关码头上时，聚集的人群拿出了准备好的国旗和手帕。各式各样的铜管乐队开始卖力地演奏，想让所有人都感受到他们的存在。早上8点半亚历山大号出发时，"欢呼声震耳欲聋，人们不断地挥舞着帽子"，鞭炮声接连不断，港口内很多船只拉响了汽笛，码头上的汽车也鸣起了喇叭，然后《天佑国王》被唱响，直到亚历山大号沿着黄浦江顺流而下，消失在人们的视野中。

从现存的照片中，我们可以看到欢快的人们——有来自世界各国的男男女女，还有小孩，其中包括400名拿着旗帜、身穿制服的日本学生。在黄浦江畔欢送的人群里，大家似乎都沉浸在各自的角色之中,"确实,在上海的历史上,这种场景是前所未有的"。这也是漫长欢送期的高潮和终点。这场欢送始于两天前圣三一大教堂的一场特殊仪式,沃克牧师说:"我们祝愿即将上战场的弟兄'神速'上场,安全归来。"第二天有一场足球赛,然后在南京路尽头、外滩最富有现代气息的皇宫酒店(Palace Hotel)举行了一场招待会。年届七旬的酒店主人布罗迪·克拉克(Brodie Clarke)说:"我希望我能年轻点,我在上海已经待了太长时间。当然,这也有好处,我活了这么久,终于深刻明白了一件事:欧美上海人,只要他们专注于一件事,就一定会把这件事做得很好。"

夏末秋初之时,总领事法磊斯开始为自己无法向德国提出控诉和制裁而发愁,同时由于治外法权以及这片土地的国际性,他为自己的权力受限而焦躁不安。因为上海不是殖民地,他几乎不能发号施令,取而代之的是说服、劝告和哄骗。不过他觉得他的话比过去已经见效许多了,尤其对总是习惯于抵制总领事"干预"的工部局来说——除非在需要昭示军事实力时,由各国代表组成的工部局才会极为反常地与英国总领事联合一致。但是,法磊斯周边都是些亲德派:中国官员、美国人、"叛变了"的英国人,以及那些忠于海关总署中立精神的头脑简单的人,还有些可疑的人卷进了世界主义的理想之中——法磊斯称他们为"铁杆的世界主义公民"——他们没能尽到英国人应尽的职责。[15]他认为,至少日本人,当然还有其他很多人,正在等待时机的到来。与其说警惕德国人,其实很多"世界公民"反倒更加害怕日本人,这些"世界公民"一直留意着格林的呼吁,铭记所有欧美人共同享有的上海,这个欧美人共同创造的辉煌"遗产"。面临中国或日本黄种人的挑战时,白种人大团结的想法毕竟占了上风,让他们没有意识到战争的紧急。9月初开始,法磊斯肯定很高兴,因为源源不断的英国爱国青年——主要是巡捕——来到大英领事馆,征求关于离职后参军的建议,并希望获得总领馆的帮助。

在法租界,200名预备役军人立即响应了法国领事馆的宣战公告,按照通知要求,他们更换了军事装备。很多正在家乡英国休假的上海英国人也直接奔赴了自己国家的部队。1914年9月25日,大批群众欢送13名英国人上了法国汽船波利尼西亚号(Polynesien)。照片里的他们都是青壮年,正处在一生中最好的时刻,他们个个神采奕奕,仿佛要去度假似的,途中还受到了西贡政府的款待。他们坐的是三等舱,在回信中经常说到船上的配备非常新奇——甚至连一个服务员都看不到;他们并非那种安于简朴之人,所以途中并不太适应。大家都想加入骑兵团,出发的时候就开始了训练,跳跃、投球、拳击等等,以保持身体状态,顺便消磨旅途时光。[16]

在这段非常时期,一些身处中国的英国"大员"可以辞职:1913年上海闸北之战溃败后,巡捕房督查布鲁斯被迫辞职,后来他又担任中国政府顾问,又离职。1914年10月初,他去了英国,以期获得更高级的任命。布鲁斯在1907年才进入警务系统,此前他曾经在军中效力25年以上。就在最近,在中国北方的威海卫——英国占领的领土上,他筹建了中国士兵军团,并担任指挥官。他与伦敦陆军部大臣基奇纳(Kitchener)的"私交"甚好,不久就担任了英军二十七旅(27th Brigade)的指挥官。

包括巡捕在内的工部局所有成员组成了英国在上海最庞大的

适龄后备军,但巡捕的身份却让他们处在一个尴尬的位置上,因为他们受到法律服务条款的限制,从警容易脱警难。从1910年开始,这些条款受到英国驻华公使签发的《国王条例》(King's Regulations)的支持,这让违反条例成为一种犯罪。引入这些条例的目的是确保军队的纪律在巡捕队伍中推广实施,保证效率,但现在这意味着退伍军人在巡捕队伍中会陷入两难的境地:他们的经历让他们成为最适合重新入伍的人员——不少人其实刚刚离开军队当上巡捕;但是一旦他们退警入伍,就会被工部局起诉。法磊斯不得不承认,这份条例在法律上对大家有更大的约束力,相比而言,军队的召唤就没有那么大的力量了,总不能为了响应国家召唤就去违法吧。[17] 但不是所有巡捕都不敢越雷池一步,不少人加入工部局时隐瞒了自己依然是军队预备役身份的事实,因此,还是有一些人离开了巡捕的岗位。

最初,工部局声明要根据协议保证工作人员坚守岗位。曾在南兰开夏郡军团(the South Lancashire Regiment)任军官的肯尼思·莫里森·伯恩(Kenneth Morison Bourne)刚刚坐船回到他的出生地上海,成为一名年轻的巡捕。他申请离职重新加入军队的请求遭到了拒绝。巡捕房代理督查艾伦·希尔顿-约翰逊也因为类似原因申请离职。根据工部局的会议记录,警备委员会(the Watch Committee)主席海因茨·菲格曾与他见面,并劝他尽力忠于巡捕房。这一定是一次荒诞的会面:一个德国银行家亲自出场,试图说服一位英国军官不要参与战争,希尔顿-约翰逊话锋一转,说他应该在香港总督面前发出这样的呼吁。[18]

法磊斯决定亲自处理这些事,因为他不是个很有耐心的人。德国总领事克尼平认为他是一个以"战时英国要接管一切"为借口在上海滋生动乱的"狂热分子"。他确实很狂热。海关税务司昂温 F. S. Unwin）是一个非常爱国的英国人，连他都宣称法磊斯是一个"偏执狂，一个极端的军国主义分子，对任何英王陛下作战部队之外的其他英国利益都视而不见"。[19] 10月7日，法磊斯召集大英帝国的诸位领事到总领馆，告诉他们必须让下属离开公务管理部门，任由他们去参军。昂温称法磊斯"残酷迫害"了他们，如果他们不同意下属离职参军，法磊斯就会废除相关部门法规，这样工部局就无法起诉他们了——法律需要让步于战争。

各位领事对此十分不满。现在，巡捕招募渠道已经关闭，如果巡捕内部再流失大量巡捕，那么警力将严重不足，巡捕房的执法效能也将大受影响，上海就会变得越来越不安全。但是法磊斯有他的办法。上海公共租界的巡捕总共将近270人，其中大约有175人之前参过军，这些人可以提出离职申请，不过考虑到上海的地方安全，不可能让这些人全部离职。经商定，最终同意35名巡捕离职。解决这一事情的当天晚上，法磊斯又抓紧时间成立了一个委员会协调此事，并负责向客船运输公司提供资金。最终，日本邮船株式会社同意给予客运票费上的优惠。[20]

8月初，有消息说上海要成立一支"英国军队"增补香港防卫，人们议论纷纷。英国媒体对此很有情绪，始终坚决反对，并且声明上海可能才是最先需要防守的城市。不过从9月8日起，一则稍显隐晦的广告刊登在《字林西报》头版，让该报增色不少："**急需**善于骑马和射击之男士。"刚开始，该广告指明应征者应该自己买"马（不能是中国的那种小马）"，后来这一条件又取消了。一个成立上海骑兵分队的方案正在筹划中。10月初，各方力量汇集在一起，并且发展得相当迅速，朱尔典从伦敦陆军部拿到了批文，陆军部将接受从上海招募新兵，前提是应征者能自己回国，战争结束后自行遣散。[21] 英商中国协会（The China Association），一个代表英国商人在中国利益的组织，自愿为110人筹备回国的费用并安排他们的行程。应征者要求在35岁以下，身高在5英尺6英寸以上，胸围在35.5英寸以上。工部局宣传了工作人员恪守岗位与否的政策变化，英商中国协会又在报刊上登了广告，宣布他们将给予资助，所以110人很快就招满了。

将近80人来申请巡捕房空出的35个空缺，还有工部局其他部门因参军而留下的空缺。私营企业的员工也积极应征：怡和洋行来了一批，烟草公司来了5人，标准石油公司也来了一大帮人，还有些人来自海关。外国百货商店的年轻店员也来应征了，他们有的其实刚从国外来到这座城市，也有的就出生在中国。所有应征参军的人都要求会骑马，并且要有从军经验，但是在某些情况下，在义勇队中服过一年兵役就被认为足够资格了。不过有一个叫阿瑟·布朗（Arthur Brown）的人，他只参加过基督少年军，最终也通过了应征。有个别应征之人极度狂热，夸大了自己的资质；有的只是因为他们想博得一次免费回家的机会。不管怎样，他们将在军事状况紧急的情况下出发，希尔顿－约翰逊上校将带领他们回家，由肯尼思·伯恩协助，他将竭尽全力，让所有刚刚招募的士兵都能踏上返英的征程。大部分公司，也包括工部局，都同意保留志愿军人原本在上海的工作职位。海关是个例外，他们将参军视为擅离职守。作为一个中立国的机构，海关不能支持其员工志愿参军。（但是他们还是保留了敌对双方预备役人员的职位,因为他们是依法被要求再次加入军队的,合乎程序。)[22]

许多人其实才刚刚抵达上海。6月份,弗兰克·斯图宾斯(Frank Stubbings)、欧内斯特·伊娃(Ernest Eva)、查尔斯·菲利普斯(Charles Phillips)和R. W. 蒂尔(R. W. Tear)刚刚乘名古屋号(Nagoya)汽船抵达上海,参加了上海巡捕的招募。欧内斯特·费恩(Ernest Fearn)、艾尔弗雷德·斯丘达莫尔(Alfred Scudamore)和吉姆·洛弗尔(Jim Lovell)比他们仅仅早到了3个月。爱德华·特罗特曼(Edward Trotman)是一名"理想的海关官员",乔治·吉尔伯特是(George Gilbert)一个"才艺和勇气兼备之人",他们都是刚从水上稽查队(Waterguard)的普通士兵中招募来的英国人,经验丰富。[23]其他新兵已经在上海街道上巡逻长达10年,大多数人前几年还曾在军队或皇家海军陆战队(Royal Marines)服役。警长迈克尔·奥瑞根(Michael O'Regan)经历过布尔战争,哈德罗·斯米顿(Harold Smeeton)曾在遥远的黄金海岸服过兵役,在东非的英国殖民地当过巡捕,但他其实也是刚到上海。在兆丰酒店袭击案中,德雷珀·恩格利(Draper Engley)的儿子欧内斯特是几个已经定罪的罪犯之一,签约入伍时,他已经在中国待了8年。有些人出生在上海,比如海关官员的儿子威廉·马丁森(William Martinson),还有赫伯特·克兰斯顿(Herbert Cranston),他的工程师父亲工作了30年后,近期才退休回到了苏格兰。阿尔弗雷德·辛格(Alfred Singer)和汤姆·韦德(Tom Wade)是另一种类型的新兵,他们的父亲在1866年乘坐同一艘船抵达上海,随后辛格的父亲就职于巡捕房,后在镇江的英国租界供职,去过附近许多地方。[24]

应召入伍的人当中,有些刚刚从军队走出来,招募他们当然是合理的。其余的涵盖了上海的方方面面,三教九流无所不包,简直就是上海英国侨民团体及其历史的一个横截面。至少在他们当中,就有人亲眼看见过失业和最近的酗酒场面,以及各种骚乱,哪怕是地方长官出面弹压也无济于事。[25]启程日期临近时,一些人去修了牙,另一些人则写下了遗嘱,万一不测,把他们的身后事安排妥当。所有出征的人都准备就绪了。法磊斯送他们上船,并在最后时刻做了一场鼓舞士气的演讲,然后离去。诹访丸号向西开始其处女航,这些上海的勇士们已经做好了上战场的准备。[26]

这些事很明显违反了中国的中立原则和若干条例——条例明令禁止参战国在中国招募新兵,但这并不会阻碍法磊斯。漫长的回家旅程远远超过了之前宣称的41天,直到12月15日,整整60天后,诹访丸号才抵达到英国,大家开始准备成为一名士兵。这艘船是部队运输船,虽然个别人还是住得比较舒适,但对绝大部分人来说,条件还是比较艰苦的,一个士兵给《字林西报》回信这样说。他们睡在船尾的第一货仓里,这是特意为他们重新安排的,四面都有床铺,中间是吃饭的地方。希尔顿-约翰逊将他们以12个人为一队分成若干小队,每天5个小时,不遗余力地运动、学习旗语信号、训练,再给他们上课。希尔顿-约翰逊有丰富的从军经历,这让他上课游刃有余:他最早在桑德赫斯特(Sandhurst)受训,随后晋升为军官,接着又受命于林肯郡军团(the Lincolnshire Regiment),派驻英国的殖民地马耳他,然后是埃及,1898年参加乌姆杜尔曼之战（the Battle of Omdurman）*，之后被调到印度，又在1900年加入威海卫军团（the Weihaiwei Regiment），在义和团运动时期，他带领军队在天津登陆，参加了战争。威海卫军团被解散后，他离开了部队，他的许多中国士兵都列队在海关码头向他告别。后来，他与他的很多士兵一样加入了巡捕房。[27] 希尔顿－约翰逊与他的许多同伴都经历过战争，他还亲眼看见过日俄战争，然而他所知晓熟悉的殖民地战争都是小规模的，这种情况下旗语肯定能派上一定用场，但这并不是諏访丸号所要驶向的战争，后者要大，大得多。

有人做了调整，以西方人的方式健身，其他人则采用了更为独特的方法。一个人写道："我个人比较爱好有氧运动，这让我的胸围增加了一英寸。"他的体重也增加了大约一英石，以强壮的身体应对战斗。受夜间娱乐的影响，体育运动在上海好像不那么受欢迎了，很多士兵的健康水平并不达标。天气闷热至极，尤其是在货舱，一些退伍军人说这里的环境比英格兰的任何军营都要差。有点离奇的是，日本乘客似乎霸占了浴室。"我们船上是一群非常体面的人。"一名记者评论道。但是对于一些习惯了舒适旅行的人来说，这种环境确实令人震惊。希尔顿－约翰逊坐的是头等舱，伯恩和上海律师约翰·爱德华兹（John Edwards）坐二等舱，其他人都住在货舱。货仓里有人下了决心："我要在香港弄一把帆布躺椅，好好地舒服一下。"这是典型的欧美上海人做派。一个人带着躺椅上战场可不会有什么令人愉悦的发现。

---

* 1898年9月2日英国军队打垮苏丹马赫迪军队，对苏丹建立起长达半个多世纪的统治。

船在香港停了几天，让大家有时间快速游览一番旅游景点。上至太平山顶，饱览风景，下到酒吧。接下来驶向新加坡，然后是槟城，很多人好像只是把这次英国之行当作一次微不足道的冒险。在这期间，只要在船上，士兵们始终在船尾的主甲板上训练，排演军容军纪，甚至是下船游览香港时，船上依然派兵把守。这些人当中，一群"无赖"开始慢慢浮出水面，他们"太懒，而且不参加训练"，被调往三等舱，几乎相当于被放逐了。在伦敦留存的乘客名单里，所有人到达后记录到了"上海分遣队"名下。有一个人在香港生病下了船（之后再也没去打仗），还有两个人从香港上船参了军。

　　在槟城他们见识了真实的战争。苏联水手的尸体背朝天漂浮在港口里，伯恩后来回忆道："大家似乎对此都无动于衷。"[28] 这个港口混乱不堪。他们抵达的前一天，德国巡洋舰埃姆登号——他们的陆战队1月份还曾到上海沿着外滩游行——在黎明的伪装之下飞速驶过了港口。"这艘两侧颊板很厚的军舰"用鱼雷击沉了苏联的巡洋舰珍珠号（Zhemchug）和一艘法国驱逐舰，然后成功逃离。埃姆登号并不知道，用不了多久，就在诹访丸号12月15日抵达伦敦之前，它就会被完全困住，失去作战能力。经历了这一阵仗，诹访丸号上的事情变得越来越不好处理。比起德军枪弹和鱼雷的实际破坏能力，埃姆登号这艘德国巡洋舰给协约国的交通运输带来了更大的祸患，它阻碍了诹访丸号向西经过"恐怖之海"印度洋的航程。

　　英国殖民地的战时审查制度意味着这支志愿军在香港和新加坡不大可能会引起媒体关注，但在新加坡，一位神职人员收集了100本书和75罐烟草送给他们，还有人自发聚集起来欢送他们，祝愿他们"早日挺进柏林"。[29]

这艘船本身也备受瞩目、受人称赞,一路上光彩夺目,在香港和新加坡停靠时,船上的服务人员还为岸边的人提供了点心,以期培养他们将来的潜在客户。诹访丸号 3 月 29 日从长崎发船,当时日欧航线一共有三艘 1.2 万吨游轮,诹访丸号就是其中的一艘,它船体总长 500 多英尺,能载 1.4 万吨货物,一等舱可容纳 122 人,二等舱可容纳 60 人,三等舱可容纳将近 180 人。船上现代化的安全设施装备齐全,还有"近乎不沉"的完美设计,并搭配有舒适的现代化装备,这是因为船上安装了大量的通风系统和数百个风扇。此外,船上还有一个理发店,一个洗衣店,甚至还有冲洗照片的暗室。"干净"是这家船舶公司的口号,大量的甲板空间留给了一等舱的乘客(空间之大,甚至可以支起板球网玩板球),二等舱乘客的空间也不小。[30] 这艘船成为日本迅速登上国际舞台的明证,也是日本工业水平快速发展的实例。

但是诹访丸号没有将最舒适最整洁的一面展示给船上的这支英国志愿军。尽管 11 月 16 日离开锡兰的科伦坡之后船上建起了游泳池,但那份"美好时光"也不是所有人都能享受的。船上不少上海英国人没受过这种罪,他们从没住过这种军人式的三等舱,但也只能因陋就简凑合着住下,权当经历一下新奇事物,多一种体验。但对一些吃惯了苦的人来说,这不过就是一次他们很熟悉的旅行,只是比平常艰苦点而已。6—10 英镑的旅行经费并不够用,社会分化现象又出现了:有些人太缺钱便去洗战友的衣服,一件一便士。让服务员洗是很贵的。

由于迫不及待地想回国参战,当船被阻在槟城无法前行时,伯恩把他的船票兑换成现金,然后乘坐一艘铁行轮船公司(P&O)的游轮继续前行。这艘船上载满了来自马来半岛的种植园主，每一站还会接收新的大英帝国志愿参军者上船，并照顾一些宿醉的乘客，同时接受他们的亲朋好友在码头上欢呼雀跃的送行。在马耳他，该船碰见了澳大利亚皇家海洋舰艇悉尼号（Sydney），那时该舰已经重创了埃姆登号。伯恩行至马赛时，諏访丸号赶了上来。諏访丸号巧妙地绕开了意大利，以防意大利重新加入其前同盟德国和奥匈帝国的阵营。一路上，尤其是离开埃及的塞得港之后，諏访丸号经历了一系列的动荡，旅途令人非常不适，都是恶劣天气惹的祸，这也意味着三等舱的环境极为糟糕。但这一情况最终因举行了一场音乐会而得到缓解，一等舱的一些乘客很慷慨地给底层的乘客这一荣幸，否则，他们会与那些"龟缩"在船尾的战士们完全分隔，根本不知道船上还有那么恶劣的地方。"每首曲子唱完之后，我们都要插嘴，齐声共唱'蒂帕雷里'[*]，最后在音乐会结束时，我们用极大的热忱高唱国歌，给那天晚上画上了圆满的句号。"一位新兵回忆道。

希尔顿—约翰逊和其他人并没有继续乘船，而是从马赛乘坐火车通过陆路往北赶，当他们12月15日抵达伦敦时，他们的长官已经在那里等着见他们了。与约翰逊同行之人在回信中提道，他是个"真正可靠之人"。他们与英商中国协会的主席一起穿过伦敦的街道，到了白厅的中央招募办公室。他们当场就入伍了。当上海分遣队抵达伦敦时，他们一共有99人之多。工部局下一步会解雇乘船返英的四个巡捕：有三人被怀疑利用此次机会免费坐船回家，还有一人

---

[*] 指一战时英军中非常著名的一首歌曲"It's a Long Way to Tipperary"，意为"到蒂帕雷里还有很长的路要走"。

在离开上海后被发现从巡捕基金中挪用了大笔钱财。然而，大部分人还是渴望参战的。

"回到伦敦我感到非常高兴。"阿尔弗雷德·格林布尔（Alfred Grimble）后来回忆道。他是兰贝斯（Lambeth）人，1900年后曾在皇家海军陆战队服役6年，然后加入了上海巡捕的行列。"我大部分巡捕同事加入了约克郡军团第十营（the 10th Yorks），当时这个军团与另一个军团旗鼓相当。"[31]大家纷纷跟着希尔顿－约翰逊加入了这支部队。约克郡军团又称格林霍华德军团（the Green Howards），是那里两支部队中的一支，另一支就是爱德华国王骑兵队（King Edward's Horse），上海分遣队的人全部加入了这两支部队。通过曾在威海卫军团共事过的前任军官威尔弗里德·哈利·登特（Wilfrid Harry Dent）的关系，希尔顿－约翰逊得到了任命。登特1907年从军队离职，后来在上海找了一份工作，经常打打板球。大战爆发时，登特正在印度出差，他火速赶回约克郡军团，得到了一个高级职位。[32]

来自诹访丸号的30人加入了约克郡军团第十营，希尔顿－约翰逊推荐了四人担任军官，其他大部分还是只能当士兵。四名军官分别是传教士的儿子威廉·科纳比（William Cornaby）、他的同事沃恩·克拉多克（Vaughan Craddock）——曾经是怡和洋行的丝绸鉴定人、工部局的书记员T. 罗利·埃文斯（T. Rowley Evans），还有来自汉口的赫伯特·萨奇（Herbert Such）。在希尔顿－约翰逊眼里，他们都符合要求，在返回英国的途中，他们尤其善于交际。[33]伊尔贝茨公司的杰弗里·A. 特纳（Geoffrey A. Turner）也得到了一个军官职位。很明显，这些人都能满足陆军部的要求，他们都是"纯欧洲血统"。查尔斯·A.库克（Charles A. Cooke）的父亲曾经接替戈登成为"常胜军"的首领，然而库克却不能满足要求，因为他的母亲是中国人。库克从北京辞职，带着推荐信千里迢迢独自赶往伦敦，却因为血统惨遭拒绝，不能担任军官。英军还是欢迎他加入普通士兵的队伍，收到这样的通知，库克回答道：不用了，谢谢。接着他便回家了，对这种歧视十分愤慨。[34]

另有25个人加入了爱德华国王骑兵队（库克的兄弟将在不久之后加入他们的行列，但也是普通士兵）。工部局公共工程部的一帮志愿兵加入了皇家工兵部队（the Royal Engineers）。美国人萨姆·格伦（Sam Glenn）也加入了这支部队，他"性格狂野"——这是他曾经的海关长官对他的描述——擅自离开上海海关参加了志愿军，坐船远赴英国前线。（他的确很快抵达了前线，但由于他是美国公民，还是在1915年6月被英军除名了。）亚历山大·斯库格尔（Alexander Scougall）重新加入了皇家海军陆战队，但一些和他一样本打算重归旧部的人最后都跟随希尔顿-约翰逊加入了格林霍华德军团。作为上海"最出名"的赛马师，伯蒂·基德·劳伦斯（Bertie 'Kid' Laurence）受益不少，他当上了威斯敏斯特骑兵队（Westminster Dragoons）的军官。不过后来的事实证明，加入这支队伍对那些想要迅速击溃敌军的人来说，是令人沮丧的。大部分加入常规军的人发现，他们会以更快的速度向真正的战争前进。

1914年12月16日，阿尔弗雷德·格林布尔和一些来自巡捕房的同伴出发了，他们要前往白金汉郡的埃尔兹伯里（Aylesbury）参军。他们四处闲逛了一会儿，要知道，刚刚在诹访丸号的货舱禁闭了两个月，现在四处看看，谁又能指责他们呢？晚上，他们进了电影院，"但作为外地人，我们被怀疑是德国间谍，最终还要向当地警察澄清一下自己。"这些来自上海的粗野外地人惊动了当地民众。格林布尔回忆道："在多番解释并出示了证件之后，我们才被获准继续上路。这样的情景对我们来说确实非常有趣。"后来，他们坐车赶往埃尔兹伯里报道，获得了10天的假期。12月29日回部队正式报到，"真正开始军人生涯"。与此同时，其他人也到达了各自的军营：上海的最佳守门员、爱尔兰人巡捕乔治·威廉·布雷迪什（George William Bradish）和来自杨树浦捕房的托马斯·豪沃思（Thomas Howarth）被任命为连队的准尉副官，警探威廉·凯（William Kay）很快被任命为军需官中士，弗兰克·路透（Frank Reuter）为机关枪中士，杰克·雷诺兹（Jack Reynolds）为交通运输下士，接受任命的还有欧内斯特·费恩等等。在上海，麦克隐（Kenneth McEuen）已经取代了希尔顿-约翰逊，坐上巡捕房最高长官的位子，格林布尔给麦克昂温写信道："先生，您已经看到了，在您的指挥下大家'干得都不错'，给上海公共租界巡捕房创立了最好的声誉。"[35]

这些上海英国人应该都是爱国主义者，他们想尽自己的责任，与敌军竭力周旋到最后一刻。格林布尔写道："作为一个退役军人，我充分考虑到我有责任为共同的事业尽上自己的绵薄之力。"但跟很多人一样，他也是一名身处上海的英国爱国者；他们与上海还是保持着联系。聊家常似的信件源源不断地由停靠在黄浦江上的铁行邮轮送达，信件流十分稳定，都是这支上海志愿军和他们的战友发过来的。到1914年底，又有三支队伍响应战争的号召，从上海奔赴前线，虽然没有哪支队伍像诹访丸号上的英国志愿军那样数量庞大，一路上也未受到诹访丸号所接受的那种热烈欢送。英商中国协会驻伦敦的秘书哈罗德·威尔科克斯（Harold Wilcox）也会从上海志愿军那里收集新闻并发回上海。《字林西报》的邮寄周刊《北华捷报》（North China Herald）偶尔能有机会把自己的报纸寄到前线，让那些在海外的上海英国人实时了解一些上海的新闻动态，同时也希望他们把自己的军事动向告知报社。骑师劳伦斯在埃及读到了几份，他马上传给其他上海英国人看。这家有钱报社的上述举动没有经过审查，给英国领事馆带来了很多烦恼。格林布尔和他的战友按照指示路线在湿漉漉的赫特福德郡（Hertfordshire）乡村行军，1915年春，他们又在奇尔特恩山区（Chilterns）翻山越岭。通过《字林西报》，人们可以追踪到他们，甚至关注到他们的一举一动。

他们被安排在当地民房里（感觉自己正在为民房的主人牟利，而军队花的钱根本不值），当地人让他们感到困惑，大批加入连队的约克郡矿工更加让他们感到困惑："这些矿工命很苦，不过人还好。"1915年1月起，基奇纳的蓝色哔叽制服开始更新，换成卡其色军队常服，但士兵们仍旧拿着木头仿制的来复枪傻傻地训练。他们离开上海已经三个月了，他们因陋就简，过着朴素的生活——当然，这是相比他们在中国沿海生活标准的朴素。他们仍旧愿意尽自己的一份力量，不过他们也确实想念以前在黄浦江畔的舒适生活。唉，他们想念的不仅仅是这些。当他们练完匍匐前进，从泥泞的耕地中爬起来时，当他们夜间刚刚练完给来复枪上刺刀时，当他们结束漫长的指定路线行军，拖着疲倦的身躯回去，还得清洗靴子和制服之后才能休息时，那些从上海来英国参军的人就会开始无尽地哭嚎——因为他们习惯于依赖仆人——"让我的跟班帮我一把吧！"久而久之，这些哀号声传到了诹访丸号等运兵船上，并传回了上海。[36]

铁杆的世界公民

法磊斯爵士是英国一位军官的儿子，1880年来到清朝，在大英领事馆里做过不同阶层的工作，地位步步高升。他的许多同事都喜欢炫耀这样或那样的学识，但很少有像法磊斯这样极具天赋、积极主动之人。法磊斯精通汉语，也是一个优秀的管理者。在他的领导下，几个英国租界都度过了艰难的时期。但要想使战争意识在上海扎根，则困难重重。为此，他必须极有耐性、眼界开阔、工于心计、行为乖张、有违人性——他必须做好这些准备，非此不足以成事。

毕竟，身在中国的英国人不希望战争，即使无法避免，他们也不希望在他们的后院作战。同样的主题再三重申，措辞略有变化：战争必须限定范围，不能因为战争而消解他们与这里的密切联系；上海、天津、汉口有大量的德国人和奥地利人；英国人和他们是伙伴、同事，也是朋友。"这是一场糟糕的战争。"北京的中国海关总税务司安格联（Francis Aglen）在给他的下属，在青岛做海关税务司的德国人A.海因里希·维尔策（A. Heinrich Wilzer）的信中写道。

这会造成无尽的遗憾，战争竟然没能局限在欧洲，反而必须扩大到远东。在这里,我们各国之间有许多共同的利益,而且英国人有许多德国朋友,我们私交很好。

8月23日,日本已经向德国宣战。从那以后,日本一直积蓄力量准备从山东登陆,夺取德国的租界和利益范围,青岛首当其冲。维尔策安排妻子和孩子离开青岛去北京避难,因为青岛马上就要被日英联军包围,此时安格联主动表示愿意给维尔策的家人提供食宿。"祝你好运,"他写道,"你多保重,远离枪炮,避开战争,尽量保持海关的中立。"[37]

中立一事激怒了法磊斯。他认为,海关让所有员工丧失了爱国情怀,失去了民族信仰,毫无民族精神可言,这些人对法磊斯来说毫无用处。海关长期以来一直遭受着如此批判,因此1914年再次遭到此类批判时,他们采取了极为冷漠的态度。安格联在给一名曾经写信批评他立场的英国高级雇员的信中写道:"我认为,你大可以让我的良心谴责我自己。在那个时刻,我竭力为上帝服务,并尽量做最有利于这个国家的事。我的名声任凭世人评说,不必多虑。"(事实上,朱尔典支持安格联的政策。他们之间的暗暗授意就是为了维护英国利益,使英国人在给中国工作的过程中获得"英国优势"。)[38]毕竟,中国海关是中国政府的一个机构,这一点即便是法磊斯也不得不承认。

然而,在上海,人们没有这样的借口。在法磊斯看来,大家都隐藏在上海租界的世界大同主义和上海的国际身份之后逃避责任。后来,在给朱尔典的私信中,法磊斯流露出了自己对这些人的蔑视:

这片土地上充斥着贪婪的无赖,他们主要是德国人和美国人,当然也有不少英国"商人"。后者虽然算是"英国人",但他们的忠诚是微不足道的,只要与敌人交易有足够的利润,他们根本毫无抵抗的能力。还有一些人,他们持有最初欧美上海人的观点,早已习惯了那种世界大同主义的交易,只要影响了他们的生意,都会让他们产生强烈的憎恶情绪。而只要产生足够的利润,英国商人是没有太多力量抵制与这些人做生意的欲望的。[39]

如果大家都死板地坚守法律,坚决不与敌人做任何贸易,将会有十分严重的后果,不少人对此甚为担忧。尽管这样做可能会切断一些对德国的救助,但实际上,短时期内这会给英国的贸易造成更大的损失。(英国与中国的贸易结构有一个特点,比如说,以曼彻斯特为基地的公司,几乎只依赖德国代理商。)一些人担心,这会使英国的商业地位一落千丈,没有任何挽回的余地。

在中国的英国人并不完全想将局面搞成一团糟,他们的这一做法被证明是非常有利的。但是他们确实对长期的威胁有一种恐惧,尤其是来自英国的东亚协约国日本的威胁。1914年11月7日,日本已经突破了德国在青岛的防守,并接受了德国的投降。工部局秘书W. E. 莱韦森(W. E. Leveson)找到法磊斯,直截了当地向他抱怨日本人都是鲁莽之人,"脑袋一热什么事情都干得出来"。法磊斯眉毛往上一挑,对这一说法并不赞同,因为日本人的做法甚合他意,他还想"在下一次工部局选举时将那个德国佬菲格踢出去"。莱韦森则支持工部局的德国董事,"对他赞不绝口,极尽铺陈夸张之能事",并毫不掩饰地说:"我不介意在德国人手下工作,但我绝不能容忍自己听命于日本人。"[40] 法磊斯对这种"民族歧视"很反感,他认为这反而会对德国更有利。但他也确实认识到了,日本在中国的势力正在极度扩张,这是许多人更加担心的现实问题。[41]

上海的英国人和他们的盟友的确担心上海的德国人,或者说,他们更担心那些新来的德国人,他们正在从其他一些怀有敌意的城市涌入中立的上海租界。法磊斯所断言的那些海关"叛徒"的子女很多都参了军,上海海关税务司昂温在战争打响的第一年年底就失去了自己的儿子。当工部局招募义勇队新兵,以应对他们感觉日益明显的中国"威胁"时,上海的德国人对此甚为惊恐。为了加强租界的防御,一支新的奥地利义勇队建立起来。只有上海公共租界的永久居民才有资格成为其中一员,从香港和日本来上海的难民就没有加入的资格。这意味着德奥义勇队联合起来有170人,装备最精良的李·恩菲尔德式步枪。他们"精神抖擞地演练",人们十分惊恐。大家纷纷觉得上海本地的暴力事件已经开始,并有进一步升级的趋势。法磊斯当然十分清楚,这支军队人数太少,不足以构成任何威胁。但他依然十分恼火,因为工部局"理所当然"地束手无策,根本不能以任何手段对英国的敌人加以限制。由于其国际机构的身份,工部局的手被绑得死死的。即便如此,那些或中立或怀有敌意的董事们还是极为警惕,随时防御英国人的阴谋。至少,各国的义勇队已经不再联合演习了,他们分别在租界的不同地方进行军事训练,这就避免了一些潜在的麻烦。

将海因茨·菲格踢出工部局董事会是法磊斯的目标之一。战争临近时,他十分自信地写道,要让上海的全体英国选民履行职责,在下届工部局选举时选一个日本董事来代替德国董事菲格。这一举动能很实际地表现出英国人对日本人的敬意，是一种"优雅恰当的认可"，因为日本作为英国的协约国"兄弟"，在夺取青岛时展示了其在为两国共同事业努力时是多么地敬业。出于习惯，上海的全体英国选民非正式地达成了一致，为了确保各国在工部局中的平衡，他们会将小国置于选票的首位。（他们要选出董事会所有成员。）但是，莱韦森关于日本人的观点得到了很多人的赞同，在大家内心深处，谁会相信日本人夺取青岛不是为了他们自己，而是出于其他目的？譬如说，他们真的是为了英国吗？更为复杂的是，日本人似乎已经关闭了青岛的海港，并且掠夺了英国在那里的所有财产。法磊斯确信，只要他"稍微暗示一下"，菲格就会被选下来，一名日本人就会顶替他接任工部局董事。但是，在1月下旬工部局董事选举临近之时，他才意识到，其实人们大多数还是赞同莱韦森的观点。日本人发放传单，呼吁英国选民选举日本邮船株式会社的经理石井彰。然而，尽管菲格的选票垫底，可石井彰也没能进入工部局。朱尔典事后进行反思，他们可能把大家逼得太紧了，这样一来，"他们就行使了自由选民的权利，拒绝接受建议"。[42]莱韦森早就对大家的情绪洞若观火，法磊斯对此却茫然无知。

正如他们看到的一样，在其他方面，人民也在行使他们的权利，保护英国的利益和资产。其中之一是总部设在上海的英德啤酒公司（Anglo-German Brewery Company），他们在青岛建立的啤酒厂9月7日落入了日本人手中。[43]大英帝国与啤酒其实是手拉手进入清朝的：随着外国军队推进清朝，军人们就对外国饮料产生了需求。1903年，英德啤酒公司在青岛郊区开辟了一块土地，以期将来生产啤酒供给军队。公司的英国和德国负责人野心勃勃，他们的董事长亚历山大·麦克劳德（Alexander McLeod）住在上海，并且是上海滩上的核心人物——跑马总会主席、圣安德鲁斯社区的主席、同时还是公共租界中上市公司的负责人或主席。要说他给上海这座城市留下的最浓墨重彩的一笔，那就应该算他建造的上海自来水厂了。建水厂是一件必须要做的事，达成此心愿后，他又将精力转到了另一件事上，就是英德啤酒公司。他发行了企划书，并筹集资金，在青岛建了一个现代的电气化工厂。据资料记载，那是"东方最现代化的啤酒厂"。附近优质的水井可以给啤酒厂持续供水，而且工厂拥有这些水井的所有权，这就确保了水源；同时，青岛啤酒厂专门从德国雇了一位啤酒酿造师；德国企业斯勒沃格特公司（Slevogt and Co.）被指定为青岛啤酒唯一销售代理商。桶装和瓶装的"液体黄金"被运至天津、上海、符拉迪沃斯托克以及多个西伯利亚港口。青岛啤酒厂生产的烈性黑啤酒在世界上赢得了第一大市场，并在慕尼黑啤酒节上获得了金奖、金牌和证书。这是一家典型的跨国企业，他们在德国的租借地青岛酿造啤酒，但公司却是英国的，在香港成立，可总部又在上海，主要销路一是出口俄国，二是卖到清朝各地所有的通商口岸。总而言之，青岛啤酒厂是一家优秀的清朝海滨城市企业。

随着战争的爆发，英国的负责人以及他们的股东遇到了困难。他们要在不毁掉公司的前提下尽量与德国利益划清界限，英国的资产也应如此操作。他们这样做是受日本军事当局所迫，因为后者威胁要完全接管这家工厂。日本人惊奇地发现，如果把工厂的选址、名称、产品这一切考虑在内的话，这家工厂从法律上来说其实是英国的，而德国人又占据着公司60%的股份。最终，这家公司的德国负责人被替换了，所有德国员工都被解雇，只有一人例外。德国的斯勒沃格特公司失去了其代理权，公司以英国为基础再次成立并采用了新名字：青岛啤酒（Tsingtao Brewery）。唯一留下来的德国雇员是赫尔曼·亨斯勒（Hermann Henssler），他是啤酒酿造师，没有他就没有啤酒，也就没有任何生意了。这暴露了一个事实，上述那些变动其实都是表面的变动，啤酒还是原来的啤酒。后来又有一些事实浮出了水面，德国人马克斯·赫特尔（Max Hoerter）也继续留任企业的负责人，但没有执行权（他持有该企业最大的股份）。当然，战争就是伤害敌人利益的同时几乎也同样地伤害自身：这家英国公司还是被认为不那么"英国"，不得不关门大吉。公司负责人让工厂停产之后，把它卖给了一家日本啤酒厂。

有许多纷争的例子，这只是其中的一个。类似的纠纷以及解决方案堆积在上海大英总领馆的办公桌上，大大增加了法磊斯和同事们的工作量，也在一点点侵蚀他们的耐心。这些事例充分表明，在上海这个地方，让英国与敌国利益划清界限十分困难。在上海公共租界，英国的政令不具备完全效力，而共同管辖、多国协力是极其正面且广受鼓励的。英国在青岛啤酒的负责人——克拉伦斯·沃德·赖特森（Clarence Ward Wrightson）、詹姆斯·约翰斯顿（James Johnston）、约翰·柏迪斯（John Prentice）、E. 詹纳·霍格（E. Jenner Hogg），以及所有忠诚的欧美上海人，都很难想象真的要放弃这么一个有利可图的企业。他们以及其他一些人想把它以英国公司的名义保留下来，希望战后的英国在中国获得更强悍的商业地位。人人都喜欢上海滩上的另一位风云人物马克斯·赫特尔，他把上海的商业圈子和英国的商业圈子打通，并将自己的生意融入其中。和那些人一样，他住在树木葱郁的涌泉路上一座大别墅里，名为"杨树公馆"（The Poplars），他娶了约翰斯顿的女儿。

上海的世界大同主义是一种家庭事务，欧美人不仅在公司里合作，并且也相互通婚；这也是一种投机取巧的事业，他们总是喜欢接近法律边缘打擦边球。这些负责人都是诚实高尚的，但都是上海式的诚实高尚。这些人在上海的工作经验累积起来有185年之多——岁数最大的早在1857年就已经崭露头角，那时公共租界还没成立，工部局也才仅仅成立了3年。[44]他们都具有上海式的思维。在法磊斯眼里，他们都被世界大同主义的思想腐蚀了。

在战争最初的6个月中，马克斯·赫特尔也曾卷入那场上海本地最大的论战：秋季赛马是否照常举办？如果举办的话，收益如何处理？此时，士兵们正在法国、比利时战死沙场，而这些士兵的同胞，更确切地说，这些士兵的朋友、邻居和家人，是否应该沉溺于租界丰富的娱乐消遣之中？这样做到底对不对？还有少数人在继续争论，是否要举办赛舟、猎纸以及其他所有赛事（但不包含赌博）？在一些电台、报纸的社论和通讯栏目中，连似乎已经有些过时、不太受关注的11月份秋季运动会是否应该举办都讨论了很长一段时间。

一位认为应该继续举办赛马的女士写道："人们彼此之间没有仇恨。"而一个反对者认为，对上海的英国人来说，机会已经来临，"让我们证明一下吧，我们的爱国主义是多么反应迅速，生动鲜活！绝不仅仅是一丝多愁善感的阴影，像被阉割了似的。"有的报道记录下来一些对话。有人问"你们英国人在上海做什么？"似乎可以用"什么都没做"来回答,这是最有可能的答案。有人大声疾呼:"取消比赛!"另一些人反问:"哦,那什么时候是尽头呢?""就连英国国王也要回去,跳上马准备参加运动会呢!让我们振作起来吧!"一个"新手"(指当地招募的新兵)写道:"在远东地区,人们经常与一些奇怪的概念和风俗发生碰撞。此刻的欧洲如同停尸房,我的兄弟一个个冰冷地躺在那里,而我浑然无觉,依旧开心地玩着撞柱游戏。真是这样的话,我越早脱离这个所谓的模范租界,就越有助于我灵魂的救赎和升华。"[45]

赛马还是举办了,此时,諏访丸号正停在马来西亚的槟城。马克斯·赫特尔多年来一直是跑马会的董事,今年他照例参加了赛马,监管派利分成,就是所有赌马的资金。这次赛马很成功,尽管众多赌民很怀念原先那些骑手——基德·劳伦斯(Kid Laurence)、阿瑟·纽金特(Arthur Nugent)和多利·多格诺(Dolly Dalgarno),这些人现在都在一路向西,百无聊赖地待在槟城等候开船呢。亨利·莫里斯(Henry Morriss)的马房赢得了5个奖杯,光他那匹叫切斯特菲尔德的栗色马就斩获了3个奖杯,较之春天的成绩,应该说整体上有很大的提高。赛后,为了心安理得,跑马总会将利润的一半捐给了"战争压抑慰藉特别基金会"。几位大股东也捐了不少钱,包括《字林西报》的老板莫里斯,他捐了500美元。[46] 然而,所有这些人都拒绝减少将来的各种赛事。他们就是需要各类运动和赛事,而且要全套的。他们也总算是有点收敛——马克斯·赫特尔退出董事会。

上海尽可能地为战争努力筹集资金,它也只能做到这一点了。除了跑马总会,1910年因股票泡沫而名声败坏的橡胶公司也做出了重大贡献。上海还成立了一个海外航空基金（Overseas Aircraft Fund）用来筹集资金。爱德华国王骑兵队的特鲁伯·罗琦（Trooper Roach）曾经属于上海义勇队第三队，已经离开上海去欧洲参战了，他从法国兴奋地写信回来，提到了一件事：为了致敬海外航空基金，一架飞机上清楚地印着"上海英国人"（Shanghai Britons）的标记（机身上也有很多弹孔）。[47]欧美上海人甚至通过游园会、化装舞会以及音乐会筹措资金。资金中有来自业余爱好者慈善演出的童话剧《阿里巴巴》和《灰姑娘》的收益，还有1916年业余台球锦标赛的收益。他们收集了120副双筒望远镜寄给欧洲以支援战争，还有许多使用过（但一张不少）的扑克牌。其中有一笔专项资金是为受伤的澳大利亚士兵治疗的，另一笔是专门为爱尔兰部队购买烟草的，还有一笔是给意大利士兵寄送毛皮衣服的。他们跳舞、演出并举办"如家"晚会，为比利时和俄国的犹太难民筹措资金。他们甚至还通过《女士红皮书》积聚社会力量，"上海英国人"努力收集善款，用于帮助参战士兵的家眷、战争伤员和被俘的士兵，所有这些都被记录下来并公开出版。他们总是将慈善与快乐结合起来：战争之前，他们积聚力量帮助"反拐卖儿童协会"，救助中国的饥荒地区，现在他们有理由举行爱国的集会，并且需要证明他们正在贡献自己的力量。

战争时期的上海有许多离奇的时刻。上海义勇队的策略是精心设计的，他们将交战国家双方的队伍区分开来。R. N. 布雷（R.N. Bray）上校代替布鲁斯担任上海义勇队的指挥官，但在1915年，他很少会待在英国普通军官中间，因为德国和奥匈帝国军团也在他的指挥之下。常言道，不要离你的敌人太远，这固然很有道理，但在实践中很容易被误读。1915年3月23日，布雷最终离开上海回国任职。为了向他表示敬意，上海义勇队全体成员沿着码头进行阅兵游行，德国义勇队和奥地利义勇队就站在他们的敌人旁边。有评论说："义勇队良好的风度和遵守规则的运动精神，一定深深吸引了他们的指挥官。"鲁道夫·布克创作了一首《三月的布雷上校》("March Colonel Bray")来纪念他，在布雷上校的送别晚宴上，这首曲子非常受欢迎。

德国音乐家在欧美上海人的生活中有着举足轻重的地位，还有德国的啤酒酿造师，两者都是上海不可或缺的。事实上，1914年，工部局曾经要求日本董事将德国人放回来。布克的乐队严重受损，因为他的德国乐师响应国家号召冲到青岛前线的德军中作战，有四位现在成了日本人的俘虏（还有一位已经战死）。欧美上海人的音乐生活质量已经严重下降，但他们的这一请求依然未能获准，总领事非常遗憾地告知大家，军方是不会答应他们的请求的。[48]因此这些欧美上海人只能在音乐伴奏比较糟糕的状态下炫耀自己的舞技了，有时是在义勇队中，有时是在舞厅和公园里。

但是，从爱尔兰西南海岸传来的消息，使得人们对德国的感觉发生了巨大的变化。1915年5月7日，冠达公司（Cunard）的皇家邮轮卢西塔尼亚号（Lusitania）在从纽约驶向利物浦的途中被德国潜艇击沉，此事在国际上激起了轩然大波。卢西塔尼亚号运载着大量违禁物品——军火。该船给英国军队运送军火，但是也搭载了1260名乘客，包括150多名美国平民以及700名船员。这次事件死亡人数多达1201人，包括船上大部分的美国乘客。德国政府立即指出，此前他们已经通过纽约的报纸和广告公开警告过那些乘客，那艘船运载军火,将成为打击目标。如果严格按照法律条文来看,卢西塔尼亚号确实是合法的打击目标。此前德国一直在海外努力寻求支持,这一事件让德国的国际形象受到致命打击。

在向比利时和法国开战的前几周,德国军队对平民和战俘的暴行已经被协约国紧紧咬住,大肆宣传。一时间,国际社会反德情绪泛滥。[49] 在击沉客船之前的两周里,德国军队第一次使用毒气来对付协约国军队,他们用齐柏林飞艇在空中投毒,袭击了英格兰东海岸的城镇。现在他们又击沉了客船,世界各大媒体的报道铺天盖地——卢西塔尼亚号是在孩子们惊恐的尖叫声中沉没的。一股反对德国暴行的浪潮开始席卷英国。

《字林西报》刊登着触目惊心的标题——《德国暴行日甚一日》("THE CRESCENDO OF GERMAN CRUELTY")。据该报报道,德国皇帝给德国学校的儿童放假半天,"来哀悼40名不满周岁的婴儿遇难的惨痛事件"。随着该故事的快速流传,情节演变成了德国为此欢欣鼓舞,甚至举行庆祝仪式。这些事情并没有事实依据,但还是火上浇油,大大刺激了民众的反德情绪。《字林西报》宣称,德国甚至在康科迪亚总会举办了卢西塔尼亚庆祝晚会,并在德国学校内欢庆,"有些人不仅容忍那些令人发指的罪行,而且竟然能从中获得快乐,他们其实与那些真正的罪犯没有任何区别。"任何关于"遵守规则的运动精神"的话题都不再提了。德国董事在《市政公报》(*Municipal Gazette*)的一篇文章中坚决否认上述不实的报道,报道中提到的一场"庆祝会"的主办人也写信澄清事实。但困难的是,不少写给报社的信提出了更尖锐的问题。D. M. 古布贝(D.M. Gubbay)问道:"上海的德国人是否赞同卢西塔尼亚暴行呢?"然而,德国人没有在报纸上获得版面来回答这一问题,他们根本没有任何机会,因为在上海的英国人开始坚决打击德国,对德国利益施以致命的一击。这一重击可能是他们狭隘的战争视角最典型的象征,即为他们自己的利益而战,至少在公共租界中他们要这么做。[50]

卢西塔尼亚号被击沉的新闻传到上海时,正值跑马总会春季运动会的最后一天,来赌马观赛的人比前几天要多,场面"欢快活跃"。《北华捷报》的报道中写道:"漂亮的打扮与绚丽的色彩年年都有,但今年比往年更加靓丽。"鲁道夫·布克那零落的乐队演奏了一曲"流行音乐"与"古老曲调"混合的新作品,让大家耳目一新。亨利·莫里斯的马房打破了自己创下的记录(这次他赢得了7个冠军)。但紧接着,跑马总会董事会就指示秘书,要求40个德国会员"不准进入大看台和总会的营业场所、附属场地,除非另有通知。"[51] 终于采取真的行动了。上海海关统计署负责人F. E. 泰勒(F.E. Taylor)说:"感觉这里针对德国、反对德国的步伐太快了,他们正在被赶出所有的总会。"

确实如此。他们出现在上海总会,结果令人"反感",最后,19名德国人被要求"尽量克制自己,不要进入总会"。(作为沉船事件的直接后果,甚至发生了更加残酷的事例:一个长期居住在公共租界的德国商人西奥多·迈耶,直接被一名跑马总会的英国成员从总会里拽着领子扔了出去。一个经过的英国巡捕说,这样做完全是跑马总会的内部管理事务,不会涉及什么法律问题。[52])同样的事件也发生在上海总会、划船总会以及法租界的体育圈。英德宣战已经这么久了,现在才开始真正的行动,这实在让泰勒感到郁闷。按说,这次行动的借口实在牵强,但泰勒丝毫没有这种感觉,他觉得这一切都是理所当然的。(他写到,德国人"在给出明确的警告后,终于成功地击沉了一艘满载军火和补给的敌船"。)虽然德国人如此"礼貌",但他们依然是"古老的哥特民族,蒙着文明的面纱——这只是一层薄薄的伪装,在和平时期,那层面纱多多少少能掩饰他们原始的野蛮,一到战时,他们就凶相毕露了"。[53] 由于受到了非常不礼貌的对待,奥地利人和德国人非常不满,在划船总会的活动上,他们公然宣称自己已经出局,被其他国家的欧美上海人排斥在外。他们"野蛮"地威胁道,要把自己手中的奖杯融掉,除非把他们今年的会费和捐赠都还给他们。一位记者写道:"公平的运动精神,并不会使他们真正成为绅士。"[54]

上海英国人以自己笨拙的方式处理着大小事务,逐渐与世界上其他地区的英国同胞结成了统一战线。卢西塔尼亚号事件让他们义愤填膺,再也无法克制容忍了,尽管内心深处他们其实还是处在矛盾当中。与沉船事件一起传回来的还有这样一则消息:在军事行动中牺牲了第一位上海分遣队成员,艾伯特·拉德克利夫(Albwert Radcliffe),前海关官员,出生在中国。他是去年10月30日乘热田丸号(Atsuta Maru)邮轮赴欧洲参战的30人之一。[55]1915年5月24日,第一个上海英国人阵亡的消息刚刚传到上海,同时总会里完全排除了敌人的存在——德国人、奥地利人都被赶了出去,恰好这一天风和日丽,天气"出奇地好",于是,上海英国人第一次在战争中庆祝了他们的帝国日[*]。这次爱国运动还给英国的日历增加了相对较新

---

[*] 每年5月24日是英国女王维多利亚诞辰纪念日,1947年起改称联邦日(Commonwealth Day),现为每年3月的第二个星期一,在很多英联邦国家是节假日。

的内容，虽然运动的目标对象是儿童，但大家都很上心：协约国各国的旗帜在高处傲然飘扬，童子军向着工部局的方向列队行进，并在广场上升起英国国旗。法磊斯同意了上海义勇队的英国成员们"自发的要求"——检阅军队。临近中午，外滩上人山人海，锡克族巡捕和义勇队列队沿着外滩向工部局地界行进。中午，法磊斯接受了他们的敬礼，并且向他们表示祝贺："我十分荣幸，能够向我的上级报告这忠诚与爱国的盛大场面。"他们唱起嘹亮的国歌，欢呼声此起彼伏，回荡在整个外滩上，甚至透过康科迪亚总会紧闭的窗户都能听见。很多人在散场后骄傲地走过康科迪亚总会，到上海总会狭长的酒吧里来几杯冷饮。

当天晚上，当英国和法国的电车公司的车辆穿城而过时，整座城市被红白蓝三色灯光点亮，不时有人用法语高喊着"荣誉和祖国"（Honneur et Patrie），还有人用英语喊"天佑英王"（God Save the King），英国海外总会（Overseas Club）在兰心剧院（Lyceum Theatre）的一间演奏厅里组织了一场"国家音乐会"，人数爆满。上海身为自治领，却为战争做出了不少贡献，正在为此欢庆，同时也隐晦地炫耀了自己的备战能力和爱国热情，女士们也在卖甜豆来给卢西塔尼亚号的基金会筹资。法磊斯真的将这一切汇报给了他身在北京的长官，并且强调"自愿自发"是这次活动的基调。这一天旗帜飞扬，国歌唱响，极大地宣扬了英国人爱国尚武的精神，这意味着英国开始摆脱世界大同主义的掣肘，尽管该主义似乎仍然充斥在上海公共租界的每一个角落，如幽灵般阴魂不散。这一天标志着上海迈出了重要的一步，与英国协调一致，共同备战。[56] 尽管上海英国人一直还有些许矛盾的情绪，但或许从战争一周年纪念日，也就是1915年8月4日这天开始就不是这样了。就在这一天，上海义勇队、巡捕以及童子军济济一堂，在圣三一大教堂参加宗教仪式。所有协约国的工部局董事都出席了该仪式，由一位任期最长的高级董事，比利时人薛福德（Daniel Siffert）主持，他在战争早期从德国占领的布鲁塞尔逃了回来。1915年1月，他从欧洲回到上海时，几百人来到码头，隆重欢迎他的归来。宗教仪式结束后，英国义勇队离开教堂，沿着南京路游行，经过康科迪亚总会，一直游行到外滩上。他们停在怡和洋行正对面的伊尔底斯号纪念碑旁边，然后解散。那晚，成百上千人聚集在跑马总会的大看台上，听协约国各国的工部局董事们演讲，号召大家尽己所能，支持国家走向彻底的胜利。[57]

1915年在继续，上海英国人不断地在街上游行、呐喊，并在公共租界的建筑物上尽可能地插上国旗。他们并没有真正拥有这片租界，他们的敌人也可以在这里游行；但只要英国人游行穿过南京路、涌泉路和外滩，只要他们在这些地方暂时处于支配地位，他们就会走过康科迪亚总会，大声嘲笑他们的会员，并夸耀自己制服规整的集结队伍。年轻的上海英国人甚至将他们的呐喊声嘶吼进了上海的夜生活，一名荷兰观察员写信给《字林西报》抱怨道："一帮愚蠢的年轻人疯狂嚎叫着《英国统治世界》（"Rule Britannia"）和其他爱国歌曲。"一个年轻人在报纸上写信回应：这样找乐子非常正面，不涉淫秽，而且大家都能从中享受到爱国的激情。不久，他也离开上海，去尽自己的"绵薄之力"了，他感觉到上海英国人"热情"的姿态"让人耳目一新"。不少德国人也离开上海，回欧洲参战，为国家尽自己的一份力。但返回欧洲谈何容易,他们得取道美国,登上中立国的汽船,而且临行时,外滩上不会有送行人们的欢呼声。[58]

上海英国人呼声震天,他们已经完全陷入了战争。截至1916年1月中旬,据估算已经有超过200人乘船回英国参战,他们参加的是英商中国协会成立的五支队伍。一些巡捕很失望,因为他们没有被选上参军,没有机会登上谏访丸号。后来,他们企图通过不服从命令来获得脱警从军的机会,这样他们就可以和后来赶赴英国的人一起离开上海,回英国参战。[59]不少居民也自行回到了英国。1914年9月25日,上海英国最高法院法官的妻子安妮·德·索马里兹(Annie de Sausmarez)大致拟定了一个为英国军队提供衣服和绷带的计划,由此,上海英国妇女工作协会(British Woman's Work Association)成立了,并迅速展开了工作。同年11月,她们将自己的第一批供给送到了玛丽女王刺绣协会(the Queen Mary's Needlework Guild),此后,她们一直稳定地供给英国军需。上海英国人在继续发展他们业务的同时,确信当时没有人会怀疑他们的爱国精神。[60]法磊斯爵士仍然有许多需要处理的烦心事,但至少他已经解决了一个大难题:曾经,他对德国多有指责,大家并不买他的账,而此刻,大家已经开始和他一样同仇敌忾了。

70号高地

赫特福德郡的军需官威廉·凯中士热切地希望尽快参战，1915年5月末，他从原先的部队逃跑，加入另一军团，成为一名普通士兵。这个曾经的上海巡捕意识到，自己原先的岗位不过就是分发军需，只有放弃这个职位，他才有机会快速参与真正的军事行动。戈登高地兵团（Gordon Highlanders）接纳了威廉·凯，尽管在他填写的表格中，之前的军旅生涯写得并不明确。最后，宪兵队追踪到了他的登船记录，才察觉他是另一部队的逃兵。威廉·凯，福尔柯克（Falkirk）矿工的儿子，1901—1907年在苏格兰卫队（Scots Guards）服役6年，1907年加入巡捕房，在这次从中国漂洋过海回英国参战的人当中，他是年龄较长、资历较老的。既然他是从上海来的，那么审讯工作自然也交由上海方面。6月末，威廉·凯被送上军事法庭，他在诹访丸号上的老伙计，同时也是高级律师的约翰·道格拉斯（John Douglas）上校为他辩护，道格拉斯成功了，检方撤销了对凯的指控，并帮他荣耀地重新做回军人：威廉·凯再次加入约克郡军团第十营，虽然还是从普通士兵做起，但他还是应该感到庆幸了。其实道格拉斯和凯以前就曾双双出现在上海的法庭上，当时威廉·凯在上海做巡捕，经常会出现在证人席上，控告约翰·道格拉斯的当事人，而不是像现在这样，成为道格拉斯的当事人，出现在被告人席上。[61]

春光将尽，威廉·凯失去耐心也是理所当然的。他们从上海火速赶来英国参战，然而回到英国之后，这些约克郡军团的士兵们才发现，自己整天就是在湿气弥漫的奇尔特恩山上扛着仿造的来复枪艰苦跋涉，日复一日，月复一月。他们武器稀少，装备不足，军装短缺，截至4月底，他们的训练依然进展缓慢。这主要是因为道格拉斯和他的军官们缺乏经验，不知道如何指挥训练新兵。然而，道格拉斯自己却"身着上校军装，英姿勃勃"，他的戎装照发回到上海，让那里的英国人看到之后满怀自豪。[62] 直到1915年5月中旬，士兵们才终于搬出民居，住进了像样的军营。

道格拉斯是海军上将的儿子，在日英联军开始围攻青岛时，他从上海急急忙忙赶过去，想长长见识，积累经验。但刚一开始就被排除在外了，因为他视力不达标，本来想轻轻松松地获得军官委任状的如意算盘没能得逞。他没能真正参与战争，只是站在栏杆外当了一下军事观察员，但这种经历并不能代替真正成熟的正规军专业知识。该军团的阿瑟·德·萨利斯·哈多上校（Arthur De Salis Hadow）是在退休5年后刚刚回到了部队，但在他长达32年的军旅生涯中并没有真正经历过什么像样的战争。威尔弗里德·登特少校（Wilfrid Dent）是军团的二把手，他铁面无私，刚开始在部队中不是很受欢迎（连哈多都觉得他难以相处，整天无事生非），他曾经离开军队很长时间，但他总算是经历过战争，而且距离现在不是太远。1900年，他曾与希尔顿-约翰逊联手率领威海卫军团参与镇压义和团。

初夏时节，士兵们终于拿到了武器，其实只是日本产的来复枪，这是汤姆·韦德在回信中提到的。他是在上海出生的英国人，曾经在英美烟草公司（British American Tabacco）工作，后来辞职参军。汤姆·韦德曾是上海的远足冠军，但由于"视力缺陷"，在最初参军时遭拒。他是真正的上海人，生在上海，长在上海。他父亲1846年出生在上海，是当时极少数在上海出生的英国人之一。从6月到7月，汤姆·韦德不断给上海回信，信中提到了约克郡军团第十营的军备进展情况。他们现在以师为单位展开训练，第二十一师的2万人急行军穿过艾尔斯伯里（Aylesbury），历时8小时，"大家你追我赶，急于冲锋在前"。第二十一师初夏就从容不迫地抵达了汉普郡（Hampshire）的奥尔德肖特（Aldershot），并一度接受了英王和基奇纳爵士的检阅，"他们两人都对我们赞不绝口"，这是前任工部局公共工程处的督导官弗雷德里克·特纳（Frederick Turner）的报道。基奇纳确实说了"很好"，[63]但第二十一师其实能够做得更好，如果能给士兵发放质量好一点的袜子的话。实际上什么袜子都行，军营停发袜子已经好几个月了，士兵们只能把缠腿的绷带绕在脚上当袜子。

乘诹访丸号回英国参军的不少老兵很快发现，自己被提升成了下士和中士，并对同船赶来的那些新兵进行训练。各个阶层都缺乏有经验的老兵，这是基奇纳"新军"（New Army）[*]最为严重的现实问题，士兵毫无经验，都是匆忙招募来的英国平民。汤姆·韦德收

---

[*] 指是一战爆发以来常规军之外的英国志愿军队，因此种军队由当时英国的陆军大臣基奇纳倡议所建，故称基奇纳军。

到了金属制成的身份识别牌，还收到了他个人装备中的最后几件，然后就坐下来学习各种毒气课程，根本没有机会接触真正的战斗，他发现自己现在几乎成了一名循规蹈矩的文员，只是收集整理大家听课后的反馈和心得。弗雷德里克·特纳正在训练通讯兵，他在信中提道，自己的三个兄弟已经前往法国，最小的弟弟还"十分兴奋"。约克郡军团第十营的士兵们心里痒得厉害，非常想像他们那样赶快奔赴前线。希尔顿－约翰逊6月份离开军团，去了分区指挥部。高级军官一直在来来往往换个不停，约克郡军团第十营又来了一个上海英国人查尔斯·麦克莱伦（Charles MacLellan），他曾在上海码头工作过几年，1912年去了英属马来亚。有些人认识他，因为他曾经在上海义勇队当过6年志愿兵。这样一来，这支队伍中来自上海的人就更多了。

艾尔斯伯里和奥尔德肖特的士兵们迟迟不能奔赴前线，本来就已经沮丧至极；同是参军，常规军部队的士兵就有机会上战场。前者得知这一消息更是怒火中烧；后者其实也有停顿休整的时间，以便谨慎思考行军方略。来自苏格兰的亚历山大·斯库格尔（Alexander Scougall）是诹访丸号上最年长的，他曾经在皇家海军陆战队轻步兵团服役22年，然后来到中国，1912年加入工部局公共工程处。他用不到两个月的时间赶到伦敦，并回到查塔姆（Chatham）报到参军，1915年4月25日直接奔赴前线，参加了盖利博卢半岛的登陆战。这次强攻达达尼尔海峡的战役是协约国几次最惨重的失败之一，协约国的登陆部队遭到了土耳其军队的顽强抵抗，夺取该半岛更成了不可能完成的任务。

斯库格尔参加了该战役的一部分。5月3日，他们从一条峡谷中对敌军的阵地发起了攻击。破晓时分,发动进攻的士兵们迎来了敌军上方的机关枪扫射,死伤无数。个别活下来的随后大都死在了狙击手的枪下,包括斯库格尔,他在行动开始几个小时后头部中弹,眼睛被射穿了。一名士兵写道:"可怜的老'乔克'(Jock),他是一个忠诚的好战士。"斯库格尔"和其他阵亡的士兵一起被安置在一条壕沟里",那里是一片陡峭的悬崖,大家给他们举行了基督教的葬礼。尽管在那种情况下,葬礼很简短,但他们好歹还是被安葬了,至少在寄给烈士家属的信中是这样写的。而事实是,成百上千的战士就那样倒在血泊中死了,这些事情由于太过血腥恐怖,往往不予报道。骑师伯蒂·劳伦斯那年夏天晚些时候也去了达达尼尔海峡,他弟弟8月刚刚在法国阵亡,这让他悲痛不已。据说,劳伦斯甚至有点期待他的死期能在9月9号来临,就在这一天黄昏,就在两军对垒的中间地带。一名参加这场战役的上海英国人写道:"当这一切结束时,我会无比地感恩,因为现在的情形简直比谋杀还要恶劣。"[64]

在奥尔德肖特,事情终于有了某种程度上的进展。由于进军前线的时间一拖再拖,让人忍无可忍,一名士兵被这种延宕搞得临阵畏缩,当了逃兵。[65] 7月底,希尔顿-约翰逊和指挥官哈多上校都已经去了法国。在哈多的一封信中,他也提到"最有希望的那一天的黎明"似乎"正在快速靠近"。整个8月份,第十营都在进行步枪射击集中强化训练,工部局公共卫生处的阿瑟·卡斯尔(Arthur Castle)和弗瑞德·特纳(Fred Turner)在连队中成绩高居榜首。9月9日下午6点,这些上海的英国军人们从戈德尔明(Godalming)附近的惠特利营地(Whitley Camp)出发,半夜12点前到达了福克斯顿（Folkestone），然后搭乘一艘小游轮，次日凌晨3点15分顺利抵达法国布洛涅（Boulogne）。[66]登特少校在一封写给上海朋友的信中说："谢天谢地，我们终于要离开英国上前线了。出发之前，大家都一直心力交瘁地熬夜工作。"阿尔弗雷德·格林布尔仍然记得，他们都热切地盼着这一天，"希望能尽到我们应尽之力"。他们已经准备好了，甚至感觉有点迫不及待。但在1928年出版的关于这场战争的官方记载中，作者詹姆斯·埃德蒙兹（James Edmonds）爵士却用谨慎的笔触透露出某种警惕性：第二十一师和第二十四师现在正在准备穿过英吉利海峡进入法国，他们"的确受过一定军事训练，但远没有人们想象中那么好"。[67]新军的各个师团即将投入战斗，类似的战斗英军以前从未见过；新军还会陷入一场巨大的争议，至今仍有回响。上海英国人就处在这场卢斯战役（Battle of Loos）的心脏位置。

他们又搭乘火车去了法国的瓦滕（Watten），在一个叫乌勒（Houlle）的小村庄里，他们住进了兵舍，又待了9天。9月20日，阿瑟·卡斯尔给上海写了一封信，他很高兴，最终还是穿过了英吉利海峡，这离他的梦想很近了，能够"尽力使各类事情平整有序，走上正轨"，他的意思是让事情走向符合他们一方利益的方向。很多德军的传说在英军中反复流传，说的都是德军"魔鬼式的作战方法"，还有新闻说德国的齐柏林飞艇袭击英格兰、使用毒气和火焰喷射器，这一切让英军士兵血脉偾张。"大军团正在集结，德国即将遭受灭顶之灾，这一切都是她咎由自取。"卡斯尔的兵营是个谷仓，住宿条件与上海简直是天壤之别。里面除了他和一些约克郡军团第十营的士兵之外，还住着大量的哺乳动物和"鸡鸭鹅等禽类"。他那些远在上海工部局公共卫生处的同事如果遇此情景的话，简直会要"疯掉的"，他写道：这里的条件甚至比那些他们不得不去搜查的中国民房还要恶劣。在这条战线的另一个战区里，他曾经的一个同事也写道：这里的"恶臭"让中国最粗鄙的地方都相形见绌。这确实算得上是对中国某种形式的赞美了。值得庆幸的是现在至少每个人都发了袜子，他们刚刚收到来自上海英国妇女工作协会的300双袜子，这一远在上海的协会现在成立了一个志愿者部门，为参加上海英国分遣队的男人们提供物资。

从1915年9月20日起，部队开始夜间行军，接连三个夜晚，让人疲惫不堪，但这让他们离贝蒂纳（Béthune）东岸加来海峡的前线越来越近。就在9月21日，950门大炮开始对德军的防线进行不间断轰炸，目的是破坏主要的敌占区中德军的通讯、能源线路和基础防御设施。天气变得糟糕起来，22、23日，士兵们披星戴月走了两个晚上，直到24日夜，才走到了一个叫比尔比尔（Burbure）的小村子。他们在一块田地里宿营睡觉——如果他们真能睡着的话。雨一直在下，周围炮声不断。汤姆·韦德在写回上海的信中提道：出发前，哈多上校发表了一番言辞激烈、感人至深的演讲，这种激昂的情绪一直在前线士兵的心中涌动，感染了7.5万名英国士兵，甚至还影响到更远的地方。一些南方战区的法国士兵也深受感染，对于接下来的军事进攻行动跃跃欲试。

25日清晨，炮声越来越密集，5点50分，英国军队用数千个刚刚安装完毕的汽缸开始向交战双方中间的无人区域释放军事氯毒气。这是英国人第一次使用化学武器，这对英国第一军（British 1st Army）指挥官、上将道格拉斯·黑格（Douglas Haig）爵士那天的军事计划至关重要。按照计划,风会不断地带着氯气横扫德军阵营,等他们反应过来已经是尸横遍野、人心惶惶了。万事俱备,只欠"西风"。然而西风看似简单,却没有出现。在条件允许的地方,氯毒气形成了"厚厚的云层,离地30—50英尺高",沿着前线蜿蜿蜒蜒。遗憾的是,那天的风力实在是太小了,"毒云"始终没有向德军那边飘去。更糟糕的是,氯气徘徊在英军防线上空,甚至有往回飘的趋势,有些地方飘到了蓄势待发的英军头上。

释放毒气40分钟之后,第一军6个师的士兵带着能见度极低的防毒面具开始了进攻,阵线非常宽广,贯穿整个卢斯村南北。到目前为止,这是英军历史上规模最大的一次进攻。苏格兰和伦敦的部队在南部突破了5英里的德军防御阵线,攻入德占区2英里,并完全占领了卢斯村。黑格将军的计划在这里奏效了,堪称完美。但就整体来看,这一天应该还是灰暗的,要多灰暗有多灰暗。这次所谓"大推进"的构思就不严密,计划多有疏漏,组织实施简直如同儿戏。而且,在法国友军的坚持下,这次"壮举"事起仓促,计划不周。英军实际作战目标不明,对当地情况不熟悉,此地天气也糟糕透顶。英军的战术也不连贯,有些部队明知如此也依然盲从。枪、炮弹和手榴弹都不足。阵线后方的道路管理不善,竟然导致拥堵。无论是步兵和炮兵,还是各个作战部队和第一军总部,甚至连指挥官黑格将军和英军总司令、大将约翰·弗伦奇(John French)爵士之间,都绝少交流,这实在令人匪夷所思。英军队伍足够庞大(尽管在错误的时间去了错误的地方),而且足够勇敢,但正如詹姆斯·埃德蒙兹后来在分析这场战争时所说:"光是勇敢不足以赢得战争。"[68]尽管德军人数远远少于英军,但他们同样很勇敢,机枪不断地吐出火舌，让英军的伤亡人数呈现几何级数的增长势头。

日子一天天过去，约克郡军团第十营的新兵们终于离开屯兵之地去参加战斗，与此同时，两支新军也加入了战斗。下午3时15分，战士们出发前往惨遭战火蹂躏的卢斯村。一路上，他们走过一片片废墟，走过成百上千具英军的尸体——大部分为苏格兰人，还有开始进攻时被毒气误伤的士兵，那云层现在依然在低洼地带徘徊，会引起眼部的剧痛。这些上海英军与跟他们一起训练的矿工英军继续向前，没过多久就开始了进攻。他们来法国还不到两周，从没上过前线，甚至连战争是什么样子都没有见过。他们已经向前行进3个小时了，沿途碰到的是"一瘸一拐挣扎着向后撤的伤兵，一些人的头上、胳膊上、腿上绑着绷带，浑身是血，有些身上甚至连绷带也没有，只是简单处理了一下伤口。"约翰·道格拉斯看到了这"可怕的景象"，与此同时，不少炮弹已经开始在他们身边炸开。他们依然排着完整的前进队形，背着装备包，裹紧外衣向前。上级要求他们快速推进，于是，他们形成疏散的队形，一组一组地向前推进，走向战争。

他们的目标是70号高地（Hill 70），就在卢斯村东面。尽管他们行军速度很快，但他们并没有这片区域的详细地图，70号高地是什么地方，到底在哪儿，他们只有一个模糊的概念。大部队的指挥官至少了解点详情，但下发给基层部队的指令十分模糊：前往70号高地，查看一下那里发生了什么，控制局势或者占领70号高地，不管付出多大的代价都是必要的。这就是那天英军前线的情况。所以，他们四人一组，肩并肩向前行进，前后排成队列，每个队列之间相距100码。他们就以这样的阵形，走在这条古老的道路上，跨过英军的战壕，跨过被俘德军的战壕。后来证明，这种方式行军很慢，因为他们没有时间把那些战壕都架设起来。为缓解约翰·道格拉斯的紧张情绪，登特少校跟他聊起了上海。两人并排跨过战壕时，登特给他看了一直带在身边的外滩照片。德国的火炮手发现了他们，马上开火，摧毁了他们的进军路线。这支部队现在已经越过了村庄，他们的目的是夺取卢斯村墓地附近的阵地，但他们走错了方向，走出了英军的防线，并开始攻击，这样他们就完全陷入了机关枪和狙击枪冰雹般的火力范围之内。从他们收到的战报来看，他们的上级军官把这次行动当成了一次"极其简单"的任务。"战士们频繁地从高处落下"，这里是70号高地，他们却错误地以为这里是山脚下。阿瑟·卡斯尔从乔治·布雷迪什身边爬过，后者的腿被打中了。就在卡斯尔向前移动时，身边的一名年轻的信号兵中弹身亡了，当时他正在帮布雷迪什止血并包扎伤口。

由于遭到德军重创，英军撤了回来，占据了一块阵地，扩张临时建立的新防线，半数士兵被安排去清理卢斯村的残余德军。他们的回信清楚地显示，那天，就像以往的很多天一样，他们并没有接受德国俘虏的投降。入夜，大多数人丢失了外衣和背包，他们全身湿透，冻得发抖，又饿又渴。他们依次排开，在野外熬了一晚。

那天晚上，汤姆·韦德把他们受伤倒地的士官长从战场上救了回来，又背着他走了3英里，把他送回急救站，为此韦德花了一整晚的时间。在跟一些投弹手一起回前线的途中，他碰上"双方激烈的大炮交火"，但由于任务在身，他未能参加那天的作战行动，最为重要的是，他"顺利摆脱了一场灾难"。他描述那些军官道："一群人都脏兮兮的，所有人从头到脚都沾满了泥，全身湿透，冻得发抖，躲在一架缴获的大炮旁边。"沃恩·克拉多克用德国饭盒盛了些水，又用运德国炮弹的柳木箱子生了火把水煮沸。哈多上校拿出一些胡萝卜粉用水冲开，他和登特少校喝了点汤暖和身子，又留下一些给下属喝，与此同时，子弹和炮弹在他们周围"呼啸飞过"，"被炸毁的房子残片"随处掉落。战场上的人只有应急干粮、咸肉干和饼干这些食物，但吃这些东西只会让人更加口渴，因为他们没有水。

黎明前由克拉多克值守，哈多上校开始给妻子写信，来到法国后他每天如此，他写道："亲爱的莫德，我都不知道我能否写完这封信，也不知道今天早上是不是我最后一个早上。"

> 昨天的战况非常糟糕，半小时后我们要再次进攻，而我的队伍所剩无几，只刚刚超过400人。

6月中旬，哈多上校的大儿子被派从桑德赫斯特转到约克郡军团的另一个军营任职，途中不幸死于炮火，年仅20岁。上校从他笃信的宗教中寻求慰藉，也以"他在像我一样履行自己职责"的想法宽慰自己，但他还是悲痛欲绝，心烦意乱。昨日一天的激战，数小时的行军，匆忙投入的军事行动，12小时的进攻和反攻，任谁都会心神慌乱。哈多和登特艰难地把大家聚在一起，伤亡很多，其他活着的人分散在卢斯村周围。哈多在日记开始就说出了自己的真心话，他深信这次"大推进"将会"造成严重的伤亡"。而他们现在接到命令，要求继续前进，发动新的攻击，所以，他很快地煞了个尾："迄今为止我竟然都安然无恙，这似乎是个奇迹，现在我们要再次经历生死。德国步兵不怎么样,可怕的是他们的大炮、机枪和狙击手。我们要出发了,再见了,我爱你们。"[69]

9月26日早上9点,在一小时的轰炸后,英军继续对70号高地展开进攻,起初几轮进攻英军占据优势,拿下了70号高地的一部分,但是德军持续开火,给英军造成了重创。然后就轮到约克郡军团第十营上场了。登特少校曾经跟军官们说:"先生们,任务必须完成,但毕竟,人生只有一次。"哈多上校履行了他的职责,他爬出战壕,大喊一声"冲啊",鼓励大家冲锋,这时,一颗子弹穿过他的颈部,他牺牲了。登特跟随其后,号召大家:"伙计们,跟我去夺取那边的战壕!"然后他起身向前冲,高瘦的身体在空中挥着他的蜡树拐杖。他前进了不到10码就倒下了,子弹射入肋部,他牺牲了。离登特最近的是弗兰克·路透,他是机枪手,至少那天的机枪立了"大功",直到他胳膊受伤。阿瑟·卡斯尔也在附近,其时,上海义勇队军龄11年的老兵、现任上尉的杰弗里·特纳(Geoffrey Turner)爬上掩体,鼓励沮丧疲惫的战士们前进。随即,他的腿部中弹,跌回了战壕。"宁愿不幸早点到来。"特纳后来写道。卡斯尔把他交给另一个伤员照看之后,像其他战士一样在长草丛中匍匐前进,在离德国战壕30码时,他也中弹了。他拖着受伤的身体往回爬,从敌军防线蜿蜒往回爬行的"那几分钟极度漫长"。

此时军队已失去了三名指挥官,但他们仍然继续前进。特纳写道:"炸药残骸、炮弹碎片、子弹如雨般落下,""毒气如烟似雾,弥漫在周围"。查尔斯·麦克莱伦接管了特纳的连队,特纳边包扎腿伤,边看着麦克莱伦"冲上山去,挥舞着鞭子大喊,""我能想象他在说些什么,"因为"他说话豪迈激昂。"难以置信的是,他们占领了这个山头。格林布尔回忆说:"德国佬抵挡不住我们的刺刀,老天真是眷顾我们,但我不知道他们取得了胜利。"那天下午,沃恩·克拉多克从山顶往回走,看到了怡和洋行的威廉·科纳比,沃恩朝他挥了挥手,科纳比的手受了伤,马马虎虎地用绷带绑着。克拉多克写道:"我真的没法说发生了什么,因为所有的时间和事情都不记得了。我看到很多可怕的景象,但这没有影响我,因为我要考虑其他事情,根本没有时间去想象那些恐怖的事。"约克郡军团两翼的火力减弱下来,而德军的炮火轰炸依然盘旋在防御阵地上,英军守不住这个高地了,他们精疲力竭,溃不成军,有的撤了回来,有的慌乱之中四散逃窜,穿过了卢斯村,虽然军官们努力让大家集合起来,但还是回天乏力。

"我是少数幸运儿,毫发无伤。"格林布尔说。但大部分人没有这么幸运。最后参与作战行动的威廉·凯也受了伤,澳大利亚兵珀西·皮科伯恩(Percy Pickburn)在与敌人搏斗时被挖掘工具打伤。但除了登特少校,这些上海英国人都死里逃生。尽管这次军事行动失败了——卢斯一战对英国来说是标志性的失败,但这些上海英国人还是履行了他们乘坐谘访丸号回国参军时承诺的责任。格林布尔颇为满意地在信中写道:"我可以向你保证,我也为上海做了一两件事呢。"[70] 在那天的战斗中,格林布尔的前长官布鲁斯也出事了,很多英国高级军官作战时离德军太近,布鲁斯是其中之一,他被反攻的德军抓获,囚禁了两年半。

战后两支新军遭到广泛批评,尤其是英军总司令约翰·弗伦奇,他正好为自己的过失找到了替罪羊。有关新军溃退的报道很多,说他们是"乌合之众",纪律涣散,士气低落。亲眼看见这场溃退的诗人兼士兵罗伯特·格雷福斯（Robert Graves）对于那天的描述证实了这些报道。希尔顿-约翰逊更公平地评价了这件事："你能想象他们的困境吗？"他在一封刊登在《北华捷报》的信中写道：

> 一群毫无经验的新兵，一上战场就投入一场你死我活的战役；夜里又下起了雨，他们浑身被淋得湿透，长时间的行军让他们精疲力竭，还吃不到热乎的食物，到处是凶险的机枪射击，周围炮弹乱飞，他们来到陌生的国家作战，指挥官大部分还是业余的——那么你能够想到他们会有些行动迟缓和犹豫不决吧？我想对新兵来说，这是最难的考验了。[71]

想想在诹访丸号上度过的酷热日子，希尔顿-约翰逊曾在那里进行过信号训练、体格训练和小组纪律训练，还有关于各种冲突类型的讲座，这一切跟战场上的毒气、榴霰弹、机关枪和铁丝网毫无关联，跟这位警官曾经冲锋陷阵的战壕也毫无关联。"我们竟然还能活着，真是不可思议。"弗兰克·路透写道。希尔顿-约翰逊在信中已经表现出很大压力，不久，他精神崩溃，回到英国就医，永远离开了军队。

法军曾下令派预备役部队前来支援，但是太晚了（援军的驻扎地离战场太远），而且军令的传达也特别缓慢，所以英军只好单独对战防守力量已经加强的德军。英军枪炮弹药的数量已经不多，尽管战士们受过专业训练，也不乏勇气，但他们的军官却缺乏训练，经验不足。这次战争的失败以及对其失败根本原因的争议，导致法国人不再担任英军的总司令，但这却帮不了乘诹访丸号从上海赶来参战的英国人。

令人恼火的新闻迅速通过电报传到上海，内容越来越有刺激性。路透社的战地记者声称"英军冲锋陷阵，如猛虎下山，战绩辉煌"，"他们所向披靡"，占领一个又一个战壕，"一些战壕里堆了四层战死的德国兵"，还有照片为证——这张照片只在英国政府最高层流传，实际上这堆尸体仅是一支德国机枪射杀的苏格兰高地步兵，所以，该照片其实更恰当地表明了英国在卢斯的失败。[72] 德国的军事报告提到了"尸体之地"，甚至都没说这里是战场。至少有22 494人牺牲或失踪（失踪的估计也牺牲了），其中约300人属于约克郡军团第十营；还有几千人受伤。[73]

尽管如此，1915年9月25—26日，在70号高地上，上海英国人还是一起行动，第一次参与了作战，这大概是上海英国人集中于单支队伍中作战人数最多的一次。威尔弗里德·登特被击中，倒在70号高地阵地的掩体上之后，弗兰克·路透整理他的私人物品，送还给他的家人，发现他口袋里的上海快照已被鲜血染红。约克郡军团第十营士兵写回家的信中，已经丝毫没有世界大同主义的踪影，也不再对战争和敌人抱有一丝犹豫，这些信件后来被《字林西报》转载。他们痛恨德国人：他们是德国佬、野人，他们猪狗不如，"应该全部消灭掉"。人们记录了处死德国人尤其是狙击手的经过，这些人还试图投降，但是他们直到被抓的前一刻还在开枪。"这种畜生决无可恕之理。"参与第一天进攻的一名机枪手说。他曾是上海义勇队的机枪手。汤姆·韦德称，"一个小伙"抓住一个战俘，"他取出一张刚牺牲的兄弟的照片，给这个德国兵看了看，然后杀死了他。"

汤姆·韦德在给家里写信，此时，他的战友们正冻得哆哆嗦嗦，躺在卢斯村东南的阵地上，就这样度过了一夜。接下来的几个月里，人们得知韦德、路透、卡索还有其他一些人被送回了英国的医院和疗养院。截至9月26日，约克郡军团第十营退出了直接战场。接下来的3个星期，他们大部分都待在北部斯特拉泽勒的军营里，等待替换装备，招募士兵和军官。在这些人中，包括来自诹访丸号的赫伯特·萨奇和T.罗利·埃文斯。埃文斯之前负责在基地审查信件，他一直感到无所事事，觉得自己错过"伟大的冲锋"会"抱憾终身"。10月中旬，第十营离前线近了一些，开始在战壕里外轮换调防，埃文斯终于"接受壕沟战术和执行相关任务的指导"。但这一举措的代价是大量的人员伤亡。10天训练后，军队正式接手阿尔芒蒂耶尔（Armentières）附近的一部分战线。雨还再下，冲塌了"已经破败不堪"的壕沟边墙，甚至淹没了壕沟，所以他们一直在修整壕沟。休息了一段时间之后，11月6日晚上，还有第二天早上，他们回到了战壕里。在雾中，他们在中间地带查探地势，罗利·埃文斯被敌军发现了，子弹在他的头顶上"呼啸"而过，他匍匐前进，爬着逃回了英军阵地，在伦敦的医院里，他写信回上海，向大家描述自己幸免于难的经历——当时的英国远征军（the British Expeditionary Force）还没有钢盔可戴。[74]

12月中旬，上海的英国军人刚从阿尔芒蒂耶尔回到前线，就有3人死伤。部队对德军南部前线发动了突袭，削弱了几天以来德军狂轰滥炸和激烈狙击的势头。然而，19日，德国又用5架飞机装载鱼雷炸弹对英军实施了突袭。战地记者说："没有看到我方一架飞机，而且我方的大炮回击非常弱。"德军狙击手伤了5名英国士兵，其中就有汤姆·韦德，12月17日，子弹差点射中他的心脏和肺部，这让他6个月无法参战。空袭留下的弹坑将近12英尺深，宽度超过了35英尺。在两个小时的空袭中，德军投下了鱼雷，阿尔弗雷德·格林布尔和另一位中士军官尽量集中恐慌的士兵，让他们井然有序，以防德军在轰炸后马上展开进攻，冲入英军的军营。他们两位后来都被授予"卓越行为勋章"，但格林布尔双腿重伤。当时一颗炸弹就落在他身边，相距不到15英尺，他被炸昏了，部分身体被炸飞的土块埋到了地下。12月28日，他在勒图凯（Le Touquet）的红十字医院接受了双腿截肢手术。[75]

空袭之前的日子一直非常宁静，但那天一早，约翰·道格拉斯查看铁丝网时却被流弹击中了喉部。那不是他初次偷探两军间的无人地带，他写道："我最近才认识到在战争中天气到底意味着什么。"并讲述他穿着"到大腿的长筒靴、短雨衣和防水帽"，在清早的雾气中侦查地形，想设计给泡坏了的战壕排水的方法。他被带回了英军军营，并用救护车送往战地医院，那时他还是清醒的，当天中午他就死了。

12月29日，道格拉斯的死讯通过电报传到了上海。仅仅四天前，《字林西报》还刊登了这位律师的一封信，冗长啰唆地向公共租界描述了约克郡军团第十营的最新行动。道格拉斯还抱怨说，军队官僚主义严重，那些舒适地窝在军营里的军官，要求待在泥塘壕沟里的他收到供应的果酱之后必须向他们确认一下，并向他们做出合理说明，指出果酱的去向。道格拉斯曾在卢斯幸免于难，那次战役中，指挥官牺牲，他便接管了连队，却接到命令要带领大多数士兵守住刚刚被占领的战壕，因此他错过了70号高地的那次进攻。"我是幸运的，"他写道，"因为我好端端的，从未缺胳膊少腿，尽管好多次都是死里逃生。"但这个军团30%以上的人都没有这份幸运，现在，好运对于谂访丸号上的一些人来说，要用光了。[76]

约翰·道格拉斯的牺牲在上海备受关注，尽管这不是第一次有人牺牲；甚至在那个核心律师的小队伍中，他也不是第一个牺牲的人。亨利·奥珀（Henry Oppe）中尉是英商中国协会的组织者之一，1915年11月，他在加里波利战役中牺牲了。生于澳大利亚的洛夫特斯·琼斯（Loftus Jones）刚到法国不久，就于当年8月初牺牲了。这三人都曾是上海响当当的人物，琼斯曾任上海总会委员会主席；他们也是上海猎纸会、跑马总会、划船总会和义勇队的固定人员，还是积极的共济会会员。他们参与了上海贸易生活发展的全过程，尤其是橡胶热。他们牺牲所带来的打击，比牺牲几个上海英国人军官要大得多。6月，生于上海的怡和洋行雇员、广为人知的杰克·戴维森（Jack Davidson）的死讯传来了。战争爆发时他在休假，恰在英国，他马上参加了伦敦苏格兰军团（London Scottish），在谂访丸抵达英格兰的一个月之前，他就随军到了法国。对于开始承受大英帝国悲痛的人们来说，他的死加重了这种悲情。

12月30日星期四，上海治安法庭（Police Court Magistrate）法官G. W. 金（G. W. King）推后了这天早上的诉讼，向他生活和工作上的好友约翰·道格拉斯致哀，称他"英勇善战""雷厉风行""生为绅士，死亦绅士"。翌年1月，上海最高法院法官哈维兰·德·索马里兹（Havilland de Sausmarez）牵头在法院举行"上海酒吧"（Shanghai Bar）集会，到场的人重提英王对道格拉斯的高度评价，并表示深切哀悼。道格拉斯的牺牲是"为了正义、英王和帝国的伟大牺牲"。他的死讯传到公共租界，上海各个总会都为他降半旗致哀，跟威尔弗里德·登特一样。以后他们可能还得降几次半旗，因为"阵亡将士名册"开始变长。这次冲突之后，所有的总会、工部局和上海很多公司，都为死去的同事设立纪念馆，把他们的名字刻在上海的建筑之上。

或许，比起那些同样回英国赶赴战场的上海巡捕和军人们，人们更多地记住了这些上海的精英。在死亡这个问题上，租界大众的社会层次感变得越来越明确。悼念完烈士，住在黄浦江畔的英国人继续忙碌起来——组织球赛或赛马，安排义卖和舞剧，以便筹钱给士兵们送烟草。上海的英国女人忙着织袜子和卷绷带。与其踯躅于法国或达达尼尔海峡的黯淡战况，倒不如像往常一样做事，因为近期协约国军队无法快速挺进柏林。

恢复如常

1914年，上海迅速卷入战争中，并且相对较早地为这场耗资巨大的战争流血牺牲。起初，人们内心有些矛盾，全面战争有可能破坏当地经济，带来巨大威胁，人们内心深处对战争带来的种种不便是很抵触的。渐渐地，上海英国人被迫承认他们需要遵从国家意志，因为官员、战争的"狂热者"和其他一些人挥舞着战时立法的新型国家机器，向上海英国人高谈阔论、拼命叫嚣，让他们向英国国王和帝国履行义务，为正义的事业献身。很多人已经准备开打了，卢西塔尼亚号的沉没又引起了英国人对德国人的憎恨，但还是有相当多的人觉得很难处理好自己的立场。战争开始之后，世界变得非黑即白，而上海之所以繁荣，就是因为它一直处在灰色地带里，那种模糊不清的关系正是上海繁荣的基础。三年来，上海一直是一个奇怪的中立地带，德国、奥匈帝国、英国、比利时以及法国都在这里拥有租界。在协约国推动中国对同盟国开战前，作为上海幕后的中国，一直持中立立场。直到1917年3月，中德才中断外交关系，同年8月14日，中国终于对德国宣战。

尽管上海在开战时处境艰难，但她一直是一个全球团体的一部分，这个团体具有典型的英国语言、思想和文化。就在仅仅几个月之前，抑或是几代人之前，他们穿过大英帝国的正式边界，远离他们土生土长的英伦三岛来到这里，但是，这些大英帝国的男男女女仍然心系那片岛屿。历史学家已经讨论了大英帝国所付出的代价和所获得的利益，就经济而言，结果似乎不确定，但是就1914年获得的利益而言，以诹访丸号上的人为例，我们可以清楚地发现，维多利亚扩张时期的大不列颠岛获得了可观的回报。战争开始后，他们离开上海火速奔赴祖国，甚至在海上航行期间，他们也在船上进行拳击练习与各种军训，为的就是投入到他们本可以避开的战争中去。

　　他们去了，每个人心中都揣着自己的想法投入了战争，但是很多人都认为自己是上海人，他们在70号高地和其他地方都扬起了自己的旗帜。将这些上海英国人编织到一起的，是那些纵横交错的网：其中信件起了很大作用，还有他们在佛兰德斯（Flanders）和英格兰医院的邂逅，也有一部分会面是早就约好了的。在这众多因素中，最为重要的还是媒体，尤其是《字林西报》及其邮寄周刊《北华捷报》。该报的2500多位订户通过正式的通信版面与报纸联系起来，并通过各个专栏以不同的方式彼此交流，尤其是互传一些从前线收到的信，分享一些由其他途径获得的新闻。[77]

　　随着全球化的英国战争机器将其各地的士兵逐渐吸收、消化、反刍，乘诹访丸号回国的上海英国人也越来越分散，不那么集中了。但他们作为上海分遣队的身份深深地印在了出版物上，印到了读者的想象中，还印在了他们自己的心中。阿瑟·布朗（Arthur Brown），标准石油公司的雇员，也是一位上海童子军的

"老兵"，他的军队徽章上甚至将"第一上海分遣队"（1st Shanghai Contingent）当作他最初的部队。1915 年 12 月起，一本有关上海英国人参与战争的书籍开始出版，并且几次再版，书中列举了一些从军者以及他们的命运，并记录了上海英国妇女工作协会的活动。现在，欧美上海人可以指着这些书上的文字宣称他们是真正的爱国者了，绝没有任何世界大同主义的污点。该书的第三版列出了 1894 名法国、英国、比利时和意大利人的名字，他们都为协约国军队积极服役，其中 212 名牺牲。英商中国协会的哈罗德·威尔科克斯尽量跟踪记录了那 1500 名漂洋过海不远万里赶回英国参战的上海英国人，记录截至 1918 年 12 月。将近 200 名上海英国人战死，包括一名女性，多萝西·梅·琼斯（Dorothy May Jones），她是上海代理海关税务司的养女，曾是一位志愿护士，战争结束前一个月，皇家邮船伦斯特号（Leinster）被鱼雷击中，沉入了爱尔兰海，她溺水身亡。[78]

有一点十分确定，上海英国人对这个世界以及这个世界中的上海有一种古怪的集体主义观。这个成熟完善的都市社会有一个共同的信仰：上海英国人相信他们就像牛仔一样，处在一片很难驾驭的新疆域之上。但是，1914 年夏天，这个让人焦虑又抱怨的核心问题变成了愉快的汽车驾驶，有前灯，有喇叭，不像驾着马车飞奔那样疯狂，因为他们团结起来了。那些擅长骑马和射击的人仍然有很大需求，法国汽船波利尼西亚号期望找到很多有这样才能的人，许多谙访丸号上的人也加入了爱德华国王骑兵队。但是"骑兵在达达尼尔海峡是没用的，"基德·劳伦斯指出，"所以我们必须得耐下性子，尽管困难重重。"约翰·道格拉斯将他的两匹小马留在了上海，到死也没想出什么好办法可以排空战壕里因下雨积攒的泥水。在佛兰德斯的近战格斗中，真正有实用价值的是挥舞铁锹快速挖战壕和投掷炸弹的能力，而非策马奔腾的能力。

时间回溯到1914年8月初，那个时候的上海，战争阴云密布，即将开战的消息正逐渐扩散开来，上海帝国花园（Empire Gardens）里上演了一部五盘胶片的新电影《葛底斯堡战役》（The Battle of Gettysburg）。"在当前欧战危机的情况下，这是一部必看之佳作。"电影的广告宣传如是说，可能比那些投机取巧的广告文案更有先见之明。美国南部联盟投入了成千上万的兵力抵御炮火，并派大量士兵加强阵地防守，但他们还是失败了，不少南方军人惨遭屠戮。

截至1917年11月，诺曼·伯恩是上海巡捕中剩下的唯一一个还在约克郡军团第十营的人。其他人有的战死，有的因伤残离开了部队，还有的转到了其他部队，包括一些会讲汉语的人，他们被转到了华工军团。然而，通过接连不断的信件、共同的记忆和代表他们的组织，上海英国人依然紧密地联结在一起。战争结束时，上海英国妇女工作协会仅棉衣就寄来26万件，英商中国协会也给这支上海分遣队每年寄一次大包裹。作为回报，上海英国人会在部队提供的卡片上写下表达谢意的文字寄给他们。[79] 在上海，英国人聚到一起为牺牲的英国勇士们默哀，就像1916年1月11日他们在英国领事馆旁边的法庭里为约翰·道格拉斯所做的那样，因为他们每个人都深深地感受到了那种切肤之痛：那些逝去的人都曾那样深深地扎根于上海，这个他们共同的家园中。同等重要的是：一定要将此类集会在媒体上公之于众，或者将讣告打印出来，给他们的家人和朋友送到家中。他们也可以聚集在新天安堂（Union Church Hall），倾听希尔顿-约翰逊少校关于"战时壕沟的挖掘和应用"的报告。他是1916年5月从战场上回来的,之后他继续干起了老本行——巡捕。

1914年10月,在赛马场上取得五冠王成绩的赛马师们乘船向西航行,奔赴欧洲战场为国效力,他们是这样看待此事的:要为上帝、英王和帝国效力,为自由而战。具有讽刺意味的是,他们根本没有考虑到中国的自由会受到损害,而恰恰是中国给了他们在上海谋生的机会。德国的军国主义导致其置比利时的中立地位于不顾,悍然入侵比利时,而仅在一年前,英国也企图扩张租界,悍然对上海北部郊区发动了进攻,两者是多么惊人地相似,所以其实都毫无正义可言,但这些明显的自相矛盾之处,那些赛马师们大都没有注意到。我们不应该抨击他们的信仰,他们匆匆返回家乡,为国参战,是出于正义感;但是我们也应该牢记他们来自哪里,那个地方是怎么得来的,其本质是什么。

许多人非常警惕,上海没有了列强军队的威慑力,"主人"中国可能会认领70年来被列强抢走的这块土地;他们也同样担心,由于列强没有精诚团结,会给中国的民族主义者释放一个错误的信号,尽管中国人很少会真的给"民族主义者"这个词赋予它真正的含义,只是更愿意看到某个任性的军阀或者义和团能给上海多带来一点微不足道的威胁。事实上,一战期间,包括战后相当长一段时间,中国企业家在经济发展上取得了长足的进展,大大削弱了外国经济的主导力量。真正导致欧洲列强在中国地位逐渐下降的是英国的东亚协约国——日本,它才是列强在政治上最大的威胁。是莱韦森做出了正确的呼吁,履行了自己的责任,而非法磊斯。1915年初,日本向中国提出了"二十一条",企图确保其在中国各个地方的支配地位。1918年7月,暴力来临的征兆发生在上海的街道上——巡捕房中的华人巡捕和上海的日本侨民当街发生了冲突。

战争结束时,110名从上海出发回英国参战的勇士至少有16人死亡。他们曾经雄赳赳气昂昂地坐船驶出上海,当时外滩上人声鼎沸,群情昂扬,欢送他们的声音似乎依旧回响在黄浦江沿岸那些豪华的建筑中。然而,在加利波利半岛,在法国和比利时,在巴尔干半岛,他们最终都倒下了,有人在英国死于伤病,有人死后有坟墓,有人没有。乔治·布雷迪什死于索姆河战役(the Battle of Somme)的第一天,他的名字可以在刻有7.2万名英国士兵名字的帝耶普瓦勒纪念碑(the Thiepval Memorial)上找到。阿尔弗雷德·格林布尔在战争中失去了双腿,弗兰克·路透在马梅斯树林(Mametz Wood)里失去了一条腿,西德尼·波尔克(Sydney Palk)一只耳朵失聪,沃恩·克拉多克、罗伯特·奥尔(Robert Orr)、阿尔弗雷德·斯丘达莫尔、弗兰克·斯图宾斯、哈罗德·凯特利(Harold Catley)、托马斯·豪沃思和艾伦·卡梅伦(Allen Cameron)均身负重伤,无法继续作战。一天晚上,斯图宾斯在外巡逻,被英国哨兵误认为德国士兵,哨兵扔过来一颗手榴弹,把他炸成了重伤。霍沃恩被一颗斜擦而过的超高速炮弹碎片击伤了脸,他坚强地说:"这枚弹片让他的脸变成了一个投币机,弹片就像是在投币机里投进的一枚硬币。"他自愿做了一次把握不大的开创性的手术,取一条肋骨和部分胫骨补好了下巴。疗伤期间,他在英国的军事基地奥尔德肖特经营了一家骑兵总会。

很多人并不是他们家中唯一参战的;战争可怕的后坐力在于,

它将会影响或者说它已经影响了未来几十年的那些家庭。威廉·科纳比的两个兄弟都参了军,在执行任务时双双死于战火。生于美国的克利夫兰·康纳(Cleveland Conner)1918年担任华工军团的上尉,就在战争结束两周前,他在法国牺牲,留下一个1岁的儿子。格林布尔家的两个儿子最终都活着回来了,但他们将来都要依靠残疾人津贴生活。

有些人就是不愿意脱下军装。在一次马匹受惊事故中,骑兵H. P. 埃文斯(H. P. Evans)被一匹马伤到了,因此被爱德华国王骑兵队遣散回家休养。1915年6月,他回中国加入了上海海关,次年他又穿回了军装,加入了皇家飞行队(the Royal Flying Cops)。1916年,欧内斯特·恩格利因伤残退役,回到了上海,过了一段时间,他又入伍成为一名运输军官,继续在美索不达米亚服役。战争继续深化,这让上海英国人在欧洲这片分崩离析的土地上愈加分散,有的甚至去了印度、中东、东非和西非。迫不及待的威廉·凯一直希望能早日投入战争,但却遭受了奇耻大辱,在长达两年半的时间里,他成了战俘,在德国锯木厂做苦力,加之在卢斯之战中受的枪伤一直未愈,他的身体状态每况愈下。1918年春天,德国展开巨大攻势,威廉·西姆(William Sim)被俘,他被囚禁7个月,每天都要进行繁重的体力劳动,体重下降了4英石。他曾经三次企图逃跑,最后一次终于成功逃脱,但他的身体健康状况持续恶化,没能好转起来,4年后,他死于中国。其他人也大致如此。经历过战争的残酷与艰难,加之铁血炮火对身心的蹂躏,即便是那些活着回来的上海英国人,也从未在肉体与心灵上真正恢复过来,他们无法真正放下战争给他们带来的创伤与苦难,无法真正在心灵上结束战争。约翰·沙克沙夫特（John Shakeshaft）经历了所有的一切，幸存下来（尽管上海英国人都以为他早死了），但他还是1942年在埃及执行任务时被杀。[80]

在这些光荣的上海英国军人当中，就在这些纺织品商人、巡捕、律师和职员之中，很多人还是赢得了不少殊荣：3枚卓越行为勋章，7枚战队勋章，11枚战队十字架奖章，1枚英帝国奖章，此外，他们还多次因勇敢作战而在英国战报中受到表扬。在道义的驱使下，阿尔弗雷德·格林布尔起初拒绝接受卓越行为勋章，直到英王要亲自颁发时他才表示同意，但最后他还是从一个英王代表手中接过了勋章，那是8月22日，在布莱顿的英皇阁（the Royal Pavilion），周围的建筑都是华丽的中式风格。[81]那座宫殿战时是一家军队医院，格林布尔刚刚在那里经历了双腿的第三次手术。在近卫掷弹兵乐队（the Grenadier Guards Band）列席的喜庆日子里，举行了他的授勋仪式，勋章终于别在了他的胸前。格林布尔写信报道说，当时"众人拍手祝贺，掌声和祝福简直将他淹没了"。在颁奖仪式上，他"很高兴能代表远东，尤其是代表上海出席授勋仪式"，但他对未来感到很迷茫，并婉拒了上海给他提供的新职业。他那么做是因为他的母亲，"总算有一个（儿子）就像她说的那样活着回来了，在战场上活了下来，尽管在磕磕碰碰中似乎缺了点什么。"他一直留在英国，没有回到上海。"在战争中，我的运气时好时坏，我被炸断了双腿，生命岌岌可危，那真是一段痛苦的日子。不管怎么说，虽然风险很大，但我还是活了下来，承担了一切可怕的后果，没有任何抱怨。"[82]

格林布尔是一个自尊心很强的人，不愿被他人怜悯。1917年1月，他写道："我就像一个再次学走路的孩子。"一年之后，他又给上海写信道："现在，除了比过去矮一点之外，我身体非常健康。"读到这里，你可能会忍俊不禁，但又会有些伤感。他在生产 A1 酱的布兰德公司得到了一份工作。他的巡捕同事吉姆·奎尔（Jim Quayle）去英国拜访他之后说："他的老板深感遗憾，他一参战就被炸了双腿，还没来得及放倒几个德国鬼子呢。"另一个人借用了当时最流行的音乐厅歌曲《贫民窟的伯林顿·伯蒂》（Burlington Bertie from Bow）中的一句歌词描述格林布尔：他"最大的愿望"就是"昂首阔步走在上流社会中"。[83] 1921 年，格林布尔结婚了，翌年 6 月，他的第一个儿子出生，他把这一消息发回到上海。作为一个男人，他在上海的记录里留下了很多痕迹，如果没有一战，他会沿着自己以前的道路，昂首阔步地继续走下去。

上海的伤兵基金会（Wounded Soldiers）分发了一些抚恤金和慰问品帮助这些战场"弄潮儿"走出困境。罗伯特·奥尔获得了 30 英镑，"以便他更加顺利地过好平民的生活"；格林布尔获得 40 英镑。索姆河战役时，赫伯特·萨奇在弗里库尔（Fricourt）被击中头部，奥尔在照顾他时被击中了胳膊，不得不截肢。[84] 威尔科克斯努力找寻牺牲将士的亲人，但有很多根本找不到。有些人去上海就是为了掩盖自己的过去，他们的背景之谜是无法解开的。

战争犹如一张网，让很多其他人也回旋其中，最终永远离开了上海。阿尔弗雷德·斯库达摩尔曾开玩笑说，他更渴望远离战壕，回到上海，追踪全副武装的歹徒，这相比打仗来说要安全得多。1916 年，由于一次左轮手枪事故，他离开了部队，接着又离开了巡捕房。[85] 罗利·埃文斯一直待在部队里，1932 年在印度西北的战场上遭到敌人伏击，不幸中弹身亡。威廉·马丁森战后也继续服役,曾被派驻爱尔兰和巴勒斯坦。哈罗德·斯米顿战后返回肯尼亚,当了警察。欧内斯特·费恩曾经在上海做巡捕,整天在辖区里巡视,战后也换了工作,在英国布里斯托经营一家报刊商店。对很多人来说,上海一直以来不过就是他们职业生涯中的一个舞台。

同样也有许多人把上海当成了自己的家,并最终归来,虽然有些人没有立即回家。阿瑟·张伯伦(Author Chamberlain)在1918年4月受伤,从此右臂"完全没用了"。尽管可以在政府为伤残士兵办的学校里进行某些培训,但这并不能免除他失业三年的厄运,之后他成功申请加入了上海巡捕房,才不用在伯明翰当看门人了。[86] 有些人直接当回了巡捕,回到了给他们留置的岗位上,但他们已经不能很好地适应这一工作了。巡捕托马斯·科因(Thomas Coyne)战后乘船返回上海,与他同行的是他的战友,当年谏访丸号上征募的新兵迈克尔·奥瑞根。但科因仅在上海待了不到两个月,就辞去巡捕的职务,离开了上海。没过多久,奥瑞根也离开了上海。1924年,爱德华·格兰德韦什(Edward Gladwish)和爱德华·皮尔比姆(Edward Pilbeam)面临被巡捕房除名的尴尬,希尔顿—约翰逊考虑到他们服过兵役,对他们网开一面,让他们主动辞职。因为希尔顿—约翰逊深知战争后遗症的压力,也知道这些人是如何才坚持下来的。而其他一些人,像弗兰克·斯图宾斯、吉姆·洛弗尔、威廉·凯则一直待在巡捕房,直到20世纪30年代才退休。另一位一战老兵艾雷恩·吉姆森(Allynne Gimson)后来成为租界公共事务的专员。阿瑟·纽金特升职成了工部局的秘书长。战争的故事经常出现,有时出现在讣告的介绍中,有时出现在退休或者离开上海的通知中,有时出现在偶尔见报的有关上海英国人分遣队的文章中。

1919年，在华的全体德国侨民被驱逐出中国，对其中的上海德国人来说，这应该算是福音了，简直可以让他们大大地舒一口气，毕竟，他们已经在法磊斯锥子一般的目光下生活了5年。打仗时也罢，后来胜利时也好，英国人都对德国人充满了仇恨和怨毒。可没过多久，再次回顾这种情绪时，英国人心中又出现了一丝尴尬。为庆祝战争胜利，上海举行了为期三天的狂欢节。1918年11月23日是狂欢节的最后一天，也是庆祝的最高潮，上海挂出了德国皇帝与主要德国上将的讽刺漫画：在已经被罚没的康科迪亚总会前一座木头搭建的高台绞刑架上，他们被绞死了，高台上还写着"霍亨索伦王室"——代表德国皇室——然后将这一切付之一炬。一周后，法国水手推倒了伊尔底斯号纪念碑。但到了1926年，上海划船总会投票决定，允许德国人回到总会里，德国队丢失的奖杯也还了回去。毕竟，他们都是绅士。[87]

在诹访丸号送上海英国人上前线的周年纪念日上，一家总会的成员就能否重新接纳德国人加入展开了激烈的讨论。一位"极端的爱国主义者"依然持反对态度，宣称周年纪念日本身纪念的就是上海的英国勇士出征、攻打德国的事。阿瑟·纽金特闻讯暴跳如雷，宣称他马上要去参加周年纪念晚宴，并全力支持德国人再次加入总会。就这样，该提议通过了。[88]1929年，伊尔底斯号纪念碑悄然建成，再次矗立在德国的学校里。马克斯·赫特尔似乎已经平安度过了他生命中最大的风暴，直到1933年才在上海安详地死去。但是，在20世纪30年代，他的孩子加入了英国国籍；他死后，他妻子也重新获得了英国国籍。1922年3月，埃弗拉德·法磊斯爵士死于上海，他一生出色地完成了战争的任务，与英国情报部门和上海公共租界巡捕房(这有助于希尔顿-约翰逊重新掌权)并肩作战,持续纠缠和骚扰德国总董胡贝特·克尼平。

诹访丸号继续定期取道上海去往欧洲。1932年5月,这艘船给上海带来了上尉布鲁斯·班斯法瑟(Bruce Bairnsfather)[*],他创作了战时最流行的喜剧角色——脾气暴虐古怪的守财奴士兵"老比尔"(Old Bill)。而上海呈现给他的是一场新的战争,郊区生灵涂炭,起因是1932年初日本和中国军队一场极有敌意的冲突。[†]这艘船还是幸存了下来,直到1943年被美国的潜水艇击沉,其时该船已经被日本征为军用。这简直就是"永不沉没之船"的寻常命运。

某种程度上来说,战后的上海非常团结,以此来对英国分遣队中的伤员以及牺牲的战士表示敬意。1918年下半年,联合服务协会(United Services Association)成立,但随即就遭到了批评,因为这只能让那些社会精英醉心自满于他们的生活方式——积极参与公益活动,有良好的社会道德,丝毫没有顾及上海其他阶层的人。尽管如此,该协会还是成了战后上海英国人的固定机构,他们定期向受过伤的退役军人和其他不幸的人分发抚恤救济金。在游说工部局建立大上海战争纪念碑的活动中,该协会起了关键性的作用,最终将这一提案付诸实施。这座纪念碑由亨利·费尔(Henry Fehr)设计,建于公共租界和法租界之间,1924年2月16日竣工。纪念碑落成时,欧美上海人在外滩上举行了盛大的集会,以示庆祝,其规模之大,只有1914年10月16日清晨的那次集会可以与之比肩,那次集会

---

[*] 英国连环漫画家,以冷酷而幽默地描绘战壕里的士兵而著名。
[†] 指1932年上海一·二八事变。

恰恰是为这座纪念碑所纪念的那些军人送行而举办的。此后在一年一度的退伍军人节上，联合服务协会就成了主角，其职能包括举办纪念仪式，并对纪念碑进行必要的修缮和保护。该协会也帮忙操办退役军人的葬礼，并在葬礼上对这些老兵在一战期间所做的贡献表示认可和缅怀，不管他们是当年上海派出的英国军人，还是死在上海的其他一战老兵。

当然，这场要结束一切战争的战争并没有真的结束一切战争。在法国的凡尔赛宫，美国总统威尔逊关于民族自决的说辞与帝国主义以自我为中心的残酷现实之间根本无法相容。在巴黎和会上，中国并不是唯一一个被出卖的国家，但却是心灵受到最大伤害的国家。日本攫取了德国在山东的一切权益。那些从军队退役回到上海的人们发现，这里像中国的其他城市一样，反帝国主义的情绪极度高涨。中国人民展开了轰轰烈烈的五四运动，这会重塑中国的政治和文化，产生巨大深远的影响，这一事件的后坐力，哪怕在一个世纪之后的今天仍有回响。至少从社会上来看，上海这个外国移民聚居的城市，看上去和过去仍然没什么区别。欧洲在战时发生了巨大的变化，女人在很多方面取代了男人，但上海并非如此。在巡捕房和海关缺乏人手时，工部局反而通过招募日本人来解决问题。而随着时间的推移，这种解决问题的方式将会招致更多问题。

当年一起乘坐诹访丸号回英国参战的老兵们，每年10月16日都要聚到一起。第一次集会是1923年，由欧内斯特·恩格利操办，在艾迪咖啡厅（Eddie's Café）举行。14个老兵聚在一起，酒菜俱佳，至少比1914年在船上的饮食要好得多。他们每个人都讲述了自己战时的经历，《北华捷报》报道，这些故事"真是值得一听，可惜版面空间有限，不能尽载。"[89] 其实，不只是版面有限，租界的黄金时代也很有限，公共租界曾经的辉煌已经悄然离去。1923年以后，上海有太多其他的事情要关注：德国人回来了；日本获得了巨大的利益，规模之大令人吃惊；中国的民族主义势力开始抬头，欧美列强都受到了压制。20世纪20年代，中国发生了多次政治危机，国民党逐步掌握了权力，与之相伴的是列强的权益遭到剧烈侵蚀。上海这个黄浦江畔欧美列强共享的"遗产"也不例外，尽管自1914年7月以来，欧美上海人一直非常努力地维系着他们所拥有的一切。然而，对那些精明强干的人来说，上海依然是一个好地方。

所以，欧美上海人不论老幼都联合起来，专注于手中的事务。他们做了很多事：尽量将租界扩大，拓展新领域，创造更多财富，并注意劳逸结合，增加娱乐项目。他们还尝试了赛狗、巴斯克网球（回力球）、赌场、贿赂新的金融机构、土地投机等等。外滩上建起了大量的工厂和企业，新建筑如雨后春笋般涌现出来。黄浦江沿岸的商业也一如既往，繁荣发达。总会、酒吧、妓院和舞女为上海赢得了国际声誉，上海被称为"罪恶之城""冒险者的天堂"，也被称为"东方巴黎"。

战争总是对上海的一些商业发展有利，对某些人、某些领域的业务有利。战争造就了这座城市，甚至是在战争毁掉一些生命并让另一些生命残缺不全时，它依然在造就着这个城市。上海就这样向前发展，起起落落，有过繁荣发展的黄金时代，偶尔也会跌入谷底。她愤世嫉俗，她不明是非，她知道自己负债累累、罪孽深重，但绝大多数时候，她还是会昂首挺胸，盼望新的机会，因为她知道，每天的晨曦之后，都会迎来新的一天。

涉及人物、机构

诹访丸号上的军人

William Douglas Amoss; Ebenezer Auld†; E.W.R. Ayres; Robert Baldwin; Herbert James Beach, M.C.; Charles Edward Beale; Walter Bowden Betts, Med. Mil.; S. Bott; Kenneth Morison Bourne, M.C.; Norman James Bournes, M.M.; George William Bradish†; Arthur Kirkhill Brown, M.C.; Charles Burnie; Francis A. Byrne†; Allen MacArthur Cameron; Arthur John Castle, M.M.; Harold Mayne Catley; Arthur Henry Chamberlain; James Alfred Cheeseman; Frederick William Clifton, M.C.; Alfred John Patrick Coghlan; Cleveland Alexander Connor†, M.M.; William Stanley Cook; Walter Gordon Cope†（在香港登船）; F.C. Corbett; William Basil Cornaby; John Henry Corre; Thomas Graves Coyne; Vaughan Day Kift Craddock; Herbert D. Cranston; William Alexander 'Dolly' Dalgarno; Theodore Louis Davies; John Charles Edward Douglas†; John Dunbar; Percy St. John Dunckley; Ernest Richard Engley; Ernest Arthur Eva; Tubeville Rowley Evans; H.P. Evans; Ernest Fearn, M.M.; James Frederick Gabbutt; George Eldridge Gilbert, M.C.; Allynne Farmer Gimson; Edward Lovell Gladwish, D.C.M.; Samuel Tidball Glenn; Thomas James Graham; Andrew Thomas Gray; Alfred Frederick Grimble, D.C.M.; Richard K. Hadley; Ralph Noel Heathcote†; Alan Hilton Hilton-Johnson; E. Hope; Thomas James Howarth; Edward Hunt; J.A. Johnson; William White Kay; Bertie Standish 'Kid' Laurence†; James E. Law; Arnold A. Laws; John W. Litt; Archibald Longman, D.C.M.†; Jim F. Lovell, D.C.M.; Thomas Bernard Maguire; William Farrell Martinson; Donald McInnes; Richard Henry Mugford, M.M.; A.R. Murphy; Lewis George Murray Kidd, M.C.; Cecil Albert

Nelson; Arthur Gordon Nugent; Thomas Henry Odey†; Michael O'Regan; Robert A. Orr; M.S. O'Sullivan; Sidney Arthur Palk, M.C.; David Palmer; Charles G. Phillips; Percy Oswald Pickburn; Arthur Piercy; Edward Ernest Pilbeam; George Herbert Plumtree; Herbert Edward Pollard†; John Charlot Porter†; Frank Reuter; Jack Reynolds; F.C. Roberts; Harry Summers Robertson; John Ross; Albert Rothery, M.C., M.M.; Walter James Russell; Roy F. Scott, M.C.; Alexander Scougall†; Alfred Allen Vincent Scudamore; John Clifford Shakeshaft; Martin Hubert Shorto†; William R. Sim; Alfred Richard Singer; Percy Kenneth Sizer; Harold Bruce Smeeton; Charles J. Smith, M.C.; Frank Crofts Stubbings; Herbert Such; Rossiter William Tear; J.W. Thompson; Edward William Trotman; Frederick Osborn Ricks Turner†; Geofrey Aubie Turner; Joseph Twigg-Balmer (在香港登船); Charles Edward Tyreman (在香港登船); Thomas Stanley Dudley Wade, M.M.; Alfred Wagstaff; W.E. Williams; Edward T. Wilson.

资料来源

《北华捷报》(*NCH*)，1914 年 10 月 24 日，第 256 页—第 257 页；《社交上海》(*Social Shanghai*)，1914 年 11 月，第 426 页—第 431 页；乘客名单：英国国家档案馆（TNA），BT26/596；上海到北京的随寄物品，第 136 号，1914 年 10 月 17 日，英国国家档案馆（TNA），英国外交部 228/1912。

约克郡团第十营

Wilfrid Harry Dent†, Arthur De Salis Hadow†, Charles Arthur MacLellan.

上海

Heinz Figge; Sir Everard Home Fraser, KCMG; Max Hoerter; Edward Pearce; Annie, Lady de Sausmarez.

缩略语

FO：英国外交部（Foreign Office）
NCDN：《字林西报》（*North China Daily News*）
NCH：《北华捷报》（*The North China Herald*）
SHAC：中国第二历史档案馆（Second Historical Archives of China）
SMA：上海档案馆（Shanghai Municipal Archives）
SMC：上海公共租界工部局（Shanghai Municipal Council）
SMP：上海公共租界工部局警务处（Shanghai Municipal Police）
SVC：万国商团，或上海义勇队（Shanghai Volunteer Corps）
TNA：英国国家档案馆（The National Archives）
WO：英国陆军部（War Office）

资料来源

帝国战争博物馆（Imperial War Museum），伦敦

PP/MCR/195, Col. Arthur De Salis Hadow papers

英国国家档案馆（The National Archives），丘园（Kew）

FO 228, Foreign Office: Consulates and Legation, China: General Correspondence, Series I.

FO 371, Foreign Office: Political Departments: General Correspondence from 1906–1966

FO 917, Foreign Office: Supreme Court, Shanghai, China: Probate Records.

WO95/2156/2, War Office: First World War and Army of Occupation War Diaries, 10th Battalion Yorkshire Regiment, War Diary, 1915 Sept. – 1918 Feb.

WO 363, War Office: Soldiers' Documents, First World War 'Burnt Documents', surviving records of service for non commissioned officers and other ranks.

WO 364, War Office: Soldiers' Documents from Pension Claims, First World War.

私人收藏

'The Memoirs of Kenneth Morison Bourne'

中国第二历史档案馆，南京

中国海关总税务司记录，分类编号 679

上海档案馆

上海公共租界工部局档案

西线协会（The Western Front Association）

Army Medal Office. WWI Medal Index Cards, via Ancestry.com

同时代书籍和期刊

Darwent, Revd CE, *Shanghai: A Handbook for Travellers and Residents* (Shanghai, 1st edition, 1904).

Documents Illustrative of the Origin, Development and Activities of the Chinese Customs Service Vol. III (Shanghai, 1938).

Hammond, S. (comp.), *The China War Book . . . – Corrected to April 30th, 1916* (Shanghai: CE Sparke Insurance Office, [1916]).

Hammond, S. (comp.), *The Shanghai War Book* (Shanghai: CE Sparke Insurance Office, [1915]).

Minutes of the Shanghai Municipal Council (Shanghai, 2001), 28 vols.

Municipal Council, Shanghai, *Annual Report, and Budget*

North China Daily News

North China Herald

Social Shanghai

War 1914–1918: Record of Services Given and Honours Attained by of the Chinese Customs Service (Shanghai, 1922)

Wright, Arnold, chief ed., *Twentieth Century Impressions of Hongkong, Shanghai, and Other Treaty Ports of China* (London, 1908).

延伸阅读

关于十九、二十世纪中国与西方国家的交往，参见氏著 The Scramble for China: Foreign Devils in the Qing Empire, 1832–1914 (London, 2011)，以及 Odd Arne Westad 的著作 Restless Empire: China and the World Since 1750 (London, 2012)。关于通商口岸的社会生活，Frances Wood 在 No Dogs and Not Many Chinese: Treaty Port Life in China, 1843–1943 (London, 1998) 一书中有出色的记述。关于上海公共租界工部局警务处及其员工，参见氏著 Empire Made Me: An Englishman Adrift in Shanghai (London, 2003)。Eileen P. Scully 的著作 Bargaining with the State from Afar: American Citizenship in Treaty Port China, 1844–1942 (New York, 2001) 探索美国人在中国生活的声名狼藉一面。关于英国帝国史的新面向，参见 John Darwin 的著作 Unfinished Empire: The Global Expansion of Britain (London, 2012)，关于一战的影响以及中国的应对，参见 Rana Mitter 的著作 A Bitter Revolution: China's Struggle with the Modern World (Oxford, 2005)。关于一战中的战斗，参见 Nick Lloyd 令人信服的著作 Loos 1915 (Stroud, 2008) 以及 Robert Graves 记述一位情绪激亢的战争目击者的著作 Goodbye to All That (London, 1929)。Theatre Workshop 的著作 Oh What A Lovely War 生动地呈现了战争的力量。

致谢

在准备本章的过程中，我感谢 Alan Crawford、Kate Edwards、Sara Shipway 以及 Alex Thompson 的建议、提示和研究协助，感谢企鹅中国公司的曾启鸿为我提供机会深入研究从上海启程返欧参战的英国士兵的历史。

第五章

巴黎的背叛

《凡尔赛和约》怎样引发了漫长的中国革命

[英] 保罗·弗伦奇（Paul French）
李阳 译

Betrayal in Paris

by Paul French

Text Copyright © Paul French, 2014

First published by Penguin Group Australia. This edition published by arrangement with Penguin Random House Australia Pty Ltd.

All rights reserved.

封底凡无企鹅防伪标识者均属未经授权之非法版本。

昙花一现的希望

北京，紫禁城
1918年11月18日

停战令于1918年11月11日宣布，欧洲的大战终于结束了。消息传到中国时，中国的首都出现了自发的欢庆场面。一群人聚集在该城使馆区核心地带东交民巷的德国使馆前，在使馆的各个大门上胡乱涂鸦。一家德国银行因为有人企图纵火，不得不招来了警察。北京居民还自作主张地采取了更进一步的行动：拆除为在1900年义和团运动中被杀的德国公使克林德（Clemens von Ketteler）所立的石牌坊，并很快改造成一块新的牌坊立在附近，上书"公理战胜"。在外国人兴办的教会学校读书的学生，打着用丝绸匆忙制成的英国米字旗和法国三色旗发起了游行。美国公使馆的乐队在他们的院子里一连演奏了好几个小时，同时驻扎北京的美国海军陆战队员即兴举行了一场游行，带领协约国部队穿过了使馆区。美国人吹奏了所有协约国列强的国歌，包括沙皇俄国的国歌《上帝保佑沙皇！》。沙皇及其家人已在当年早些时候，在如今称为俄罗斯苏维埃联邦社会主义共和国（the Russian Soviet Federative Socialist Republic）的祖国被处决，但沙皇的大臣库达摄福亲王仍然正式地掌控着北京的俄国公使馆。

中国新兴但很不稳定的共和政府是由徐世昌大总统领导的，他在停战之前一个月才刚刚上任。这个政府存在还不到七年，其中依然派别林立，纷争激烈，在第一次世界大战期间几乎闹到了爆发内战的地步。渴望以中国的新领袖而青史留名的徐大总统，宣布全国放假三天以庆祝协约国的胜利，其高潮是在北京的市中心组织一场胜利游行，一大批外国和中国军队将在曾经的禁地紫禁城举行盛大集会。

11月18日，星期一，逾10万人出现在胜利游行的队伍中。群众队伍之所以壮大，是因为官方允许教师和学生缺课参加。带领游行队伍穿过北京城的是英国、法国、美国和其他协约国驻扎在北京的部队组成的分队，其后是中国军队组成的好几个分队，还有一支庞大的军乐队随行伴奏——所有穿军服的人中，绝大多数是中国军人，尽管并没有中国士兵参加战斗。

徐大总统选择紫禁城作为胜利庆典之地，是有历史回响的。将近20年前，1900年的8月28日，外国军队曾经不经允许便在紫禁城举行了阅兵。英国炮兵鸣礼炮21响，庆祝使馆区"解围"和"拳匪叛乱"平定。1900年，一场被称为义和团运动的反外国人和反基督教暴力浪潮席卷了整个华北。义和团民将北京的外国人包围在使馆区。围困最终被攻打该城的一支国际部队解除。德国曾经是那支军队的一员，现在却成了战败国。

11月18日，全中国各地都举行了胜利游行——比如在外国依条约控制的通商口岸天津和上海,还有英国政府的占领地香港——但北京的游行无疑是最大的。穿越北京城的士兵们经过漫长的游行后,喜气洋洋地来到紫禁城的中心。外国士兵进入时,中国军队已经排列在昔日皇宫宽阔的内院两旁。紫禁城内装饰着各战胜国的国旗,还有用金色汉字书写的欢呼和平的横幅。当要人讲话和听众欢呼结束后,飞机掠过京城上空,抛下了中国国旗和宣扬和平的传单,继而举行了大规模的烟火表演。每颗烟花炸开后,都会释放出纸制的动物、士兵和武器形象的小模型,散入京城古老胡同的院落中。

当天晚上徐大总统在东华宫举行了有数千人出席的盛大招待会,中国顶级高官和协约国的外交官们会聚一堂。在一些人看来有争议的是,一些中立国家的代表也应邀出席了招待会——如阿根廷、智利、荷兰、西班牙、丹麦、挪威、委内瑞拉、瑞典、比利时和瑞士的外交使节。很多人都认为这些国家的姿态是暗中支持德国的。出席招待会的还有各国新闻界的记者团和各界一些最著名的外国人,如商人、学者、传教士及其家人。徐大总统在多次为和平祝酒后,离开宴会厅返回了他的私宅。此前举行了第二次飞行表演。在随后的星期天,又为在欧战中战死的协约国官兵举行了庄严肃穆的纪念仪式。[1]

尽管没有参加实际战斗,但大约有10万名中国人作为非战斗性的中国劳工旅的一分子,来到了欧洲、美索不达米亚和德属东非,他们中的许多人在乘船时死于鱼雷攻击,或死于疾病、炮火和事故。[2]然而中国的首都北京,在欧洲的大血战结束时爆发了庆祝,却更多是出于其对未来的集体期望,而不是欢迎其儿子回家。

中国的年轻人,包括其知识分子和新生的共和政府,都对西方式民主抱有极大的希望,认为一战的结束是民主对专制暴政的胜利。英国和法国等欧洲强权在战争中需要中国的支持和帮助,益发鼓舞了中国人的希望,在德国被击败后,中国要收回日本在战时侵占原属德国的那部分中国领土主权。

很快将成为强国的美国,积极地在全中国推介伍德罗·威尔逊总统的"十四点计划"。威尔逊提出"十四点计划",旨在解决他认为引发战争的肇因。该计划呼吁裁军、废除秘密条约、给予殖民地国家更多的权利、实现海洋自由以及取消国家之间的经济壁垒,承诺给予被压迫的少数民族"自决权",成立一个将被称为"国际联盟"(The League of Nations)的世界组织,为所有国家提供一个集体安全体系。美国的战时宣传机构公共信息委员会(the Committee on Public Information),聘用了著名的美国驻上海记者作为其远东地区代表。克劳确保了威尔逊的所有讲话都被译成了中文并向中国媒体广为散发,而中国媒体也及时充分地宣扬了这些讲话。于是威尔逊一再宣讲的民族自决和弱国有反抗强权的权利等漂亮词句,拨动了中国公众的心弦。北京政府公开表示支持威尔逊的政策,并将美国为弱小国家撑腰视为在战后新世界实现民族自决、促使国际社会尊重中国领土完整的希望。

停战协定签字后,克劳将威尔逊的讲话在中国结集出版。这些讲话深深地吸引了公众的兴趣和支持——有时甚至是在人们完全意想不到的地方。军阀冯玉祥(被称为"基督将军"或"倒戈将军",因为他逼迫他的私人军队集体皈依了基督教,以及他时常过于快地对曾经的盟友反戈一击)购买了500本威尔逊的讲话集,尽管他此前曾在由俄国布尔什维克要人讲授的课上研究过革命技巧。[3]

人们得知将在巴黎召开一次大规模的和平会议，在凡尔赛宫签订一份和约。中国将派出由其官阶最高的一批外交官组成的代表团赴会，其任务是解决领土问题，即所谓的"山东问题"——归还日本占领下的中国的主权领土。山东的胶州湾曾经是德国的租界，战争爆发后很快被日本人攻占。软弱无力且政治上四分五裂的中国政府，认为只有完全恢复北京对山东的控制，才能愈合内部创伤，压服桀骜不驯的军阀，恢复对新兴共和国的建设。

巴黎和会似乎将成为悲惨战争后的一个转捩点。各国政府都决心在更公平和更平等的基础上重建世界。中国对和会抱有很高期望，但是列强却抛弃了中国，站到了日本一边，背弃了它们战前通过一系列秘密协定对中国的殖民"势力范围"问题所做的承诺。中国看来注定要遭受怠慢、侮辱，很大程度上被冷落，并且根本无法推动其议程。在《凡尔赛和约》最后签字的仪式上，中国外交官拒绝和其他国代表一起在凡尔赛宫的镜厅就座。他们满怀悲愤地回了家。

那些在战斗边缘的国家，有很多理由可被视为机会主义的盟友，它们付出了极小的物力和人力损失，可谓真正发了战争财。日本也许应算它们中首屈一指者。它占领了德国在山东的租界和港口城市青岛，在中国取得了一个立足点。东京在战争期间扩大了其优势，押宝当日本扩大其势力范围时欧洲列强将视若无睹。欧洲列强果然如此，大抵上冷落了中国，容许日本于1915年向中国提出了敲诈勒索的《二十 条》——假如中国完全满足了其中的要求，那就意味着日本实际上吞并了华北。[4]《二十一条》的要求最终被降低了一些，双方签订了协议。总统袁世凯身陷与国内各路军阀争夺动荡不安地区的政争，认为自己不能冒险和日本人开战，而选择了安抚东京。

在经受了向日本让步之辱后，中国后来也站在协约国一方参加了战争，部分上是希望战时结下的盟友战后能信守诺言提供支持。但情况却不是这样。

北京胜利游行那天挤在人群中的许多年轻人，将在六个月后再次走上街头，促成中国历史上一个伟大的转折点。1919年5月4日发生的事件，是直接由中国在巴黎和会上遭到背叛的消息掀起的。这个事件永久地改变了中国，将被称为五四运动。

从巴黎的背叛和随后五四的政治觉醒，我们几乎可以画一条直线，指向最初的民国在政治混战和分崩离析中瓦解。这条线继续延伸，穿过了军阀时代（1916—1928）的混乱无序和动荡骚乱，大片的中国处于自封的拥有私人武装的领袖们的统治下；继而，一个规模庞大、坚强有力的左派诞生；继而，国民党政府与左派发生了冲突，在1927年的白色恐怖中，上海街头血流成河。直线接下去画到了1931年，日本完全吞并了中国东北，1932年爆发了淞沪抗战，然后长达八年的抗日战争（1937—1945）全面打响，民国为自己的生存而战，并成为第二次世界大战的一部分。这条线的极点出现在紧随1945年日本战败后爆发的内战，结束于1949年的革命——即中国共产党人所说的"解放"。自第一次世界大战开始，经过了令中国几乎消耗殆尽的35年，中国"漫长的革命"最终以共产党人解放中国收尾。

1918年11月，中国外交代表团在离开北京前往巴黎之前，举行了一次记者招待会，几乎完全是史无前例之举。他们概要介绍了他们的目标和他们的怨愤、他们的期望和他们的抱负。这些满怀希望的人们是谁,他们想要达到什么目的,他们怎样遭到了背叛,这一背叛对中国意味着什么,这些就是本章要讲的故事。

承诺

> 欧洲的保证,每天通过电报传到中国报界,说协约国是为自由而战,为正义而战,为文明而战,为保护小国而战,对中国来说毫无意义。这样的表白令他们沮丧。[5]
>
> ——爱伦·拉莫特
> 《北京之尘》(*Peking Dust*),1919 年

当协约国与德国之间的停战协定于 1918 年 11 月 11 日上午 11 时生效时,虽然没有参加战斗但却是协约国一员的中国,有理由抱有希望。中国认为隐含的承诺已经履行:中国已经做了列强要求做的一切。北京同意征召人手("苦力")到欧洲前线、美索不达米亚和东非当劳工,并且应威尔逊总统的要求,于 1917 年 3 月 14 日正式与德国断绝了外交关系。在战争期间,中国同意向华盛顿而不是向东京借贷,使美国经济的获益超过了日本,因此中国对美国抱有很高的期望,认为美国将成为自己最坚定的支持者。

柏林担心在西线彻底失败,于 1917 年 2 月重新发动了无限制潜水艇战。1917 年 2 月 24 日,一艘德国潜艇击沉了法国邮船公司(the

French Messageries Maritimes）的邮轮阿托斯号（the SS *Athos*），引发了众怒，被视为不可容忍的出格之举。[6]该船当时正从横滨驶往马赛，船上754人丧生，其中包括543名中国劳工旅招募的前往欧洲帮助协约国战事的华工。

威尔逊将这一事件用作了促使美国参战的催化剂。尽管他知道许多美国人仍对卷入欧洲战争持怀疑态度，他还是召集了一次国会参众两院联席会议，寻求对德国宣战，以捍卫这个世界上"民主的安全"。[7]威尔逊雄辩的口才那天占据了上风——赢得了险胜。美国最终向德国宣战，卷入了纷争，并于1917年4月初向欧洲派出了军队。几个月后，8月14日，北京向德国宣战。

没有任何国家正式向中国提出派战斗人员到前线的要求，尽管有个人和非官方的声音呼吁中国出兵。比如笔名帕特南·威尔的伯特伦·伦诺克斯·辛博森（Bertram Lenox Simpson），是个生于中国的评论家，喜欢对"天朝上国"的一切说三道四，心直口快且时常惹是生非，他便力主中国不仅要提供苦力，还应出兵美索不达米亚"实际作战"。[8]当时影响很大的《小巴黎人报》（*Le Petit Parisien*），号称是法国第三共和国时期发行量最大的报纸，也主张中国向欧洲派军队。但是北京知道派出部队将加剧原本就派别林立的共和政府内部的政治紧张和分裂，同时也担心中国军队未做好战斗准备，而且日本也被敦促派兵到巴尔干半岛与协约国并肩作战，但却已经拒绝了派人员参战的要求。[9]在这个问题上，北京像东京一样，认为亚洲军队不应当卷入欧洲战争。

战争在欧洲打得冷酷无情，然而伦敦白厅的英国外交部和巴黎的法国外交部仍然努力抽出了时间，继续在中国扩展他们的不平等贸易条件和势力范围。战争最后几年居住在北京的爱伦·拉莫特，认为协约国一步步地将中国诱骗进战争。甚至在1914年日本占领青岛后，"（协约国）仍然还有便宜可以轻易地获得。"[10]

1914年，英国向中国提出了关于西藏的12条要求。这些要求远没有像日本的《二十一条》那样对外宣扬，但如果被批准，实际上就会将西藏并入英国的势力范围。面对北京的反对，伦敦同意在大战期间暂时将这些要求搁置起来，但将在1919年再度提出。

1916年，法国抓住一个机会，不顾北京的反对，将其在天津的租界扩大了333英亩。这个所谓的"老西开事件"激怒了天津市民，但最终北京让步了，法国扩张的领土得到保留。天津每天都出现示威活动，中国掀起了抵制法国商品和服务的行动，人们还在街头演讲抗议，但最终抗争慢慢地消失了，而法国人仍然没有改变立场。拉莫特记述道，在北京政府支持的报纸的社论中，老西开发生的事情起初是"暴行"，很快就变成了"事变"，最终成了仅仅是"事件"。[11]

同样，尽管有在中国结束恶性鸦片交易的协定，上海鸦片联合企业（Shanghai Opium Combine，由外国在华鸦片商组成，且几乎无一例外全都来自协约国）仍然试图强迫中国政府将先前（1915年5月）商定的条约延期。条约规定到1917年5月17日结束鸦片销售，这也是合法交易的最后一天。尽管这一截止期限最终保留了下来，但在经过多番争吵之后，该联合企业还是迫使北京以极高的价格购买了其鸦片存货，确保鸦片商们在终止贸易的情况下仍然获得了巨大的利润。按照拉莫特的记述，中国民众对此事又一次"明显冷漠"。[12]

与此同时，自 1900 年义和团运动后，北京须每年赔付欧洲相关国家繁重的庚子赔款，在大战期间暂停了——但是并没有取消。

在大战期间中国与日本的领土纠纷问题上，美国在口头上给了中国最大的希望，但华盛顿仍然抽出时间进行了有关中国的密谋。1917 年 11 月，美国国务卿罗伯特·兰辛和日本特使石井菊次郎签订了《兰辛—石井协定》，承诺各自国家在尊重中国领土和行政权完整的前提下，在中国坚持"门户开放"政策。这项始于 1900 年的政策，给予多个强权同等的进入中国的机会，不允许某一国完全控制中国。所以虽然这一新协定本身并不一定会引起争议，但华盛顿承认因为日本与中国地理上邻近，因此日本在中国，特别是在中国与日本属地接壤的部分，有"特殊利益"。这实际上是与"门户开放政策"相矛盾的，至少在日本看来，这是对其在山东的所为的默许。[13]

到第一次世界大战停战时，北京不仅完成了其向列强和美国所做的正式承诺，而且做得还要更多，因此有理由认为其将在巴黎得到公正对待。中国认为自己的未来在大战后和平的世界里可以得到保障，是完全恰当的。

世界的聚会

巴黎，1919年1月

1919的1月，巴黎处于寒冷但空气清新的严冬中。法国首都庞大的火车站——北站（Gare du Nord）、奥斯特里茨站（Gare d'Austerlitz）、东站（Gare de l'Est）、里昂站（Gare de Lyon）、西站（Gare de l'Ouest）和圣拉扎尔站（Gare Saint-Lazare）——一群又一群的高官纷至沓来，带着无数箱衣服、办公设备和政府文件。没人知道这场智斗会持续多久，何时才能签订最终和约。宾馆饭店顿时爆满，所有房间都住进了人，仓库里额外的床也都搬了出来。先从上海乘船到马赛，然后再乘火车到巴黎的中国代表团，实际上完全占据了巴黎左岸新艺术风格的卢泰西亚饭店（Hôtel Lutetia）。美国代表团同样挤满了巴黎右岸的克里雍饭店（Hôtel de Crillon）。英国代表团是所有国家中规模最庞大的，进驻了阿斯托利亚饭店（Hôtel Astoria），而英国首相戴维·劳合·乔治则下榻在宏伟酒店（Hôtel Majestic）。

来自27个国家的所有代表团，人数基本上没有低于六七十人的。

加上曾在欧战战火边缘袖手旁观的国家的代表，还有那些整天唇枪舌剑的大人物身旁不大引人注目的他们的众多情妇们，以及世界上一些主要工业企业的说客。有些产业与和会密切相关，如军火生产商和走私商便迫切要求和约中不能写入裁军条款（欧洲最大的军火商巴希尔·扎哈罗夫〔Basil Zaharoff〕在和会期间便在巴黎到处大宴宾客）。不可避免地流窜在他们之间的，还有成群的间谍、骗子、江湖术士、食客随从和欧洲大陆手段最强想要大捞一笔的小偷，同时也有大批的妓女从各地涌入首都"共襄盛会"，为暂居巴黎的客人们提供服务。还须有更多的旅馆房间提供给蜂拥而至、削尖了铅笔的新闻记者们（其中包括年轻的欧内斯特·海明威），被照相器材压弯了腰的摄影师们，官方和非官方的谋士们，以及主张从工联主义到唯灵论的五花八门的政治激进分子们。

还有无数的"利益相关团体"人士也来到了巴黎，如：世界各大宗教的代表；穿着阿拉伯人的长袍行走在大街上，为哈希姆王国的事业奔忙的T. E. 劳伦斯（T. E. Lawrence），即"阿拉伯的劳伦斯"（Lawrence of Arabia）；白天做糕点厨师，晚上却在辩论印度支那独立问题的胡志明。此外还有妇女参政论者，呼吁制止白奴贸易的人，印度独立运动的支持者，爱尔兰民族主义者，工团主义者，布拉瓦茨基夫人（Madame Blavatsky）神智学运动的信徒，歌颂社会主义新俄国的布尔什维克人士，呼吁沙皇复辟的白俄人士，为战争死亡者组织招灵会的团体，伊斯兰教大穆夫提（Grand Mufti）和其他各种各样自命不凡的大人物，以及所有认为能通过瑜伽或健美操或自由性爱等办法实现真正的世界和平的人物，他们的小册子和宣传品充斥了巴黎街头。所有人汇聚到1919年的巴黎，都是来为自己的事业寻求支持的。

额外的宪兵被调进城中,帮助巴黎警察。军队也严阵以待,准备镇压各种不服管制的游行示威。便衣警察游荡在街头,警惕地注视着已确认的无政府主义者和心怀各种不满的潜在刺客。随着战时食物配给制的结束,巴黎的面包房、糕点店和肉铺都掀起了它们战时紧闭的百叶窗,开门迎客。众多的出租车司机、餐馆和咖啡馆老板都认为他们将迎来一个旺季,巴黎春天(Printemps)、乐蓬马歇(Le Bon Marché)和莎玛丽丹(La Samaritaine)等大百货公司也这样认为。它们的预测是正确的——单是罗马尼亚的玛丽王后(Queen Marie of Rumania)在和会期间的疯狂购物,就足以使它们稳赚不赔了。

从表面上看,城市又复活了,战时实行了灯火管制、覆满卡其色的街道,正在恢复"光之城"(the City of Lights)的风貌。战争期间来访的英国作家阿诺德·贝内特(Arnold Bennett)曾写道,"巴黎的街道现在是一副永恒的星期天早晨的景象"。[14] 但这种情况正在慢慢改变。穿军服的人仍然到处可见,但比战争年代少多了。巴黎传奇性的夜生活也正在强势回归,皮加勒(Pigalle)地区的妓院据说生意很好,成群的作家和知识分子又坐进了他们喜欢的咖啡馆的座位。沙龙也纷纷重开了,比如美国女诗人纳塔莉·巴尼(Natalie Barney)在雅各布街(the rue Jacob)她的公寓里开的沙龙,战前曾经接待过像科莉塔(Colette)这样的明星,也就是后来臭名昭著的舞女和被处决的德国间谍玛塔·哈丽(Mata Hari)。美国女作家格特鲁德·斯泰因(Gertrude Stein)和爱丽丝·托克拉斯(Alice B. Toklas)在弗勒吕斯街(the rue de Fleurus)也向旅居国外的大批作家和艺术家重新敞开了大门，而西尔维娅·比奇（Sylvia Beach）则在迪皮特朗街(the rue Dupuytren)开办了莎士比亚书店(Shakespeare and Company)。

然而当代表们走上巴黎街头，观赏法国首都风光时，战争退潮中黑暗的潜流却是显而易见的。到处拥挤不堪已经成了地方特色——布尔什维克革命后，大约25万波兰和俄国难民涌进了巴黎。幼小的孩子和他们新寡的母亲一起流浪在街头，无数妇女仍然穿着丧服，残疾的士兵坐在轮椅上被推过杜伊勒里花园（Jardin des Tuileries）。街上的伤残者、醉酒鬼、穷困潦倒者、复员军人和失业者，不断地提醒着人们世界大战给社会和无数个人带来了多么巨大的灾难。

但是人们也普遍抱有希望。全世界的代表汇聚巴黎，为了胜利、为了战胜邪恶、为了解决错误的历史性轻慢。世界将在法国的首都得到再造，赌注是如此之高，没有人输得起。

国内问题

卢泰西亚饭店，1919年1月

> 表面上是东方式的温文尔雅，文质彬彬，很讲政治礼节，暗地里却是龙争虎斗，波澜起伏。[15]
>
> ——爱伦·拉莫特1919年评论中国政府

几乎刚一到达卢泰西亚饭店，中国代表团作为中国政府自身四分五裂的缩影，便开始不可避免地为官阶争斗起来。中国当时分裂为两个政府，分别是北京徐大总统的共和政府，和与之分庭抗礼的孙中山领导的广州政府，还不断有军阀兴起，在广大的国土上横冲直撞。代表团便是这种不统一现象的反映。

中国人每天晚上都宴请宾客，出手非常阔绰。整个中国代表团共有60人（其中五名全权代表，几十名支持人员，包括幕僚和秘书），还有好几名外国顾问。卢泰西亚饭店坐落在巴黎左岸核心地带的拉斯帕丽街（the boulevard Raspail），地处时尚的巴黎第六区的圣日耳曼德佩（the Saint-Germain-des-Prés）地区，是个明智的选择。这里无疑是巴黎较便利的代表团总部之一。该饭店九年前刚落成,非常现代化,是巴黎最早的新艺术风格饭店。相比许多其他国代表团,中国团是个年轻的代表团(其主要成员均未超过50岁),成员看上去也比其他国更风趣,更令人愉快;他们大都受过西方教育,在巴黎人当中和高级外交圈里潇洒自如。然而,表面之下却充满着派别的激斗、真真假假的指责和暗箭伤人的阴谋。

身材瘦长的陆徵祥是一位富有经验的老外交家,是中国代表团正式的团长。他被认为能为这个年轻的集体增添几乎庄重,但他实足也不过48岁。陆徵祥是在中国驻沙皇俄国公使的任上,听到了1911年武汉革命爆发的消息。这次革命推翻了长达268年的清朝,中华民国于1912年宣布成立。陆徵祥立刻从圣彼得堡回国,加入了孙中山的党,成为最早建议清帝退位,支持共和的大臣。陆徵祥出生时便受洗成为基督教徒,他是个天才的语言学家,能够流利地说英语、俄语和法语。在中国颇有争议的是,陆徵祥于1899年娶了一位他在俄国认识的比利时女子,后来他又正式加入了罗马天主教会。他在被召回北京后,受命担任专制独裁的大总统袁世凯领导的临时政府的外交总长,随后又短暂地担任过一段总理,最后以健康不佳为由辞职。1912年11月,陆徵祥又回到袁世凯的内阁,再度出任外交总长。他向外界证明了自己是一个坚定的改革者,废除了帝国机构繁复的官僚作风,坚持外交部所有级别职员均须懂外语,作为应用知识。他还为招聘员工创立了现代化的公务员考试,以取代晦涩难懂的科举考试。作为一名政坛不倒翁,1915年1月至1916年5月期间,他又第三次担任了外交总长。

尽管陆徵祥曾经有过改革家的纪录,但他到达巴黎时,在很多人眼里已经有了污点。有人指责他在1900年义和团运动后议和时收受了欧洲人的贿赂——这一指控在整个巴黎和会期间一直尾随着他,无论在外交上还是在中国代表团内部,实际上都影响了他说话的底气。陆徵祥也被认为太过亲日。他在从中国乘船前往法国途中,曾在东京停留,当他曾与日本外相密会过两小时的消息公开后,他的忠诚度又受到了更大的怀疑。情况变得扑朔迷离——日本人声称陆徵祥承诺不在中日之间引发任何麻烦,中国方面则声称陆徵祥没有正式承认日本提出的《二十一条》以及随后北京和东京于1918年签订的条约的有效性。1918年条约规定日本借款给北京政府,以换取在中国更多的属地权——这就是所谓的"西原借款"。

当陆徵祥逗留东京期间中方的一只官方文件箱显然被盗的传言被媒体曝光后,他所处的情势更是雪上加霜。斯蒂芬·邦斯尔(Stephen Bonsal)曾作为一名记者目睹了法国前线的战事,巴黎和会期间担任了美国外交官爱德华·豪斯(Edward House)上校的秘书,他同情中国在巴黎的诉求,但当陆徵祥曾逗留东京的消息传开后,他简洁地在日记中写下了对陆的担心——"没有信心"。[16] E. T. 威廉姆斯(E. T. Williams)在战争期间一直担任美国国务院远东司司长,此前他曾经在中国既做过传教士也做过外交官,他形容陆徵祥是个"没有脊梁的人。"[17]

陆徵祥刚一入住卢泰西亚饭店,就陷入了媒体连珠炮般的提问。他借口身体不适,躲进了自己的套间,实际上放弃了代表团团长的职位。这意味着广东的南方政府的首席代表王正廷,成了中国代表团实际上的团长。

中国代表团的组成,从一开始便是分裂和敌意的渊薮。北京的北方政府（通常被视为"官方"），在一些美国人的坚持下，被迫接受了广东更左倾的临时政府（或称南方政府）的一些代表。广东政府是由孙中山的护宪运动组成的。孙中山是在对袁世凯任大总统时的所作所为彻底失望后脱离了共和政府，于1915年组成了南方政府。华盛顿认为，无论中国人存在怎样的实际分歧和派别纷争，如果他们想在巴黎和会上反对日本的要求，表现出统一来是至关重要的，尽管事实上没有外国政权承认广东政府的合法性。

然而，南方还是提出了一些强有力的候选人，包括前大总统孙中山本人，还有汪精卫（当时是孙中山一名忠实而得力的助手，不过后来在第二次世界大战期间成了中国亲日的傀儡政权头目）和曾担任过清朝驻美国公使的伍廷芳。这些都是极具才干之士，但像孙中山一样，他们都曾反对中国对德国宣战，反对采取任何牵涉欧洲战争的行动。

孙中山尽管国际声望较高，却被认为并非派往巴黎的正确人选，因为他曾坚决反对参战。意识形态色彩更为鲜明的汪精卫被认为太容易造成不和。伍廷芳尽管有长期的外交经验，并普遍被认为有出色的外交才干，却无法得到南方政府军方的支持。军方认为他未能强硬地向北京的外交使团说明，面对日益增长的军阀势力，广东政府才是唯一能给中国带来统一的机构。于是重任落在了王正廷身上。

王正廷有个英文名字叫"托马斯"（Thomas），当时35岁左右，在陆徵祥仓促引退后，他成了中国代表团名义上的团长。王正廷出生于浙江省，父亲皈依了卫理公会，他上的是教会学校，曾赴东京留学，在那里担任了中国基督教青年会（YMCA）总干事。后来他又赴美留学，先后在密歇根大学和耶鲁大学法学院学习法律，练就了一口流利的美语，还被选为美国大学优等生联谊会（Phi Beta Kappa）会员。1911 年回国后，王正廷起初亲近北京政府，但后来南下广东投奔了孙中山。王正廷到巴黎的使命本是对外展示中国北京政府和广东政府的统一战线，但他是南方政府热诚的忠实者，他反复地向所有愿意听的人讲述陆徵祥在东京"丢失"文件箱的传闻。然而代表团需要的是一个善于妥协的领导，一个能弥合分歧，为各派所接受的人。

最后，代表团排名第三位的顾维钧，将成为中国在巴黎实际上的主事者，并担当弥合分歧、平息内斗的角色。顾维钧当时只有 32 岁，却已经在国际外交事务中成绩斐然。他是中国外交界的明星——年轻有为，并且在上海外国人创办的久负盛名的圣约翰大学受过精英教育。他也曾出国留学，在纽约的哥伦比亚大学，他证明了自己是一名出色的学生，也是大学辩论队的关键选手。中国辛亥革命爆发时，顾维钧正在哥伦比亚大学的文学组织"演讲爱好者学会"（Philolexian Society）里辩论和就餐。1912 年，他获得了国际法和外交学博士学位，然后回国担任了袁世凯的英文秘书。此后他又受命出使外国，先是到墨西哥，然后到美国，1915 年到了古巴。他的薪水非常丰厚，据说他还得到了一笔巨额的宴请华盛顿外交界的红酒和餐费开支预算，以争取美国支持中国新兴的共和国的事业。

顾维钧没能成为中国代表团正式的团长，主要有两个原因。首先，他大部分时间都远离北京的权力中心，在革命的关键年代，他都在出使海外。其次，尽管顾维钧在外交和辩论方面的才干有口皆碑，而他又是个著名的翩翩公子、美食家，靠精美佳肴和储藏丰富的葡萄酒窖为中国赢得了很多支持者，但他却被认为是个有些疯癫的人物。顾维钧当时正处于悲伤中，在前往巴黎之前不久，他刚刚失去了爱妻——总理唐绍仪的女儿唐宝玥。她是1918年爆发的全球性流感的无数牺牲者之一。顾维钧受命出使时，丧妻才只有几个月，还须单独照顾他们的两个年幼的孩子。[18]

尽管顾维钧官阶低于王正廷，但他对美国无与伦比的熟悉，将他推到了王正廷的前面——顾维钧在华盛顿曾两次会见过伍德罗·威尔逊总统，一次是作为外交使节，一次是作为中国留学生组织的领袖。更关键的是，顾维钧在中国南北两政府的纷争中不属于任何一方——长年出使海外使他对两个政府的依附度都较弱。顾维钧在北京政府眼里，是个没有特别的政治目标和人生规划的人。据说他在痛悼爱妻之时，曾经请求不要派他出使巴黎，并准许他辞去在中国外交部门的所有职务。他的辞呈被拒绝了，他奉命立刻从华盛顿前往巴黎。这个时机却意外地恰到好处，顾维钧得以同整个美国代表团同船前往巴黎——这是一次吸引了众多媒体关注的历史性航行。威尔逊抵达法国西海岸的布雷斯特时，成为第一位正式访问欧洲的美国总统。顾维钧报告说美国人的情绪普遍反日。尽管陆徵祥并没有真正辞职，但顾维钧自然而然地成了中国代表团内部各种纠纷的调停人。

而且，顾维钧也是许多其他代表团外交官喜欢打交道的人。像大多数已经在国际外交界认识了顾维钧的人一样，美国代表团的斯蒂芬·邦斯尔也希望由顾维钧来领导中国代表团，这一点得到了施肇基的支持。40岁的施肇基也在美国受过教育（他是康奈尔大学的第一位中国毕业生），也富有外交经验。在大战期间，施肇基担任中国驻伦敦公使，经常需要在齐柏林飞艇空袭时躲进波特兰大街

(Portland Place)中国公使馆的地下室里,一边听着爆炸声,一边和使馆的职员、秘书、厨师、杂役们一起喝茶。施肇基喜欢英国,喜欢观看他的女儿们打网球,而儿子们在所上的私立学校里玩板球;喜欢漫步在黑斯廷斯(Hastings)海滨;喜欢为伦敦传统的圣诞哑剧的神秘而惊叹;喜欢饮姜汁啤酒;喜欢带着孩子们去皮卡迪利大街宏伟的埃及大厅(Egyptian Hall),观赏马斯基林(Maskelyne)的魔术表演。

三位主要的中国代表对北京政府作为"顾问"塞进代表团的几个相当随性的外国人并不在意。这几个外国人中最广为人知的,可能也是最令人头疼的,是澳大利亚人莫理循(也称"北京的莫理循")。他曾担任过《泰晤士报》驻中国记者,患有严重的肾病,只能吃煮鱼,很少公开露面。巴黎和会结束后他就去了英国,不久便在那里去世了。莫理循无论在北京还是在伦敦,都受到很多人的高度评价。在北京,他担任过中国政府的顾问,在伦敦,他一直希望自己能被任命为英国驻北京公使。但是他的见识其实一直比大多数人想象的要少,因此他也遭受了很多指责,关于他流传着不少怨愤的闲话。他支持过被称为"中国的马基雅弗利"的袁世凯,甚至是在这位大总统试图恢复帝制并自己称帝的最令人失望的时日。然而,最近莫理循一直在北京劝说徐大总统同南方政府议和,从而以统一阵线的姿态出现在巴黎和会上。

其他外国顾问还有传教士福开森博士(John C. Ferguson),以及一个叫丹尼斯(Denis)另一个叫德科特(de Codt)的人。按照一向刻薄的莫理循的说法,后两个人实际上对中国问题一窍不通,而福开森则是个"滑头无赖"。[19]顾问们证明比中国代表团还要不团结，而且在卢泰西亚饭店基本上看不到他们的影子，他们被隐藏在安全地带——塞讷河对岸的麦克马洪宫饭店（MacMahon Palais Hotel）。

当陆徵祥安然地躲在自己的房间里时，顾维钧和王正廷、施肇基一起，在卢泰西亚饭店的酒吧和餐厅里发动了宣传攻势。其他代表来来往往，但这三位始终是1919年巴黎最受瞩目的中国人。尽管顾维钧和施肇基相处并不总是很和睦，但这对组合在很大程度上是卓有成效的——在同美国和英国打交道时，他们分别被认为是"美国通"和"英国通"。尽管顾维钧起初对王正廷有疑虑，但他发现俩人都坚决地主张山东应当归还中国。顾维钧在任驻美公使时便认识王正廷——实际上王正廷到美国首都，是为争取华盛顿承认孙中山在广东建立的临时政府而进行游说的。当时顾维钧很讨厌王正廷，认为他是个"妄自尊大的家伙"，但是在巴黎，他们在共同渴望的目标的基础上锻造了工作关系。[20]

从和会一开始，卢泰西亚饭店便成了最引人注目的地方之一。这里地处时髦的巴黎左岸，有众多新艺术风格的娱乐设施，还有一群年轻有趣的中国人，这一切都使得该饭店每天晚上挤满了人。有这么多中国人都毕业于美国的大学，于是一到晚间，酒吧里便充满了非正式的同学会，不时会响起中国口音或美国口音的哥伦比亚大学校园歌曲。战争终于结束了，巴黎又成了喧嚣放纵的城市，尤其是卢泰西亚饭店一带。你知道那一年放荡的人们中最流行的饮品是什么吗？是印度大麻提取的药丸——就着嘶嘶冒着气泡的黑刺李杜松子酒吞下去。

一身西装革履，衣冠楚楚、风度翩翩的顾维钧，将他著名的"资讯局"推到了前台：这是一支由在美国受过教育的年轻、聪明的中国人组成的团队，据说是要向媒体提供消息，但其实际目的是要赢得对日本的宣传战，将涌到卢泰西亚饭店来的各国记者、顾问及其他各色人等招待好，让他们吃好喝好，支持中国的立场。和会开始的时候，中国代表团感觉自己理直气壮，又得到了众多能起到代言作用的人和主要盟友美国的支持。

"你们可以信赖我"[21]

巴黎，1919年，伍德罗·威尔逊总统对中国代表团说

中国将在巴黎和会上的大部分希望，寄托在美国的支持上。毕竟，难道中国在战争期间没有顺从美国的意愿吗？中国谴责了德国发动无限制潜水艇战，随后向柏林宣了战。威尔逊广为宣传的"十四点计划"也很吸引中国——其中包括自由贸易、公开协定、民主和自决。

在漫长的战争年代，中国很显然是美国的盟友，越来越多的中国学生热衷于到美国而不是欧洲或日本接受教育。就个人而言，威尔逊很早就对中国有强烈的兴趣——他长期支持在中国实行"门户开放政策"，1915年曾力劝北京不要屈从日本的《二十一条》——还曾公开宣称他本人反对任何秘密条约，比如日本通过"西原借款"与中国制定的密约。他说自己是"中国的朋友"，声称美国能够帮助中国通过道德再生（他的一个侄子就是上海一个长老会的杂志编辑），而成为成功的独立共和国的典范。威尔逊派驻北京的公使芮恩施，无疑一直在向他通报日本对中国的侵略行动。芮恩施定期通过电报详细地报告了日本正在进行的破坏中国国家和政府稳定、挑动叛乱和输入鸦片等活动。在华盛顿的支持下，威尔逊于1918年批准了向中国及其政府贷款。但他在中国问题上也很苦恼——阻挠日本在中国的扩张，会迫使一意孤行的东京到太平洋沿岸其他地区去寻求影响和领土扩张。威尔逊是中国的朋友，不过只有在不危及美国更广阔的全球野心和在整个亚太地区的贸易成果的前提下，其友谊才存在。

中国代表团开始了在巴黎的工作——起初经常是与美国代表一起着手于有共同利益的问题。顾维钧受命进入筹建国际联盟的委员会。这是威尔逊尤为关心的一项计划，也是顾维钧能助美国一臂之力的地方。这里也有接近威尔逊的机会。威尔逊主持相关会议，并深度参与国联章程的起草工作。不过这边的会议似乎远没有其他委员会的会议正式，威尔逊甚至时而用打字机敲写自己的笔记。王正廷受命进入讨论对通商口岸、铁路和航道进行国际管制问题的委员会——鉴于事关中国领土上条约规定的通商口岸以及外国人介入的中国铁路系统，这对中国来说是个重要的委员会。根据官阶，王正廷仍然是中国代表团实际上的领导人，但顾维钧被任命参与筹建国联事宜，威望更隆。北京对此深有感触，打电报正式任命顾维钧为中国代表团代理团长。王正廷被激怒了，施肇基也很不满，认为自己无论年纪还是官阶都在顾维钧之上，然而顾维钧更为美国人、更广大的外交界以及北京所器重。

随着美国不断地对中国表示支持，这个新生的共和国走得离美国越来越近——尤其是在中国依靠不到欧洲人变得昭然若揭之后。在1月22日施肇基于卢泰西亚为战争期间英国驻北京前高级外交官罗纳德·麦克利（Ronald Macleay）举行的专宴上，麦克利明确告诉中国——大英帝国认为自己在战争期间受惠于日本海军的帮助，在山东问题上帮不上中国的忙。[22]

山东问题最终提出

奥赛码头，1919年1月27日

众所周知山东问题将是《凡尔赛和约》中最具火药味的问题之一。山东问题很显然是中国人来巴黎要解决的核心问题，但它也是日本人的核心问题。1月27日，中国和日本代表团最终得以向负责裁定争议的"十人委员会"（the Council of Ten）亮出了各自的观点和立场。这个"十人委员会"由英国、法国、美国、意大利和日本各派两名代表组成。

各方都预期到围绕山东问题将爆发公开争论，但各方的态度很不一致。中国代表团内部及其从华盛顿开始的假定盟友，意见就有诸多分歧。尽管英日结成了同盟且罗纳德·麦克利曾直言不讳，顾维钧依然认为能够说服英国支持中国。也有人认为东京会放弃其对山东的主张，以换取列强更充分地支持其对德国先前控制的太平洋岛屿的领土主张，及其建设海军的愿望。然而，在很多人看来，这后一项希望似乎非常渺茫，因为限制海军军备将是最终和约的一项关键条款。东京注意到北京与美国打得越来越火热，也看出华盛顿在故意疏远自己，尽管双方签订有《兰辛-石井协定》。作为反应，东京重点加强了与欧洲的关系。

中日双方代表汇聚在巴黎左岸俯瞰着塞讷河的奥赛码头（Quai d'Orsay），法国外交部所在地。顾维钧原以为自己将交锋的是日本代表团团长西园寺公望侯爵，及其副手珍田舍巳子爵（东京驻伦敦公使）、松井庆四郎（东京驻巴黎公使）和伊集院彦吉（东京驻罗马公使）。顾维钧和王正廷、施肇基，还有自己在和会上的秘书金问泗一同前往。然而，西园寺公望称病躲在了圣奥诺雷郊区街（the rue du Faubourg Saint-Honoré）日本代表团总部所在的布里斯托饭店（the Hôtel de Bristol）里。他本会成为顾维钧的强劲对手——他担任过日本驻德国、奥匈帝国和比利时的公使，也担任过日本首相，还曾是法国总理乔治·克列孟梭在巴黎索邦大学的同班同学。这位69岁的侯爵和他的儿子、他最心爱的女儿，以及他24岁的情妇甫一抵达巴黎，各种谣言便甚嚣尘上。西园寺公望像陆徵祥一样，始终是个象征性的人物，并没有在巴黎和会上发挥实际作用。

取代西园寺公望的是牧野伸显男爵。他是日本代表团名义上的第二号人物，但第一个发言。这位58岁的男爵几乎是顾维钧一个极好的反衬。美国斯坦福大学远东历史资深教授佩森·特里特（Payson Treat）曾描述称，中国代表团（顾维钧、施肇基和王正廷）"年轻而富于人格魅力"，而日本代表团（西园寺侯爵、牧野男爵和珍田子爵）则"老成持重，经验丰富。"[23] 日本代表团无疑代表了东京外交界更高强也更沉着的梯队。

牧野伸显出生于一个贵族和精英武士家庭，被过继给在日本政界人脉广大、位高权重的牧野家族。像他的对手顾维钧、施肇基和王正廷一样,他也曾在美国求学,进入过费城大学,后来又进入了久负盛名的东京大学,然后任职于日本驻伦敦使馆。他在日本政府内担任过很多职务,包括驻奥匈帝国和意大利的大使,成为外务大臣前为枢密官。他倡导自由主义,在巴黎和会上支持过将保证国际联盟内所有成员平等的种族平等条款。虽然此举被大多数人视为谈判策略,但日本代表团内部认为他是真心实意的,而且人们认为牧野真诚地将平等奉为一项基本原则。但是这迫使东京和其他国家一道,与华盛顿发生了冲突。在美国看来,种族平等条款威胁到其国内已有的种族隔离制度,包括对华人的歧视政策,以及对非白人的殖民征服。[24]

整个那天下午,牧野男爵概述了日本在山东问题上的要求和山东的情况。中国代表团只能坐着倾听,喝了一杯又一杯为和会所有会议提供的茶水,吃了一块又一块奥赛码头出色的餐厅制作的美味马卡龙小圆饼。顾维钧说,在牧野讲完后,威尔逊总统私下里对他说,他对日本人的发言深为担心。牧野为东京在山东采取的行动辩护了好几个小时,而且没有任何暗示表明东京会在归还主权方面向中国让步。他甚至还变本加厉地提出山东是个应当由东京与柏林单独讨论的问题,根本无须征求中国的意见,就像南太平洋那些德国先前占领的岛屿一样。[25]

这最后的侮辱——中国对于自己领土的命运竟无发言权——实在是太过分了。王正廷当即以清晰的回应表达了中国代表团的愤怒。山东不是南太平洋的什么遥远的岛屿,而是中国具有重要历史意义的领土，是中国大陆的一部分，面积不亚于一个中等的欧洲国家。王正廷强烈要求"十人委员会"，对日本关于山东只是柏林和东京之间问题，可以与德国太平洋殖民地的命运混为一谈的主张不予理会。日本的要求被拒绝了，委员会判定山东问题仍然是有别于德国前太平洋岛屿领地的单独问题。中国有权于第二天做出回复。

"中国的圣地"

奥赛码头，1919年1月28日

> 像鹦鹉房一样嘈杂，但也有一种秩序感……上百万台打字机像机关枪一样哒哒作响，电话不停地尖叫着，摩托车咔咔地咆哮着，还有口译员们冷冰冰的声音……劳斯莱斯压在豪华庭院的砾石上发出啪啪声，还有一些部委石阶上匆忙的脚步声。[26]
> ——哈罗德·尼科尔森（Harold Nicolson），
> 《1919年的议和》（*Peacemaking 1919*）

中国代表团连夜赶工。现在他们已经听到了日本人正式陈述的立场，他们可以对牧野的论点做出反击。顾维钧明白他的答复必须是对日本的观点的坚决反驳。"资讯局"开起了夜车。顾维钧又游说起美国人，希望他们能明确地予以支持，但虽然威尔逊鼓励顾维钧毫无保留地反驳，国务卿罗伯特·兰辛却不肯作出任何实质性的承诺，他还对欧洲列强将会支持日本表示了担忧。在争取英国支持方面，美国人做了些含糊的承诺，但私下里却对英国转变亲东京的立场不抱希望。

日本人对中国人获得了回应权感到很狼狈。他们原以为在陆徵祥赴法途中短暂逗留东京时，已经与陆达成了谅解，没料到会遭遇抵抗。现在，牧野发现自己必须与顾维钧、王正廷和施肇基交手了——这可是一个远比看似圆滑柔软的陆徵祥难应付得多的团队。山东问题无法回避了，青岛也不能降至一个太平洋小岛的地位了。牧野注意到美国和中国关系密切，尤其是威尔逊和顾维钧很亲近，便和下属一起，当晚拼命地讨好起英国和法国来。他们像穿梭般来往于布里斯托饭店他们的总部和英、法代表团之间。

顾维钧手下一直很活跃的"资讯局"，针对欧美报纸讲述了很多日本人在中国的暴行，可一直追溯至1894—1895年的中日战争。他们决心占领次日的新闻报道，使得牧野对"十人委员会"讲话的任何报道，都将受到中国方面以事实和反驳予以的回击。媒体上的舌战非常激烈。佩森·特里特浏览了媒体的报道，写道中国人"发动了非常有效的宣传，很大程度上是由他们的美国朋友进行的。"特里特对顾维钧和王正廷都做了评价，说"他们懂得怎样发出良好的报道素材。"[27] 日本人试图反击，其驻北京公使奉命就文字之争向徐大总统表示了强烈抗议，但既没有得到美国报纸的同情，也没有得到徐大总统的抚慰。但在一些人看来，中日之争仍然是无足轻重的。欧洲媒体迄今仍将山东问题视为枝节问题，认为不值得上巴黎报纸的新闻。为保持压力和寻求新闻报道机会，巴黎的中国留学生一直在全城各处定期举行公开示威活动，为即将到来的辩论预热。随着决战的临近，示威活动越来越多地移师至奥赛码头。

1月28日将是日本和中国在"十人委员会"面前唇枪舌剑地交

锋的唯一机会。利害攸关,危如累卵,但表面上代表团仍保持着冷静和专业性——在奥赛码头的餐厅里喝了更多的茶,吃了更多的马卡龙饼。

顾维钧慷慨激昂地开始了中国的答复,尽管起初他有些异常,稍显紧张。山东曾两度被外国强权侵占——先是德国于1897年,然后是日本于1914年,对于中国人民来说,这是感情上难以接受的。顾维钧说着说着,完全融入了自己的话题,施展出他从外交生涯和哥伦比亚大学辩论队时代收获的平生所学。他发表了一番很多人称之为强劲有力的雄辩,批驳了日本人的论点,采用了大量国际法的要点来支持自己的理由。他承认中国曾与日本于1915(打了折扣的《二十一条》)、1917—1918年("西原借款"协定)签订协定,但全都是在被胁迫的情况下签订的,致使之毫无价值。令中国代表团惊讶的是,英国首相劳合·乔治打断了顾维钧的发言,径直问道日本人提出的《二十一条》是什么。中国代表团对英国首相竟然如此不了解情况深感震惊,但这也的确给了顾维钧机会,使他得以公开揭露日本人的无理要求。

顾维钧的吁求饱含拳拳爱国之情,的确感人至深——山东是"中华文明的摇篮,是孔子和孟子的故乡,是中国人民的'圣地'。"通过一串串酣畅淋漓的精彩妙语,顾维钧指出,让日本人占据山东,就好比将"一把匕首指向中国的心脏。"[28]这个匕首的比喻实在是贴切,因为东京的确是将山东视为刺穿中国内地,将日本的商品、势力和影响输入中国心脏地带,再传遍东亚的一条途径。日本于1915年向北京提出的第一批要求,就是要中国允许东京在华北沿海扩展其影响;而第二批要求则是要扩展日本对中国东北铁路网的控制,将其影响进一步向内陆推进至南满洲和东内蒙古。日本的野心是毫无疑问的,而且绝不会仅仅满足于山东。

顾维钧最后总结道,现在该是和会以及"十人委员会"按照战争的最终情况对山东问题作出决定了。顾维钧在协约国面前展示了大学辩论时常用的手段,先承认你的对手在某个问题上有道理,然后再解析和驳倒这个道理。他感谢日本"从德国人手中'解放'了山东;然而,所有人都必须明白,既然欧洲的战事已经结束,北京不可能再赞成其留在中国的土地上了。"顾维钧援引了威尔逊的民族自决和领土完整原则,敦促和会将山东归还给中国和中国人民。

顾维钧结束了他这番洋洋洒洒的雄辩,坐了下来。他对中国主权的强劲捍卫受到了广泛赞扬。兰辛认为顾维钧彻底驳倒了日本人的所有论点。[29]因出色地领导了战争而赢得"胜利之父"(*Père la Victoire*)和"老虎"(*Le Tigre*)等美誉的法国总理乔治·克列孟梭,公开而热情地向顾维钧表示了祝贺(这是有违外交惯例的),加拿大总理罗伯特·博登(Robert Borden)也是如此。[30]顾维钧正确地感觉到他在捍卫中国利益方面做了出色发挥。如果还需要进一步证据的话,那么汇聚在奥赛码头门外的中国留学生可以提供。当顾维钧出现在台阶上时,他们爆发出热烈的欢呼声,并一直把他送回到卢泰西亚饭店。

剑拔弩张

巴黎，1919年2—4月

中国代表团又回到卢泰西亚饭店舒适的环境中。秘书们整理着文件，发表着顾维钧和代表团提出的观点，"资讯局"则继续不断地推出宣传。当秘书们完成了内部文件后，还须将废纸撕碎。据说日本特务晚上在翻检卢泰西亚饭店的垃圾，以搜寻情报。

要一连等上好几个月，才能等来顾维钧的发言得到答复。顾维钧的秘书金问泗写道，在此期间，顾维钧成了巴黎外交界和中国留学生中的明星，后者原本曾担心他会向日本人屈服。[31]当顾维钧舌战力压牧野和日本的消息传回中国后，他对山东的有力捍卫在国内也得到了庆贺。

对顾维钧的发言做出答复，令日本人感到很是为难，他们的阴谋移到了幕后。牧里保持着沉默，但珍田子爵交给了斯蒂芬·邦斯尔一份很弱的答辩："难道你不觉得奇怪吗？日本军队将德国人赶出了孔夫子的圣地，却没有得到哪怕一个中国人的支持？"[32]这也许预示着在即将来临的几十年，将成为更全面地走上军国主义道路的日本最为关注的目标——亚洲国家应当团结在日本周围，形成一个自给自足的集团，对抗所有欧美国家，东京将称之为"大东亚共荣圈"。但是1919年在巴黎，这还将是多年以后的事情。顾维钧仍然是当时的英雄。

然而中国代表团内部仍然有纠纷。在上海，3月初举行了一次南北和谈，试图解决两个政府间的分歧。在巴黎，施肇基威胁说如果不让他担任代表团团长，他就辞职（在顾维钧在"十人委员会"面前做了如此出色的发挥后，这真是一个奇怪的要求），与此同时另一位中国高级代表曹汝霖（美国驻北京公使芮恩施说他是一个"圆滑的小阴谋家"），被北京政府认定为无用之人，由伍朝枢取代了他。伍朝枢是伍廷芳（广东政府的支持者）的儿子，不过他也没发挥多少作用。[33] 奇怪的是，王正廷这时却散布起顾维钧的谣言，说他浪漫地追求起曹汝霖的女儿。这个谣言没有对顾维钧造成什么伤害，却凸显了中国代表团内部的不和，甚至引发了团内南方派的分裂，那些被认为政治上亲近广东政府的人，都不理会王正廷的暗讽。实际上，在顾维钧发表了捍卫山东的发言后，所有认识顾维钧或目睹了那些天他的私生活的人，都认为这种指责是荒谬的。[34]

在漫长的等待期间，顾维钧当然有所分心。他本是怀着丧妻之痛来到巴黎的，但很快追求起印尼华人糖业大工的女儿黄蕙兰，一位著名的美人和潮流引领者。黄蕙兰给顾维钧寄了一张自己的玉照，以吸引他的注意。顾维钧向她回赠了巧克力和兰花。

随着春暖花开，山东问题暂时搁置了下来。中日双方仍在继续宣扬各自的主张，批驳对手的观点。这是一场短兵相接的肉搏，像象棋一样，或者也许更像围棋——一项中国古老的战略游戏，但牧野据说是高手。这位男爵花了很多工夫来阻止公开秘密的战时协定。这些协定据说都是日本胁迫中国签订的。乔治·克列孟梭总理公开表示，他认为应当将文件摆到和会上，让所有人都能看到。顾维钧当然同意，并打电报给北京，请求将协定的抄件寄到巴黎。日本试图通过其驻北京公使予以阻止，此举不可避免地泄露给报界，引发了中国人对日本阴谋的更大愤慨，进一步助长了要求公开协定的呼声。起初北京政府还不打算准许顾维钧公开协定，认为其他国家会视这些协定为无效。然而，当政府犹豫不决的消息公之于众后，北京几乎是立刻做出了让步，授权顾维钧自行决定公开哪些内容，不公开哪些内容。中国政府持续的优柔寡断和国内的党派纷争，实在对前方无所助益。

与此同时，温文尔雅又精明老道的顾维钧充分发挥起自己的特长，用红酒和筵席向巴黎的意见领袖和新闻媒体发起了攻势。陆徵祥也短暂地出现在奥赛码头和爱丽舍宫的会场里，劝说北京向法国和比利时政府做出捐赠，帮助它们开办孤儿院和重建被战火摧毁的地区。所有这些公开的游说活动和慷慨的慈善之举，似乎都在欧洲公众中引起了共鸣，但日本走起了另一条路线，安排了与英、法政要的一系列私下会晤，为自己申辩。

背地里他们悄悄地会见了劳合·乔治和他的外交大臣阿瑟·贝尔福，以及乔治·克列孟梭和他的外交部长毕盛（Stéphen Pichon，义和团运动期间曾任法国驻华公使）。帝国主义思想的英国似乎与日本沆瀣一气，因此毫不奇怪地，克列孟梭也是如此。但也许更令人吃惊的是，威尔逊的翻译和亲密助手爱德华·豪斯上校也同情地听取了日本的申辩。豪斯曾在"十四点计划"和拟建国际联盟方面与威尔逊密切配合。最终英国和法国都认为，拒绝日本对山东的要求，有可能导致整个一系列领土主张都产生问题（尤其是对英国来说，有爱尔兰问题），那就好比给帝国主义者们捅了马蜂窝。与此同时，美国人也想给日本泼点冷水，日本一直在坚持要求将种族平等条款作为加入国联的标准。

直到4月，当和会将近高潮时，山东的未来才将得到决定。那时和会需要做出的最后决定已经堆积如山。出色的辩才已不够用。时间在流逝，为达成一个所有协约国都能同意而德国也会签署的最终和约，国际间的政治交易正变得越来越激烈。中国将被视为总体条约中一个微不足道、无足轻重的部分。长期的原则、立场和承诺都在化为泡影。新近在中国扩大了势力范围的英法列强愿意支持日本，也许就不足为奇了，但是美国代表团的动摇，令卢泰西亚饭店的中国代表团感到了焦虑和失望。

日本人的战略奏效了。其代表团适时地提醒道，是日本海军保证了欧洲各国将其分舰队从中国和太平洋海域转移至北海和英吉利海峡作战。日本还发现了华盛顿在巴黎和会上的阿喀琉斯之踵——种族平等。为了使日本放弃将种族平等条款作为加入国联的先决条件，威尔逊将被迫在其他问题上做出让步。美国实行种族隔离制度的现实，意味着威尔逊不可能支持种族平等条款，而没有该条款或者与日本达成妥协——国联就将胎死腹中。因此威尔逊，中国最好的盟友，在巴黎第一次带领美国走上中心舞台的民主党总统，在战争期间鼓励过中国并助长了其希望的人，面对起他总统任期内最艰难的一个决定。他是会继续反对日本对山东的主张，从而接受他长期梦寐以求的国联的崩溃呢？还是支持东京以确保国联的未来，从而在山东问题上背弃中国呢?

日本在巴黎的外交胜利,皆因提醒了欧洲人他们自己侵略的土地和帝国主义历史,然后羞辱了美国人他们不完美的种族隔离社会。

"对明显的权利肆意地漠视"

巴黎，1919年4月

当和会接近尾声时，西班牙流感复发的消息不断传来。这场前一年爆发的全球性流感，给世界带来的恐惧甚至比战争还严重，关于其复发的议论从和会一开始便给巴黎罩上了一层重重的阴影。在迷信的人看来，这是要出大事的凶兆。顾维钧来到巴黎前不久，就是因为这场流感的爆发失去了妻子。一位英国外交官，马克·赛克斯爵士（Sir Mark Sykes），于2月份在杜伊勒里花园附近洛提饭店（the Hôtel Lotti）他的房间里病逝了。以其高顶大圆礼帽和招牌式的无框眼镜成为巴黎的中心人物的威尔逊总统，于4月3日晚间突发重病，"一阵阵频繁而剧烈的咳嗽，使得他呼吸都很困难。"[35]他的体温达到了39.4度，被严令卧床休息。人们怀疑他患上了流感，但没有得到官方证实。他的病很可能是因初期动脉硬化而加重，后者最终要了他的命。

在整个和会期间，威尔逊成了恶名昭彰的工作狂，他在休息了五天之后，坚持恢复了工作，在病榻上接见了克列孟梭和劳合·乔治。

劳合·乔治曾评论说:"我们剩下的人都找时间去打高尔夫球,而且我们星期天全都休息,只有威尔逊热火朝天地不断工作。"[36] 有谣言称由于威尔逊深深渴望的国联仍不能达成一致意见,欧洲强国在很多问题上都不妥协,他精神上崩溃了,没法清醒地思考了。据说他的判断力受到了损害,他开始放弃坚定的信仰,考虑起先前不愿考虑的妥协来。无论是威尔逊的病情削弱了他的决心,还是他认识到妥协是在巴黎保证美国最大利益的关键,中国都有理由警觉起来。

牧野男爵和与他同为代表的珍田子爵逼迫"十人委员会"必须在与战败国德国的条约签署前对山东问题做出裁定。仍在病中的威尔逊于4月中旬再次会见了劳合·乔治和克列孟梭,希望推迟对山东问题做出决定。但是时间不等人了——必须要签订条约了。一些领导人离开自己的祖国,逗留在巴黎已经将近四个月了。人们一致认为必须一劳永逸地对山东问题做出裁定,刻不容缓。牧野知道"十人委员会"中的一方意大利,由于其对争议领土阜姆的要求得不到满足,正打算退出和会,并拒绝在最后和约上签字。[37] 如果日本也以退出相要挟,就会使所谓"诱人的力量"(包括日本)显得疲软,使和约在主要强国中远不能达成一致。牧野要求对山东问题做出裁决,否则日本将不会签署和约。他就像是在围棋盘上下出了杀招。兰辛恼怒了,说这招是"对明显的权利肆意的漠视。"[38]

"三巨头"的心思

爱丽舍宫，1919年4月22日

至此距山东问题首次公开辩论已过去将近三个月了。此前人们认为"十人委员会"太过臃肿，效率低下，将其瘦身为四人（其中关键之处是排除了日本，日本代表非常愤怒，认为受到了轻慢），随后四人委员会又变成了"三大国"（英国、法国和美国）。在争议领土阜姆问题被裁决为建立一个阜姆自由邦，作为意大利和新成立的南斯拉夫之间的缓冲带后，意大利退出了。意大利总理维托里奥·奥兰多（Vittorio Orlando）听到这一裁定后放声大哭，不过5月份意大利又重返了和会。报界将仍在会上的三位国家领导人——戴维·劳合·乔治、乔治·克列孟梭和伍德罗·威尔逊——封为"三巨头"（three wizards）。

4月22日上午，牧野来到法兰西共和国总统官邸爱丽舍宫，向三人委员会重申了日本对山东的要求。作为回答，已经下床并似乎康复了的威尔逊辩称，如果让日本在中国拥有了领土权，那么就将使得中国人民，相应地也使得全世界许多其他民族，有了正当的领土要求，并且不再信任强国。他认为这将从一开始就妨碍他所心爱的国际联盟的效力。如果巴黎和会不能解决像山东这样的领土问题，那么还有什么人会相信新的国联能够作为一个解决领土纠纷的论坛而发挥实际作用呢？威尔逊请求日本考虑亚洲的长远利益。但日本充耳不闻——牧野反复表示，日本的立场不会再有丝毫改变，如果他们在山东问题上得不到满足，东京就将拒绝签署最终的和约。美国人开始更顽强地辩解，对于即将成立的国联来说，山东是比《凡尔赛和约》更大的问题——不过，如果巴黎和会对日本毫无办法，国联能对日本产生什么样的威慑力，谁也不清楚。

4月22日是中国说服列强的最后机会。那天下午，顾维钧再次挺身而出，慷慨陈词。日本代表团没有到场——显然，与顾维钧公开辩论一次，就足以让他们明白，最好还是在幕后活动。

报界报道称，在顾维钧发言时，克列孟梭和法国代表团显露出厌烦之色。随后中国人不得不倾听起劳合·乔治为自己支持日本所做的辩解，他说1917年日本派出了驱逐舰，帮助英国挫败了德国潜艇群的袭扰。的确如此，但劳合·乔治却省而不言中国同样支持了英国，中国为潜艇战问题与德国断绝了外交关系，在阿托斯号被鱼雷击沉后，葬身海底的绝大多数是中国的"苦力"。威尔逊动摇了，从他先前全面支持中国的立场上后退了。他说国联将保证东京不会进一步蚕食中国的领土——但北京的确不得不忍受山东的丧失了。威尔逊说中国和日本之间，或者强国和日本之间的条约——无论是否密约——本质上都是神圣不可侵犯的。"我们必须尊重条约，"他告诫中国人。[39]当时很不开心的克列孟梭（那天下午很多人都不开心），说英国支持的他也支持。那天"老虎"

没有亮出它的利爪。

顾维钧深感失望，但他振作起精神，警告"三巨头"说他们的决定将迫使中国与西方列强分道扬镳，采取自己认为适当的一切手段来捍卫自己的未来和领土完整；中国本希望与西方合作，但这样的背叛使之不再可能。顾维钧最后的陈述是富有预见的："这个问题事关我们是能为远东保证半个世纪的和平，还是制造10年之内就会引发战争的态势。"[40]

他的一番答辩的确激起了一些人良心上的不安，但从不那么令人鼓舞的角度看，也许没起到什么作用，只不过是促使三巨头将最后裁决的权力移交给一个由英国外交大臣阿瑟·贝尔福领导的"专家委员会"。这丝毫未能平息中国代表团的怒火，他们当即指出贝尔福正是1902年英日同盟的构筑人。"专家"们奉命在4月24日之前拿出报告。日本重申了其退出最终和约谈判的威胁。最终"专家委员会"只用了两天时间，便建议由日本接管德国在中国的权益。

"在我们唯一朋友的房间里被出卖了"

爱丽舍宫，1919年4月25—30日

> 我为可怜而不幸的中国所担心的一切，现在都发生了。她在和会上遭到了完全彻底的羞辱，无论如何，她站在协约国一边参加了战争，没有得到任何好处……更糟糕的是——这是一个严重的政治错误，我们会为之付出沉重的代价。[41]
> ——亚历克西·莱热（Alexis Leger），
> 法国驻北京使馆秘书，1916—1921年

顾维钧、施肇基和王正廷得知遭到背弃的消息后，并没有痛哭流涕，而是继续不屈不挠地进行抗争。他们不断地痛斥威尔逊和美国代表团，要求他们再看一看他们自己提出的"十四条计划"。他们还针对日本发起了新一轮的媒体攻势——"资讯局"在卢泰西亚饭店展开了困兽犹斗的最后一搏。日本人抱怨在媒体上遭到了诽谤中伤，威胁说如不停止这种印刷品的攻击，他们将拒签和约。

4月25日，三人委员会达成了最后一分钟的妥协。英国的阿

瑟·贝尔福要求日本接受在和约中增加一条，声明东京将在今后的某个时候将山东的领土权归还中国。威尔逊派兰辛去见日本人以声援贝尔福。日本人拒绝了贝尔福的要求，但告诉美国人，假如威尔逊同意为国联增加种族平等条款，他们也许会考虑这一建议。东京深知威尔逊不可能这样做。

最终，4月26日星期六，已经精疲力竭的政客们敲定了各种妥协。牧野同意如果准许日本控制山东的经济和具有战略意义的港口青岛以及当地的煤矿和铁路，那么日本将从该地区撤军。日本也将允许其他外国人在山东从事贸易，并考虑在未来的某个时间点（非常关键的是这个时间点并未指明）将山东归还中国。作为回报，日本将放弃对种族平等条款的要求。中国愤怒地反对这一妥协，但时间不等人——和会将在下周一上午再度开会，批准建立国际联盟。交易完成了，中国被出卖了。

尽管有微弱的希望，但顾维钧和中国代表团从来没有切实地指望过得到英法的支持。他们知道欧洲人认为支持北京有违于他们自己在中国和远东的利益。但是美国人的背叛深深地刺痛了中国人，令他们感到最强烈的失望。威尔逊曾对中国人说："你们可以信赖我。"[42]顾维钧相信了总统，现在却被迫向他的外国顾问——北京的莫理循（他因为肾病，不得不一直在宾馆的床上，关注着事态的进展）——承认，中国"在我们唯一朋友的房间里被出卖了。"[43]

在北京，美国驻中国公使、资深的中国通芮恩施对此深感厌恶，递交了辞去公使一职的辞呈。他对威尔逊的失望在几年后出版的回忆录中显而易见。[44]兰辛也认为这个交易是对原则的背叛。[45]陆徵祥致信威尔逊（用非常克制的语句）说这一决定令中国深感失望。

美国代表团内部也爆发了反对声音,一些成员认为迁就日本就好比警察帮助扒手而罔顾受害人。他们质问为什么日本能得到山东,而意大利却不能得到阜姆?威尔逊声称在做出这一决定后,他无法入睡。

当4月30日,山东问题提交三人委员会做最后考虑时,威尔逊的确试图迫使日本更具体地说明他们将怎样管理山东,并提交一个他们归还山东给中国的时间表。然而日本人拒绝将任何细节形成文字。山东仍然死死地攥在日本人手中。

"中国人的不幸"

拉斯帕丽大街,1919年4月29日—5月5日

令人昏厥、麻痹的一击……[46]
——芮恩施,1913—1919年任美国驻华公使

中国和世界各地的华人迅速做出了反应。中国在巴黎遭到出卖的消息登上了中国报纸。未来的中国领袖们以不同的面目,纷纷公开发声。激情似火的特立尼达华人陈友仁,是赴巴黎的中国代表团中一位交际深广、富有影响的南方派顾问,20世纪20年代将成为中国的外交部长。他提出一项决议,声讨三大列强,尤其是要谴责威尔逊的背叛。美国人非常担心,以致增加了总统的贴身护卫。中国一些重要的激进人士的言论也传了出来。战争初期曾在法国留学,时任广东政府高级官员的汪精卫,预言中国将爆发反对这一决定及西方列强的起义。

1919年时,法国大约有1.3万名中国人,他们都迅速地对和会发表了意见。[47]他们大多是留学生,但也有一些是前来弥补劳力不

足,以维持法国战争机器运转的工人。停战之后,他们时常发现自己受到了厌恶。1919年1月,法国中北部卢瓦雷省(Loiret)的一批法国女工提出了驱逐中国劳工的要求,以防止从前线返回的法国工人遭到解雇。[48]

4月29日,巴黎的中国留学生在丹东街(the rue Danton)的一个会堂举行了一场群情激奋的集会。在巴黎激进的左岸地区的中心地带,他们谴责日本公然攫取领土而列强欺骗、纵容的行为。留法的中国学生在战争时期政治上就很活跃,在整个和会期间,他们不断地举行辩论、群众集会等活动,几乎要发展成暴动。大多数中国留法学生都同情左派,不过典型的社会主义者和共产主义者在那时比在20世纪20年代更容易混同于民族主义者和无政府主义者。在后来回国后成名的留学生中,李石曾和吴稚晖(此前在伦敦留学)有明显的无政府主义倾向,而蔡元培则更多的是信奉自由主义的社会主义者。汪精卫是左倾的民族主义者。同为无政府主义者的李石曾和吴稚晖于1916年成立了"勤工俭学会"。汪精卫和李石曾在巴黎创办并编辑了《旅欧杂志》。留学生是个流动的群体,本质上就是短暂的过客。吴稚晖于1917年回中国后在北京大学任教,而蔡元培则担任了该校的校长;汪精卫大约于同期回到中国,参加了孙中山在广东建立的南方政府——他们都将成为很快在中国爆发的五四运动的风云人物。更激进的学生则盯上了在法国的中国劳工。这些劳工受到更多的人身压迫,积怨更深——尤其是他们的薪酬只相当于法国工人的一半。[49]

5月5日,在年轻的女艺术生 Emilie Tcheng 带领下,巴黎大学的中国留学生在美国代表团下榻的宾馆外举行了示威活动。[50]在巴黎学习艺术的中国学生是个格外激进的群体,他们中包括好几位后来在中国极其著名的画家。徐悲鸿于 1919 年来到巴黎,在巴黎国立高等美术学院(the École nationale supérieure des Beaux-Arts)学习油画和素描,他将成为中国最杰出的绘画大师之一。林风眠在徐悲鸿之后不久也来到巴黎,他因为将中国画风与西洋画风融合起来,而成为现代中国绘画的一位先驱。福建出生的画家翁占秋在获得了中国政府的奖学金后,于 1919 年来到巴黎,也入学巴黎国立高等美术学院。[51]

学生们非常愤怒,担心顾维钧会签署《凡尔赛和约》。他们除了到美国人下榻的宾馆抗议外,还在卢泰西亚饭店外举行了示威。他们在饭店所在的拉斯帕丽街和对面的乐蓬马歇百货公司之间的塞夫尔街(the rue de Sèvres)上的一个小公园扎了营。他们当中充满了因为忠诚遭到背叛而产生的受伤、失望的情绪。中国代表团中的很多人也因为被欧洲人和美国人所背弃而感到心烦意乱。顾维钧对斯蒂芬·邦斯尔说他只有在得到北京的直接命令时才会签署和约,他还说,如果他被迫签了字,那实际上就等于给他判了死刑。[52] 顾维钧是郑重其事地说这番话的。死亡威胁频繁地降临卢泰西亚饭店,说如果顾维钧签字,就会遇刺。豪斯上校试图安慰顾维钧,说新的国联最终会解决山东问题,会使这块领土归还中国,并使顾维钧成为英雄。这番话很乐观,但却不太切合实际,丝毫没能振奋顾维钧低沉的情绪。他对豪斯上校说他能否作为英雄而留名青史并不重要:"我将成为一名死去的英雄。如果我签了和约——哪怕是按照北京的命令——我也不会有你们在纽约所说的'中国人的机会'。"[53] 顾维钧有理由想活下去。他对黄蕙兰的追求进展很迅速。他打电报给北京询问命令，却没收到任何回复。

1919年5月初的巴黎，似乎处于一种过渡状态，和约还在印刷中，最后的签字日期仍未确定。克列孟梭已经去忙法国国内事务了，劳合·乔治则在巴黎四周的郊外展开了漫长的野餐旅行，而威尔逊则开始打包准备回家（他已经在巴黎待了六个月了，还从来没有一位美国总统离开华盛顿这么长时间）。欧洲似乎到处都是一派风平浪静、自信满满的景象，但在中国，随着遥远的巴黎发生的事情和做出的决定逐渐传回，5月却将是充满暴风骤雨的一个月。

前门

北京市中心,1919年5月4日

一个影响深远的错误……[54]

——芮恩施,1913—1919年任美国驻华公使

5月1日,在很多意义上对于激进者来说都是个意味深长的日子,北京大学民族主义的学生召开了一个会议,号召全城大学和学生次日到前门举行一个集会。会场内挤满了人,与会者群情激奋,决心立刻发电给巴黎的中国代表团,以最强烈的措辞敦促他们不得在和约上签字。一名青年学生做出了惊人之举,他割破了自己的手指,用鲜血在学校的墙上写下了要求归还青岛的标语。

5月4日早晨,来自13所不同地方大学的学生代表会聚北京,起草了五项决议:

· 反对将先前德国在山东的权益转交给日本
· 要让中国民众了解国家的危急状态

- 在北京举行一次大规模集会
- 推动成立北京学生联合会
- 当天下午举行一场抗议《凡尔赛和约》条款的示威游行

中国正在爆发反抗行动和抵制日货行动。当天上午在北京市中心的前门外发生了一场学生示威。到午饭时间已经有3000名示威者赶来，他们大多穿着学生的长袍，不过也有一些学生身着西式装束。旗帜淹没了广场——有"中国属于中国人民""还我山东""反对列强"等等。到下午时示威人群还在不断扩大，并开始穿过前门，向使馆区游行，那里坐落着英国、法国、日本和其他国家的公使馆。一座被认为亲日的官员的宅第被捣毁，中国驻日本公使被发现藏在里面的一间小屋里，于是被示威者揪出痛打。仍然穿着像是清朝时代制服的北京警察，冲进宅第试图逮捕一些示威领袖。他们暴打了一些学生，结果越发激怒了群众。接下来数日，随着北京发生的事件的消息传遍全国，中国的其他城市和通商口岸开始爆发更多的示威活动，越来越多的工人和"爱国商人"加入了学生和教师们发动的抗议活动和抵制日货行动。

这些游行示威的即刻效应之一是，正在上海举行的试图解决北京政府和广东政府之间纠纷的南北和谈化为了泡影。广东政府要求北京拒绝接受巴黎和会做出的关于山东问题的决定。北京政府的回应是无限期地中止了上海和谈。从欧洲传来的消息和随之爆发的示威活动，扇灭了解决南北争议的一次机会，使中国实际上陷入了九年的内战，在导致了无数流血杀戮，制造出不可逾越的破裂分化之后，才于1927年由蒋介石的北伐结束。

游行队伍继续走向使馆区，其中一大批人去了北京东城政府部长曹汝霖的家。新近刚从法国回来的曹汝霖，被困在前赵家楼胡同3号的家中，距宽阔的通衢大道哈德门大街不远。[55]曹汝霖尽管在巴黎只担当着小角色，却是奉袁世凯之命在战争期间日本强加于中国的《二十一条》上签字的人，这使他在示威者眼中成了卖国贼。学生们在他的宅第外举着标语高呼口号，要求罢免"卖国贼曹汝霖。"当示威学生破门而入时，曹汝霖和暂住他家的一位日本客人不得不仓皇地翻过后墙逃走。学生们捣毁了他家的所有家具，并痛打了在密约批准时担任中国驻东京公使的章宗祥。然后他们高喊着"杀死曹汝霖，"烧毁了宅第。

5月4日行动的针对性，无疑已经远远地超出了《凡尔赛和约》和山东问题。这是一场全面的民族主义大起义，标志着中国的政治从精英决策和争斗转向了更平民主义、拥有广大群众基础的政治，此后30年中国各政治派别的许多领袖都将由此产生。五四运动对中国政治的影响将一直持续到1949年。

"一个悲惨的日子"

凡尔赛宫镜厅，1919年6月28日

巴黎的中国代表团知道国内正风起云涌的示威活动和政治激荡，从5月到6月他们也一直在唇枪舌剑地据理力争。孤军奋战的顾维钧，为争取三人委员会改变想法，发起了孤注一掷的最后努力。陆徵祥始终未像人们期望的那样掌控代表团，北京政府也没有致电顾维钧发出任何指示。中国留学生依然每天聚集在卢泰西亚饭店外，阻止任何中国代表团成员离开，他们还跨过塞讷河，每天都到克里雍饭店外示威，严厉地质问美国代表们。

最终，6月28日，德国和协约国列强在凡尔赛宫签署了和约。这是协约国的胜利，却不是中国的胜利，正如顾维钧所说，这是"一个悲惨的日子。"[56] 最终的和约是个非常大的文件，主体有大约440个条款，还有大量附加条款。和约剥夺了德国1914年国土（其上有约700万人口）的大约13.5%及其所有海外属地。阿尔萨斯—洛林（Alsace-Lorraine）归还了法国；比利时向东扩大了；东普鲁士（Eastern Prussia）地区交给了立陶宛；苏台德（Sudetenland）地区

则划给了新生的国家捷克斯洛伐克。德国陆军被限制为兵力不得超过10万人，禁止使用重型火炮、毒气、坦克和飞机；德国海军被限制为只准使用1万吨以下的舰船，完全禁止使用潜艇。此外，国际联盟成立了。

在凡尔赛宫，代表们登上了大理石台阶，穿过了以前玛丽·安托瓦内特（Marie Antoinette）王后住过的房间，来到了和平厅（Salon de la Paix）。他们从那里步行穿过一条走廊，来到庄严雄伟的镜厅。协约国的士兵们挤在外面的走廊里，互相攀着背观望里面的达官显要。房间里被分成了三个区域——一个区域留给新闻界，另一个区域摆放着一张马蹄形的桌子，供各国代表就座，第三个区域则留给那些受权在和约上签字的全权代表。在其他国代表都就座后，克列孟梭、威尔逊和劳合·乔治才最后走了进来。主持会议的克列孟梭坐在主桌的中央。他左边的位置留给了大英帝国和英国领地（包括其所有自治领、殖民地、保护国、托管地和其他由英国管辖或统治的领土）的代表和日本代表。克列孟梭右边的座位则留给了美国人。

令人难以置信的是，顾维钧仍然没有收到北京的正式命令；没有电报打到卢泰西亚饭店来。前一天晚上直到深夜，当抗议的学生们离开后，他仍然独自漫步了好几英里，在巴黎的街道上沉思。他征询了代表团其他成员的意见，甚至与很少露面的陆徵祥都进行了交谈。最后他下定了决心，认为拒绝签字是正确的选择，这是中国人民的意志。因此，将不会有中国人出现在镜厅里，不会有中国代表坐在马蹄形桌旁日本人的对面。美国记者哈里·汉森（Harry Hansen）报道说，他们是"琴上的一道裂缝。"[57] 当天晚上，签字仪式结束好几个小时后，一封电报才从北京拍到了卢泰西亚饭店，命令顾维钧不得在和约上签字。

　　签字仪式并不庄严肃穆。按照巴黎和会期间坚持记日记的英国外交官、作家哈罗德·尼科尔森的记述,有1000多人出席,"在仪式上不顾一切地争短论长,因而也使仪式斯文扫地。"[58]代表们首先观看了两名低级别的德国官员代表柏林在和约上签了字。然后三巨头签了字——先是威尔逊代表美国,继而是劳合·乔治代表英国,最后是克列孟梭代表法国。随后其余的协约国相继签字:意大利、日本、比利时……整个过程持续了大约一小时。气氛变得轻松下来——高级外交官们互相索要起签名,互相拍起肩膀来。然后凡尔赛宫华丽的花园响起了一阵炮声,这是一种军礼,让巴黎的人们都知道和约已经签署了。可以听见拥挤在宫外观看签字过程的喧嚣的军人们发出了欢呼声。随着最后一个国家的代表签完字,德国代表离开了房间,克列孟梭邀请威尔逊和劳合·乔治同他一起观赏凡尔赛宫的喷泉。当他们的私人散步回来后,意大利的松尼诺男爵(Baron Sonnino)和日本的牧野男爵也加入了他们。他们一起私下里喝了茶。

　　中国虽然没有签字,却仍然在《凡尔赛和约》中占有重要地位。第128条宣布:"德国放弃因1901年9月7日于北京签订的最终条约之规定在中国获得的所有利益和特权。"中国将不再向德国支付庚子赔款款项。[59]第129条取消了外国在中国通商口岸决定关税的权力,不过仍保留外国列强在通商口岸的治外法权。第130条剥夺了德国在中国的租界:"德国将在天津、汉口及中国领土上其他德国租界内的所有属于德国政府的房屋及建筑、码头及驳船、兵营、堡垒、武器和弹药、各种船只、无线电设施及其他公共财物交与中国。"[60]

最后，第131条引起了一些人的好奇心，因为该条规定德国归还1900—1901年从中国窃取的所有天文仪器。这是一件令中国人愤怒已久的事情。义和团事件后，德国军队抢走了北京观象台的所有仪器，其中一些制造时间可追溯至14世纪，另一些来自蒙古，还有一些是16世纪来到北京的耶稣会传教士利玛窦带来的，运至波茨坦装饰了德皇威廉的宫殿。和约中根本未提及山东问题。

中国正式加入了新成立的国际联盟。三个月后，1919年9月，北京宣布结束与德国的战争状态。1921年，两国商定了单独的停战协定。

结局：中国猛醒

> 有一件事情非常清楚……那就是欧洲的战争其源头在东方。对东方霸权的争夺才是将欧洲一分为二，引发大战的根本原因。这个世界不会为小利和琐事而打仗，都是为值得一赌的巨大利益才开战的。[61]
>
> ——爱伦·拉莫特，《北京之尘》，1919年

中国也许可以说没有亲身投入第一次世界大战的战斗，但1919年在巴黎的谈判，却是一场漫长的智力上的血战，是唇枪舌剑而不是真枪实弹的较量，是承诺约定而不是兵法计谋和战地命令的较量，是对正义的要求而不是战场勇气的较量。中国的损失是惨重的——声望、主权、对作为朋友的美国的信心，以及对欧洲列强的善言或许曾有的信任。

中国的几位高级外交官，年轻有为，才华出众，本可以有力地推动中国在世界舞台上的表演，却眼看着自己的职业生涯在民国旷日持久的崩溃过程中破碎了。从此，中国陷入军阀割据、内战、共

产主义革命。中国决心坚定、轰轰烈烈的革命性民族主义运动，在中国拒绝签署《凡尔赛和约》那天得到了巨大加速。在1949年达到高潮，可以说今天仍在持续的中国"漫长的革命"，是在巴黎的背叛余波中开始的。

1919年，中国的知识分子精英和激进青年益发憎恨起日本，并感到遭到了美国的背叛。如果说此中有赢家的话，那也许当属新生的莫斯科布尔什维克政权及其在中国的支持者了。《凡尔赛和约》签署后不过数月，羽翼渐丰的俄罗斯苏维埃联邦社会主义共和国（并将于1922年成为苏维埃社会主义共和国联盟〔the Union of Soviet Socialist Republics〕）便成立了共产国际（the Communist International），以影响和推动外国的社会主义运动。在五四运动的余波中，中国建立了一个活跃而发展迅猛的社会主义青年团（Socialist Youth League），其中赞同共产主义的一个派别在南方政府中变得公开鲜明，并得到了作为南方政府顾问的共产国际代表的支持。这些力量在1921年7月于上海召开的第一次全国代表会议上，促成了中国共产党的诞生。

第一次世界大战在绝大多数人眼中，是争夺领土和对欧洲大陆的控制权的战争，是法国和比利时壕堑中的屠杀，是达达尼尔海峡协约国的惨重损失，然而它也可以被视为各国争夺亚洲霸权的斗争的延续。正如战争的触角伸到了德属东非，并在美索不达米亚战役中伸到了中东，远东也是列强在大战中角逐的战场。爱伦·拉莫特说："对东方霸权的争夺才是将欧洲一分为二引发大战的根本原因，"也许有些言过其实，但却是一种不可完全否定的观点。[62]

世纪之交，欧洲、美国和日本都在为刺激本国的工业和现代化，争夺资源和商品。它们全都希望维护能使自己攫取巨大财富的利益——从垄断鸦片和棉花贸易到控制煤矿、铁矿和铁路。它们全都想为其远东舰队争取海军基地，以保障它们在中国、亚洲和太平洋地区的所得。战前时代在亚洲到处争夺领土，对欧洲老帝国们来说，是为保持和扩大其势力范围，对德国来说，则如威廉二世皇帝于1901年所宣称的，是为德国争取"阳光下的一席之地"，建立一个像其他欧洲列强一样的海外帝国。[63] 日本觊觎山东，基本上也是出于与德国同样的目的——影响、帝国和利益。英国，以及在较小程度上的法国，在巴黎迁就日本，部分上是为维持和保护它们自己在远东的财产，部分上也是希望将崛起的日本势力局限于地区性。如果欧洲列强和日本想要维持它们在对华贸易中的利益，维持它们在中国的势力范围，以及它们在中国通商口岸的治外法权，那么在巴黎和会上就不能让中国拥有任何重要地位。值得注意的是，美国尽管倡导在东亚实行"门户开放政策"，却也是个在中国很早就有通商口岸权力，有自己的租界、法庭和治外法权的正在崛起的太平洋大国，它也有从夏威夷到菲律宾再到日本，直至中国的地区利益。让中国继续维持四分五裂、积贫积弱的局面，符合所有列强的利益。

还应该记住的是，许多与中国有关的外国工商企业，在第一次世界大战期间都赚得盆满钵盈。尤其是在上海和天津的企业，凭借在战争期间和战后重建时期为欧洲供应商品和物资，都大发了战争财。这种交易部分上刺激了20世纪20年代初期中国通商口岸战后土地交易和房地产业的巨大繁荣。但中国本身并没有从中得到显著的好处——孙中山展望的纵横中国的铁路并没有开建，也无钱开建，利润大多流向了依然满目疮痍的欧洲。列强告诉中国"必须等待"

战后欧洲资助其发展，要等到欧洲经济恢复后，才能再为中国建设发放债券和贷款。停战的另一个副作用是产生了大量的剩余军用物资和武器。步枪、火炮和急于保住和扩大地盘的新军阀的胃口相结合，便促成了欧洲军火商在中国的全盛期。

如果说中国人在巴黎太过天真，他们太过相信和会会纠正所有错误，是否公平呢？说他们没有完全看清《凡尔赛和约》的主要目的，也许是公平的。《凡尔赛和约》是要在主要协约国与德国之间实现和平的，是要限制德国的重新武装能力的，也是要建立国联以监督其他领土和多边纠纷的。中国在巴黎如此倚重美国的支持，也许是天真了。但能有什么选择呢？欧洲人公开支持日本，赞扬日本海军在大战期间的支援，并信守他们与东京之间的密约。美国是中国所能拥有的有分量和有影响的唯一盟友。

还须公正地说，《凡尔赛和约》最终助长了日本在东亚的领土野心。正如丘吉尔一针见血地指出的，两次大战之间的时期，对日本来说是一次"加载暂停"。顾维钧在1919年4月面对"三巨头"作最后一次公开陈述时，曾预言他们对山东问题的决定将在10年内引发战争，他只说差了几年。巴黎和会结束时，山东仍在日本人手中，而东京与欧洲列强却比以往更亲近了，这一趋势随之导致了1921—1922年《华盛顿海军条约》(the Washington Naval Treaty)的后果。这一协定虽然旨在通过限制海军建设来防止国际军备竞赛，但最终却巩固了日本的海军力量，使之成为英国和美国在太平洋上的劲敌：东京废除了条约，继续建造主力舰，而其他国家却严守条约规定的限额。在面对领土纠纷时，国联证明在很大程度上是个软弱无力的组织。东京明白这一点，不断地干涉中国的主权事务，壮起胆子于1931年吞并了中国东北，继而于1937年全面入侵中国。1919年对日本的迁就加速了这一进程，最终不到20年便导致了为控制东亚和太平洋地区而进行的战争，并造成了中国和日本之间一直持续至今、似乎经久不息的仇恨。

后记

迥乎不同的命运

在凡尔赛带领中国代表团的人，此后的命运迥乎不同。

顾维钧与他在巴黎和会期间一直在追求的女人黄蕙兰终成眷属。他们于1921年在布鲁塞尔结婚，婚礼在中国使馆举行。第二天顾维钧便带着他的新娘到日内瓦赴任中国首任驻国联代表。在那里任满一期后他回到中国。1926到1927年间，在北京处于北方军阀张作霖（又被称为"老帅"）控制下的一段兵荒马乱的时期，他短暂地担任过代理总理、临时总统和外交总长。为此，当蒋介石发动北伐，于1927年统一中国，推翻了军阀统治后，曾宣布顾维钧为战犯。然而，曾为外交官的顾维钧与国民党政府重新搭起了桥梁，密切地配合其工作，在外交事务方面为蒋介石出谋划策。他于1932年回到国联，抗议日本侵略并吞并中国东北。后来他于1936至1940年担任中国驻法国大使，直到纳粹占领巴黎时才离开。他渡过英吉利海峡，又担任了中国驻英国大使，直到1946年。因为这段经历，他又参加了国联的后继——联合国——的筹建工作。1946年，他重返华盛顿，担任了中国驻美国大使，继而随着蒋介石在内战中失败，将国民党政府从大陆撤往台湾，他于1949年随国民党退至台湾。自1966年起，他又在海牙的国际法院（the International Court of Justice）担任了10年法官。顾维钧于1985年在纽约逝世。尽管顾维钧曾为军阀以及像袁世凯和蒋介石这样的民国领袖效力，但在今天的中国，他似乎被部分恢复了名誉，在1999年拍摄的电影《我的1919》中，作为正面形象被描绘为一名爱国者。[64]

中国在法国遭到背叛，代表团团长陆徵祥首当其冲地受到了责难，尽管他极少参与事务。在五四运动积极分子们的强大压力下，他于1919年5月被开除出中国内阁，不过他随后被任命为中国驻瑞士大使，继而又于1922至1927年间担任了中国驻国联公使。陆徵祥的比利时裔妻子于1927年逝世后，他从公众生活中隐退了。他以皮埃尔—塞莱斯坦（Dom Pierre-Célestin）的名字，在比利时布鲁日的本笃会圣安德鲁修道院（Sint-Andries）成为一名圣职志愿者。1935年，他被任命为神父。第二次世界大战期间，他在欧洲四处布道时经常宣讲远东问题，并为中国的抗日战争做宣传。德国特工曾混入他的布道会，记下了参加者的名字。1946年8月，教皇庇护七世（Pius XII）任命陆徵祥为比利时根特的圣彼得修道院（Abbey of St Peter）名誉院长。在生命的最后岁月，陆徵祥曾表示他希望作为一名传教士回到中国，完成他职业生涯之初从老师许景澄那里受到的嘱托。许景澄是一位清朝的政治家，在陆徵祥初涉世事任职圣彼得堡时曾栽培过他，并对陆皈依天主教也施加了影响。他曾对陆说："欧洲的力量不在其武器，也不在其知识——而在其宗教……要关注基督教信仰。当你掌握了其精髓和力量之后,要将其带回中国,予以传授。"[65]

陆徵祥返回中国传教的计划,因第二次世界大战后的国共内战而延误。他再也没能回到中国为天主教会拯救灵魂,他于1949年1月15日在布鲁日逝世。[66]

施肇基继续了其漫长而辉煌的职业生涯,他于1934至1936年担任了中国驻华盛顿大使。顾维钧从来没有改变过自己太过亲美的名声,施肇基则与他不同。虽然施肇基从孩提时代起就深深地热爱美国,但他却一直对美国在凡尔赛的行为耿耿于怀。他本人于1962年自行出版的回忆录,全然回避了他在巴黎的经历,最终这样结尾:"我于1914年12月8日赴任伦敦。在那里服务了七年,直到1921年,我被调任驻美国公使。"[67] 根本未提及凡尔赛。但是,他的女儿施蕴珍在自己的回忆录《哭泣的回声》(*Echo of a Cry*)中提道,第一次世界大战期间他们家在伦敦时,她父亲经常神采奕奕地谈论威尔逊总统,但随之在1919年,"爸爸去了凡尔赛和巴黎,回家之后,他再也没有同我们讲起威尔逊先生了。"[68]

王正廷从法国回国后,自1924年到1928年,在不同时间短期担任过外交总长、财政总长和代总理,然后从1928年到1931年担任了外交部长。他不知怎的,居然还能抽出时间经商,在上海建立了一家经纪公司,还担任了远东运动会(Eastern Championship Games;一种在亚洲国家间举行的小型奥运会,始于1913年,断断续续地每隔几年举行一次,直到第二次世界大战爆发)主席。作为外交部长,他再度与日本人交手,1928年因"济南事件"——日本士兵和中国北方军阀的部队一起同北伐的国民党军队交战——与东京谈判善后。然而，在日本于1931年侵占东北后，激进的学生却因为中国的软弱应对——国民党政府担心引发全面战争，下令对日本侵占东北不予抵抗——而责难王正廷。王遭到殴打，住进了医院。他后来于1936至1938年间担任了驻美国大使。1949年，当蒋介石退往台湾时，王正廷选择留在了香港，没有跨越台湾海峡。他于1961年逝世。

致谢

我要感谢企鹅中国公司的曾启鸿向我约稿,使我得以将研究成果写成本章,并感谢阿尔温·萨默斯(Arwen Summers),为她精湛的编辑技术。此外我必须感谢乔纳森·芬比、马克·奥尼尔、罗伯特·毕可思教授和贺麦晓(Michel Hockx)教授,他们与我探讨过中国和凡尔赛问题。我还想感谢安妮·韦查德,她不辞辛苦地反复阅读和评论了本章手稿。

延伸阅读

Bonsal, Stephen, *Suitors and Supplicants, The Little Nations at Versailles*, Port Washington, NY: Kennicat Press, Inc., 1946.

Chinese National Welfare Society in America, *The Shan-tung Question*, published San Francisco, 1 August 1919.

LaMotte, Ellen Newbold, *Peking Dust*, New York: The Century Company, 1919.

Lansing, Robert, *The Peace Negotiations: A Personal Narrative*, New York: Houghton Mifflin, 1921.

Nicolson, Harold, *Peacemaking*, 1919, London: Putnam, 1933.

Sze, Mai-Mai, *Echo of a Cry: A Story Which Began in China*, London: Jonathan Cape, 1947.

Treat, Payson J., 'The Shantung Issue', *The Journal of International Relations*, Vol. 10, No. 3, 1 January 1920.

Wood, Ge-Zay, *The Chino-Japanese Treaties of May 25, 1915*, Chicago: Fleming H. Revell Co., 1921.

Wood, Ge-Zay, *The Twenty-One Demands: Japan Versus China*, New York: Fleming H. Revell Co., 1921.

Wood, Ge-Zay, *China, the United States, and the Anglo-Japanese Alliance*, New York: Fleming H. Revell Co., 1921.

Wunsz King (ed), *V.K. Wellington Koo's Foreign Policy*, Shanghai: Kelly & Walsh, 1931.

新近著作

Boyd, Julia, *A Dance with the Dragon: The Vanished World of Peking's Foreign Colony*, London: IB Taurus, 2012.

Clements, Jonathan, *Wellington Koo: China* (Makers of the Modern World Series), London: Haus Publishing, 2008.

Craft, Stephen G., *V.K. Wellington Koo and the Emergence of Modern China*, Lexington, KY: University of Kentucky Press, 2004.

Elleman, Bruce A., *Wilson and China: A Revised History of the Shandong Question*, New York: ME Sharpe, 2002.

Emmerson, Charles, *1913: The World Before the Great War*, London: The Bodley Head, 2013.

Macmillan, Margaret, *Peacemakers: The Paris Peace Conference of 1919 and Its Attempt to End War*, London: John Murray, 2002.

Mee, Charles L., *The End of Order: Versailles 1919*, New York: EP Dutton, 1980.

Mitter, Rana, *A Bitter Revolution: China's Struggle with the Modern World*, Oxford: Oxford University Press, 2004.

Scott Berg, Andrew, *Wilson*, London: Simon & Schuster, 2013.

第六章

北洋政府的交易与失望

禁止"野餐"

[英] 吴芳思（Frances Wood）
杨景皓 译

Picnics Prohibited

by Frances Wood

Text Copyright © Frances Wood, 2014

First published by Penguin Group Australia. This edition published by arrangement with Penguin Random House Australia Pty Ltd.

All rights reserved.

封底凡无企鹅防伪标识者均属未经授权之非法版本。

很多人并不知道，中国于 1917 年 8 月 14 日向德国和奥匈帝国宣战。同样鲜为人知的是中国在此之前曾两次试图加入协约国阵营参战，但均被拒绝了。

1914 年 8 月 6 日，中国宣布中立。两天前，英国刚对德国宣战。中华民国总统袁世凯向时任英国驻华公使朱尔典先生表示，愿意提供 5 万兵力与英军一起收复德国在山东省胶州湾的租界。[1] 据袁世凯的外籍顾问——来自澳大利亚的前《泰晤士报》驻北京记者乔治·莫理循介绍，朱尔典先生在"未征询其他同事的意见便建议总统保持缄默，按兵不动。这对总统来说是一次严重的打击，对于中国人来说也是一件非常'丢脸'的事，因为它让中国人觉得他们提供的帮助是没有价值的。这算得上是最糟糕的外交失误了。"[2] 随后，英国向日本提供了大量兵力和一艘军舰，在其配合之下，日本很快向山东省进攻，于 1914 年 11 月便占领了德国在当地的租界。

1915 年，中国再次试图加入协约国参战，承诺愿意生产当时急需的武器和军火，包括通过香港提供 3 万支步枪。日本拒绝了该请求，称这将会激发中国"不满和革命的情绪"。朱尔典先生表示:"让中国加入协约国不符合日本的利益,这就是问题的根本所在。日本希望欧洲战场拖得越久越好,这样才能确保中国陷于任其宰割的状态。"[3]

1917年美国对德宣战,自此改变了整个战事的进程。同时,中国也得以加入协约国同盟参战。能加入世界上最强大的国家阵营在国际舞台上展现自己,中国似乎取得了丰硕的外交成果。而事实上,通往1917年的道路充满了各种挫折和艰辛,而中国渴望在外交上得到平等相待的诉求也持续被忽略。

年轻的共和国

中国的历史可以追溯到几千年以前，但在第一次世界大战爆发时，这个古老的国家正经历着巨变，处于一个非常年轻且脆弱的政府统治之下。她是一个共和国，一个和大清王朝有着天壤之别的政权。自1644年建立起，清王朝一直沿袭着延续了两千多年的封建帝王官僚体制。

1911年推翻清朝专制统治并建立共和国的辛亥革命几乎是偶发事件。武昌的一次意外爆炸直接引发了一场兵变，也宣告了一场旷日持久的流血起义的开始。这场起义导致中华民国于1912年1月1日宣布成立。作为主要反清组织的领导人，也是中华民国首位临时大总统，孙中山在起义中并未露面。

从一开始，这个年轻的共和国就受到各种政治家和军事领导者之间不仅动荡而且时常杀气腾腾的关系的威胁。在当选不到三个月后，孙中山的总统职位就被袁世凯继承了。作为一名近代军事组织先驱，袁世凯一度支持衰败的清政府，但后来斡旋大清皇帝的退位。袁世凯不顾各种抗议，将政府所在地从南京迁到了他的势力基地北京，并解散了孙中山领导的国民党。之后，他便下令逮捕国民党成员、解散国会,孙中山被迫流亡日本。

袁世凯于 1916 年去世,随后孙中山回到中国,并在广州建立了一个与之对立的中华民国军政府。这一举措当时被很多外交官推测是南北割据进一步加剧的表现。渐渐地,越来越多的谘议局(省议会)和地方军事领导人开始脱离袁世凯建立的中央政府。

1917 年 8 月 14 日,在透露了中国对德国和奥匈帝国宣战这一重大消息之后,朱尔典先生指出了中国权力内部的严重分裂,这在现在看来已不仅仅是简单的南北分裂了:

> 南方的态度现在仍不明了。至于云南,我从阁下驻该地省会的总领事那得知,该省已于同月 11 日宣布脱离与北京的关系,但仍接受与德国和奥匈帝国处于交战的状态。对于广州在这件事情上的态度,我现在还未获得确切消息。但就我所掌握的信息来看,我觉得南方在经济和军事上固有的劣势将促使其领导人努力与北京政府达成妥协,而不会接受由一群冲动的人组成的政党所领导,像孙中山、唐绍仪等其他人。据阁下在广州的总领事称,他从一个他认为极可靠的消息源那得知,后者正接受来自上海德国人的资助。

这份备忘在外交部、陆军指挥部和印度事务部流转,其中最后一句话被某官员用红色笔标注出来。[4]

但是,记者乔治·莫理循相信,孙中山及他在广州的政党在接受日本的资助。"我确信德国并没有在中国资助任何一方",他写道,"日本才是密探……日本的挑衅行为、日本对反对派的资助以及日本跟反对派的合作显而易见。"[5]

共和国的改革

尽管各派政治纷争的日益加剧和地方军事力量的不断壮大为后来几十年中国的割裂埋下了伏笔，但这个新兴的共和国还是在很多方面展现出进步和成功的地方。起初，因债务缠身，她为了实现国家现代化的努力受到了财政方面的阻碍，这些债务本由清政府欠下最终却算到了共和国的头上。此外，新兴政府构成不仅包括旧时封建官僚，还有许多年轻的管理者，他们中有很多来自第一代去海外留学的中国人。

时任意大利公使丹尼尔·华雷（Daniele Varè）于1913年6月29日在日记里写道："我听说议会里都是些年轻的男孩，在参议院，最意气风发的反对派领导人还没有变声，他必定只有15岁！"华雷还于1913年4月透露称这些议会的年轻男孩们拒绝批准一项由时任总统赵秉钧与五个银行谈判来的2500万英镑，这五家银行分别来自英国、法国、俄国和日本。但这项贷款协议最终还是达成了。[6]

当时很多政治家尚显稚嫩、没有经验。此外，国家面临资金短缺，南北之间的关系也日益紧张，但这一切并没有阻碍中华民国在外事方面取得显著进步。1917年，中华民国批准了《海牙公约》（the Hague Convention）中的大部分条款，加入了一些国际组织如万国邮政联盟（the Universal Postal Union）和国际鸦片委员会（the International Opium Commission），1913年还派了一支队伍参加在马尼拉举行的首届远东运动会（the Far Eastern Games）。在国内，政府对监狱管理进行了大刀阔斧的改革、修订了刑法以及改革了教育制度。政府颁布了相关条例，强调道德、技术和军事培养等方面在教育中的重要地位，而不再一味尊崇教授了几千年的儒家经典。此外，他们还对大学进行了重组和现代化，并开始推广四年义务教育。[7]剑桥大学学者戈兹沃西·洛斯·迪金逊（Goldsworthy Lowes Dickinson）在旅华期间对一所位于偏远山村的学校进行了访问，当时新思想已经开始萌发了，学校墙上挂着世界地图和相关学科图表。"他们甚至还有一本英语读物……他们的语言能力也许还没有达到太高的水平，但当你向他们展示一张猫的图片时，他们至少能说出相应的英文，这比他（迪金逊）的中文要好。"[8]

建立一个新的司法体系是另外一件要紧的事，清政府自1900年义和团运动之后就开始了这个进程。1906年，政府成立了司法部并颁布了公司法。1911年，刑讯逼供被废除，接着1914年又颁布了管理出版物和国家货币的法律。

民主制度的建立始于1906年，这直接促成了1909年各省议会的选举。1912年的议会选举，选民占到总人口（当然仅有男性）的10%，日本直到1928年才达到这个比例，印度则到1935年。[9]随着袁世凯于1913年年底对国会的废除，议会制度受到了影响。因为孙中山领导的国民党占议会的多数席位，将其解散之后议会就不可能达到法定人数。尽管国会于1916年又重新召集，但直到1918年才进行选举。

尽管北京一直处于政治斗争状态，南北分裂也日益加剧，但各地选举的谘议局维持得还比较成功。年轻的法国外交官阿列克西·圣—莱热·莱热（Alexis Saint-Léger Léger，他作为诗人圣—琼·佩斯〔Saint-John Perse〕更为出名）在 1916 年带着赞赏的口吻描述道，"作为一位刚到这个国家的外国人，我眼前呈现出来的是一个在全面酝酿中的中国……我亲眼看到这个古老的社会已经准备好迎接一切变革的到来。"[10]

国外统治

中华民国政府在借鉴现代（核心是国外的）共和政治体制的同时，也引进先代技术。在首都随处可以看到能体现社会转型和现代化的例子。关于北京，乔治·莫理循如是写道：

> 到处都在建碎石子路，每间重要的屋里都点着电灯，大街上也灯火通明。电话系统十分先进，邮政服务非常到位——每天投递八次……很多部委都设在西式洋楼里，一些看上去非常壮观……供水系统良好，我毫不怀疑地说，很快我们便能拥有电车。这儿的中国人已经开始大量使用现代化的东西……英国的床架交易量很大。轮胎式人力车随处可见，整个城市都在忙于建造高楼。[11]

尽管首都处于快速现代化的进程中，但中国始终还受到 19 世纪外国列强统治那段历史的影响。借助于强迫中国建立的通商口岸、租界和"势力范围"，外国列强纷纷通过在华修建铁路、煤矿和工业企业。作为后来居上的侵略者，日本于 1914 年占领了德国在中国的租界,这不仅表明了日本想扩张领土范围的野心,也体现出中国在遭受列强入侵和蹂躏70年的悲惨状况。

美国人爱伦·拉莫特(Ellen N. LaMotte)于1916年旅行至中国时,被中国被外国列强占领和控制的事实所震惊。她列了一个单子,指出中国430万平方英里领土的79%处于外国列强的势力范围之下。其中,英国占领了27.8%(包括西藏、四川、广东和长江流域省份),俄国42.3%(外蒙古、浙江和四分之三的满洲),法国3.4%(云南),德国1.3%(山东)以及日本4.3%(南满洲、东内蒙古和福建)。[12] 她这份单子并不完全准确,但观点是有根据的。她还引用《满洲每日新闻》(Manchuria Daily News)进一步说明:

《协约国向中国抗议》

英国、法国和俄国已分别向中国提出抗议,原因是中美近期达成了一项铁路贷款协议,三国认为这侵犯了它们的已得权利。俄国辩称这条从凤城到宁夏的铁路违背了1899年签订的中俄秘密条约。英国则指出该计划中从杭州到温州的铁路违反了中英关于湖南和广西的条约,且该计划中的铁路侵犯了英国在中国修建铁路的优先权。法国政府代表比利时提出,兰州至宁夏一线侵犯了中比两国关于海州至兰州铁路的条约,此外,连接杭州和南宁的铁路已侵入了法国的利益范围……中国需要一条铁路,美国愿意来修建,但俄国、英国和法国等国联手阻拦此计划,甚至连弱小的比利时都要来插一脚……[13]

作为一位敏锐而爱国的观察者，爱伦指出，除了美国尚未宣战，"在中国的势力范围"之外，其他所有利益相关方都"忙于应对激烈的战争，在时间和财力上都耗尽了资源。尽管如此，它们还能对中国虎视眈眈，想借此证明中国所取得的所有进步都是他们的功劳。"

如今，列强对中国铁路权的争夺的证据还留在昆明至越南的狭窄轨道里（由法国修建），以及中俄边界的转向架，两条独立的铁路系统在这里汇合。连一直致力于保护英国权益的朱尔典都称这些铁路计划"实际上，把中国直接推向了拍卖场"。[14]

政治动荡

整个战争期间，列强持续在华争夺铁路修建和采矿特许权以及各自的势力范围，这进一步加剧了中国政府的分裂。在1914年至1918年之间，各国驻京使节不得不应对频繁更换的外交部长和代理外交部长、总统及总理。

中央政府相关职位的频繁更迭反映出中国日益严重的危机。在战争初期，危机的形成根源于袁世凯欲取得其个人对国家绝对控制的决心。当他把国民政府从南京搬到北京以后，他任命唐绍仪为政府总理。仅仅两个月之后，唐绍仪便突然辞职离开北京，在接下来几年里，很多官员也以同样的方式撤退到天津——有时候又在几天后突然现身。陆徵祥上任不到三个月就"因病"辞职了，他的继任者赵秉钧也因涉嫌与人共谋暗杀国民党领导人宋教仁而辞职。这种走马灯似的更迭随着战争的进行而持续。

英国人把希望寄托在袁世凯身上，希望能有所回报。1914年10月，朱尔典先生记录了他与袁世凯亲切的交流。总统先生"用极度奉承的语气谈论英国和英国人……他不止一次地表达了他对英国的信心，将其视为中国未来唯一的希望。他显然意识到战争使中国受到她强大的邻国的摆布，而我们在其他地方投入过多精力使我们在这儿的利益大为削弱。"

1915年末，朱尔典报告称日本人在"炒作君主制问题"，因为很明显，袁世凯已经放弃了议会并试图自称为皇帝。1916年2月7日，乔治·莫理循收到袁世凯的正式照会，他在上面称呼自己为"候任皇帝"。后来，在一次去长江的途中，莫理循向他自封为皇帝的雇主建议称："我碰到的每一位都在和我聊这个话题，他们都对当前中国的局势感到十分遗憾，并大肆批评君主政策。"[15]

前清官员伍廷芳，曾是中华民国首任司法总长，后于1916—1917年担任外交部长，他向一名美国外交官透露了袁世凯一系列针对议会的行动，称"他的唯一目标就是去除议会。他并没有所谓自由政府的概念，是一位彻头彻尾的追求个人权威的人，他身边充斥着专制主义的氛围"。[16]

曾短期在位的国民政府总理唐绍仪表达过类似的看法。朱尔典先生1916年在上海碰到唐绍仪，1月6日他透露唐绍仪正在"经营一家保险公司，他请我转告袁世凯，他掌政的政府处于最糟糕的独裁专政之下，如果他不让人民在一些和自己相关的事务上享有一定的管理权，那么他在任期内的权利将受到很大限制。至于他自己，他宁愿以一位保险代理人的身份去帮助更多的人，而不是以袁世凯总理的身份再去伤害他人！"[17]

袁世凯于 1916 年 6 月 6 日去世，尽管他登基当皇帝受人诟病的野心戛然而止，但复辟帝制的想法仍然在日益混乱的中国蔓延。

袁世凯死后，各派政治理念的分歧导致了政府领导者始终处于一个混乱和快速更迭的状态，法国外交官阿列克西·圣-莱热·莱热曾于 1917 年特别地记录道，"共和国的一位总统辞职后逃到了天津，并发表了一份公开声明，称无法胜任此职。'就像隐藏在叶子下面的豆荚一样，我对自己的无能为力感到自责。'"[18] 但是，随后又崛起了两位主要人物，他们最终把中国带入了一战。

第一位是黎元洪，他于 1916—1917 年任中华民国总统。1916 年 8 月，黎元洪在时隔两年后恢复国会，后于 1917 年 7 月被扶植溥仪复辟的督军团团长张勋短暂囚禁。作为一位谨慎的人，黎元洪迟迟不肯让中国卷入战争，但他的对手段祺瑞随后还是把中国拖入了战争。作为袁世凯领导的北洋军阀的主要将领之一，段祺瑞曾在德国的一所军事学院学习，于 1916 年 6 月至 1917 年 5 月和 1917 年 7 月至 11 月这段时间在黎元洪担任总统期间出任总理。此后又于 1918 年 3 月至 10 月，在另一位北洋将领冯国璋担任总统期间出任总理。

不诚实的日本

在一战期间，中国处于欧洲列强们的强压之下，它们在中国占有大量领土并认为可以根据它们的支配来制定相关政策。然而，最热衷于利用中国日益混乱和衰败的局势来谋取利益的国家是日本，它甚至给中国带来了更多的压力。据记者帕特南·威尔（Putnam Weale）描述，"日本在欧洲战争爆发前很久便已在中国背后跃跃欲试，战争让它得到了垂涎已久的机会。"

日本在远东扩张的兴趣始于台湾。1894 年至 1895 年中日甲午战争后，台湾被割让给日本。实际上，这场战争始于对朝鲜领土的争夺，日本最终于 1910 年将其吞并。1902 年日本和英国签署了《英日同盟》（后于 1905 年和 1911 年进行修改），旨在反对俄国在远东扩张。这一条约进一步加强了日本作为英国同盟在中国的地位。

这个协约包含了一个非常冗长（且本质上是矛盾的）的序言，其规定双方都"承认中国和朝鲜的独立"，并"宣称双方完全不受这两个国家混乱局势的影响。但是，它们的特殊利益还是有所不同：英国主要依靠中国，而日本除了在中国已有的利益外，还对朝鲜在政治、商业和工业方面有着特别兴趣。"同盟规定"倘若双方在中国和朝鲜利益受到其他任何一个国家威胁，或因内部骚乱影响并需要其中一方介入来保护其国民人身和财产安全时，任何一方均可以采取必要措施。"

《英日同盟》的第三条还列出了"如同盟国一方与两个或两个以上其他国家作战时，另一方应给予援助。"美国国务卿罗伯特·兰辛写道："尽管《英日同盟》相关条款并未强迫其中一方参与对德国的斗争，日本政府最终把协定当作一个在中国领土争取新据点的一个借口，这也将进一步加强日本对中华民国在政治上的影响和经济上的控制。"[19]

日本的《二十一条》

日本觊觎德国在中国山东省胶州湾附近的领地已经很久了，随着第一次世界大战的爆发，《英日同盟》为日本实现这一野心，进一步铺平了道路。1914年8月26日，朱尔典在焦急地等着蒙斯战役的消息，他写道："日本现在在这个'游戏'中占据主动……我并不羡慕加藤高明的做法，其中一些显得非常粗暴，但不得不说日本正面临着很好的机会并即将抓住它。"[20]

日本于1914年8月23日向德国宣战，随后它便在英国驻中国舰队的支持下向位于胶州湾顶端的青岛发起进攻。德国于11月7日向日本投降，把胶州湾和青岛都让与了日本，这种局面对中国在战争末期是一种毁灭性的打击。日本首相大隈重信随后发了一份安慰的但严重与事实不符的声明，称"日本并没有强占领土的野心，它所有的战争行为都只是为了捍卫其自身的合法权益，不会超越这个范畴。日本并没有不明动机,没有强占中国或其他民族现在所拥有的财产的想法。"[21]

1915年1月18日,日本大使将《二十一条》呈给了袁世凯,这违背了英日同盟的精神。俄国驻东京大使不顾日本严格的保密要求,将《二十一条》的文本透露给了美国记者卡尔·克劳(Carl Crow),其随后描述《二十一条》"……充分暴露了日本外交的卑鄙和冷酷,以及日本不遵守承诺的价值观——尽管这些承诺是由其职位最高、最著名的官员所做出的"。[22]

《二十一条》共分成五部分,其序言写道:"日本政府和中国政府,愿意一同维持东亚和平局势,并期待进一步巩固两国睦邻友好关系,兹定如下条款……"

第一部分规定关于德国在山东省的特权,现于日本手中:"中国政府允诺,日后日本政府拟向德国政府通过条约或其他方式协定处置德国目前在山东省享有的一切权利、利益及租界,其一概予以承认。"此外,中国不得将山东省内的任何土地租与别国;中国政府开放山东省内更多城市作为商埠并允准日本在山东境内建造一条铁路。

第二部分规定:"中国政府长期以来都承认日本国在南满洲及东部内蒙古享有特殊地位",其应向日本政府交出对铁路控制权和全部采矿权,并允许日本在此进行自由贸易和定居。

第三部分涉及汉冶萍钢铁联合企业。作为资源极度匮乏的国家,汉冶萍公司对日本具有吸引力。日本试图控制,并将其作为两国"联合关切",不允许中国政府自行处理该公司一切权利产业及相关重要矿藏。第四部分严禁中国"向任何第三国让与或租与中国沿岸港湾或岛屿"。此外，为了劝服中国，日本政府表示，若中国政府愿意，日方"可以在合适的时机，在一定的条件下，将胶州湾归予中国"。但事实上，日本并没有真正实施这一计划的打算。

经过一系列的谈判，袁世凯政府于1915年5月25日签署了条约的一至四部分，将南满洲让与了日本，并让其在山东享有比德国此前享有的更多的权利。朱尔典先生将此过程称作"一场典型的东方式击剑比赛"，称谈判中没有"激烈的争辩"，仅仅象征性地做了细微修改。

协议的第五部分被"推迟到后来进行谈判"，人们有时将这部分的内容看作是"（日本）迫切想得到的东西"或"愿望"，而非真正的"需要"，卡尔·克洛称这些内容将使中国彻底沦为日本的奴隶。它们清楚地揭示了日本试图建立一个自己的保护国的野心，并且毫不关心是否践踏了自己已经让与的"权利"。这部分内容包括允许日本在长江流域修筑铁路，这个特权原本已让给了英国，因为这个区域被认定为"英国的"领土。第五部分内容还将日本的影响扩大到了福建省，就在日本所占领的台湾对面。此外，还要求中国"从日本购买规定数量的军火"或者双方联合建立一个军械厂，并从日本购买材料并聘用日本技师——想必是想让中国购买所生产的军火。

条约还规定"中国政府应聘请有影响力的日本人作为政治、财政和军事方面事物的顾问。"同时，为了避免中日之间的纠纷，"在中国一些重要地区的警察局应由双方联合管理，或者中国在这些地方的警察局应雇佣相当数量的日本人……"这些要求背后的动机无非是为了增加日本的管辖权。尽管这部分最终没有达成一致，但日本随后的动作也揭示了其对中国进行此般控制的决心。[23]

英国外交部长为日本的秘密行为感到震惊，宣称《二十一条》的表述"在没有事先跟我们沟通的情况下制定出来，这是不可原谅的，"并表示尽管日方最终给他们提供了一个编辑过的版本，但"隐藏了第五章这件事更加糟糕"。与其说是愤怒，朱尔典先生对此更多的是遗憾，他仔细思考了日本这种不坦率的做法。"此前我们都觉得日本做事都是光明磊落的，《二十一条》算是让大家突然觉醒了。"[24]他接着委婉地补充道："我希望我这么说不会显得过于偏见，但我很难将整个事件归为一个适当盟友的所作所为。"[25]

在中国对德国宣战之前漫长谈判中，日本继续狡猾地与英国进行周旋。日本外相还"进一步表达了希望英政府遵循一直以来的惯例，即按照《英日同盟》规定的那样，凡涉及中国的问题都首先咨询日本的看法。"[26]

郑家屯事件

乔治·莫理循一直担心，《二十一条》第五部分的前言将为日本宣称自己为对方的"保护者"提供机会，像当初对朝鲜那样。他指出："一直以来日本都十分热衷于挑起和煽动内部骚乱，"一旦煽动起骚乱，"（日本）就可以凭借这个条款进入中国进行镇压。如果那样的话，参照朝鲜的历史，镇压之后它将驻扎下来。"[27]

1916年发生在郑家屯的一次事故应验了莫理循的担忧。郑家屯是满洲的一个小镇，靠近蒙古边界，日本在这两个地方都宣称自己有"特殊利益"。这次矛盾引发了中日士兵之间的激烈冲突，为日本提供了又一个"期待已久的机会"。日本此前要求在南满洲和东部内蒙古的警力聘请日本警察和顾问。类似地，中国军队也需要日本军官作为顾问。

英国外交部一份文件记录道："……解散中国军队的建议非常合理——它不过是个毫无用处的机器，只会制造类似的事端。"另一份稍微润过色的报告谈及了日本对中国的"需求"和持续施加的压力，中间夹杂着各种模棱两可的解读："这（《二十一条》）就是对日本长久以来的'要求'和'愿望'的重复。把青木宣纯任命为（中国政府）的军事顾问，这明显意味着日本企图控制中国军队的全面开始。同时，保定府有最大的军事学校，毫无疑问，我们将发现那儿已经部署了日本指导者。"日本外相告诉英国驻东京大使称"这些特权（在中国军队进行人事任命）正按照所预期的推进，以便中国政府同时进行配合。它们不会被当作强迫条款，除非中国政府拒绝……"

1916年9月18日，朱尔典先生在给英国外交大臣的信中写道："自从《二十一条》于1915年1月提出以来，中国再也没发生过事故，这激发了很多挑衅……这个（青木的）任命的目标就是为了获得对中国军队的控制，这几乎没什么可怀疑的。"他指出，日本在中国的统治并未有积极反响，随后又补充道：

> 另一方面，中国目前感到被孤立了，新一代国家统治者也许会觉得，欧洲战场一片混乱、胜负难料，与其把持续独立自主的愿望寄托在西方国家的支持上，不如暂时和日本站在一边。我大胆想一下，对中国和我们优秀的印度帝国政府以及我们的

亚洲领土施以同情，从长远来看很可能被证明是抵消所有由战争带来的影响的最好方式。

英国军事专员，饶伯森（W. S. Robertson）中校一直坚信英帝国统治对每个人都是有利的，且英国有权发号施令。他如是评价中国军队的状态及其被日本军官日益加强控制的情况：

> 中国军队有很多优秀的资源，但弱点是中国军官，并且在短期之内组建一支合适的军官队伍的希望也很渺茫。就现在的构成来看，中国军队几乎不能当作在中国以外的进攻力量。但如果对她进行重组，并像德国对土耳其军队那样，在日本军官的帮助下让其变得更加强硬的话，她或许能成为一股以进攻为目的强大力量。这会影响我们在香港、缅甸边境及西藏的地位[28]，为此，在外国对中国军队进行重组的过程中，英国显然有资格在任何提议中具备发言权……
>
> 但是从长远来看，日本是否有能力组建一支强大的中国军队还是个未知数。正如英国对印度所展现出来的管理能力，这是项艰巨的任务，但日本尚未显示出它有此能力管理外族……[29]

兰辛-石井协定

在对《二十一条》条款的陈述中，日本十分注意用词的精准，比如用"迫切需要的东西"来有效表达它的"要求"，以便中国政府能"自发地"签署协议。在兰辛-石井协定于1917年11月2日签署之前,这样的"文字游戏"也在日本和美国之间进行着。

美国国务卿罗伯特·兰辛特别留意到了《二十一条》里作出的种种限制以及战争后方的复杂性,但他并未意识到美日之间即将签署的协议中的"文本雷区"。他写道:

> 这些极度不合理的要求提给中华民国总统三四天后,美国国务院得知了条约的内容。挫败日本这些侵略性的计划成了总统考虑的重点……当前(我们)处于困难的境地,《二十一条》里的一些具体条款侵犯了美国公民的条约权利,美国有充足的理由进行抗议。但是尚未通过的加州土地法、在俄勒冈州及爱达荷州提议的反日立法所引发的争议,以及美国目前没有能力采取强制措施强迫日本放弃其计划,这一切都使一个直接的问题变得棘手。[30]

美国随后向日本发函,直陈美国不能同意任何有损美国人的条约权、中国政治或领土完整,或"门户开放政策"的事情。虽然美国在中国没有任何租借地,但它以自由贸易的名义力推"门户开放政策"。之后,美国方面和日本特使石井菊次郎展开了谈判,问题涉及日本向盟友提供海运支持,即要求它支持门户开放政策。双方在谈判中试图就日本在华势力范围问题达成共识。

日本在海运问题上表现得非常狡猾和难以商量。1917年6月初,各国急需轮船,英国驻东京大使按照指示,前去"提醒日本于1907年达成的秘密安排。根据这一安排,英国保证在战争需要时向日本借出货运量为14万吨的轮船进行运输工作。同时指出日本的航运界将从战争中获取不少利益"。他将请日本政府"帮盟友承担共同的负担"并威胁称：英美两国会"通过限制钢材和其他物资的供应来对其施加压力……"随后，英国在当月要求日本再为"欧洲水域提供四艘驱逐舰"。作为回报，日本要求对方取消对钢材的贸易限制。英国回应称它所有的钢材只够自己使用,建议日本向美国求助。7月,日本称其没有可用的轮船，但提议"派出正在建造中的或即将完工的船只，但条件是能获得建造船只所需要的全部材料"——这对停止钢材贸易的威胁来说是一个挑战。

英国和日本之间的威胁和反威胁持续进行着，日本抱怨称赤铁矿和生铁太匮乏。来自驻瑞典的英国外交官的报告称日本的代理商在大肆购买他们所能买到的钢材。[31] 莫理循评论称："我敢说日本请求解禁钢材的出口其实是个烟幕弹，日本已经囤积了大批钢材……"[32]

而美国的主要目的在于与日本达成一个协定，让日本尊重门户开放政策以便让美国获得更多的贸易机会。这要求美国承认日本在中国部分地方的"特殊利益"。这个协议的介绍部分强调了"中国的领土主权"，而实际上，这一点被协议中的其他条款给破坏了。与《英日同盟》不同，其规定了双方互相承认对方在中国不同地方的"特殊利益"，而根据这个条约，美国只能单方面认可日本在中国的特殊利益，

> 尤其是与它所占有的地方相邻的部分。不过，中国的领土完整这一协约没有被破坏，日本帝国政府反复保证，尽管地理上邻近的优势让它获取了一些特殊利益，但它并没有歧视

其他国家贸易的想法……美国对这些承诺十分有信心。双方政府宣布称……它们将一直遵守门户开放政策的原则……它们互相宣布反对任何政府获得任何特殊利益或特权……这将拒绝让任何国家的国民或市民在中国的工商业方面充分享受平等的机会。[33]

尽管这份协定存在很多内在矛盾,也没有成功实施的可能,但它还是于 1917 年 11 月 6 日发表了。兰辛错愕地发现"在日本向中国政府递交的版本中,一些语言'被故意曲解了',日本强调'特殊利益'一词就是对'首要利益'和'特殊影响'的诠释。"他总结称日本这么做"很明显的意图就是要让北京觉得美国已经抛弃了中国,并试图将其置于她野蛮的邻邦的阴谋之中,让中国人不再信任美国友谊的真诚……"[34]如果日本获取领土的主张被承认,顾维钧思索这"邻近"是否也包括俄国,那是否意味着还将让出更多"特殊利益"?这位中国外交官后来在巴黎和会上让世界各国领导人刮目相看。

外交世界

起初，几乎没有外国政府正式承认中国的新共和政府。尽管各国驻京公使馆继续跟中国外交部保持着社交往来，但外交行为方面已发生了细微变化。

意大利外交官丹尼尔·华雷在日记里记录了外交使节团的许多会议，期间外国代表们讨论了相关问题。1913 年 1 月 21 日，华雷提到一个和所有外交官利益密切相关，并涉及中国财政紧缺的问题：赔款问题。

1900 年发生了义和团运动，起义军包围了外国驻华公使馆，随后中国政府被要求进行巨额赔偿，俗称"庚子赔款"。每个月，中国政府都要向赔偿声索国就人身和财产损失进行大量赔付。

1916 年，汇丰银行统计了中国政府每个月需要支付的庚子赔款数额，一共是 304 100 英镑，包括：

英 国	34 425 英镑
葡萄牙	60 英镑
瑞 典	40 英镑

德　国	61 160 英镑
奥地利	3200 英镑
比利时	5175 英镑
西班牙	90 英镑
法　国	47 725 英镑
意大利	17 925 英镑
美　国	22 195 英镑
日　本	22 195 英镑
俄　国	88 320 英镑
荷　兰	530 英镑

此后，中华民国新政府又面临着一系列因在1911年革命中对外国财产造成损害的赔偿，这大概就是华雷后来所提及的，他写道："我清楚我对中国赔偿这个极其复杂的问题知之甚少——事实上，自1912年3月后就再也没赔付过——如何解决这个问题已有百条建议，且一个比一个要复杂。但是我们得出了一个结论：外交使节团在中国实施着真正的财务控制。"[35]

赔偿问题持续困扰着外交使节团，1913年7月8日，华雷报告称："我收到一个电报，问我中国为什么没有按照之前承诺的每月3日进行付款。圣皮埃尔（St Pierre，法国东方汇理银行〔Banque de l'Indo-Chine〕行长）告诉我，这是因为各列强无法计算出中国分别欠它们多少钱。我对此感到非常奇怪，于是我便向威廉姆斯（美国代办）请教，他说就美国政府而言，确实是这个情况。美国财政部指出欠它们的数额排在第五位，但威廉姆斯认为这个数目有误。"

两天后，华雷称他已经为此事花了 300 美元发电报去罗马了。他决定写信给中国外交部，请求重新计算赔偿数目。[36]

华雷还记录了一次由时任中国外交总长陆徵祥和他夫人举办的一次晚宴，一共准备了 18 道菜（"我重复是 18 道"）。她的出席表明，中华民国虽只成立了短短几年，但已在女性解放方面取得了重要突破。[37]当时英国和意大利都未和中国正式建交，晚宴前在意大利公使斯福尔扎（Sforza）和朱尔典先生之间发生了一个小插曲，"因为后者佩戴了印度帝国的大丝带，而斯福尔扎没佩戴任何装饰"。当斯福尔扎向朱尔典解释说佩戴饰物就意味着默认这种场合的官方性质后，朱尔典夫人喊道"我早就告诉你了！"讨论最终以非常奇怪的方式结束：朱尔典先生被说服自己犯了错后，把他的燕尾服和马甲都脱掉了，在一间充满女士的大厅里，他褪去了所有的饰物，只穿着裤子和衬衫。首次参加正式中国晚宴的荷兰公使夫人斯蒂勒姆（Stirum）伯爵夫人十分惊恐地看着他。[38]

外交使节团们的大多数会议都在高级成员的家里举行，这次是在朱尔典先生的寓所。"天气暖和的日子，把窗户打开对着那处小小的内院，丁香花在春天吐露着芬芳。使馆的鹦鹉也常常坐在那里，参与我们的讨论（有时候非常适宜的），它时而沙哑地大笑、时而轻柔地窃笑，有时候则突然尖声大笑。他是一只爱说话地鹦鹉，但是他只会说中文，所以大多数参会的外交官对他所说的东西感到莫名奇妙。"[39]语言也是这些会议中的一大问题。华雷记录了在即将离开中国的日本外交官伊治的寓所举行的一次会议。"他非常的绅士……很可惜他的英语非常糟糕。他每次的开场白都是：'这是个非常重要的问题，'之后你就再也听不懂一个词……每次伊治用英语读一些文件后,大家都会齐声问道:'我能看看吗?'"[40]

阿列克西·圣—莱热·莱热以更尖刻的口吻将这些驻北京的外交官们描述成"自满而懒惰的使节们","在公使馆区范围内过着他们如蚕茧般特殊的生活……和中国毫无关系"。[41]

华雷于1913年记录的外交使节们的会议曾几次提到了来自英国的艾斯顿(Beilby Alston),他当时作为朱尔典先生的代办,代其不在的时候处理相关事务。1913年8月29日,"艾斯顿把会议时间记错,然后迟到了",更要命的是,这是一次十分重要的会议"……关于(对中华民国)的认可。实际上大家都已决定对其认可,除了挪威外,因为艾斯顿忘了他曾是该国的代表!"[42]

乔治·莫理循也看不上艾斯顿,他于1914年8月写道:

> 他是一位有趣的社会人,但如果他有什么能力的话,他可能在担任两任驻北京公使期间很小心地将其隐藏起来了。在我在中国的17年间,他是负责我们驻北京公使馆的英国官员,但他在英国人社区中引起了极大的不满。他对他的工作完全漠不关心……据估计,他在北京每天都要花五个小时陪一位女士。我相信大家都一致认为他是最无能的笨蛋。

1916年5月,莫理循无意中透露出大家讨论的那位神秘女士的名字:巴尔敦(Barton)夫人—英国公使馆中文秘书的夫人。莫理循反复强调他对艾斯顿的看法:"一个在伦敦有影响力的和蔼可亲的傻子……中国人在某种程度上把他看作一个小丑。"[43]

人间地狱

1913年对中国政府的认可意义重大,但随着1914年世界大战的爆发,外交使节们的工作发生了巨大的变化。当时中国宣布中立,和斯堪的纳维亚国家一样,包括荷兰、西班牙、意大利(直到1915年)、葡萄牙(直到1916年)和美国(直到1917年)。丹麦外交官1914年写道:"我认为北京是整个地球上最国际化的地方,所有国籍的人都聚集于此,就好像在伊甸园似的。但是今天,她更像人间地狱,1900年像兄弟一般团结起来战斗的人们现在在街上互相砍杀。"[44]在英国的人都以为战争在圣诞节前就能结束,和这种想法形成鲜明对比的是意大利公使斯福尔扎伯爵,他悲观地预测战争将持续30年,在此期间他们中谁也无法离开北京。[45]

朱尔典先生如是描写外交关系一夜之间的变化:"在我们宣战头天,德国代办给我打了最后一通电话,在我们通话过程中他强调,如果皇帝(Kaiser)拒绝屈从于德国人民的意愿,那么他将失去他的王位。我在午后散步时经常碰到他,但是不敢问他现在如何看待皇帝保住王位的概率……"[46]

一星期后他给身处伦敦的艾斯顿写信:

> 你问我这些天外交会议进展如何,答案很简单:它们根本就没有进行。瑞典大使瓦伦贝里(Wallenberg)还是和往常一样笨拙,有一天他在一两位好战的同事唆使下提了一个好笑的建议。在进行连篇累牍的道歉之后,他问我是否我不赞同重新恢复外交会议(在一个中立国的公使馆集会,并由一位不好战

的同事主持)。在我以下,他是级别最高的,暗示的目标足够明显,但他收到了一个回复,看了之后估计他以后再也不会作出类似的提议了。[47]

在另外一封信中,他如是写道:

所有事情我都通过通告告知大家,我提议的活动方案有时候被全部接受,有时需经过一定修改……幸运的是,大家之间并没有太多有争议的问题,连此前一直和大家对立的法国大使现在都和我们站在一边了。到目前为止,这个机制运转得非常棒,我总是能够获得大多数代表的支持(包括日本人、俄国人、法国人、比利时人、美国人及一些其他代表)。有时我会在墙外碰到马尔参(Maltzan,德国驻华代办)和罗斯托恩(Rosthorn,奥匈帝国驻华公使),大家会互相鞠躬问好,这也是我们之间保持关系的唯一方式。[48]

1914年,朱尔典进一步阐述时下北京的外交情况:

目前,想弄清楚各公使馆不同的态度是一门学问。协约国代表们(英国、法国和俄国)彼此共识明显,但同敌方扞格不入。美国公使密切关注日本,并对日本的所作所为高度警惕。在中国,美国人向来持反日的态度。美国驻华公使芮恩施博士出身于一个德国家庭,生性谨慎,乐于发展与我们的友好往来。

在被任命为美国驻华公使前，芮恩施是一位在国际关系领域很杰出的学者，对中国的兴趣尤其浓厚。他的父母早就从德国移居至威斯康星州，英国和意大利大使总是提及这个事实，有时候还要雪上加霜地给他的德国出身贴上"犹太人"的标签。

朱尔典继续写道：

> 尽管丹麦公使馆一直小心翼翼地保持着中立态度（该立场于1917年另一位公使上台后被改变了），其对我们的偏向是不言而喻的。意大利和丹麦公使馆因婚姻问题产生了内部分歧。意大利公使斯福尔扎公爵向来宣称自己非常羡慕爱德华·格雷爵士（Sir Edward Grey，英国外交大臣），他是三国同盟（德国、奥匈帝国和意大利之间，在战争爆发后瓦解）的拥趸，但是他的夫人——原比利时驻维也纳公使的女儿，对她的祖国遭受的一切感到强烈不满。
>
> 丹麦公使阿列斐伯爵（Count Ahlefeldt）是彻头彻尾的亲英派但是说话没有分量，而他的俄国妻子更有性格，是协约国阵线十足的拥护者。她对丹麦中立立场的唯一妥协是有两天接待日，一天为协约国，而另一天为敌方代表！[49]

战争使外交娱乐的正式场合也明显变得复杂化，即使是中立的美国也受到影响，总统每年"在白宫的例行晚宴"不得不准备两份，因为"就算是总统的宴请，来自协约国（英国、法国、日本、俄国）的外交官们和来自同盟国的外交官们也不能坐在同一张桌子上。"有人提议总统"先宴请协约国,再招待德国、奥匈帝国和保加利亚的外交官们,而其他所有宣称中立的外交使团都被邀请至两个晚宴"。[50]

驻北京的美国公使芮恩施博士以总统为榜样:"宴请分两次进行,一次为协约国,另一次为同盟国。"芮恩施表示,两次晚宴都会邀请"中立国"参加,因此"要说有什么不同的话,现在比以往在社交方面更忙"。[51] 相应的,奥地利公觉得,他祖国的人民正处于战争的水深火热之中,所以他决定除了一些小型的家庭聚会,一律不接受任何晚宴的邀请。而其他参战国的外交官们也相应地减少了他们的社交活动。舞会也逐渐受到限制,直到最终几乎完全消失。

在描述他的外交同事时,朱尔典先生并没有提及法国驻北京公使亚历山大·孔蒂(Alexandre Conty)。当年早些时候,他写道:"这样说可能有些极端,但是在一些比较实际的问题上,我喜欢德国人甚于法国人上千倍。"丹尼尔·华雷将孔蒂描绘成一位暴躁的小男人,有一颗善良的心和许多孩子,他非常溺爱自己的家人并能在如何生儿子方面给你一些有趣而又似乎实用的建议(华雷有三个女儿)。但孔蒂的暴脾气和突然爆发时的叫嚣确实是臭名昭著。华雷写道:"有一次在外交部,他们给我看一张大理石桌面的小桌子,大理石都已经裂开了,他们向我肯定这是孔蒂用自己的拳头砸出来的杰作。不过我不相信这个故事。"除了他的暴脾气,孔蒂还坚持要求将德国的副盐业公使替换成法国人,于是中方便要求将其召回巴黎。[52]

丹尼尔·华雷对英国公使的描述并没有那么多的同情:

> 1914年,英国驻北京的高级外交官员是朱尔典先生,是

外交使团中的老前辈。他的个性很值得研究,虽然他只是一名让人钦佩的公务员,并不是一位让你觉得多了不起的人。他来自英国驻中国的领事服务机构,但从卡蒂埃(Cartier)或阿列斐或我这个层面上来讲,他还不是一名真正的外交官……他的世界由大英帝国和中国组成,还有俄国和日本若隐若现(有时候关系近得不合时宜),此外还有其他很多国家的外交官围着他转、指手画脚……他觉得德国人和法国人让人厌倦,把美国人看成是被宠坏了的孩子,而瑞典人、西班牙人和葡萄牙人则是一直大讲空话的人。我觉得他把意大利人也归为了此类……[53]

朱尔典先生很少在他写给外交部的信中提及战争。当谈起出资在中国修建铁路的问题时,他写道:"和国内进行的重大事情比起来,这些事情对你们而言显得多么的微不足道!"他在这封写于1914年8月26日的这封信中强调北京和欧洲战场的距离。"我们每天都在提心吊胆地等待着从前方战场上传来的最新消息……一想到我们微薄的力量和前面艰巨的任务我们就心碎了……"他其实一向较为沉默,他还有两个儿子和一个女婿奋战在战场上。尽管他在1915年1月26日提道:"我们昨天听说'布卢彻'号沉没后情不自禁地发出一阵欢呼……"但对他而言提到欧洲战事是非常罕见的。[54]

从严肃的英国人嘴里发出情不自禁的欢呼声,这和在北京的德国人对日德兰海战的第一反应截然不同。丹尼尔·华雷如是描写了当时的场景:

第一份抵达北京的关于日德兰海战的电报宣称了德国的胜

利。当时是 1916 年 6 月 3 日晚，英国使馆正在花园里举办活动庆祝乔治国王的生日，气氛十分压抑。而德国人却对这个消息感到十分振奋，他们开始忘情地庆祝，最终把海军士官的营房点燃了，这些营房位于鞑靼墙下面的使馆卫队楼里。晚饭后，我们从那面墙的顶部看着这奇怪的场景：身着统一军装的德国士兵和协约国的士兵和水手们这一次团结一致努力扑灭大火。

我们看不到太多……高温和浓烟使我们不得不保持一定距离。我自己则忙着看我自己的使馆卫队（我们有一辆我们无比引以为傲的新的菲亚特消防车）努力用水喷洒比利时使馆房子的草席屋顶，它就在德国营房的隔壁……比利时使馆卫队的司令官请求我们帮他们阻止大火的蔓延。但由于天太黑，我们的消防车的软管没有按照所预想的伸到水井里去，而伸到了一个污水池里，其结果可想而知，无须用语言描述。[55]

六国饭店里的德国间谍

对于在中国各个城市和租借地比邻而居的德国人和英国人来说，战争给他们带来了各种怀疑和指责。1915年，英国驻华使馆收到的厚厚一摞"各式各样的函件"，包含一些标准项目，比如关于"中国锑地位"的官方报告（锑可用来制造榴弹，因此具有军事意义）、在武汉应付的码头费，以及使馆用以雇佣"警察、写手和佣人"的年度开销，其中还夹杂着关于阴险敌人活动的报告。[56]

1915年11月8日，一位名为赖伊（Rye）的英国人写道："有一名德国间谍住在六国饭店（the Grand Hotel des Wagons-Lits）的128号房间，名叫Hellwigh。"使馆没有关于对此事回应的记录。1915年，这家由英国人建造的六国饭店里聘用的几乎都是德国员工，因为中国官方宣布自己为中立国，因此他们有权在这儿工作和从事经营。

这位名叫赖伊的人非常善于发现间谍和叛徒。11月16日，他从北京俱乐部（the Peking Club）写信称："特告知朱尔典先生，一位名叫施塔克（C. J. Starck）的德国人和一位德国官员已经于昨天早晨抵达北京。他是一个有名的武器走私犯，就住在德国的兵营

里。"11月13日,他报告称:

> 上次我提道,德国人受雇于中国政府在进行反英宣传。我请求将一位名为齐格尔(Ziegel)的德国军事教官列为关注对象。为了陛下在上海领事馆的利益着想,我还想指出一位叫作詹森(Jensen)的挪威人,此人是波尔蒂钢铁厂(Fritz Materia〔the Poldi steelworks〕)的港口的代理人,现在受德国委托从事货物的进出口。此外,我想请陛下在厦门和汕头的领事留意一下挪威领事黑斯卢普(Haesloop),他是德国人。

> 从8月5日到9日这段时间曝出一系列复杂但又不太可能的阴谋,包括一些德国人、希腊人和犹太人在忙着破坏东清铁路和俄国在满洲的堡垒。俄国驻北京公使听说"德国在马尼拉建造两架飞机和一艘潜水艇,据说一位叫迪恩(Din)的危险的德国人正在推进此项目……"英国驻上海总领事埃弗拉德·法磊斯于8月9日补充道:"这位德国人叫德恩(Dehn)……格罗斯(Grosse)今天说这里一些阴险的人向彼得格勒人民提供4万把毛瑟枪和弹药。他建议通过长崎进行运输,因为武器不能通过海关……"
> 谣言满天飞,有消息称这些在马尼拉的飞机和潜水艇"打算用来损毁符拉迪沃斯托克的堡垒:特别是潜水艇,准备用来攻击从符拉迪沃斯托克通往达达尼尔海峡的运输工具并欲将其击沉……两名希腊人和两名犹太人已被送去满洲破坏东清铁路。一个装有爆炸物和准备提示的盒子已由德国驻京使馆寄给其中一位叫莱温(Levine)的犹太人。"

越来越多无伤大雅的诽谤信开始流传，比如有一封指责一位在天津经营帽子店的比利时女人是一名德国间谍。1915年9月26日，一封信揭露了一个运枪到印度的阴谋。是否存在德国或日本支持英属印度反叛者的可能是个持续的担忧。这封信称：

> 从克拉夫特（Kraft）自新加坡返回得出以下信息。他似乎正在从事这项（运枪）活动。伦敦、印度和曼谷都已经被通知了。
>
> 所有给印度的武器都将通过上海和附近一带，克拉夫特没有提及其他地方。当前，上海和邻近地方一共有2.2万支毛瑟枪和800万发子弹等着通过轮船和帆船运到印度去……
>
> 根据印度这个计划，这些武器将于11月1日离开上海前往印度。运输船只属于中国但挂的是日本国旗，而船长来自挪威，船上将有一些来自日本的商船官员和来自中国的船员。途中如果煤不够用的话将在新加坡进行补给。这艘船现在在海岸港口进行普通贸易活动作为掩饰，它将于9月15日离开上海前往曼谷，随后还将有一个叫达尔（Wm. Dull）的印度人上船。
>
> 最终轮船上会装载2万支来复枪、800万发子弹、2500支装满子弹的勃朗宁手枪、大量手榴弹和炸药。在这艘船上会有一两位德国人或印度人来对船长进行监视。杜尔被描述成一位曾协助在新德里扔炸弹的印度领导，他看上去又矮又胖又黑，大约25—30岁之间，手和脚都很小，眼睛充满血丝，发型看着很奇怪……

目前正在普陀山和舟山群岛大量生产炸药。克拉夫特正在与主导这个项目的人对接一批手榴弹的交易。此人知道这些武器被存放在上海的什么地方……

德国宣传

在这些关于德国阴谋的细节背后，是对德国宣传的持续担忧。1915年8月29日，《京津泰晤士报》的编辑伍德海（H. G. Woodhead）转发了一篇发表在当地周刊《天津星期日周刊》（*Tientsin Sunday Journal*）上的一篇文章，并指出该文是"在英租界紧邻戈登堂（Gordon Hall）的一间办公室由一名叫布里奥尼（Borioni）的人编辑的，他对外宣称自己是意大利人。之后，文章在英租界由德国企业 C. Lee 进行印刷出版。"伍德海将其描述成"有毒的东西"，"基本上是由德国的广告商赞助的"。他写道"意大利领馆称在这件事上无能为力"，但是建议天津俱乐部的一群英国人把布里奥尼"揍了一顿"。布里奥尼对于德国宣传物在英租界出版一事感到极其愤怒，觉得或许可以采取一定的措施，尽管意大利当时和中国一样处于中立。[57]

由于使馆对此事显得无能为力，或者根本不愿意去采取行动，伍德海只好在北京和天津四处张贴海报欢迎德国新任公使冯辛策（von Hintze）的到来作为报复：海报上都在宣扬冯辛策的"57种变化"，这其实是亨氏（Heinz）食品公司当时很流行的一个广告语。*

---

* 亨氏将当时公司生产的产品归为57类，提出了"57种变化"的口号。这应该是一种讽刺的报复手段。

越来越多的德国宣传物在上海出版。1915年12月4日在南京路38号出版的《战争》(The War)，宣称"战争持续越久，德国的优势越发明显。"同一天在同一个地方出版的《战争图片》(War Pictures)以海军元帅冯·蒂尔皮茨作为封面，他的标志性胡子让人印象深刻。封底则是一副极具挑拨性而又引人注目的图片，描绘了德国军舰埃姆登(Emden)号击中俄国巡洋舰捷舍丘克(Temtschuk)号以及一艘在槟城港的法国鱼雷艇的情景。

埃姆登号在东南亚水域的活动激怒了乔治·莫理循，他觉得日本本应尽到保护盟国船只航行安全的责任，但它不仅完全没有做到，相反还自己寻求保护以免受攻击。"日本宣称他们在澳大利亚水域执勤，但他们采取任何行动来阻止埃姆登号的破坏行动了吗？埃姆登号一共击沉了17艘英国轮船，其价值高达225万英镑。它击沉任何日本轮船了吗？难道日本当时没有在印度洋上穿行吗，难道它真的对埃姆登号无所畏惧吗？难道我们不应该怀疑德国在日本保护下在中国和日本从事贸易与日本免于德国潜艇的袭击存在某种联系吗……"[58]

南京路33号是德国出版物的一个主要中心，因为《德文新报》(Der Ostasiatischer Lloyd)也源于相同的地址。它也鼓吹德国的不可战胜，虽然这种言论没什么可信度。1916年3月27日，该报用图绘的形式报道了一场发生在2月29日的战役。当时德国的神鹰号(Greif)辅助巡洋舰遭遇了三艘英国巡洋舰和一艘英国驱逐舰。神鹰号用鱼雷袭击了其中英国一艘1.5万吨的巡洋舰，但是接着又"把自己炸飞了"，这或许是对战无不胜的一种新解。

《天津星期日周刊》《战争》《战争图片》和《德文日报》都是

由广告商赞助的：德商瑞记洋行（Arnhold Karberg and Company）的电流表和电压表、瑙曼（Naumann）的缝纫机和发电机、科佩尔（Koppel）的轻轨和汽车、格雷瑟（Glaeser）的油漆和吊车以及车床和电钻。另外，鼓动读者们追随的《瓦乌瓦乌讽刺周刊》（Wau-wau Satirical Weekly）也在南京路 33 号出版发行。[59]

协约国的支持者们通过在福州路 2 号生产小册子进行回击，其中包括一册出版于 1917 年，关于卢西塔尼亚号（Lusitania）豪华轮的沉没，取名为《德国的海上谋杀》（Germany's Murder at Sea），还配了一张欧洲风格的插图，描述了悲痛欲绝的母亲们对着逝去的孩子们哭泣的场景。

当时出现了对一些不爱国行为的抱怨，这或许是由长久以来的仇恨引起的。9 月，英国驻云南领事戈夫（Goffe）给朱尔典先生写信抱怨英国及海外圣经公会（the British and Foreign Bible Society）的当地代表。戈夫的偏执很出名，有一次在澳门，他同意除了葡萄牙人外，其他所有的欧洲人都可以受邀参加茶话会，而葡萄牙人恰好是在澳门人数最多、最有影响力的欧洲人，他差点因此丢掉了在当地的职位。后来他找了个十分蹩脚的借口，称他们网球打得很糟糕。这次，抱怨跟反英情绪有关。这个处于争议中的传教士据推测来自挪威，他表示他今后将停止类似活动，但是他并不认为"偶尔升一下挪威国旗"就是不忠的表现。

协约国队伍里也存在问题。1915 年 5 月，乔治·莫理循担心日本已经信服了德国的战无不胜，他报道称："仅仅 10 天前，税务专门学校（the Customs College）一个名叫原冈的日本讲师告诉他的学生，称德国将取得战争最后的胜利，俄国很快将解散，而英国将被打败。"[60]

英国公使馆也不仅仅只关注敌方的活动。当时流传着一系列关于驻北京公使馆的学生口译员张伯伦先生的信件。和相关规定相违背的是，他当时已经有未婚妻了，即不顾外交部反对毅然来到北京的奥宾小姐（Aubin）。外交部后来发现她其实是乔吉特·尼尔（Georgette Neal）夫人，现已离婚，她父亲是来自阿尔及尔的巴尔巴德（Barbadette）先生。此外，外交部还注意到了一起关于尼尔夫妇与本特利先生间的离婚案件。"斯坦斯（Staines）这个插曲的日期（基本上为尼尔夫人的通奸提供了必要的证据）诚然排除了本特利先生就是张伯伦的想法，但是我们推测他应该是悉知庭审的情况的。"据称未婚妻在华期间"很明显她不适合介绍给朱尔典夫人及其他使馆夫人……"[61]

张伯伦先生未能通过试用期的考核，他被告知公使馆不再需要他的服务了。这对朱尔典先生的夫人来说是一种解脱。她"十分内向"，做"工作十分谨慎"，经常给人留卡片并好招待，"尽最大的努力表现出很喜欢的样子"。[62]

游客和外地人

当身处北京的外交官们辗转于各式会议和聚会,也逐渐对欧洲发生的大事导致盟友的转换渐渐认可时,对绝大部分人来说,战事还远在天边。1915年3月,朱尔典先生并不十分准确地提起对达达尼尔海峡的攻击一事时说,"我觉得,这个土耳其人开始意识到他犯下大错了。可怜的蒂勒尔(Tyrrell)在不到一个月之内就在前线的战壕里失去了自己的孩子……"大约六个月之后他写道,"在这里我们靠着电报生存下去,带着令人窒息的期盼和焦虑,与我们的远征军共命运。一位叫汤米的英国人经历了这种折磨,他为祖国所付出的比我们这些可怜的平民一辈子所期盼做的还多,比所有的陆海军人的荣誉还多。"[63]

战争的爆发带来了各种社会并发症,比如来自敌对国家的外交官在早晨散步时尽量回避对方,同时也对外交宴请做出改动,使之与交战派系、中立方相适应。除此之外,大部分事情还一如往昔。就在卢西塔尼亚号客轮沉没一周多之后,莫理循给在海关的一位朋友写信称,"我在周日与安格联·同射击",只字未提这件颠覆性大事。[64]

休假仍在继续,丹尼尔·瓦勒的夫人和孩子前往山海关附近的海边避暑,这里是长城与海在东北部海岸线交接的地方。到了周末,这位年轻的意大利外交官也一同洗海澡、采蘑菇。在北京的时候,他几乎每个早晨都要外出骑行,他夫人有时候会陪着他,"我花50美元给贝蒂娜买了一匹毛茸茸的小马,它看上去像一只熊。"于是他们就把它称作泰迪熊。

庙会

华雷经常四处搜寻各式古董,特别是在定期举行的庙会上。"我去了隆福寺市场,花了两美元买了个托盘,又花了2.5美元买了个硬木信箱。天很冷,人很少。"

由于德国潜水艇的威胁,乘船旅行变得危险起来。然而,来北京的游客仍然络绎不绝,在这片远离战场的土地每个人都自得其乐。来自美国的年轻女子爱伦·拉莫特也是隆福寺庙会市场的狂热爱好者。她于1916年底抵达北京,之前一直在法国的战地医院做护士。她是这样描述这个集市的:

> 在东城,每十天就会在一家老寺庙的空地上举办旧物市场。这真是个奇妙的市场,空地里每个角落都摆满了大大小小的摊位和展台。在这里什么都可以买到,无论是当今的中国制造,抑或远古时期的物品——瓷器、铜器、玉器、漆器、丝绸、衣服、玩具、水果、古玩甚至猫狗。每月三次,各式各样的物品都能在隆福寺庙会上找到,无论是新到北京的货品,抑或是

土生土长的北京产物,都能在隆福寺庙会进行交易。而如今不似当年般有趣了,不管是北京城还是使馆区的人们都不再倾巢而出,因为灰尘太厚、天气太冷。[65]

在其余的购物时间,她"常常光顾莫理循大街(因乔治·莫理循而得名)的集市,而同一时期的欧洲大部分国家都面临物资短缺和限量供给。这个不可思议的集市可以买到来自中国北方的皮草、丝绸、玉器、珠宝等等。而我们常常光顾的是甜食摊位,那里有美味的中国糖果和糖葫芦。我们先是把一块钱换成零钱,然后四个人一起拿着这些钱一路吃下去,像是芝麻酥糖、糖核桃、糖渍李子……"[66]

爱伦·拉莫特住在六国饭店,这是北京一个奇特而热闹的地方,尽管楼上有德国的间谍。她描述道,"不同国籍、不同种族的人都聚集在这老旧的墙壁下,他们中有官员、军人、谋权者、游客、随员、记者、探险者……"

她记录了一位特殊的访客——自称德龄公主的人,她的父亲是一位清朝高官,曾在1899年到1903年短暂地担任过驻法国公使。后来德龄到皇宫里给慈禧太后做伴,进贡了一把法国餐椅,并给她讲述法国人的行为和时尚。德龄后来发表了一本非常成功的纪实书——《两年的紫禁城生活》,记录她陪伴慈禧的日子。凭借异国的名誉,她在1907年嫁给了美国人撒迪厄斯·科休·怀特(Thaddeus Cohu White)。[67]1916年,她拥有了六国饭店的大厅,据爱伦·拉莫特描述:

把总部设在这个饭店的每个国家的谋权者,准备数周、数月或者更长时间稳坐不动,对中国政府采取哄骗、贿赂甚至威胁的手段,来得到他们想要的东西——铁路、银行、矿山或者通商口岸。休息室的一角坐着一位所谓的公主,她是一位时髦、精致、衣着欧式的中国女子,曾在宫廷里做过慈禧太后的侍女……她旁边坐着一位年轻的中国男子,据说是一位中国王子的孙子,矮小精悍,戴着眼镜,干练睿智……中国政府的英国顾问(可能是乔治·莫理循)经过,他是一位高大显目的银发男子,正与一位强壮的英国人聊天。后者曾野心勃勃,但据消息称,他现在是秘密组织的一员……[68]

爱伦·拉莫特出席了在北京城外六英里的一个跑马场举办的一场赛马,"来时的火车上聚满了北京城里的名流——各个公使馆的公使和秘书,使馆区、东城、西城等等首都各个区域的外国居民们,有美国人、英国人、法国人、丹麦人、俄罗斯人、瑞典人等,唯独没有德国人……也没有日本人出席,尽管有一些日本人是此俱乐部的会员。值得注意的一点是,这个俱乐部没有中国会员,无论他们的官职有多高。"后来的活动不再鼓励会员制,因为大风狂沙袭过这片平原,比赛好像"隐形"了一样。[69]

野餐

1916年11月3号,美国公使芮恩施博士邀请他年轻的同胞爱伦·拉莫特参加了各种活动,包括骑驴去城市西边山林里的戒台寺

(内有戒坛)野餐。这次聚会有很多爱伦的旅伴参加,"包括埃米莉·查德伯恩夫人(Emily Chadbourne,我的朋友查尔斯·R.柯兰〔Charles R.Crane〕的妹妹)……来自上海的伯恩斯(Burns)夫妇、美联社的查尔斯·斯蒂夫森·史密斯(Charles Stevenson Smith)先生……大家骑着驴摇摇晃晃地前进"。[70] 爱伦描述称,这段旅程是从坐火车开始的,"芮恩施博士的两名佣人买好票,带着大大的引人注目的午餐篮",后来她却分到了一匹"非常小"的驴。驴上没有鞍,取而代之的是"一个方形的硬座垫,像桌面一样大小,牢牢地安在驴背上。我们紧紧地依附在座位上,心里惴惴不安。这样的鞍太宽了,马镫晃来晃去有点够不着……主人跟在每头驴之后,不停地挥动皮鞭击打驴脚跟,让它无时无刻不快速前行。"

聚会在大雨洗刷过后的寺庙庭院的树下举行,在这里可以眺望下面的山谷。"从每个方向望去,我们都能看到远山中的庙宇——这些不再使用的寺庙成了很多在京外国人的夏日居所……那边是某某先生的寺庙,更远处是某某夫人的寺庙,它们都被从炎热的北京城来此避暑的外国人所占据。"

浏览过被外国人占据的北京寺庙之后,他们骑着驴颠簸着返回火车站。"突然,我听见背后'砰'的一声,回头一看发现埃米莉和她的驴双双卧倒在地,一动不动。芮恩施博士连忙跳下驴来,我也从驴上滚下,我们俩匆忙跑向她倒下的地方。'你受伤了吗?'我紧张地问她。'不用可怜我!'埃米莉惬意地回答说,'让我躺着吧,这是一天以来最舒服的一个姿势了!'"[71]

各省的异域生活

即便是在享受野餐和寺庙风光的时候,爱伦·拉莫特也在关注着战事及其对北京城的影响。对于那些远离首都的商人和领事官们来说,欧洲战争的影响微乎其微,他们正忙于与这个新的共和国及执政者们达成各项协议,还要适应1916年袁世凯去世引起南北局势恶化和军阀争权带来的不断冲突。

在位于镇江的德商瑞记洋行工作的拉斯马森(A. H. Rasmussen)先生这样写道:

> 我仍清楚地记得1911年秋天汉口和武昌起义的消息传来时,我们外国人是无比的激动和兴奋。孙中山是我们眼中的大英雄……我们认为中国的先进思想和新纪元即将来临,清朝的统治已经走到了尽头。南方的城市不断地加入革命军的阵营,他们是如此势不可挡,而所谓的皇家护卫队早已溃不成军。上海起义了,然后是苏州,接着镇江的泥堡护卫队投降了,150名士兵被俘,还有四架古老的前装式大炮被缴获。镇江的中国皇家海军也投降了,包括20艘带有前装膛线炮的舢板。[72]

就在拉斯马森为他心目中的英雄感到欢欣鼓舞时,英国外交部却偏向更为保守的袁世凯。孙中山被视作"无所畏惧且具有远见卓识之人",而英国驻广州领事则认为他是"疯狂的政治冒险家"。相似地,英国领事们对与他们有着生意来往的新共和国官员们的看法亦趋于保守。沈阳的威利斯（Willis）倾向于（曾）持有总督印章的人，且并不对会说英语的群体表示青睐；而在北部港口烟台的波特（H. Porter）则称他们为"粗野的日本归国学生"。南部港口北海的萨维奇则将其描述为"急躁的、教育不足的、缺乏阅历的稚嫩学生"；九江的领事柯克对当地的管理者嗤之以鼻，认为他们急于追求现代化却忽略了柯克领事对着装失礼的极度敏感："他戴着怪异的宽边礼帽，穿着剪裁夸张的双排扣礼服，脚上是一双无松紧的工作靴，裤子显得过长，两条黑领带（一个有蝴蝶结，一个打着结）搭配软亚麻领子，后者还老是把外套领子遮住。他的头发相当长，让人总联想到一个总持有异议的公使的漫画形象。"[73]

皮克（E. C. Peake）博士是一个医学传教士，他已离开自己在湖南衡阳的据点前往武汉参与救治在1911年起义中受伤的民众。他写道："从君主制向共和国政府的转变造成的各种混乱纷争，而我们并没有必要过于给予关注。旧的专制独裁下确实会产生暴政、不公、贿赂和腐败，但至少法律和秩序大体上存在。这样的权利纷争和管理无序标志着新的分配方式带来另一种剧痛，而我们这些外国看客中的大多数倾向于认为这无异于'从煎锅里跳向火坑'。"[74]

1915年9月，乔治·莫理循报道了持续发生的腐败和信任问题，以及中央政府和地方政府的忠实度问题。据称，新任财政部长"重新采用清朝官员的方法……把在前部长的手下贤能一个个调离，让自己的追随者和地方亲信取而代之……他调走了能力很强的盐税负责人……他调走了使银行运营变得卓有成效的负责人，还调走了中国各省中最好的财政专员——此人曾勇敢地为中央政府抵抗芜湖的反对运动。"他任用的全是"极度无能的官员，只会叫嚣他们来自相同的省份安徽"。[75]

战争的爆发给一些遥远省份的社会生活造成了一定的破坏,甚至有一位领事官指责他的德国同僚为"野蛮人"。然而其他人却以一种在北京不能实现的方式共同工作着,为的是保证在紧急情况下所有外国居民的安全都能得以保障。在牛庄的乐民乐(Clennell)领事曾写道,"我遇到过两三次德国副领事,他的行为非常的绅士且很够朋友。"[76]

1915年5月,海关的造册处税务司从上海写信给莫理循,比起遥远且被封锁的牛庄,当时的上海与北京的联系要密切得多。信中写道:"对德国人的抵抗情绪瞬时高涨,德国人被排挤出了各个俱乐部。事态可能进一步恶化,甚至有声音称要将他们逐出上海!这些都是卢西塔尼亚号事件带来的后果。"[77]

几个月后,上海的世界主义特质超越了国籍差异带来的隔阂。与他对德国领事在首都街道遇袭的描述相反,朱尔典在1916年1月记录道:上海"在现阶段是国际社群一个独特的样本。一股强大的、由英德等国人组成的、数目堪比一支小型军队的志愿者,每周都会在一位英国陆军上校的带领下聚集……与欧洲战争唯一不同的是,他们并不为各自国家的主权和领袖干杯,只是在偶尔参加庆典时,为市政委员会主席的健康举杯!"

军事暴动

中央政府已逐渐丧失对地方军队领袖的控制,社会秩序问题日益突出。相比之下,由全新共和国在管理模式和人事方面的变化所带来的领事调整问题变得黯然失色。袁世凯总统,即候任皇帝,曾控制国家以及地方军权。他死之后,地方军阀开始为争夺领土和资源进行混战,加剧了北京政府和南方由孙中山领导的国民党之间的分歧。在北京政府内部,黎元洪总统和段祺瑞总理之间的矛盾日益加剧,其分歧点在于是否要向德国宣战。事实上,"中国已经被分成很多隔离的、独立的、半独立的区域,每个区域都有最高军权领袖。"[78]

1916 年,许立德(Meyrick Hewlett)在前往四川省省会成都市担任领事的途中,由六位来自贵州的保镖 12 天全程护航,以防当地猖獗的土匪骚扰。他到任后很快便意识到,虽然名义上四川军阀联合邻省云南军阀无视北京中央政府,实际上两省以及军事领袖之间存在着不少矛盾。

四川土地肥沃,物产丰富,盐和鸦片带来巨大的收入,而云南却是个贫穷的省份。云南带头宣布从北京政府独立,以抗议袁世凯"复辟"的计划。四川在 1916 年 5 月紧随其后,邻省贵州亦向四川派军驱逐中央政府的军队。

1917 年 4 月 18 日,许立德在川军与滇军交战地所在的城市被捕,其中还有黔军的干涉。他的领事馆的所在的街道一头是川军的街垒,另一头则是滇军的街垒。4 月 18 号晚上,"滇军批准曾与我一起玩过桥牌的法国医生穆亚克(Mouillac)、普佩兰(Poupelain)通行,于是他们得以回家。法国领事却没那么幸运,我和他还有英美烟草公司(the British-American Tobacco Company)的安德森(Anderson)一同被川军扣留了一整夜,为的是在紧急情况提供帮助。"第二天,作为这场跨省纠纷的"中立方",许立德被要求前往川军总部谈判停战事宜,原因是"街垒处强烈的狙击声让人听得很不舒服"。他只好"爬过滇军的街垒,步行穿过中间带,来到川军的街垒下。他只好沿墙放一张桌子,再在上面加一条凳子,然后爬过去。全程狙击都不曾停歇……"他争取到了短暂的停火,但是"交战双方的敌意随即加倍深化"。最终,"城市被滇军和川军分割,而两边的军队之后又被中立方黔军所分隔,尽管这发生在10周之后。"

滇军离开后,黔军摧毁了"整个城市的六分之一",包括法国领事馆的大部分面积,法国领事只好向许立德寻求避难。英国总领馆虽然也遭到袭击,"但受损不严重。我把总领馆的弹药埋在一个小院子里,以防止它随时爆炸,"并且我还成功包扎了一位士兵"几乎断掉的"耳朵。"过了些日子,我收到了这位士兵的长官的感谢信,同时他又送来一位胳膊受伤的士兵寻求治疗。他的手肘骨都突出来了,我对此也无能为力;所以我只好告诉他我擅长治疗耳朵,对胳膊的伤没有办法。我建议他去市北门外由法国医生开的医院进行治疗。我还给了他一支高浓度的白兰地酒……"[79]

被中国中央政府垮台带来的一系列更紧急的问题所缠身,许立德无暇顾及欧洲的战事也就显得不奇怪了。然而他在北京的政局中却仍占据一席之地。来到成都之前,他曾担任过长江沿岸小城宜昌的领事。1914年12月到任后,他就曾说当前局势不容乐观。"战争处于艰难的阶段;除了港口有一个德国领事官,这儿还有一个大型的美国人社区,他们自然是有观念分歧的。在很多场合,除了提到那两起最好被遗忘的悲惨事件,他们都保持着正确的中立态度。"

两年后,也就是正当袁世凯准备称帝的"君主危机"之时,许立德和妻子一起去山洞探险,在前面负责照明的领路人"大喊着往回跑'有龙啊!'"他们观察后认为这可能是一些石雕龙或是化石。他们把这一发现报告给地方当局,当地官员很清楚在中国传统观念中,龙是帝王的象征,于是把照片寄往北京。"无疑,希望神龙出现的宜昌立刻受到皇家的重视。这一发现被告知给候任皇帝……"

候任皇帝"给出了非常明智的答复:从一开始,唯一能确保一个朝代崛起的就只有政府为促进管理和大众启蒙运动所做的努力。如果人们自由谈论诸如'灵鸟''黄龙'等等之类的天象,政府就不会有所改善。"

尽管对登基称帝的野心高涨,但袁世凯仍然拒绝承认这是个征兆,反而倡导对这一"古化石"进行科学研究,最终证明这仅仅是岩石的自然形构。[80]

贷款和枪

当意大利公使斯福尔扎公爵还在担心战争将持续几十年并沮丧地认为自己将被无望地困在北京时,许多在中国不同地方工作的年轻男士在盘算着返回欧洲参战。

1915年11月1日,英国驻华公使馆医生道格拉斯·格雷(Douglas Gray)正式致信朱尔典先生,请他"转达我想加入皇家陆军军医队一个临时委员会服役直至战争结束的请求",并强调他在"军事外科方面的特别经历"。[81]战争爆发时,来自烟台领事馆的波特正在家里休假,他立刻请求入伍。和斯福尔扎公爵的悲观态度不同,外交部相信战争将在波特休完九个月的假期之前结束,因此他的请求遭到了拒绝。大部分外交官的遭遇也不例外,因为让他们去参军被认为是对他们进行多年外交训练的一种浪费。不过,一旦中国参战,在领事服务机构的年轻人们将被允许参军。[82]就连年过六旬的朱尔典先生都写道:"有时候我真希望自己再年轻一些,这样就能够帮忙制造军火或做一些其他有意义的事情,而不至于困在中国无所事事。"[83]

参军

理查德·伍德（Richard Wood）是一名来自苏格兰的年轻记者，在来中国工作之前曾在英国的《敦提广告人》(*Dundee Advertiser*)进行实习。战争爆发后，他离开所供职的《文汇报》和《字林西报》加入了苏格兰高地警卫团（the Black Watch）。他在战场上两次受伤，荣获了杰出服务勋章、军功十字勋章和军功勋章等荣誉。伍德的伤势再未得到痊愈，但他后来还是回到了中国继续在《字林西报》工作。[84]

挪威人拉斯马森曾两次试图参军。当时他在中国，供职于德商瑞记洋行，该企业原本属于德国，后于1914年被"清算"后转成一个"在香港注册的英国企业：安利洋行(Arnhold Bros)。1915年，拉斯马森正在伦敦休假，他突然意识到：

> 当成千上万的年轻人牺牲在弗兰德斯（Flanders）的战场上时，他还没有做跟战争有关的任何事情。当初都是戎装的年轻人……我还看到国际红十字会的火车，还有在执行沉重任务的救护车……我突然觉得自己十分渺小，羞愧难当。我在布里克斯顿一个警察局以外国人的身份今进行注册，然后一个举止十分粗鲁的警官质问我在英国干什么，为什么在战争期间还在度假。一个负责征兵的警官以同样粗鲁的口吻问我我凭什么认为自己能加入英国的军队。他说我来自一个中立国，这是他们的战争，而不是挪威的。无论我怎么尝试都无济于事，因为他们并不急于征召任何中立国家的人。很明显这是场属于绅士们

的战争,它的规矩被严格执行。"[85]

后来,在1917年的冬天,他"射杀了14头野猪,觉得通过英国驻北京武官可以有机会参军。1918年春天,我终于成功了。我把我的房子和其他所有财产变卖了并通过太平洋和加拿大回到英国。但我到达得太迟了,那时战争都快要结束了。"[86]

海关总税务司的情况略有不同,他本是中国政府的一个官方部门,但自始至终都被一个英国人所掌管,其雇员分属不同国籍。出于对祖国效忠的想法,很多年轻人都志愿去服兵役,引起了一部分人担心这会打破国际平衡,并且英国的人数优势也将难以得到维持。也许是害怕日本会乘机填补多个职位空缺,海关官员保罗·金(Paul King)称:"招聘大量即非来自中国也非来自西方的雇员将让这项业务的国际特点变得模糊不清,同时,东西方之间难得的平衡也将不可避免地被打破。不过幸运的是,人们很早就意识到,英国有很多看不见但却真实存在的战壕,不在战争前线而在其他地方。"[87]

1914年7月7日,海关的一名高级官员塞西尔·包罗(Cecil Bowra)在北京参加了一个在圣弥厄尔教堂(St Michael's Church)"为弗朗茨·斐迪南大公及其夫人举行的追悼会,他们于一周前在萨拉热窝遭人暗杀"。几个月后,他"为北京的德国人社区激进好战的态度感到惊讶,并被一位令人尊敬的朋友,德华银行(Deutsch-Asiatische Bank)的主管科德斯(Herr Cordes)先生的一席话惊吓到,他说:'我告诉你,就算皇帝不想斗争,德国人民也会逼他这么做的!'"[88]

在沈阳的海关语言学校(the Customs Language School),邓罗(C.

H. Brewitt-Taylor）正在想办法维持学生的数量。此前，英国领事动员所有适龄英国公民考虑参军加入战争。邓罗自己的小儿子已于1914年8月加入了英国皇家陆军军医队，同年，他因"在伊尔普战役中担任担架手运送伤员"受到嘉奖。他在美索不达米亚服役时因感染疟疾被送回家，后来他又重新加入皇家陆军军医队并于1917年在蒂耶普瓦勒（Thiepval）因伤去世。莫里循致信邓罗以示哀悼，后者简短回复，"是的，我的儿子同成千上万的年轻人一样。"[89]

沈阳语言学校的招生规模已经缩小至一间教室里只有一个学生。1914年10月，朱尔典先生报告称："几乎所有海关的未婚男青年都申请去参战，如果所有申请都批准的话，海关的工作将陷入停滞。安格联（Aglen，曾任海关负责人）尽量去满足大家的诉求，几乎所有曾接受过军事训练的都得到了允许。这是一个困难而又有些冒险的实验，因为中国想用自己的人来填补职位空缺。"[90]

贷款

自1854年由英方开始运营以来，大清海关对中国和国外列强在财政方面都有着至关重要的作用。中国需要资金来支付贷款和损害赔偿，而列强们对这些偿还十分贪婪，其中大部分来源于海关的税收。

1913年，盐税在中国创立，以确保中国能赔付各种外国借款，包括1898年签署的英德借款、1901年的庚子赔款、1908年的英法借款、1911年的湖广铁路借款和1912年的克利斯浦（Crisp）借款。在英国控制下的盐税是另一项借款的条件，即和英国、法国、德国、俄国和日本五国银行达成的共 2500 万英镑的 "善后大借款"（the Reorganisation Loan）。盐税由英国人理查德·丁恩爵士（Sir Richard Dane）负责，他于 1915 年帮中国实现了 600 万英镑的收入，主要让外国借款方从中收益。在北京，丁恩被大家戏称为 "盐税人"（the salt gabbler），因为他从 "早到晚谈论的都是盐"。[91]

朱尔典先生在盐税制刚建立便对其产生了浓厚的兴趣，1913 年 11 月，他写道他 "希望盐……能够足以偿还政府所欠的债务"。1914 年 9 月，战争刚一爆发，他对此更有激情。"中国将重新开始赔付（庚子赔款）。可以预见，中国没有什么理由再拖延对借款或损害赔偿金的支付了。我将牢牢记住任命英国人来负责盐税一事，这是值得我们骄傲的成就之一。我很好奇如果让德国人来担任此职的话现在会是什么情况？事实证明，盐税拯救了中国。中国人也许会因为鸦片诅咒我们，但他们一定会因为盐而永久感激我们。"[92]

和敌人进行交易

在宣告中立的中国，德国的生意一直进行得有声有色，朱尔典先生对此十分关注，但对此无法控制，除非他能向伦敦证实跟英国企业有关。1914 年 10 月，伦敦方面对中国进行指责，他为中国政府辩称，"中国完全未尽到一个中立国的义务……一些英国、德国和法国的船只被拘禁在五六个或更多的港口，还有 61 个德国好战分子被扣押在南京。诚然，当前有些放纵过头了，但我们从中得到的利益比敌人多多了。"[93]

1915 年，朱尔典对拉斯马森所在的英商安利洋行感到担忧。就安诺德兄弟之一来访北京一事，他写道：

> 从你上一封电报我悉知你准备在一定条件下让他经营一段时间，以便让这个新企业有机会证明是否真的是一个英国企业，或只是德商瑞记洋行的一个幌子。我不希望再看到这个德国企业继续生存下去。当前安利洋行的交易也有很多让人可疑的东西，但是既然已经决定给它们两个月的时间展现自己良好的信誉，我承认我对你们走这一步并不感到遗憾，尽管我毫不怀疑这将在中国让很多人咬牙切齿……我个人一直被安诺德"骚扰"，但据我判断，他是个犹太人，不是德国人。我对他的所有承诺都持怀疑态度，但他宣称他弟弟做的所有事情都在领事官员知晓的范围内。[94]

走私军火

1915 年初，有提议让朱尔典先生帮助在法国和俄国前线的协约国军队在中国寻找急缺的军火来源。这是一个更复杂的贸易问题，这将违背中国作为中立国的立场，他对此感到十分不乐意。伦敦方面相信在中国很容易买到日俄战争中在满洲缴获的俄式步枪。朱尔典先生否认自己知晓任何关于这些武器的消息，并指出中国是个中立国，她的政府严禁武器出口。但他的抗议遭到了无视，英国政府建议他"找一个中间商，这样的话他对我们的销售就不会遭到同样的反对。"[95]

根据悉尼·巴尔敦（Sidney Barton）的建议，朱尔典找到了中间商。巴尔敦是英国公使馆的中文秘书，据乔治·莫理循透露，他妻子和艾斯顿有暧昧关系。他相信埃德蒙·特里劳尼·巴克斯（Edmund Trelawny Backhouse）先生能够"私下以每支3.1英镑的价格购买3万支不带弹药的毛瑟枪，以及产于1911年和1912年的曼利夏（Mannlicher）步枪"。巴克斯自1899年就生活在北京，他曾经显赫的家庭遭遇了破产的尴尬，而他也成了典型的靠国内汇款侨居的人。他精通中文，曾帮乔治·莫理循翻译了中文图书，还帮牛津大学的博德利图书馆（the Bodleian Library）购买古书，但最终却带来了财务和书目上的灾难。表面上他还是位于格拉斯哥约翰布朗（John Brown）造船厂的代理商，该企业一直向中国海军出售装甲轮船。后面这项业务从未给巴克斯带来什么利益，但是造船厂这个掩饰现在被外交部用来实施秘密交易。

巴克斯雄心壮志地开始了这次交易，6月30日他向朱尔典报告称他已经在汉口、杭州、沈阳、天津和南京找到了15万多支澳大利亚和德国造的步枪，同时还有100多支斯柯达马克沁式（Skoda Maxim）重机枪。直到8月，武器的数量还在以惊人的数量增加，"10万支步枪，还有大约350挺克虏伯（Krupp）机枪……以及3000万发弹药"。

信息泄漏引发了一阵恐慌，此后，这次庞大的运输似乎正式从上海启航了，往香港驶进。航程到了福州和广州地区报告了延迟，但之后就杳无音信了。"被描述得很完美的步枪和机枪……快速驶进的船队以及从汉口到广州这段让人激动的旅程……这些描述吸引了从伦敦汇往北京的200万英镑资金……外交部和战争指挥部也开始忙于此事。此外，军事理事会和基奇纳勋爵本人，以及外交大臣和殖民地大臣也亲自介入。这一切都报告给了内阁、首相以及国王。但现在看来,所有的一切都只是一场虚无缥缈的虚饰,这个梦想的空中楼阁瞬间轰然倒塌……"

朱尔典先生为此感到羞愧不已,他一开始就不想卷入此事,而他也不是在北京唯一一个被巴克斯欺骗的人。朱尔典因此被召回休假一年,其职位被代办艾斯顿(Beilby Alston)所顶替,他此前在伦敦处理了这次枪支事件。

1917年

1917年对于前线（各国）是至关重要的一年。随着袁世凯复辟计划破灭，南北紧张关系加剧以及各省的骚乱持续，中国于当年8月决定加入协约国可以说是具有前瞻性的一步。

1917年1月31日，德国宣布"开始进行攻击性无限制潜艇战，只要在是英国、法国或者意大利周边战区，或者是地中海东部区域行驶的船只，不论属于交战国还是中立国，德国都将一律击沉。"[96]尽管当时相当一部分民众反对加入欧战，但德国这一决定令美国不得不对当时德国驻美大使提出了严正抗议，同时还号召所有的中立国，包括中国，跟随加入。2月9日，位于北京的中国外交部就潜艇战向时任德国驻华公使冯辛策少将提出抗议。"当年为了躲避追捕，冯辛策隐姓埋名后从美国出发，并假装成一名挪威籍船只的货运员"才辗转来到中国任职。[97]中国外交部抗议潜艇战"将威胁到中立国之间以及中立国与交战国之间合法的贸易往来"。抗议还称，如果情况得不到改善，"中华民国政府会表示深深遗憾，将不得不断绝两国的外交关系"。

随后，冯辛策少将向中方转达了德国政府"谦逊的"回复：

德国对于中华民国政府在抗议中提出的威胁感到十分震惊。诚然,很多其他国家也都表达了抗议,但是,作为与德国一直保持友好关系的中国,是唯一表达了威胁的国家。令我们更加震惊的是,中国在被封锁的海域并不存在任何航运利益,因此也就不会遭受任何损失。

中华民国政府还提到当前的战争模式造成了中国公民的牺牲。德意志帝国政府想指出的是,中华民国政府从未针对任何公民伤亡的相关事件跟德意志帝国政府沟通过,也从未因为相关事件提出过抗议。根据帝国政府接收到的报告,这些牺牲的中国人是在战争最前线挖战壕或者从事其他战事工作时牺牲的……事实上,德国在多个场合就雇用中国公民从事与战争目的相关的工作提出过抗议,这都是德国政府向中国表示友好的最佳证据……

德国政府的照会在结尾处威胁道,与德国断交将会将中国"陷入不可想象的困境之中"。[98]在批评中国运送劳工协助协约国的同时,德国还谴责中国政府冒昧地向德国提出威胁。可是,德国却罔顾了一个事实:一艘从中国前往法国的船只在途中被德国的潜艇击沉,当时船上700多名前往法国的中国劳工因此丧生。[99]

1917年4月6日,美国向德意志和奥匈帝国宣战。中国于3月14日正式断绝与德国的外交关系,但是紧接着中国与相关方进行了疯狂的谈判、承受着来自协约国的施压并经历了激烈的国内斗争,五个月后才追随美国的脚步加入战争。

德国此前暗示中国此举将会让其"陷入不可想像的困境之中",

但是这些困难并非来自德国，而是由协约国造成的。中国陷入了越来越多的背叛之中，有的微不足道，有的造成了巨大伤害。

1917年2月17日，戊戌变法领袖之一梁启超拜访了位于北京的英国公使馆，"宣称中国政府已经决定断绝与德国的外交关系"。艾斯顿在给英国战时内阁的照会中把梁启超描述成"一位与北京政治关系紧密但不愿意担任任何职务的知名学者"，但事实上，梁启超曾经担任司法总长，并且在后来于1917年7月至11月担任财政总长。

根据艾斯顿的描述，梁启超表示中国政府"为财务方面的问题感到深深担忧，他们考虑到为了应对目前的状况，中国需要大量花费来进行准备，因此建议协约国政府考虑暂停庚子赔款并增加海关关税"。

中国驻日本大使和中国外交总长在向相关国家提出初步询问后指出，从日本、法国、俄国和英国的代表得到的反馈是："此事基本不可能推迟，"但一旦获得同意，他们"将准备邀请协约国政府就损害赔偿和关税问题给与有利于中国的考量。至于进一步的经济援助问题，会根据中国是否准备及何时积极参与到战争中来而进行考虑。"[100]

严重背叛

在梁启超试探性地拜访艾斯顿的三天前，中国遭遇了首次灾难性的背叛。1917年2月14日，英国正式却秘密地通知日本：英国"乐于支持日本提出的处置德国在山东省的诸权利的要求"。此外，日本与法国，意大利和俄国也达成了类似的协议。[101] 英国首相戴维·劳合·乔治希望通过这个协议能让日本向地中海派遣小型舰队，以此对抗德国潜艇的威胁。[102]

除了暂停支付赔偿，中国还希望参战能使自己受到公平对待，世界接受中国是作为国际外交的参与者的身份，从而在战争结束后的和平大会上，中国能得到平等参与的机会。在遭受了日本的侵略以及外国势力的占领和侵犯之后，中国渴望得到机会去重申主权和对国家的控制权。而戴维·劳合·乔治与日本的秘密协议，令中国失去了作为平等的潜在国际地位的机会。同时，中国也提前两年就被剥夺了在和平大会上获得一席之地的机会。

1916年9月20日，朱尔典先生指出，"中国渴望参战的主要原因是寻求获得'独立国家'的地位，并像其他协约国一样在各方面享有平等的权利。此外，参战还将使中国获得相应的物质回报，包括收回德国在山东的特许权，停止向德国支付庚子赔款等……而日本以同样的理由反对中国加入战争"。但是，日本同时又"渴望中国参战，从而最终摧毁中国作为独立国家的地位。通过战争，日本希望勒索到德国在中国的租界，并趁机将日籍人员安排在由德国人被驱逐后在中国各机构留下的职位空缺，从而把日本的触角牢牢地安插在中国各地，让整个国家最后落入其控制之下。"[103]

起初，美国呼吁中立国家，包括中国，加入其针对德国的抗议行列。随后，美国对德国宣战，但其对中国的态度却突然发生了细微的变化。1917年6月，中国南北分裂局势愈演愈烈，"复辟帝制"的想法也暗潮涌动，美国担心中国作为一个正常运转的共和国将最终崩塌，于是便向英国，法国和日本提议组成统一战线并告知中国

"维护一个中央统一且负责任的政府对于中国自身和全世界而言都是头等重要的事情",相对于"国家的统一与和平,中国加入一战对抗德国是次重要的事情"。[104]乔治·莫理循称,美国驻华公使顾虑的是,"获得国会的同意是对德宣战的必要条件,但是目前,中国没有国会,任何军事行动都是违反宪法的。美国公使曾警告中国,如果他们执意参战,那么他们将无望得到美国的经济援助,同样也得不到其他协约国的支持。"

一直向中国各分离势力的军事领袖提供经济支持的日本,指责美国干预中国内政。正如莫理循所评论的那样:"很明显日本希望其被视为唯一有权干预中国内政的国家。"[105]

事实上,中国的希望之门已经被英国,俄国,法国,日本和美国狠狠地关上了,但这并不妨碍协约国着手开始针对赔款和海关关税细节进行愈加消极而持久的谈判。然而,这些讨论和外交会议都因1917年7月第一周在北京展开的种种戏剧性事件所打断。

帝国复辟

6月,被普遍认为受到德国经济资助的张勋将军率领5000人的队伍进入北京。[106]张勋是前清遗老,1900年义和团运动后八国联军占领北京期间,张勋曾陪同护送慈禧太后离开北京。此后张勋支持袁世凯,曾因其残暴镇压1913年旨在讨伐袁世凯的"二次革命"而闻名。张勋和他的士兵们保留着旧时满族男子的长辫子装扮,因此被称为"辫子将军"。

张勋的目的是恢复中国最后一任皇帝溥仪的皇位。刚开始,他在北京几乎没有遇到抵抗,于1917年7月1日宣布恢复帝制,全城都飘扬起龙旗。张勋复辟被朱尔典先生描述成"典型的中国革命运动——纯粹的喜歌剧"。[107] 当共和军集结起来时,英国驻华公使艾斯顿称:"共和军的枪从顺治门附近一带打响……他们的火线在英国公使馆的西北墙消失,至少一两颗弹壳穿越英国公使馆。"[108]

7月14日,莫理循向他的妻子去信,内容充满对这场起义的巨大讽刺。他写道:"我们在周四经历了一段有趣的时光。交火非常可怕!大约三四万士兵在一个密闭的空间进行生死搏斗,最后29人被打死(其中14人是士兵,另外15人不是),数人受伤。你一定从未听过如此可怕的爆炸声。在我所住的区域,数千人在战斗,仅有1人受了点轻伤。"[109] 莫理循称,三枚炸弹被扔进紫禁城内,新登基的皇帝和他家人正蜷缩于此。而艾斯顿讽刺地说,称仅是一个"(从南苑机场的一架飞机扔下来的)小炸弹便在皇室中引起了极度恐慌……除了杀死池塘里的几条金鱼,还有站在池塘边的一个太监,这个几乎没有什么物质杀伤力的小炸弹,却成为促使皇室最终陷入绝望的决定因素"。

所有斗争于7月12日都结束了,皇家龙旗"从建筑物上迅速消失,甚至比他们出现的速度更快"。而张勋的士兵们,因为害怕被杀害,剪掉了他们的辫子,"小辫子开始在天坛外面迅速消失"。[110]

黎元洪总统从他的住所逃到了法国医院,他请求法国提供外交帮助去拯救他的家人。法国外交官阿列克西·圣—莱热·莱热被"选派乘坐汽车去接这位民国总统的妻子、女儿、儿子和妾侍们"。他就在黎元洪的家里等着。"屋内有一个浅绿色痰盂,一张比真人还大的黎总统的画像,以及一张德皇威廉二世的签名照,照片里的德皇被他的元帅们簇拥着……家具都用棱纹平布装饰，时钟是巴伐利亚制造的，走得很慢。"最终，三辆豪华轿车里坐了一位"脚像山羊蹄的李夫人"，还有"数名穿着杏色丝绸的小妾"，但是最终只有"李夫人，她的三个女儿还有一个带着银镯子的脏兮兮的孩子在我的住所里待了三周，房里的帘子上仍留有被一个中国小孩的小手弄上的果酱渍"。[111]

张勋将军的部队最终被围捕了，士兵们拿到了钱，坐上火车回家了。张勋一开始请求英国公使馆向其提供保护"以免发生不测"，但最终到了荷兰公使馆寻求庇护。荷兰公使贝拉斯（Beelaerts van Blokland）被形容为"非常亲德"以及"对德国人过度仁慈"，因为他曾"决定召回北京城外拘留营的前德国公馆看守并配给他们武器。此外，贝拉斯更把张勋安顿在原德国的军营内，在中德关系破裂后这些军营由荷兰公使馆侍卫负责……"

荷兰公使曾经向英国询问是否由其接管张勋，但是艾斯顿称"由于在战争爆发伊始，英国公馆曾向张勋提出在其公馆避难作为张的优先选择，并以此作为防止起义爆发的一种手段，但张勋拒绝了这一邀请。在张勋拒绝了英国向他提供的非常合理的条件，并因此导致了事实性的流血事件后，我拒绝荷兰公使对其进行安置的请求……"有人暗示德国参与了张勋复辟的起义，而法国人也提议要把张勋送到遥远的留尼汪岛避难。[112]

轻微背叛

在7月和8月相交之际，有关中国财政状况的讨论仍在协约国之间进行。当年3月,中国曾请求把庚子赔款推迟10年,期间不计算利息,同时还要求把关税提高到5%,并增加入口关税。[113] 中国还指出,在向德国宣战后,她应该立即享受免于向德国和奥匈帝国进行赔款,而协约国之间的讨论仍在继续。

各国交锋持续,意见始终未能达成一致,包括在战争期间是否暂停中国对所有赔款的支付,是否应该算利息等等:"俄国公使(在没有在俄国政府的指示下)提议协约国不应该暂停庚子赔款(俄罗斯占29%的份额),而应该给中国提供特别贷款……俄国和法国公使的态度得到了意大利和比利时公使的支持,事实上这也表明他们希望与中国讨价还价,从而保证他们牢牢控制着中国的财政。"[114] 此外,日本人要求修改对棉花的进口税,但这并不是为中国考虑,而是为了保护已经取得巨大成功的日本棉纺织业。[115]

争论一直持续到中国宣战之后,部分是因为意大利和俄国公使迟迟未能从其本国政府得到明确的指示,还有就是他们所提议的"因为中国已经无条件对德宣战,不再需要作出如此巨大的让步。"艾斯顿写道,意大利公使承认了国家贫困——"意大利财政部枯竭的常态",而俄国公使克鲁朋斯基(Kroupensky)王子也承认了"现在俄国也正经历的财政混乱状态"。

俄国不仅仅在财政状态上混乱。比起对于中国的庚子赔款比例的不休争论,俄国公使更是为战争的状态和即将到来的革命纷扰不堪,他于一个月之后遭到逮捕并被关进了监狱,其职位由新任公使托洛茨基(Leon Trotsky)所接替。1917年9月,英国公使馆的报告提到了"(在被问及推迟庚子赔款支付问题时)意大利公使和俄国公使均保持缄默",而这并不是第一次出现这样的情况。"而从俄国内部环境上看,想要通过接触俄国政府令其撤销庚子赔款中的保留条款,从而促使协约国团结采取一致的行动,我认为是无济于事的。同时,除非我们能诱导俄国政府投赞成票,否则我们也无法期待意大利政府会放弃他们的观点。"在这份在英国政府部门中流传的备忘录中,用红色铅笔增加了一条:"要在俄国有自己的政府的时候进行呼吁,对意大利人也是如此。"[116] 经历了数月毫无成效的谈判,中国的财政状况并没有松一口气。

在中国的德国人

中国政府一放弃中立,英国政府就下定决心施压,让政府对在华的德国人采取行动,最好是遣返所有德国人和奥匈帝国的人。第一个建议就是把他们送到印度去,然后又觉得把他们拘留在澳大利亚更好,但澳大利亚政府后来因担心遭到德国报复而没有同意。英国最初建议中国政府承担遣返的费用,但到了10月初又考虑自己承担4000来人的交通和生活开销。11月,朱尔典报告说:"中国当局没有勇气,没有钱,也没有必要的行政系统来进行普遍拘禁。为了盟军利益,应尽快将敌方人员逐出中国。"[117] 英国还希望中国扣押德国的船只让盟军使用,因为盟军急需运输力量,并且急切地想要阻止德国的贸易,而由英国取而代之。

中国政府就敌国人员制定了一系列的规定,但英国对其并不满意,反而加以嘲笑。"艾斯顿显然倾向于拘留而不是遣返,但他指出一个完全不存在的难处,即缺少吨位。而实际上,在上海有3.5万吨空置的敌军船只。中国已经宣布敌国公民将被拘禁,但如果愿意可以继续做生意，甚至可以离开；中国然后还制定了很多关于拘禁营的规定。事实上，他们似乎很喜欢乱定规定，而这些规定本身往往是互相矛盾，毫无意义的。"

这份报告在英国政府各部门间传阅，同时多了各种备注："总体来看，中国政府对待敌国公民的态度说明，我们很有必要确保他们的'整体'遣返。中国对拘禁营的监控将会是一场闹剧。"[118]中国政府颁布的一则规定建议没收所有的地图和炸药，但打猎的工具、飞机、背包和马鞍只需要"在此期间由当地官员保管"。还有一条规定禁止了敌国公民"旅行和野餐"，这让英国觉得非常滑稽。可是，因为在西山、故宫或皇陵这些地方野餐是很多当时在北京的外国人喜欢的度周末的方式，这条规定似乎也是合乎逻辑，甚至有点惩罚作用的。

朱尔典先生带着同情地写到中国应对盟军要求遣返敌国公民的努力："中国方面积极投入这个任务，并且也愿意执行，但要等到盟国兑现他们在中国加入战争之时所作的承诺。这主要涉及赔款和修改关税的问题。但在这两点上盟国没法达成一致兑现承诺。"在说到数月来关于经济让步的"徒劳无果的讨论"和遣送澳大利亚的计划搁浅时，他说这责任并不在中国，并且"中国政府尽管软弱，到目前为止还是忠实地完成了他们的义务"。[119]

为欧洲所用的中国军队和船只

拘留还是遣返敌国公民的问题是盟国提出的，但中国自己也提出了提供船只和军队。盟国则继续吵闹。

在1917年9月4日北京传来的"绝密"信息里,英国驻北京的海军武官报告说,中国的国防委员会中有人提供"两艘巡洋舰和三艘驱逐舰……供远东水域巡逻使用"。海军武官说,尽管"这建议,如果正式执行,它的实际用途可能不那么大,但是我认为明智之举还是应当加以考虑,因为除了拉近海军的各个派系,毫无疑问也在这里(北京)产生很好的影响"。"如果中国正式如此建议的话,英国海军是会接受的。"但一份1917年9月27日的文件中有称,"不幸的是,中国政府似乎对海军没有多少控制,而海军主要是控制在南方党(孙中山的国民党)手中。"[120]

让中国军队加入欧洲盟军的建议进行得并不顺利,主要是由于法国和美国方面的举动以及英国方面对于这些军队应该用在哪里意见不统一。1917年10月16日朱尔典给外交部发去电报,称"总理10月13号告诉我,中国政府提出送3—4万人和法国合作。他补充说,美国也愿意提供资金帮助中国政府输送军队并提供装备。美国外交部长也证实了这个消息。我猜法国提出让盟军船运委员会提供运输。"

建议遭到猛烈反对。"法国正采取的政策完全是浪费盟军吨位,而为此他们不会得到任何军事上的回报……除了我们在北京的军事武官,大家都认为连最好的中国军队,都不能够经受西方前线哪怕五分钟的枪林弹雨……法国在胡思乱想……因为他们或多或少要在海运方面依靠我们,所以他们着急行动。"在这份电报文件上,一行铅笔的备注写道:"我个人认为这个计划很蠢。"[121]

英国一边有很多其他战线要考虑,一边通过陆军部战争办公室、外交部和印度事务部来回通信,讨论是否有可能大方接受中国的建议,将中国军队派到别处。"中国军队的战斗力值得怀疑,将他们输送到米索不达米亚或东非显然是很困难的……雇佣中国人对当地人的影响或许会大大有损我们的声望……最后,还有一个危险是,如果我们接受,日本会坚持要训练中国的军队,并且给中国军队找军官,因此可能会逐渐开始控制整个中国军队……"

塞西尔爵士评价说,"印度政府肯定不会接受把中国军队派到米索不达米亚。"不到一周后他又重申这一点,指出战争办公室"正在考虑派送中国军队去埃及",因为有建议提出说:"一小部分军队"或许可以"被用在加沙前线,而不是在三角地区当警察或巡逻……他们应当有自己的军官,而不让日本有机会提供军官。"[122]

最后,虽然中国多次提出提供海军和军力支援,盟军还是没有部署中国军队。但在一战期间,中国劳工忍受伤病和死亡,一直在法国的矿山和工厂辛勤劳动,他们的奉献弥足珍贵。尽管提出提供军队和船只,尽管中国政府在港口扣押了德国船只,但在凡尔赛和平会议上,英国和没有派出一名士兵的日本都指责中国说其在整个战争期间选择不帮助盟军。[123]

战后的失望

1918年11月11日,德国与协约国签署了《康边停战协议》,北京上下一片欢腾。美国公使芮恩施写道:"北京在各种麻烦中欢庆胜利。"他向协约国描述了官方的庆典:"每一位协约国代表到来,北洋海军乐队就奏响国歌。当俄国的代表入场时,乐队在没有受到特别指示的情况下奏起了老沙俄帝国的国歌。库达摄夫王子听了为之动容,因为那首国歌已经被废止,他是流着泪走到我面前的。"聚会移到了紫禁城,"里面站满了军队……总统向所有国旗鞠躬并致辞,飞机这时候出现在天空,向下抛撒数不清的中华民国国旗,以及红纸金字的传单……火箭炮被发射到天空,紧接着动物、士兵和武器形状的纸片被抛洒下来……它们在空中飘了很长时间。"[124]

库达摄夫王子的忧郁不是毫无原因的。新上台的俄国布尔什维克政府于1917年12月15日与德国签署了一份停战协议,从战争中退出。英国和日本的军队也已转移到了西伯利亚。朱尔典先生在那时写道:

> 俄国及其使团在中国的地位是很可怜的……库达摄夫王子一直是一位出色的同僚,我个人非常欣赏他。有一天他接到指示,须将他的职责转交给使馆另一位认同布尔什维克政府的高级官员。任命书在使团每个人头上转了一圈,从参赞一直到最底下的学生口译员。所有人都婉拒了续任,并将他们自己与布尔什维克划清界限。唯一的例外是那个学生口译员,他坦言自己有社会主义的倾向,但是并没有准备好接受这个续任。[125]

中国现在的希望就集中在1919年1月至5月在巴黎凡尔赛举行的和平会议。

巴黎和会召开前,乔治·莫理循指责日本跑到贵宾席上来,他指出1915年"日本曾拒绝让中国加入协约国作战。1915年11月23日,英国、法国和俄国驻东京的大使觐见日本政府,请日本支持他们将中国也吸纳到协约国中……时任日本外相石井菊次郎代表日本政府断然拒绝了这个请求……这是一个关键的时刻,如果中国被允许参战,她将为协约国带来物资支持……但是日本政府拒绝了这种援助……这是永远都不能被忘却的。"[126]

很显然,英国首相戴维·劳合·乔治确实忘记或者是罔顾了这些事实,他告诉凡尔赛的同僚们,他从来就没听说过《二十一条》。他的外交部长阿瑟·贝尔福则完全站到了日本一方,他宣称中国无权接受一些"连她自己都不能收复的东西"。[127]

然而,对这些秘密与偏见毫不知情的中国,还是准备参加凡尔赛的会议。

两个代表团

在一个试图调解北洋政府与南方孙中山领导的政府的会议在上海宣告失败后,两支代表团被派往凡尔赛,一个来自北方,一个来自南方。北方代表团是官方团,由外交总长陆徵祥率领。1913年,朱尔典先生曾在他宴请的18道菜的宴席上脱去了外套和装饰。北方代表团的成员包括高级外交官施肇基,但是最引人注目的成员还要数顾维钧——一位在美国受教育的律师和外交官。当他为中国争取先前被德国占领后让与给日本的胶东半岛时,他的口才让所有人都为之赞叹。他需要做很多斗争,因为段祺瑞政府曾于1918年末与日本签订了一个"联防协议"。那时候,中国迫切需要经济援助,政府于是允许日本在山东"维持其利益"。顾维钧辩称这个协议是在被迫的情况下签署的。

1919年,顾维钧担任中国驻美国大使。就在前往巴黎前,他与美国总统威尔逊又进行了一次非正式谈话,他同时被邀请与美国代表团同乘一艘船前往巴黎,顾维钧认为这是一个积极的信号。在法国,他赢得了法国总理乔治·克列孟梭的好感,而克列蒙梭正好对日本代表团没有好印象,抱怨他们展现出来的丑陋。他是这样描述顾维钧的:"一只年轻的中国猫,拥有巴黎式的言谈与穿着,沉浸在轻抚和抓弄老鼠的愉悦中——尽管这只老鼠是为日本人留的。"[128]

尽管是协约国的一员,中国在该会议上并未享受到"四大国"的地位,即英国、美国、法国和意大利(此前英法答应意大利在战后可分得阜姆的达尔马提亚港,这一要求被拒绝后意大利于4月愤然退出会议),甚至连日本的地位都不如。和"四大国"一样,日本也派出了五个代表，偶尔还跟着组成"五大国"，但此举被大家"看作一个笑话"。[129] 而中国只被允许派出两名代表参加会议。

中国同时有两个代表团出席巴黎和会，这进一步加深了人们对中国的固有认知，即该国一直处于政治动乱之中。南方代表团和陆徵祥及他同事住在巴黎的同一家酒店。尽管双方都怀着相同的目的和期望，但彼此之间还是产生了不信任和互相怀疑的氛围。行李神秘遗失，接受日本贿赂以及进行不合时宜的联络等各种指责也开始流传开来。让人惊讶的是，南方代表团从始至终参加了此次会议。1917年，孙中山曾发文反对中国宣战，极力赞成中国严格保持中立。他表示，和协约国相比，德国对中国造成的伤害更小，因此向协约国宣战更好。他还辩称参与战争将在中国引起麻烦，反过来还会让日本在中国占到更多便宜。但是，随着和北京政府彻底决裂并于1917年9月在南方建立了军政府，孙中山就改变了原有立场并对德宣战。[130]

会议期间，有报道称陆徵祥接受了日本的贿赂。受这些报道的困扰，陆徵祥变得越来越沮丧。由于担心他的妻子受到影响，他选择消失几天，就像中国政治家在国内那样，以此来逃避困难的时刻。他和顾维钧大概不知道由英国、法国和意大利于1917年初签署的秘密协议，承诺支持日本争取在山东的权益以换取急需的轮船。但是，中国南方的代表团对得到欧洲和日本的支持不抱任何信心，开始和巴黎的社会主义国际联系并逐渐被俄国布尔什维克政府所吸引，随后从一名俄国记者手中拿到了那些协议的文本。

陈友仁是孙中山代表团的成员，有人递给他一个包裹，然后"他从那个大信封里抽出一些文件。他开始读这些由西方列强和日本签署的关于'蹂躏中国'或者'山东问题'的秘密协定……这些秘密文件自1917年共产主义革命之后就落入了布尔什维克手中,当时他们已掌握了沙皇的文件和档案。处于在巴黎和会上制造麻烦的迫切想法,俄国非常乐于向陈友仁提供关于背叛中国的证据。"[131]

事实上,俄国人似乎已经向参加会议的很多代表团都发了这些秘密协定的副本,告知他们关于沙皇专制政府与协约国一起参与过的交易。至于阿拉伯人,他们透露了英法两国根据1916年签署的《塞克斯—皮科尔协定》(the Sykes–Picot Agreement)的内容对奥斯曼帝国并吞一事的细节,引发了场类似的骚乱。[132]

尽管最终结果在1917年就已经决定了,但德国将在山东占有的领土移交给日本也并不是顺理成章进行的。会议试图说服日本在未来某个不确定的日子将山东的领土交还,此外,日本和美国之间的谈判也因为"种族平等"的问题变得愈发艰难,日本希望把这个概念写进美国总统威尔逊所倡议的《国际联盟盟约》中。威尔逊将国际联盟看作是巴黎和会产生的一个自然结果,是一种避免进一步战争的方式,但是种族平等这个问题并未被纳入联盟的盟约中,因为它受到很多国家尤其是英国及其帝国分子的强烈反对。

美国最终未能加入国际联盟,这是威尔逊最为失望的事情之一,而陈友仁恐怕应该为这件事情负一定的责任。陈友仁不仅把秘密协定提供给了孙中山,进一步让其不再对欧洲和美国抱有幻想,还提供给了"美国参议院外交委员会主席威廉姆斯·E. 波拉(William E. Borah),波拉当时正在发起抵制威尔逊这个国际联盟的运动",陈友仁算是给波拉的运动提供了额外的弹药,最终美国参议院拒绝加入该联盟。[133]

凡尔赛的失败

中国参加巴黎和会的两个代表团被不可调和的政治分歧而割裂，但同时又因为共同反对日本占领山东的诉求而团结在一起。两边的代表都拒绝在第156条第8款上签字，其规定"德国宣布将所有在山东的权利和特权让与日本，尤其是胶州湾的领土"、所有铁路、海底电缆、不动产以及和领土相关的档案和地契等。

中国没有从这次会议中得到任何好处，这和她作为一个发挥着越来越重要作用的主权国家的地位完全不符。当条约未能解决日本侵占中国领土的问题一事传到中国后，激起了1919年5月4日由北京大学学生组织的大游行。五四运动对中国社会来说至关重要，它激发了中国的知识分子和思想家们开始寻找使中国现代化的切实可行的办法，尤其在文化和创建一个积极的新的民族主义方面。这是从绝望中孕育出来的一种自强。

外国列强对中国的占领于20世纪20年代宣告结束。日本于1922年从山东撤离。1927年，英国驻华代办欧文·欧玛利（Owen O'Malley）和时任广州国民政府外交部长陈友仁签署了一项协议，归还了英国在汉口和九江的租界，标志着英国在中国飞地的结束。

但是，自1914年战争爆发那一刻起日本想利用各种矛盾将中国置于其掌控之下从而进行资源掠夺的野心便已昭然若揭，这个野心一直持续到1922年。日本在中国东北的"特殊利益"一直得到盟国的认可，1931年，在利益的驱使下，它开始大举进攻满洲并将其占领。

这次发起进攻的借口和郑家屯事件如出一辙：日本人的代理在

由日本占领的南满铁路旁引爆了一个小炸弹，日本谴责中国的反叛者并以此为借口进入该省以保护日本利益。1937年，日本在北京郊区的卢沟桥发动政变，标志着全面侵华的开始。在侵华期间，日本对中国多座城市进行狂轰滥炸，北部村庄在其"杀光、抢光、烧光"的"三光政策"下几乎夷为平地，还对中国老百姓实施令人发指的暴力，最臭名昭著的当属1937年的南京大屠杀。难民们纷纷逃离，中国政府以及很多机构，包括各大高校都纷纷往西撤离以躲避日本占领军，最后进入四川和云南。

在第二次世界大战期间，日本站到了另一边，攻击它曾经的盟国。直到1945年战争结束，日本对中国的帝国主义入侵才宣告结束。有关战争带来的可怕记忆，加上日本拒绝承认其战争罪行，令中日关系时至今日仍陷于困境。

第七章

伦敦东方人区

[英] 安妮·韦查德（Anne Witchard）
陈宇飞 译

England's Yellow Peril

by Anne Witchard

Text Copyright © Anne Witchard, 2014

First published by Penguin Group Australia. This edition published by arrangement with Penguin Random House Australia Pty Ltd.

All rights reserved.

封底凡无企鹅防伪标识者均属未经授权之非法版本。

1914年一战爆发后，英伦各大报纸的方寸空间便被两类资讯共同占据：一类是来自战场的报道，另一类则是有关伦敦莱姆豪斯（Limehouse）码头区风气败坏的种种见闻。媒体对莱姆豪斯这处伦敦中国城的关注远远超过了该地的实际重要性，以至于一处位于伦敦东区、不过弹丸之地的华人社区，竟在战时沦为英国各种国内问题的替罪羊。本章讲述的即是这一过程的来龙去脉。

　　自19世纪后期大英帝国扩张伊始，首都伦敦的东西划分就成了帝国焦虑的缩影。同1899年第二次布尔战争爆发时一样，当局在1914年第一次世界大战拉开序幕之际忧心忡忡地发现，伦敦相对贫穷区域的男性——尤其是伦敦东区的工人阶层竟然大量达不到征兵的身体要求，担忧英国人种族退化的达尔文主义论调因此死灰复燃。早在1911年，英国公共道德委员会（the National Council of Public Morals）就曾在优生学这一新式伪科学的驱使下，宣称"种族复兴"乃大英帝国的当务之急，呼吁妇女带头打响性纯洁保卫战。一战的爆发更是对这场运动起到推波助澜之效。

　　某些白人女子在莱姆豪斯华人群体间的"伤风败俗之举"尤

其受到关注,理由是白人与非白人种族的混种行为将危及构成帝国之基的种族等级结构,故而不可容忍。于是乎,"黄"男白女跨种结合的问题在当时的报纸上催生出各种博人眼球的标题。鉴于地属港埠的莱姆豪斯几乎看不到华人女性的身影,这种关注原本情有可原。然而其后的动机却并不在此,而是因为有一类白人女性易受"东方的堕落之风"影响——懵懂无知、道德欠缺的白人姑娘被认为是"东区黄祸"的危害对象。

此前已被接受的华人习俗如今成了提防警惕之物,原本可以睁一只眼闭一只眼的赌博现在成了战时的一大问题。当局不仅担心工人阶层的主妇们把征属津贴花在番摊(fantan)和白鸽票(puck-a-pu)*上面,更担心她们跟抽鸦片的华人厮混。平日里就经常有华人因吸食鸦片跟警方发生冲突,随着毒品被英国《国防法案》(the Defence of the Realm Act)推出的一系列战时新规列为非法,相当大一部分华人社群都有了犯罪之嫌。英国人在大后方与"清朝的罪恶"展开道义斗争之际,全然忘了自己过去参与全球鸦片贸易的黑历史。嗑药不再是单纯的逾矩之举,而是变成了彻头彻尾的不爱国。《国防法案》在异化"中国佬"及其沦为鸦片奴隶的非人状态方面可谓卓有成效。

早在几十年前,读者大众就已经知道莱姆豪斯这座伦敦中国城的存在了。自从英国的贸易公司和在19世纪60年代远东建立往来后,商船公司便一直在雇佣那些从中国通商口岸签下的廉价劳力。

---

* 白鸽票,一种源于赛鸽的中式赌博,规则是将赛鸽按《千字文》中的单字顺序编号,所押字号与胜出赛鸽相符者即赢彩。后来演变成名为基诺的美式彩票赌博。

本就五方杂处的伦敦东区因为大批中国、东印度和马来水手的涌入变得更加多元。莱姆豪斯堤道（Limehouse Causeway）和彭尼费特斯（Pennyfields）的码头街道上，有少量定居的华人招待他们时来时往的同胞。这些人既开办杂货铺、会馆、餐馆、洗衣房和旅店，也经营鸦片烟和赌博生意。最早用"中国城"一词来称呼莱姆豪斯区的是记者乔治·R. 西姆斯（George R. Sims），他在1905年写道：

> 位于巴士终点的西印度码头站是开启莱姆豪斯之行的绝佳起点。中国人聚居的堤道区就近在咫尺……亚洲海员在莱姆豪斯仍旧是一道惹人注目的风景，他们的身影几乎随处可见——东方面孔，神秘莫测，带着几分浪漫色彩。我们拐进堤道区的转角，探寻"伦敦中国城"的途中，便遇到了一群东印度水手。他们戴着别具一格的小圆帽，聚在一起聊天……让我们走进蜿蜒狭长的中国城吧。没错，满眼所见都是正宗的中国元素。小店的门上写着中文名字，往里窥探，还能看到柜台后面如假包换的天朝人和墙上铭着的汉字。某家小店后面就有个鸦片窟，不过我们若是走进去，只会见到三两个顾客，因为现在还没到时候。[1]

传奇般的莱姆豪斯由拉特克利夫公路（Ratcliffe Highway）、莱姆豪斯堤道、彭尼费特斯、窄街（Narrow Street）、东西印度码头路（East and West India Dock Roads）、厦门地（Amoy Place）加上北京路、广州路和南京路组成。1914年以前人们普遍接受这一事实：英国作为帝国，难免会有那些通商租界区相对下层的公民和更少的本国航运公司的员工造访帝都边地莱姆豪斯。然而，在战争时期，外侨聚居区的存在却对一个试图相信自己具有社会和民族同一性的国家构成了威胁。于是，报纸便把不列颠境内生活的外国人指为内敌。而华人总体上与毒品走私、白奴（将妇女逼良为娼的绑架和拐卖）和颠覆联系在一起，自然就被宣布为道德威胁了。

与此同时，战争却让更多中国人来到了莱姆豪斯，因为本土商船水手应征入伍，留下的空位亟待填补。这一现象不仅令英国全国海员总工会（the National Union of Seamen）大为不满，还在国会激起了愤怒的质询。据报告，1915年所有英国船只上雇佣的中国船员共有 14 224 名之多。自然，这种人口流入会对伦敦的中国城造成影响。[2]《泰晤士报》运用战时辞藻，在一篇危言耸听的公告中宣称"入侵之势日趋严峻"，警告中国人有可能扩散到莱姆豪斯这一传统界限之外。[3]

随着旷日持久的战事令劳动力日益捉襟见肘，当地雇主也开始在船运和码头作业以外的领域雇佣中国人。1917年，贝斯纳尔格林区救济理事会（the Bethnal Green Board of Guardians）决定让一些"随船向英国运送给养途中遭到潜艇袭击"的中国人到其下辖的贫民院做工。[4]这一决定虽然引发争议，最后好歹还是付诸实施。相比之下，不堪重负的伦敦医院就没那么顺利了：院方试图雇佣若干"中国绅士"做厨房勤务和搬运工作，但由于其他员工拒绝和他们共事，该提议不得不作罢。[5]

到了战争末期，华工还被新成立的航空部用于航空站建设，此时再想抵制他们就要面临外交上的压力了。1917 年 8 月，中国对奥匈帝国和德国宣战，与英国成了同盟关系。中方派出 10 万之众的华工军团，通过在西线干体力活的方式为盟友提供人力支持。然而，针对华工的敌意已经根深蒂固，以至于他们为英国的战争事业立下汗马功劳，也丝毫改变不了公众的态度。1918年第一次世界大战宣布停战后，华工军团继续服役，承担着排雷、填补战壕和掩埋尸体等危险工作，但劳苦功高的他们却无一人获准进入英国。不仅如此，随着《外侨限制法》(the Aliens Restriction Act) 在1919年得到扩充，就连曾为英国商船队效力的中国海员也失去了留在英国的资格。

工会和报纸固然与这一切脱不了干系，但流行文化对华人形象最夸张的刻画却出自托马斯·伯克（Thomas Burke）和萨克斯·罗默（Sax Rohmer）两位作家的虚构作品。正是拜他们无心插柳或有意为之所赐，耸人听闻的"黄祸"和发生在莱姆豪斯的阴暗勾当才奠定了其后数十年长盛不衰的媒体地位。在托马斯·伯克的莱姆豪斯爱情故事和萨克斯·罗默的"黄祸"题材惊悚小说共同推动之下，维多利亚时代关于莱姆豪斯这片绅士们为了吸鸦片才偶尔光顾之地的叙事传统蓬勃发展，最终演变成一种极尽骇人之能事，由"中国佬"、轻佻女郎、性和毒品组成的战时文学。

莱姆豪斯诞生记

> 赖德·哈格德（Rider Haggard）出于个人目的创造了一个叫"非洲"的世界，我也出于个人目的创造了一个叫"莱姆豪斯"的小世界。[6]
>
> ——托马斯·伯克《偶遇之城：伦敦闲情集》(*City of Encounters: A London Divertissement*)，1932年出版

华人在英国遭受敌视日盛之时，也正值中华民族的存亡之秋，这不得不说是个既耐人寻味又颇为讽刺的巧合。从1900年广为报道的义和团起义到1920年代末国民政府成立，贻害无穷的华人刻板形象在西方媒体遍地开花。形形色色的"黄祸"之恐——维多利亚时代对伦敦东区鸦片窟的警惕、见诸报端的义和团暴行，还有病入膏肓的清王朝那些堕落子弟的丑事及驻华记者发回的其他奇闻——在煽风点火之下催生了一种近乎狂热的恐华症，而它的主要发泄渠道便是人们在伦敦中国城的战时发现。托马斯·伯克和阿瑟·萨斯菲尔德·沃德（他的笔名萨克斯·罗默更为人熟悉）这二位报人是莱姆豪斯华人区神话的始作俑者：罗默一手创造了堪称恶魔化身的

傅满洲博士，令维多利亚时代后期的入侵小说再兴波澜；伯克则用发生在莱姆豪斯的禁忌之恋激起种种香艳的遐想。

1914年夏天战端未开的那几个月里，偶尔兼职记者、亟待施展文学抱负的托马斯·伯克正坐拥天时地利人和之便，满城兜售他的手稿。在给伦敦顶尖文学代理人 C. F. 卡扎诺夫（C.F. Cazenove）当秘书的七年里，伯克同文学界建立了广泛的联系。由于曾在福特·马多克斯·福特（Ford Madox Ford）的高级文学期刊《英语评论》(The English Review) 上发表过若干拥护激进社会主义立场的诗作，兼有卡扎诺夫的背书加持，年资尚浅的伯克一跃成为文坛惹眼的一员。尽管他的贫民区故事集《莱姆豪斯夜谭：中国城故事集》(Limehouse Nights: Tales of Chinatown) 颇受青睐，但那年夏季愈演愈烈的诸般事件却使该书两年后才得以问世。

《莱姆豪斯夜谭》在1916年最终出版前，至少被12个不同的出版商拒绝过。毕竟，华人男子和白人女子之间的关系已经成了关乎民族存亡的重大问题，所以没有一个出版商愿意试水如此煽动性的题材。码头区脏乱不堪的鸦片窟和非法赌庄，还有伯克笔下越轨的"中国佬"及其倾慕对象——伦敦东区的卷发飘零女，这些都被认为是过于颠覆性的内容。

著名出版商威廉·海涅曼（William Heinemann）在给伯克的退稿信中将其归咎于时下"观念放不开"，并指出近来 D. H. 劳伦斯的《虹》(The Rainbow) 遭到打压，被伦敦警察厅总监宣布为"从头到尾充斥着淫思、淫念和淫行"一事即为明证。[7] 劳伦斯那部令人脸红心跳的小说于1915年出版后，旋即被当局以可能危害国民道德健康为由，依据《淫秽出版物法》(the Obscene Publications Act)

提起公诉。劳伦斯的出版商也被迫召回了该书。虽然真正令《虹》惨遭厄运的导火索是书中《羞惭》("Shame")一章对女同性恋的描写，但海涅曼却认为这起公诉"极好地展现了当下的趋势，它表明只要战争持续一日，对性变态人士心理活动的关注便不可能有市场"。[8]

《虹》的案例集中体现了公众对英国文化呈现出"日耳曼式"堕落倾向的担忧，而《莱姆豪斯夜谭》坦诚、不加批判地描绘了中国城生活的变态离奇，如果哪个出版商愿意接手，那一定是吃了熊心豹子胆。在《莱姆豪斯夜谭》里，我们可以读到一个又一个命薄少女的故事，比如被相恋的诗人程桓（音译，Cheng Huan）*从鸦片窟救出的露西·伯罗斯（Lucy Burrows）；向奸污她的大夫（音译，Tai Fu）索命的潘茜·格里尔斯（Pansy Greers）；会说粤语、为警察充当眼线的波皮·斯特迪许（Poppy Sturdish）和被她出卖、最后还以颜色的廉思伟（音译，Sway Lim）；因为冷拒混血儿成·布兰德（音译，Cheng Brander）示爱而遭后者蓄意陷害，最终香消玉殒的高空杂技演员朱厄尔·安杰尔（Jewell Angel）；还有自杀身亡的贝丽尔·赫米奥娜·查德（Beryl Hermione Chudder）及其皮条客永福（音译，Wing Foo）。我们也能看到达芙迪尔·弗拉纳根（Daffodil Flanagan）和情人冯千（音译，Fung Tsin）引发的一出肮脏卑劣的心理剧，以及狡诈的格蕾西·古德奈特（Gracie Goodnight）害死可

---

* 由于英语里的中文词汇来源很杂，有粤语、潮汕话、闽南语、官话，且多以威妥玛拼音拼写，还有英国人士生造的中文词，所以除了 Cheng Huan 这样看起来吻合汉语拼音方案的名字按官话读音处理外，本段大部分华人名字都是参考威妥玛拼音，按其他海外华人方言处理，并尽量找顺口且有意义的字组合而成。因为方言发音和普通话的差异，乍看之下可能会和直觉稍有出入。http://www.seattlechinaren.com/lastname.html。

恨的老板耿虎牙（音译，Kang Foo Ah）后逍遥法外的荒唐事。除此之外，也有相对愉快，但在当时背景下颇为惊世骇俗的篇章：美丽的雏妓玛丽戈尔德·瓦西洛夫（Marigold Vassiloff）有了孩子，孰料三个男人同时宣称是其生父，最后她和其中一人——本性善良的戴凌（音译，Tai Ling）过上了幸福相守的日子。

海涅曼并非唯一对伯克作品的题材表示忧虑的出版商。著名的神学作品出版人安德鲁·梅尔罗斯（Andrew Melrose）虽然自己也出过一些颇受争议的小说，却明确表示他不希望"与有关白人姑娘和华人男人的书有任何瓜葛"。[9] 对斯坦利·昂温（Stanley Unwin）而言，"英国国教业务"在其营收构成中占据举足轻重的地位，因此伯克笔下关于莱姆豪斯码头区底层人物的爱情故事"和我们出版物的格调相去甚远"。若干年后，他回忆道：

> 最诱人的提议往往在你最无力接受的时候不期而至，生活就是这么让人意外。别忘了，1914年那会儿对书籍的态度远比1918年之后拘谨保守。[10]

话虽如此，昂温还是对伯克笔下引人入胜的伦敦生活颇为欣赏，转而签下了他的另一本书——《城中夜话：伦敦自传》（Nights in Town: A London Autobiography）。不仅如此，后来当卡扎诺夫1915年去世，昂温还给伯克提供了新的工作。

由于达不到服兵役的要求，托马斯·伯克几经辗转，最终在英国信息部驻美国分部度过了战时岁月。就生理角度而言，他其貌不扬，戴着眼镜，身材也出奇矮小。威尔士作家卡拉多克·伊文斯

（Caradoc Evans）是伯克《莱姆豪斯夜谭》的题献对象，他在舰队街的赫尔顿出版公司（Hulton Publications）做编辑时邂逅了前来求职的伯克。对于初见伯克的第一印象，埃文斯是这样描述的：

> 我抬眼一看，竟看见一个细皮条似的身影。那分明是一根黑白分明的线条：黑衣白脸，配着一头又密又亮，像是从假人脑袋上扯下来粘到自己头上的黑发。头发是这位来客身上唯一惹人注目的东西。实际上，他的身子，还有脑袋、鼻子和手脚都小得出奇。他用架着眼镜的双眼打量我，那眼镜两侧的金属框架竟然用黑纱缠补过……对于自己穷困潦倒的境况，他既没哀叹控诉，也没自吹自擂……不出一个月后，他就凭借《城中夜话》一炮而红，一年后又因《莱姆豪斯夜谭》名声大噪。[11]

战况惨烈的1915年行将结束之际，伯克还在艾伦-昂温出版公司（Allen and Unwin）的办公室里敲着打字机，徒劳地为他的中国城故事寻找安放之所。伦敦的出版业已经屡遭重挫，因此缺乏纸张和印刷设备的出版商们不仅不再发掘新作者，反而要削减项目，推迟出版计划。然而，恰恰就在此时，日理万机的格兰特·理查兹（Grant Richards）才终于有了阅读伯克书稿的机会。理查兹是一位天才捕手，大作家萧伯纳、G.K. 切斯特顿（G.K. Chesterton）和詹姆斯·乔伊斯都在他慧眼相中的作者之列。凭着一贯的先见之明，他立刻认定"绝不能错过托马斯·伯克和《莱姆豪斯夜谭》这么好的作者和作品"。[12] 格兰特·理查兹深知当局对所谓适宜内容的定义暧昧不明，所以事先从包括萧伯纳、阿诺德·本涅特（Arnold

Bennett）和福特·马多克斯·福特在内的文坛要人那里征集了一批担保信。福特甚至尽职尽责地把《莱姆豪斯夜谭》随身带回战壕，在德国鬼子的炮声中品读。对于书中"伤风败俗"的内容，他评价道："我从没这么觉得，可见并不算太伤风化。"[13]

尽管福特不以为然的表态令人鼓舞，但《莱姆豪斯夜谭：中国城故事集》在1916年问世时还是招来了意料之中的恶评。该书被英国的博姿（Boots）和 W. H. 史密斯（W. H. Smith）两大全国性流通图书馆*禁止上架。伯克本人也因对多族杂居的伦敦东区绘声绘色的描写，被《泰晤士报文学增刊》（*Times Literary Supplement*）严词斥责为"明目张胆的鼓动者"："他不去用均衡的光照亮西印度码头路旁那片乌烟瘴气的弹丸之地，"该篇评论炮轰道，"反而满足于……聚光灯和焰火稍纵即逝的闪烁。"[14]本涅特此时已经当上了英国信息部对法宣传主任，他利用职务之便，给格兰特·理查兹发去内部消息，称"总部正在极其严肃地讨论"定罪的可能性，"他已经做好了最坏的打算"。[15]

1916年，深陷战争泥淖的英国在索姆河战役中伤亡惨重。同前线战事遥相呼应的是，后方正弥漫着一股文化大团结的情绪。伦敦人的道德健康此时已经变得与种族健康密不可分，而英国国民的总体身心状况更是上升为国防实力的关键要素。《莱姆豪斯夜谭》出版之时，恰逢伦敦主教阿瑟·温宁顿－英格拉姆（Arthur Winnington-Ingram）以一本名为《净化伦敦》（*Cleansing London*）的小册子发

---

* 博姿和 W. H. 史密斯皆为英国历史悠久的连锁零售企业，前者经营医药美妆，后者为综合性书店。在此处探讨的19世纪末至20世纪初这段时期，两者的店铺都曾兼营流通图书馆业务。

出爱国呼声。在一系列危言耸听的讲话中，主教把前线和作为道德战场的后方联系了起来。他警告说，要想真正打赢这场战争，伦敦的妇女就必须"在小伙子们回来前肃清帝国的心脏"。[16] 于是乎，报纸上除了关于打击莱姆豪斯地区赌博、吸毒和斧斗活动的例行报道，还出现了有关英国妇女的任性之举危及国家安全的叙述。眼见势头不对，伯克连忙要求格兰特·理查兹取消合同里的相关条款，以免《莱姆豪斯夜谭》遭到打压时，由他本人负担辩护费用。

伯克对遭到检举的担忧并非杞人忧天。无论是大夫和潘茜·格里尔斯的故事还是耿虎牙和格蕾茜·古德奈特的故事，都淋漓尽致地展现了英国社会的堕落。优生学家和社会达尔文主义者已经把英国处于生理和道德滑坡的观点喊了好几年。H. G. 威尔斯（H. G. Wells）在评论《莱姆豪斯夜谭》时虽然称赞了书中"富有浪漫色彩的力和美"，却在个人层面上对其"触目惊心的性传播"流露出嫌恶之情。[17] 这些人泾渭分明的清浊观念在 20 世纪初的思想大潮中已是不容置疑的暗流，而伯克的莱姆豪斯爱情故事对其意味着挑战。

在保守派阵营看来，第一次世界大战是值得由衷欢迎之事，正如雕塑家兼皇家艺术研究院院士 W. R. 科尔顿（W. R. Colton）所言，它带来了"净化之火"。科尔顿在自己的长篇说教中还点名批评了"奥斯卡·王尔德和奥伯利·比亚兹莱（Aubrey Beardsley）之流"。在他看来，"未来主义者、立体主义者，还有一切颓废派小说家"等王尔德精神后裔们传播的外来腐化影响，或许终将通过这次战争从英国清除。[18]

维多利亚时代的杰出文人埃德蒙·古斯（Edmund Gosse）认为英国的内忧众多，因而发出的谴责更加激烈，也更犀利。1914

年，在上议院图书馆担任图书管理员的古斯撰写了一篇题为《战争与文学》的文章。此文实际上是在抨击英国的享乐主义、道德松懈以及无精打采的附庸风雅之气，却巧妙地借用"中国人的堕落"作比。古斯把战争想象为"主权的消毒剂……它赤色的血流如同高锰酸钾，涤净了知识界的潭潭死水和条条淤道"。他宣布，英国已经"从安逸的大烟梦里苏醒过来"——这番修辞实在是高。[19]在托马斯·伯克为他的《莱姆豪斯夜谭》寻找下家的时候，另一位作家也在舰队街挨家挨户地推销自己，不过后者对当时保守主义盛行的形势要识相得多。此人就是本名阿瑟·萨斯菲尔德·沃德（Arthur Sarsfield Ward）的萨克斯·罗默，亦即大获成功的傅满洲系列小说的作者。他对笔下恶贯满盈的傅满洲博士有一个几乎家喻户晓的概述——"集黄祸于一身的人。"[20]

　　罗默的处子作《傅满洲博士之谜》问世于大战爆发的前一年。不过，该书实际上是一部合集，收录了他早前数年发表在不同杂志上的故事。莱姆豪斯在罗默的早期小说中地位并不突出，直到战争期间，傅满洲才搬进莱姆豪斯华人区，将他神秘莫测、令人生畏的力量赐予那方水土。

　　罗默笔下的邪恶天才傅满洲博士密谋建立一个称霸全球的黄种人帝国。他把老巢设在伦敦东区的仓库，还在泰晤士河的一艘弃船上拥有一个制毒实验室。《傅满洲博士之谜》里最接近港埠中国城的存在是一个叫"星洲查记"（Singapore Charlie's）的毒品店，位于伦敦东区的拉特克利夫公路旁。这条路在19世纪便因各类劣迹和犯罪而臭名昭著，其中最知名者是一系列统称为"拉特克利夫公路命案"的凶杀案。

星洲查记的地点设置可谓与查尔斯·狄更斯、阿瑟·柯南·道尔和奥斯卡·王尔德等人代表的维多利亚时代文学传统一脉相承。在这方面，罗默和伯克想必饱读各类或纪实或虚构的证据。正是它们构成了19世纪伦敦东区和零星分布其间的华人居民的形象。伯克后来在另一部作品《英式夜生活》(*English Night-Life*)里对这一文学流转做了如下描述：

> （拉特克利夫）公路当时有好些华人居所，其中不少都辟有鸦片室。有一家叫约翰逊（Johnson）的还被狄更斯写进了小说。他在《埃德温·德鲁德之谜》(*Edwin Drood*)里将其描述为约翰·贾斯珀（John Jasper）为了满足秘密癖好而经常光顾的房子。[21]

拉特克利夫公路位于沙德韦尔区（Shadwell）和莱姆豪斯区之间，靠近码头，由于当地妓女拉起客来如饿虎扑食，所以又被戏称为"老虎湾"（Tiger Bay）。记者詹姆斯·格林伍德（James Greenwood）在《渊薮》(*Low-Life Deeps*)一书中把深夜的皮肉贩子们形容为"光鲜亮丽、浓妆艳抹的夜盗"，称她们像"旧时的拦路贼和公路劫匪"一样"有组织、有计划地"上街对水手们实施"诱骗和劫掠"。[22]

在英国取得两次鸦片战争（1839—1842，1856—1860）的胜利，开始同清朝展开通商口岸和赔款方面的谈判后，华人的形象便打上了这种新权力平衡的烙印。为了掩饰英国国策道貌岸然、自相矛盾的软肋，英国国内掀起了一波禁烟宣传，借此散播华人自甘堕落的负面形象。一时间，小册子作者、政客和新闻界都开始把华人刻画成拜倒在一个腐朽君主脚下，为鸦片奴役的异教徒和愚人。狄更斯1866年签下的《食忘忧果的拉撒路》("Lazarus, Lotus-Eating")是伦敦东区的鸦片窟在出版物上最早的亮相之一。这部作品着重探讨了鸦片对英国妇女面容的东方化影响，而这一点日后将成为罗默战时小说继承的传统要素。

文学在政治风潮面前无力自持，只能听任摆布。狄更斯在签下《食忘忧果的拉撒路》四年之后，自己也把吸食鸦片的沉沦之举写进了小说。拜他在《艾德温·德鲁德之谜》(The Mystery of Edwin Drood)中对约翰·贾斯帕恶习的刻画所赐，记者们笔下令人不适但大致无害的水手安乐窝摇身一变，化作了维多利亚时代哥特小说里的鸦片窟。往来于此类是非之地者无一不是鸡鸣狗盗之徒："那个抽筋似的'中国佬'说不定正在跟他的众多神魔撕打着，又吼又叫，很是吓人。东印度水手则痴笑不止，嘴角流涎。"[23]

阿瑟·柯南·道尔在《歪唇男人》("The Man with the Twisted Lip")里描绘的画面同样触目惊心。其中氛围营造最佳的场景之一便是华生和福尔摩斯前往东区鸦片窟那一幕。在《道林·格雷的画像》(The Picture of Dorian Gray)中，奥斯卡·王尔德把格林伍德笔下拉特克利夫公路上的某个舞厅变成了码头区的鸦片夜总会。道林拉开一块破败褴褛的青色帘子，走进了——

一个狭长低矮的房间，看起来曾经是个三流沙龙舞厅。四周的墙上挂着咝咝作响、明亮晃眼的汽灯，对面那些蝇卵遍布的镜子把它们映得模糊不清，扭曲变形。在油腻的螺纹铁皮反射下，灯光投下的光盘摇曳生姿……几个马来人蹲在一个小炭炉旁玩骨筹码，谈笑风生间露出森森白牙。房间的一角有个水手趴在桌上，把头埋在胳膊里睡觉。一个俗艳无比的吧台占去了房间的整整一侧，两个枯槁的女人站在那里，正在拿一个老头揶揄打趣。[24]

王尔德的小说甫一出版，英国军医总监就在英国医学会（the British Medical Association）年会上发表演讲时宣称，取缔伦敦东区的"大烟沙龙"乃当务之急，怎么强调都不为过。[25]

与此同时，自由派阵营也若隐若现地流露出他们的文化敏感性。1895年，流行期刊《绅士杂志》（The Gentleman's Magazine）登载了一篇题为《伦敦华人区及其鸦片窟》（"Chinese London and its Opium Dens"）的文章。尽管标题的重点另有所指，但文章本身却从世俗依赖关系的角度对港埠中国城作了一番阐述："它的存在之基和服务对象，正是那些在中国和伦敦港之间往来的轮船上服务的中国消防员、海员、服务生、厨师和木匠们。"[26]

新世纪到来后，主流媒体接过衣钵，试图用轻松诙谐的方式驱散鸦片窟的阴霾。小说家沃尔特·贝赞特（Walter Besant）的这段话便是此类善意讽刺的典型代表：

> 我们已经读过关于那鬼地方的描述了，真的吗？那我可太失望了，因为第一次去鸦片窟的人，起码要吓得心惊肉跳才对吧？没想到那地方既不恐怖又不吓人……除了臭气熏天之外，鸦片窟里唯一可怕的东西就数乐器了。[27]

乔治·A. 韦德（George A. Wade）在《伦敦人约翰·中国佬》("The Cockney John Chinaman")里总结说，这些人"虽肤色有异但并无危害"，彻底揭穿了后期维多利亚时代哥特小说里虚构的华人形象：

> 莱姆豪斯的中国佬是个最和蔼可亲，最与世无争，最与人为善的人物。他和邻居关系良好，大多数街坊都对他评价甚高。在一个美景少得可怜的地方，他简直就是一道如画的风景；他的街道在这个国家是独一无二的。[28]

1902年，《鲜活的伦敦》（Living London）用平淡不惊的语言介绍和解释了"伦敦的东方人区"存在跨种族通婚的事实，而且称这类结合的产物是迷人的：

> 有身份的中国男人都娶了英国女人，而这样的婚姻是成功的，因为夫妇们看起来十分幸福。他们的孩子不但模样健康，穿着舒适，而且大多十分漂亮。这些深肤色、黑眼睛的男孩和女孩面色红润，神情愉快，活像一幅幅小小的画像。[29]

然而，一战爆发后，报纸上关于"伦敦的东方人区"和"伦敦人约翰·中国佬"的文章就彻底变了味。通俗小报的受众阶层随之确信：一场净化之战将会荡尽奥斯卡·王尔德之辈遗留的一切腐朽和堕落之风，让英国摆脱颓废不堪的外来影响。萨克斯·罗默也如梦初醒般发现，对中产阶级层出不穷的道德忧虑来说，西印度码头边那片由栖身于河滨街道的黄种海员构成的小小社区，竟然是充当假想替罪羊的不二之选。"伦敦的道德黄祸"（London's moral Yellow Peril）这一概念随着战事推进深入人心，而罗默1915年发表的小说《黄爪》（The Yellow Claw）在其中起到了助推作用，正是它用种种乌烟瘴气的细节把舞台锁定在了莱姆豪斯华人区。

招难致灾的黄色

由于媒体炒作的刺激，萨克斯·罗默早在战前数年便已连载了最初的傅满洲故事。伦敦东区已经因廉价华工和四处谣传的有组织非法移民爆发过骚乱。只有最低物质保障但任劳任怨的"黄皮工人"对美国劳工市场的冲击已经广为报道，因此英国的工人阶级深知中国移民对他们的利益具有怎样的威胁。只有记住这一点，我们才能理解1914—1918年之间，大众读者为何能轻易相信"黄祸"是一大威胁。

"黄种人入侵"的现象最初只是一种媒体炒作，出现在19世纪70年代的美国，当时正值大量华工涌入白人主导的劳工市场。爱国色彩浓厚的《莱斯利画报》(*Leslie's Illustrated Newspaper*)于1870年开始连载《将来之人》("The Coming Man")的，目的在于让美国公众知晓中国移民的存在。画报描绘了一幅中国人源源不断地登上美国海岸的画面，他们都留着长辫，穿着不伦不类的苦力服装，仿佛是一个模子里造出来的。按照漫画的展示，正是这些人顽固不化的异国习俗，以及为了低廉得不能再低廉的薪酬什么活都揽的作风，导致"本土工匠""以剧烈的方式……奋起反抗天朝人"。[30]这场讨论经过政客、原教旨主义宗教人士,以及劳工活动家各有用心的煽动后,导致针对华工的歧视愈演愈烈:"听说他小偷小摸,他撒谎成性,他肮脏不堪,他爱抽大烟,还满肚子鬼蜮伎俩——一个异教徒,更要命的是,一个黄种人!他的其他罪过尚可饶恕,唯独这最后一条不可饶恕。"[31]

《将来之人》对刻板印象的运用在随后10年里变本加厉,最终演变成了媒体倾巢出动的密集攻势。在它们的渲染下,华人变得十恶不赦、几近非人,成了未开化的野蛮种族,对美国白人社会的文化和道德操守构成了严重威胁。随之而来的是一系列旨在限制中国移民的法规,其中集大成者便是臭名昭著的1882年《排华法案》(the Chinese Exclusive Act)。该法案让美国的华工移民活动足足中断了10年之久。1892年,面对清朝政府的强烈抗议,美国国会仍旧通过决议,将《排华法案》的效力延长了10年。

黄色与19世纪后期西方的远东观密不可分。黄色和肤色之间的联系正是在这一时期固化下来。历史学家兼汉学家奇迈可(Michael Keevak)指出,当黄皮肤"被视为远东祸害的一大特征"后,种种煞费苦心建立的有关黄色远东的种族等级划分便"在西方得到全盘认可"。[32]上述被指认的黄色的特质日后将充斥于新世纪的大西洋两岸。

在知识界的达尔文主义氛围刺激下,各国对自身能否"适应"你死我活的进化斗争这一问题日益重视。英国尤其如此,因为帝国昔日的乐观情绪和19世纪上半叶的蓬勃朝气已经被惴惴不安所取代。驱动19世纪90年代新帝国主义的力量别无他物,正是面对其他列强在政治和商业方面的挑战时产生的不安和防备心理。英国人在担忧下层阶级种族退化的同时，还对统治阶级深陷道德腐化的可能性心怀恐惧。1893 年，历史学家兼教育家查尔斯·亨利·皮尔森（Charles Henry Pearson）的《国民生活与国民性展望》(National Life and Character: A Forecast) 一书令维多利亚时代的英国人大惊失色，因为它直言不讳地道出了他们最大的恐惧：一个现代化、机械化的中国有可能在未来加入竞争。皮尔森的这部著作一反盎格鲁—撒克逊人必将持续壮大和进步的传统论调，转而指出"黑色和黄色"种族才是现在的上升势力。[33] 于是，维多利亚时代英人自忧衰落的玻璃心，加上日本军事崛起的惊天事实，使得"黄祸"论的上位成了在劫难逃的必然。

英国大众文化中"黄祸"情结的起源或许可以追溯到 1898 年，其最鲜明的标志就是 M. P. 希尔 (M. P. Shiel) 于当年出版的小说《黄险》(The Yellow Danger)。该作直接影响了罗默后来的"黄祸"题材小说。《黄险》的前身是以每周连载形式发表在《短篇小说》(Short Stories) 杂志上的《地球女皇：黄色战争的故事》("The Empress of the Earth: The Tale of the Yellow War")，而后者则是在数月前"清朝方面突生变故"之后趁势推出的。[34]

所谓变故指的是一场发生在清朝的外交危机，它预示着英国在欧洲国家间的主导地位即将崩溃。1895 年，清朝在甲午战争中意外败北，西方列强旋即为争抢租界和势力范围撕破脸皮。两年后，德皇威廉 1897 年借两名传教士被杀之故，向山东半岛的港口城市胶州湾派遣了两艘军舰。作为回应，俄国沙皇尼古拉攻占了清朝北方的黄海不冻港旅顺。俄国就此将西伯利亚大铁路推进到满洲境内，以一条支线同旅顺相连。随后，法国也占领了清朝南方的海南岛。

大陆列强之间的博弈固然会打破英国在华一家独大的局面外，但真正的恐惧却另有所在：德国及其效仿者的举动，有可能刺激清朝与日本建立军事同盟，共抗西方。这一前景着实令人心悸。于是，借着公众高度关切的势头，《地球女皇》顺理成章地得到刊用了。

希尔的小说于 1898 年在《短篇小说》杂志上以每周连载形式面世后，可谓一时间洛阳纸贵。每周他都从前一周的新闻时事中撷取素材，融入这部描绘未来全球战争的空想小说：孤立无援的英国被"竞争者（俄国、德国和法国）的巧取豪夺和自私贪欲"削弱之后，沦为"蝗群般迫近的黄种人"任意宰割的对象。[35] 该作杂糅了当时的新闻报道和漫无边际的臆想桥段，其中不少都改编自 W. T. 斯特德（W. T. Stead）于 1894 至 1895 年间所做的中日甲午战争报道。早在 1893 年，斯特德就曾邀请希尔与他联手创办通俗报纸《日报》（*The Daily Paper*）。该报的一大特色就是名为《戏说当世》("The Romance of World")的连载小说，其用意在于以虚构形式展现全球大事，从而吸引那些只有加点佐料才会啃政治内容的读者。要想解释《黄险》为何要描绘一场"泛亚洲意义上的黄祸"，只需读读斯特德在自家报纸《评中评》（*Review of Reviews*）上发表的关于中日冲突的文章即可。甲午战争次年，日军在旅顺实施暴行的新闻被披露出来。斯特德用达尔文的种族返祖说对旅顺大屠杀作了一番解读：

> 日本人占领旅顺前，其行为举止表现出的文明程度至少尚存皮毛。而攻下这座清朝要塞后，这群茹毛饮血的蛮族便彻底现了原形。平日里彬彬有礼、训练有素的日军士兵，纵情沉

醉在连续数日的冷血屠戮之中……日本人虽然用着机炮和鱼雷艇，但仍旧是按亚洲的老一套打仗的亚洲人。因此，他们旧病复发也并不让人意外。[36]

他还设想，日本如果对落后的邻国实施现代化改造，庞大的中国人口终有一日会被动员成一支大军。他们不但能把欧洲人赶出远东，甚至还能反过来入侵欧洲：

日本用霹雳把清朝从自古凌驾于满洲和朝鲜的王座上轰落在地，他们之所以能擎住这霹雳，不是靠墨守成规，也不是靠毕恭毕敬、一丝不苟地保养残存至今的中世纪糟粕。他们能取胜，是因为不遗余力地革新。一旦掌握新知，他们便要为了那最终的逻辑结论付诸实践。[37]

《地球女皇》在篇幅削减三分之一后，又于当年晚些时候以《黄险》的新面目匆匆成书。新版故事围绕一桩旨在颠覆英国在华独霸地位的阴谋展开，弥漫着一股以基督教辞藻升华过的沙文主义：英国"在种族价值和勇敢精神方面居于至高无上的地位"，因此必须"像诸国间的基督一般，历尽流汗与流血之苦，最终拯救世人"。[38] 希尔丝毫没有回避欧洲落入东方征服者之手后可能面临的命运："日本在甲午战争中某些战役取胜后的行径堪称人间地狱，这些已经在欧洲广为人知。清朝落入日本之手后的境遇尚且如此，那欧洲若是落入日本领导下的清朝之手……"[39]

《黄险》是希尔一生最成功的著作，曾经多次再版，尤其是

1899 年至 1901 年义和团起义期间，因为希尔虚构的华人对西方的仇视似乎从中得到了印证。当时《泰晤士报》登载了若干讣告，事主皆为在华外国社群中的重要成员，据说惨死于那些嗜血的野蛮人之手。《纽约时报》也转载了义和团"对死伤者连砍带刺，还剁下他们的头颅，插在步枪上游街示众"等内容。[40]《泰晤士报》还报道过一起义和团在北京实施屠杀的事件，宣称《黄险》中虚构的景象即将变为现实——虽然该事件后来被证实纯属杜撰。读者们被告知，要为"黄色种族的全面暴动"做好准备。[41] 此后，《牛津英语词典》（*Oxford English Dictionary*）便收录了"黄祸"一词在英语中的第一个用例，出处是 1900 年 7 月 21 日《每日新闻》（*Daily News*）上某篇把义和团起义形容为大屠杀的报道。词典对"黄祸"的解释是"亚洲人超越白人或侵占全世界的假想威胁"。

许多文献都指出，萨克斯·罗默笔下的傅满洲博士深受 M. P. 希尔影响，他与后者塑造的大魔头闫豪博士（音译，Dr Yen How）存在诸多相似之处。然而，被忽视的是，希尔在"黄祸"故事的开山之作中描绘的英国四面楚歌之象，经过罗默的再创作之后，竟然得到了令人不寒而栗的共鸣。傅满洲博士那一再被人引用、几乎言必称之的恶名——"集黄祸于一身的人"——其实是若干既有形象的总结。从义和团乱局被大肆炒作开始，见诸英国媒体的黄种人形象便一成不变地代表着一切恐怖和可憎之物，代表着一切对大英帝国的国际和国内现状构成威胁的存在。英国的华人社区在 1906 年英国大选期间成了公众关注的负面对象，而这都是拜工会领袖和工人组织的煽动所赐。他们不断向政府施压，要求后者强制规定船运公司只能雇佣英国船员，同时强化 1905 年颁布、旨在阻止特定贫民和罪犯入境的《外侨法》(the Aliens Act)。同年，《曼彻斯特晚间纪实》(Manchester Evening Chronicles)的一篇社论欣慰地宣布"那倾泻在我国土地上和队伍中的脏、穷、病、害、恶的外国人，今后将被禁止入境。"[42] 后来1906年12月的一期《每日邮报》(Daily Mail)也刊登了一篇报道，抗议不断涌入利物浦的华人正在"把英国的男男女女赶进救济院"，因为"中国佬闻闻油抹布的气味就能活下去"。[43] 英国全国码头工人总工会(The National Union of Dock Labourers)秘书长兼利物浦市政厅成员詹姆斯·塞克斯顿(James Sexton)是所有排华声音中叫得最凶的人，此公曾说："他（华人）像个跨国的八爪鱼一样来到这里，触手伸得无处不在。"[44] 除了英国工人被华工取代外，英国妇女屈身异族的危机更加令人忧心，因为它意味着"一个新的种族正在悄然萌芽"。塞克斯顿唤起了公众对异族通婚的恐惧，称它在战时将达到岌岌可危的程度，以至于"下一代混种英国人将不配拥有他们生息其间的这方水土"。[45] 在他的长篇抨击刺激之下，利物浦市政厅专门成立了一个委员会来调查该市华人。尽管调查结果有不少细节毫无根据，且淫秽不堪，但它却否定了塞克斯顿在性和犯罪方面那些更加耸人听闻的指控。

由于19世纪末伦敦华人区的形象与鸦片窟密不可分，公众对鸦片的态度变化便影响在战争年代对该地的想象。出于对军人擅自使用可卡因和海洛因的担心，当局推出了旨在排斥鸦片制剂消费行为的法律管控。这些药品在哈罗德(Harrods)和福南梅森(Fortnum & Mason)等百货商店便能买到，它们被明胶片包着，别在帅气的皮夹子里，可以随二文鱼罐头和袜子一同送给前线的战士。到了后来，人们还能从苏豪区(Soho)的妓女那里弄到这些东西，而货源据说是华人。

随着毒品被列为非法,莱姆豪斯华人区也成了犯罪的同义词。1916年,也就是大获成功的《傅满洲博士之谜》问世3年之后,罗默又发表了小说《黄爪》。这次他引入了一个新的大反派——金先生（Mr King）。金先生主宰着一个全球性的鸦片辛迪加,其掩护机构是位于莱姆豪斯堤道的生姜批发公司"甘肃特许经营公司"（音译,Kan-Suh Concessions）:"这个邪教的大祭司已经产生,并且把业务从北京的总舵延伸到了遍布欧亚大部分国都的分舵。"小说中的米拉·勒鲁（Mira Leroux）是著名作家亨利·勒鲁（Henry Leroux）之妻,也是重创伦敦文艺界上层精英的那个鸦片邪教的受害者。米拉失踪后,坎伯利博士（Dr Cumberley）向忧心如焚的勒鲁保证,（找到她）"只是时间问题……而且您即便蒙受了惨痛的损失,也一定会心满意足地得知,这可怕的邪恶已经被扑灭,这污秽的黄祸已经从社会的心脏彻底根除。"[46]

《黄爪》之所以成功,是因为正中公众的下怀。他们担忧的不光是身边的异国人,还有本国精英和伦敦西区暗娼阶层放荡不羁的作风。1921年,《黄爪》的同名电影上映。两年后,第一部傅满洲小说也被搬上了银幕。万恶的金先生在电影版《黄爪》里唯一的亮相就是以一双兽爪般的黄手示人,这双黄爪先是掐在一位红颜命薄的轻佻女郎脖子上,最后淹没于泰晤士河的碧波之中。多年以后,当《黄爪》的风头早已在大众心中被傅满洲系列盖过之时,罗默却自陈傅满洲的形象源于现实生活中一位类似金先生的人物。他说自己曾于1911年受舰队街一家报社之托,撰写一篇关于莱姆豪斯区某神秘犯罪大亨的文章。当他看见一个"身着毛领大衣、高大气派的华人"走下轿车时,便知道自己看到了傅满洲——那张"脸就是撒旦活生生的写照"。[47]这副尊容听起来酷似现实中的郑南(音译,Brilliant Chang/Chan Nan),不过此人直到一战早已结束的1922年才登上伦敦的历史舞台。

伦敦西区23岁的职业舞娘弗蕾达·肯普顿(Freda Kempton)吞食可卡因后,在位于帕丁顿(Paddington)的住宅里抽搐而亡。一个在西区人称"灿烂郑"(Brilliant Chang)的华人餐馆老板被怀疑涉嫌其中,随即遭到传讯。郑氏可谓生不逢时,因为当时的情况不是艺术源自生活,而是生活被艺术牵着鼻子走。报纸很快就在穿扮俏皮的郑氏和虚构的傅满洲之间建立起罪恶的联系。例如,《每日快报》(Daily Express)送给他的恶名"毒贩子的黄种国王"就立刻就让人联想到罗默笔下恶贯满盈的反派角色,这也无助于他的案件。

文学史家罗斯·福曼(Ross Forman)认为,《黄爪》的创作灵感可能来自罗默的友人爱德华·塔珀(Edward Tupper)提及的一起战时逮捕事件。塔珀是全国海员总工会的组织者,也是排华情绪的主要鼓动者。他在回忆录《海员的火炬》(Seaman's Torch)里提到过一段他在战时与某位警官的对话,内容是一名华人男子因持有鸦片而被处以300英镑(相当于2013年的16 700英镑)[48]的巨额罚款:

> 杨[音译,Yeo]探长——我与此人交情甚笃,曾帮他追捕过好几个社会渣滓——宣称这名黄种男子只是给某个财大气粗的英国辛迪加跑腿的人,而该组织正在整个伦敦西区大肆散播鸦片及其致命的衍生物。青年警察、年轻姑娘,还有中年男

人，因为不堪战争重压下神经紧绷之苦，都在学着"呷一口"，也就是抽大烟。这种做法对合乎自然的生活构成了威胁。长此以往，其破坏性有可能比战败还要可怕。[49]

虽然罚款的数额有些夸张，但这起与鸦片相关的逮捕事件很可能确有其事。1917年7月，《泰晤士报》登载了程富杰（音译，Ching Foo Jack）等五名华人男子遭捕的报道。他们被捕时正在把待售的鸦片切割和称重，地点是波普勒高街（Poplar High Street）的一处鸦片窟，就在莱姆豪斯堤道东面不远处。程某只被罚了10英镑，跟塔珀案例中的数额相比不过是零头。[50] 自从《国防法案》第40B条于1916年生效后，此类逮捕就成了家常便饭。经过扩充的《国防法案》把持有和出售鸦片及可卡因的行为也列为犯罪。虽然塔珀的回忆读来像是对罗默笔下虚构场景的回顾性再创作，但无论如何，它都展现了"反黄"阴谋论和毒品催生堕落的段子在停战多年后依旧长盛不衰的现实。

与此同时，读者们却津津有味地读着描写上流人士腐化堕落的故事。罗默笔下的金龙窟——也就是金先生的"豪华鸦片窟"——位于一处不为人知的地下室，毗邻甘肃特许经营公司的码头库房，它的一位常客不是别人，"正是星光熠熠的政治家布莱恩·莫尔帕斯爵士"，此人已经"被其领导们在下一届内阁里内定了职位"。据说，那些"寻求铜烟管慰藉"的人还包括"伦敦最负盛名的文艺界人士；不但有画家，还有作家、作曲家和演员，甚至就连"贵族男女也莅临其间"。还特别强调了与中国本土的联系：原来这位布莱恩爵士曾"因供职英国驻清公使馆而在清朝生活过一阵——只要一想起'调任北京'的那一天,他就忍不住咒骂"。[51]

罗默正是在《黄爪》这部作品里首次赋予莱姆豪斯东方属性,令现实中不过弹丸之地的中国城走到聚光灯下。读者们明确无误地认识到,这是一场实实在在的入侵,同1066年诺曼人征服英格兰一样真切。警方突袭金龙窟后,竟发现该建筑"……具有极早期诺曼风格的花纹……要我说,这应该就是某个代远年湮的诺曼人教堂或修道院礼拜堂的地窖。"根据传说,"曾经有过一座非常宏大的加尔默罗会(Carmelite)修道院,足可容纳两百多个弟兄修行*,它的位置靠近泰晤士河,相当于今日莱姆豪斯堤道和彭尼费特斯所在的区域。"[52]

罗默及其读者属于这样一代人:他们自幼深受课本熏陶,由于后者以卓有成效、但本质上仍由白人主导的种族同化来诠释英国历史,所以他们坚信大英帝国的正义性。对此,W. 洛克(W. Locke)曾用如下事例阐述过:

> 我敢说,我们的每一位先祖第一次看见罗马人来时,想必都灰心丧气,暗自琢磨……快活的好日子怕是到头了……然而,这些外来事物实际上于他们是有利的。他们一改往昔野蛮的习俗和粗犷的生活方式,由此得以登上那引领英国人获得如此权力和伟大的阶梯……我们真该为此衷心感谢上帝。[53]

约瑟夫·康拉德在中篇小说《黑暗的心》(*Heart of Darkness*)里也

---

* 男性基督徒称弟兄,女性基督徒称姊妹。

曾回顾过这段历史，不过目的却截然不同。在小说中，一艘名为尼尔森号的船曾在莱姆豪斯下游不远处的格雷夫森德（Gravesend）附近停靠，作者借用船上某人的一番控诉，揭露了欧洲的帝国主义之过：

> 但是昨天这里一片黑暗。想想看，如果地中海上一艘漂亮的——那东西叫什么来着？——哦，一艘三列桨座式战船的指挥官突然接到开赴北方的命令，会是怎样的心情……想想他来到此地——世界的尽头、铅灰色的海、烟灰色的天，方正得像六角手风琴似的船——载着给养、货物，或者随便什么东西，沿着这条河逆流而上。沙岸、沼泽、森林、蛮族——几乎没什么适合文明人吃的东西，除了泰晤士的河水，什么喝的也没有。[54]

英帝国看似不可撼动的霸主地位正在遭到质疑。齐柏林飞艇（Zeppelins）的航弹在伦敦上空势如雨下，但比起黄种人的威胁来说，德国鬼子的征服根本不值一提。

1925年，即"灿烂郑"因走私可卡因被定罪后的次年，罗默用新作《黄影》（*Yellow Shadows*）继续探讨了这一主题。小说中的毒枭虽然改头换面成了"缅甸张"（Burma Chang），但实际上就是《黄爪》中那位金先生的翻版，而且他在莱姆豪斯的寓所也被赋予了类似金龙窟的历史渊源：

> 中国城里残存着几座乡间别墅，没有被商业主义贪得无厌的大嘴所吞噬，河岸上某处本应被港区的污手染指之地……竟

是一片片开阔的草地和一座座兴旺的农庄……这硕果仅存的景致便是缅甸张的府邸,它的入口处有一道空无一物的长墙……一幢古色古香的庄园大屋藏匿于后,已是几经沧桑……但所有的物换星移都不及中国的黄种定居者入侵这般前所未见。[55]

战后,在一阙堪称缅怀伦敦港埠区的田园挽歌之中,这"古色古香的庄园大屋"成了英国国民性百折不挠、经久不衰的象征。然而与此同时,黄种人对英国的"入侵"也确定无疑地拉开了序幕。

亲华热

托马斯·伯克无疑是特立独行的。如果说萨克斯·罗默顺势而为，塑造出一个又一个恶贯满盈的"中国佬"，把他们对白人女性的兴趣归结于毁灭西方的黄种阴谋，那伯克就是另辟蹊径，在《莱姆豪斯夜谭》（他后来发现，尽管该书臭名昭著，却并没有对他造成妨害）之后又谱写了一曲缅怀战前中国城风情的挽歌。在1919年出版的《出去走走：战时伦敦笔记》（*Out and About: A Notebook of London in War-Time*）中，伯克带着那些足不出户的旅行家穿行于伦敦，探访各种或熟悉或隐秘的好去处。他一如既往地扮演着无所不知的导游角色，对那些通往"异国来客和不法之徒的秘密营地"的阴暗侧路了如指掌。[56]他还不无自豪地吹嘘自己"曾在莱姆豪斯堤道同黄种小伙子们碰过筷子"。[57]

《城中夜话》的《中国之夜：莱姆豪斯》（"A Chinese Night: Limehouse"）一章把莱姆豪斯区描绘为"逃避枯燥日常的地方"。[58]在当时，只有侵占公共交通线路的做法才能对伦敦外侨居住区世外桃源的地位构成威胁，因此莱姆豪斯暂时得以免受外界侵扰。《出去走走》缅怀的正是这座战前的中国城。如今，拜《国防法案》发起的史无前例的国家管制和登峰造极的公共监视所赐,"中国城已然明日黄花"。罗默把肮脏的港埠区怪罪到"商业主义贪得无厌的大嘴"头上,伯克则把矛头对准了"既商业化又处处管制的西方",称后者压抑了他所谓的"晦暗的雅致":

> 你只要走进任何一间酒吧,立刻就会置身于一片疑云之中。廉价传媒让这些码头工人都害了疑心病。爱国的装卸工会把你当成乔装打扮的外国间谍,房东会怀疑你是该死的报界人士或者苏格兰场的人。

最糟糕的是,《国防法案》"叫停了那些曾经的猎奇好去处"。[59]《国防法案》强制推出各种战时法规主要是为了控制敏感信息的传播。其中部分规定一直延续到了和平时期,比如对夜总会、餐馆、剧院和酒吧实施的宵禁。《国防法案》还对抽大烟的行为加以禁止,其效果就是把相当大一部分华人定性为罪犯,为当局侵犯华人隐私,开展杀鸡儆猴的驱逐,乃至威胁整个华人社区提供了口实。马雷克·科恩(Marek Kohn)指出,此间真正的深意在于,《国防法案》通过把夜生活的乐子列为非法,为毒品设了一个"局"。[60] 随着毒品相关法规的出台,中国城的无限可能或许打了折扣,但其象征意义却得到了强化。《雅典娜神殿》(The Athenaeum)杂志在评论《出去走走》一书时就曾哀叹道:

> 为何这么多作家,都要用挽歌式的口吻来描述某个喜爱的国家或城市?⋯⋯难道我们就连一个慕名而至后发现它不减当

年的地方都没有了吗？如今战争已经结束，我们愿意怀着喜悦的心情去相信，托马斯·伯克先生用引人入胜的笔触缅怀过的那个五年前的伦敦，将会重现人间。[61]

伯克的立场同罗默可谓截然相反。在《重走中国城》("Chinatown Revisited")一章中，他召唤出"东方之魂"，借以反思工业化和国家管控下西方社会的缺陷。在民权因《国防法案》的严刑峻法日益凋敝之际，伯克唤起了人们对19世纪90年代莱姆豪斯的记忆，那里有充满异国风情的怪味——一种由"槟榔、精制鸦片和炸鱼"混杂而成的怀旧气息，还有来自五湖四海的喧嚣——伦敦东区的街头手风琴、救世军乐队和"没完没了放着中国戏曲的刺耳留声机"。[62] 尽管伯克的故事里可以找到公众对下层社会不受约束的跨种通婚和药物滥用等乱象最耸人听闻的遐想，但他的中国城灵感却主要源自世纪末颓废风潮固有的异国情结。后者对中国的一切事物都持接纳态度，故而那批以美国现代主义诗人埃兹拉·庞德为首、总体而言学识更高的亲华人士都可谓伯克的同道中人。

一战前的数年里，知识界兴起了一股日益蓬勃的风尚，那就是对既有异国情调又有悠久历史的中国大加追捧。这股风尚在伦敦寻求艺术复兴的先锋运动中构成了一大要素，因为人们迫切需要一些新的表征模式来表达他们的文化危机感。这些艺术家和文人积极接纳东方的教诲和文化，希望以之来取代维多利亚时代前辈们那些名声已臭、不合时宜的想当然。也正是这群人，日后将被另一群把战争视为清除外来文化影响之机的人大肆抨击。

爱德华时代的现代主义美学定位有一个重要的里程碑，那就是

1910年6月大英博物馆推出的中日绘画展,而展览的管理员正是负责该馆东方版画及绘画部门的前颓废派诗人劳伦斯·宾雍(Lawrence Binyon)。埃兹拉·庞德1908年抵达伦敦后,很快就被介绍给了宾雍,当时后者刚刚出版了《远东的绘画》(Painting in the Far East)一书,庞德参加了他关于"东西方艺术和思想"的系列讲座,并且随即在一封寄往国内的信中称赞讲座"意趣盎然"。[63] 彼时的庞德还是个穿着俏皮、发型另类的青年诗人,急于在伦敦的文学界留下痕迹,后来时常与宾雍及其鉴赏家圈子在牛津街的维也纳咖啡厅共进午餐。这些谈话为日后庞德心目中的中国美学原则奠定了基础。波希米亚文学沙龙的女主持人布里吉特·帕特莫尔(Brigit Patmore)后来忆及这段时期时,称它是一个"对一次大战的灾祸将至浑然不知"的年代,那时"一股创造力的风潮似乎席卷了伦敦……埃兹拉的推动力随处可见。"[64]

以庞德为轴心的伦敦文化版图,在与中国事物的艺术互动中逐渐扩大。汉语表意文字的洗练令庞德兴奋不已,他据此发展出了一种精简而碎片化的诗歌风格,也就是意象主义,以之逃避被他斥为"维多利亚时代诗学爬虫"的沉重遗产。"中文没有长诗",他在1913年10月写给未来的妻子多萝西·莎士比亚(Dorothy Shakespear)的信里兴奋地说,"他们认为,如果想说的话不能在12句以内说完,那还不如不说。那个时代就是公元前4世纪——《屈原·意象主义者》。"[65] 庞德的漩涡理论(漩涡主义是伦敦先锋运动的基石之一)正是基于他对汉语表意文字词源本质的理解:"它是一个辐射的节点或集束,我只能称之为漩涡,一个意念不断涌出、涌过、涌入的漩涡。"[66] 在此,庞德承认了宾雍在"扩展东方知识的疆域"方面的创新性。他在写给纽约律师兼现代主义艺术赞助人约翰·奎因（John Quinn）的信中表达了这一感想，直言他"乐见中国取代希腊，成为古典之躯"。[67]

伦敦的青年现代主义者们用世代冲突的方式造就了自己："我们将把上个世纪彻底肃清"，这是埃兹拉·庞德在1914年7月出版的首期《风暴》（BLAST 1）杂志中发出的庄严宣告，当时正值大战爆发。其后数年战争期间，其他青年诗人也加入到这场声讨前人的骂战。罗伯特·格雷夫斯（Robert Graves）在1915年立誓，一俟战争结束，他将"尝试用更加行之有效的方式根除那些令人不快的维多利亚时代遗毒"，而威尔弗雷德·欧文（Wilfred Owen）则在1917年写信告诉母亲："维多利亚十字勋章！我才不稀罕。那不是维多利亚时代的东西吗？咦！呸！"[68]

伯克本人则对现代主义持模棱两可的立场。他之所以拿东方说事，纯粹是为了缅怀逝去的战前岁月，以及被剥夺的政治和社会自由：

> 我觉得，如果说历史上有哪个时代碾压个体，用盲目崇拜和标语口号来囚禁大众，那一定非当下莫属。如果说哪个时代对天怒人怨之事闭口不提，视而不见，或粉饰美化，也一定非当下莫属……别以为你们自由自在，而维多利亚时代的人才戴着镣铐。[69]

在伯克看来，战争不过是增强国家干预的借口，它带来了针对酒和药品的法律、配给制、差劲的啤酒、护照和宵禁。在《城中夜话》的序言部分，他写道：

这些关于伦敦生活的篇章涉及的几乎全都是战前那段岁月。那时的公民可以无拘无束地生活，可以充分成长为最好的自己，可以追求此生应有的幸福。鉴于这些美好年代的乐趣已经被剥夺一空，或许再也不会恢复，我们有必要在彻底遗忘前将其记录下来。

据他后来描述，一战所属的时代是一阵"新旧之间分娩的痉挛"，它前接奥布里·比亚兹莱和王尔德的颓废时代，后启战后精神空虚、派对成瘾、盲目享乐的20年代。[70] 此间遭到打压的不光是个人自由，还有大战前夕百花齐放的艺术文化，其中波涛汹涌的各类主义——唯美主义、立体主义、未来主义、漩涡主义等等——成了威胁国民道德根基的公害。正如我们在《黄爪》里看到的，英国的舆论甚至认为对德战争就是一场对抗现代主义的战争。

"东方似乎正从四面八方向我涌来。"

——埃兹拉·庞德，1913年

1913年，埃兹拉·庞德在写给未来妻子多萝茜·莎士比亚的信中感叹"东方似乎正从四面八方"向他涌来。[71] 他曾在"一家饶有趣味、出类拔萃的新中餐馆"用餐，而且一直在张罗"中国秀"。那家餐馆很可能就是伯克在《出去走走》里描述的"摄政街上的中式小餐馆"。尽管面临种种战时限制，它仍然"为有胆猎奇者提供皮蛋（绝对有30年之久）、七先令一份的鱼翅、炖海带、竹笋和甜燕窝之类的玩意"。[72]

大众对中国异域风情的消费正是在 1913 年展示的前沿时尚中得到美化的。同年，弗里达·斯特林堡夫人（Madame Frida Strindberg）在摄政街旁的一条死胡同里开办了一家名叫金犊窟（The Cave of The Golden Calf）的歌舞夜总会，作家凯瑟琳·曼斯菲尔德（Katherine Mansfield）为其报幕时，"身着一套中国戏服，美得颠倒众生"。[73] 与庞德一起创办《风暴》杂志的温德姆·刘易斯（Wyndham Lewis）设计了一出名为《中国影戏》（Ombres Chinoises）的中国影戏，于当年 10 月在金犊窟演出。战后，这个夜晚被福特·马多克斯·福特写进了小说《马斯登案》（The Marsden Case）里。小说主人翁受托"创作一部影戏，以之照亮伦敦，同时帮助一位青年设计师在伦敦的富人面前适当地推销自我"。[74] 拜福特的文字所赐，金犊窟被定格为所有伦敦人心向往之的去处，是"一座上演见不得光、不可言说之事的地下洞窟"，其间的"每一样东西都那么富有异国情调和东方气息"。[75]

福特的作品是对战前先锋主义风潮下伦敦多元众生相的感伤追忆。战前昙花一现的文化繁荣最终结出了斯特林堡夫人的夜总会这般活力四射的硕果，而在战时保守的道德氛围中，它却成了英国一切问题的缩影。这处地下欢场的装饰物既有雅各布·爱泼斯坦（Jacob Epstein）别具一格的雕塑，也有温德姆·刘易斯和斯潘塞·戈尔（Spencer Gore）律动着不和谐色的画作。整个地方可谓堂而皇之地再现了《圣经》中不信神的以色列人崇拜金牛犊偶像的异端仪式。在这一切当中，爱泼斯坦的作品承受了道德忧虑的大部分火力。这类批判基本都充斥着鲜明的种族色彩，例如《鉴赏家》（The Connoisseur）杂志就曾忧心忡忡地慨叹："最前沿的现代艺术门派正在把我们带回野蛮人的原始本能。"[76]爱泼斯坦一改古希腊罗马的雕塑典范,彻底转向了东方的美学传统。其后数十年,他将因此遭到持续炮轰,其中一项罪过就是他选用了种族背景各异的模特——后者甚至被某家报纸斥之为"半东方血统的骚货"。[77]

无论哪天晚上走进金犊窟夜总会,你都有可能看到匈牙利的吉卜赛人乐队与表演雷格泰姆音乐(ragtime)的非裔美国人同台竞奏,或者莎乐美面纱舞与阿根廷探戈各领风骚。这一现象同公开宣扬的"知识分子狂欢"相结合的产物令小部分人拍手叫好,却让大部分人惶恐不安,于是乎后来的警方搜查便成了顺理成章之事。

萨克斯·罗默在《黄爪》里同大众传媒一唱一和,对"立体主义者、巫毒崇拜者、未来主义者等文化暴发户"构成的夜总会主顾们冷嘲热讽了一番。[78]小说中齐聚一堂参观奥拉夫·范努德(Olaf van Noord)作品私展的就是这群人。这位范努德号称"苏豪区未来主义者的上帝"和描绘"最光怪陆离之梦魇"的画家,他以一个叫马哈拉(Mahara)的欧亚混血女子做模特,创作了一幅画,而且为它取了个渎神的标题,叫《我们的罂粟圣母》("Our Lady of the Poppies")。此女的身姿有着"魔鬼般邪恶的优雅",而那幅画作则堪称"丧心病狂"。画家本人有一头往后梳的长发,正用琥珀烟斗里填有鸦片的香烟吞云吐雾。一个黑人小男孩用顶针大小的杯子端上中国茶招待客人。在场的某位记者看了该画后一头雾水,不禁纳闷如何对其"严肃报道?我本来是当笑话来写的!……除了把它当成一笑置之的东西来处理,真不知还能怎么办。"[79]

战争的爆发标志着岛国疑外心理的回归。虽然《黄爪》对战争只字未提,却展现了这样一幅场景:英国感染了某种从欧洲传来的疾病，变得颓废堕落，对亚洲的腐化风气毫无防备。这疾病不是别的，正是19世纪90年代滋生的现代主义。

在罗默和报界忙于迎合大众的恐外梦魇之际，庞德则在引领一场追捧中国艺术再现模式的新风潮。刚一宣战，他就写信告慰自己远在美国爱达荷州黑利（Hailey）的双亲，称伦敦"还没被德意志人炸掉"，还说他已经开始翻译一些中国诗歌了。[80] 借助与宾雍的关系，庞德从已故东方学家欧内斯特·费诺罗萨（Ernest Fenollosa）的遗孀那里获得了一系列手记。这些遗稿实际上是抄袭唐朝诗人李白诗作的英文产物。庞德在其基础上开始翻译时，根本对汉语一无所知，对中国诗歌的背景和文化传统也仅知皮毛。不过，他却发现费诺罗萨遗稿中的内容和他自己对现代诗歌的思考，也就是已经在创立意象主义和漩涡主义的构想中得到表述的主张不谋而合。当时，菲利波·托马索·马里内蒂（Filippo Tommaso Marinetti）鼓吹的未来主义占据着主导之势，而且这种同意象主义竞争的现代派艺术运动拥有积极接纳物力论和技术的艺术原则。面对这一挑战，庞德同样不遗余力地推广着其建立在汉语基础上，以意象主义诗歌和漩涡主义雕塑为载体的美学。1914年春，摄政街的古皮尔画廊（Goupil Gallery）推出了一场艺术展，庞德在《自我主义者》（The Egoist）杂志上对其作了评论。他认为亨利·戈蒂耶－布尔泽斯卡（Henri Gaudier-Brzeska）雕塑作品的精神同"中国周朝（公元前1046—公元前256），那个催生了孔子、孟子、老子等伟大先贤的时代的青铜器"足以相提并论。

庞德着手翻译时，他年轻的得意门生戈蒂耶－布尔泽斯卡却在战壕齐脚深的稀泥里，为《风暴》期刊的第二期赶写战报。[81] 作为回报，庞德把公元 5 世纪的中国诗歌《小雅·采薇》和《古风·胡关饶风沙》寄给了他。戈蒂耶-布尔泽斯卡在回信里评价道："它们恰如其分地描述了我们的处境。"庞德从费诺罗萨笔记的 150 余首诗歌中选取了 14 首，于 1915 年 4 月以《华夏集》(Cathay) 之名出版。戈蒂耶-布尔泽斯卡从马恩河（Marne）写信告诉他："我把书随身放在口袋里，甚至还用诗来鼓舞战友。"[82] 当年 7 月，戈蒂耶-布尔泽斯卡的《漩涡》（又名《发自战壕的报道》）一文终于刊登在《风暴》的第二期上。然而令人痛心的是，这篇文章的后面就是作者本人的讣告。[83]

《华夏集》推出后广受好评。W. B. 叶芝称赞它"清新，优雅，简练"，T. S. 艾略特更是把庞德誉为"为当代发明中国诗的人"。[84] 诗集中那些关于中国古代远征战士和哀怨妇人的诗歌，几乎同 1915 年欧洲的厮杀和僵局——对应：

> 我们在两者之中都能看到亟待击退的野蛮人和苦争恶战的前线士兵；都能看到缺乏良策的国内统治阶级；看到包括治国之术在内的一切艺术，都处于一贯的颓废状态。[85]

为了表示对《莱姆豪斯夜谭》的支持，福特甘冒遭到各大图书馆审查的风险，借用一则中国古谚，从前线发来了勉励之词。他向伯克宽慰道，在《英语评论》杂志持续亏损之际，那句谚语令他十分受用："我在遭遇抢劫、误引、诽谤和勒索之时，总是耸耸肩，告诉自己，在茶肆里寻找圣君简直无异于故作清高。"[86] 福特后来在 1919 年为戈蒂耶-布尔泽斯卡所作的悼文《亨利·戈蒂耶-布尔泽斯卡：茶肆的故事》（"Henri-Gaudier-Brzeska: The Story of a Low Tea-Shop"）里又提到了这句谚语。在他笔下，自己同那位英俊的青年雕塑家初次邂逅的情景实际上就否定了这句古谚："……在一家地下餐厅——贫民窟里最差的那种——嘴里不知不觉就蹦出了这些字眼。"在战前波希米亚风气盛行的伦敦，"无论是在触目惊心的艺术展，在下流不堪的夜总会，还是在乌七八糟的餐馆（上述话语可谓是对斯特林堡夫人看似贬抑的恭维）"：

> 人们只要瞥见一大块粗鄙的顽石，那种像是刚被板岩采石场弃若敝屣的石头，或者一小片像法翁*的腰一样紧致柔和的大理石，都会停下话语或脚步来欣赏一番。[87]

现代主义同中国事物的相遇，在艺术和社会领域既引发了争议，也推动了发展。尽管它们在战争年代还将继续发酵，但福特出类拔萃的挽歌却代表了某种一去不复返的东西：那就是新事物的冲击——无论是戈蒂耶-布尔泽斯卡某件根付[†]作品的天才闪光，还是爱泼斯坦那些野蛮图腾令人赏心悦目的粗暴——纵然昙花一现，却意味着茶肆里终究还是出现过圣君。

---

* 法翁（Faun）：罗马神话中半人半羊的农牧之神，相当于希腊神话的萨提尔。
† 根付（netsuke）：一种产生于17世纪日本的微型雕塑，用于将悬挂物件的绳索固定在和服的腰带上，功能类似于扣子。

朱清周："肚脐的戏份比头饰多"

1917年12月，德鲁里巷（Drury Lane）长盛不衰的"中国"剧目《阿拉丁》（Aladdin）又推出了一个新版，而这样一部季节性哑剧，竟然收到了异乎寻常的热评。由于开赴前线的军人中途暂留，退下火线者又希望麻痹自我，忘却战场恐怖，伦敦的观众规模一时暴涨，戏剧娱乐也变得前所未有地供不应求。《阿拉丁》一剧因其布景的适度和精巧赢得了《环球》（The Globe）杂志"颇有艺术品位"的赞誉。那位评论家称，维多利亚时代华丽哑剧的营垒德鲁里巷，跳出俗艳的窠臼，"为追寻理想哑剧的长征画上了终点"。[88]《蓓尔美尔街报》（The Pall Mall Gazette）则称赞它同维多利亚时代哑剧"勉强够格的音乐厅元素彻底分道扬镳"："《阿拉丁》就是《阿拉丁》该有的样子，一部永远一丝不苟的中国戏。"[89]

历史上的哑剧作为一种娱乐形式，是由一代又一代剧院经理们在招徕观众的过程中缝缝补补形成的。哑剧剧本中对各个时代俚语和热门话题的影射层出不穷，故而可以让我们大至政治危机，小至寻常琐事，一窥那些曾经刺激过公众想象力的历史事件。《阿拉丁》的中国背景设定既有悠久历史的瑰丽，又有守旧滑稽的寡妇屯溪

(Widow Twankey)*和插科打诨的华人洗衣工体现的荒诞。这种设定历经一个多世纪对华态度的风云变化都不为所动。然而另一方面，英国哑剧传统经久不衰的生命力，又向来体现在对新潮流的适应性上。

在一战山雨欲来的那几年，逐渐改进的英国哑剧吸收了广受欢迎的百老汇讽刺时事的滑稽剧元素。滑稽剧是一种兼具快节奏、轻松和热闹等特点的主题演出，其中既有最新的舞蹈和音乐风格（探戈和美国雷格泰姆歌曲），又有对当时流行热潮或知名人物调侃解构的段子。当然，滑稽剧对士兵的主要吸引力，则在于时尚、身条婀娜的女体组成的撩人美景。

德鲁里巷风格化的哑剧《阿拉丁》之所以颇受欢迎，就在于它迎合了时下对滑稽剧的喜爱，并且同前一年夏天在女王陛下剧院（Her Majesty's Theatre）首演的滑稽剧《朱清周》(*Chu Chin Chow*) 有异曲同工之妙，而后者正在以不可阻挡之势迅速蹿升为红得发紫的战时热剧。在哑剧《阿拉丁》中，我们可以看到晶莹剔透的水晶帘幕缓缓揭开，从中走出两位气宇轩昂、身着清朝官服的解说者。《晨邮报》(*The Morning Post*) 虽然对这一设计赞不绝口，却对剧中的中国皇帝如此评价："作为一个天朝人，他几乎与奥斯卡·阿什（Oscar Asche）先生在令人难忘的《朱清周》里扮演的角色一样，让人欲罢不能，感同身受。"[90]《舞台》(*The Stage*) 周报则指出了《阿拉丁》在技术和风格上对《朱清周》的借鉴："该剧让图片像经

---

* Twankey 是 Twankay（屯溪）的变体，借指中国安徽屯溪出产的茶叶。由于当时出口英伦的屯溪绿茶为老茶叶制成的低端货，故而"寡妇屯溪"的角色名暗含年老色衰之意。

过光阑那样一闪而过，以之预示主人公的冒险历程，而它使用的是一个《朱清周》里用过的可收缩控光装置。"[91]

《朱清周》的制作人是舞台剧演员兼演出经理人奥斯卡·阿什。基于他特别喜爱的哑剧《阿里巴巴和四十大盗》，阿什创作了这出"东方滑稽剧"，并且把主角换成了剧名里那个"中国"男人朱清周。这位诡计多端的匪首由阿什亲自出演，实际上就是大盗们的首领阿布·哈桑（Abu Hasan），只不过假扮成了一名上海商人。自称朱清周的他头戴丝绸瓜皮帽，脑后一根黑色的猪尾辫，有着兽爪一般长长的指甲，还有比指甲还长的胡子。[92] 朱清周和傅满洲的相似显而易见。从阿什的剧照和演出的海报来看，这层联系更是一目了然。

《朱清周》几乎是伦敦舞台上前所未有的佳作，堪称数十年来戏剧界东方幻想的最高成就，既有富丽堂皇的舞台布景，又有服饰奇异的美女队伍。该剧紧紧抓住了当时的时代精神："阿什先生……涉足不可思议、复调、五光十色的东方主义领域，"详尽展示了"一系列万花筒般的场景，时而浪漫，时而写实，时而又透着未来主义或漩涡主义色彩，但自始至终都充满美感。"[93]

同罗默笔下的莱姆豪斯华人区一样，《朱清周》呈现给战时观众的东方同样迎合了普遍认可的意识形态。它结合了维多利亚时代后期的帝国主义传统与爱德华时代歌舞喜剧的桃色诙谐。在后者当中，我们能看到头戴车轮帽的歌舞女郎被头戴凉盔的绅士们出其不意地拐到远在殖民地的哨所，那些地方有着类似的名字，如"依兰依兰"（音译，Ylang Ylang）的名字。世纪之交的英国观众们沉浸在一场帝国优越感的盛宴里，可以欣赏到 1899 年的《三钗》（音译，

San Toy）[*]、1901 年的《中华蜜月》（*A Chinese Honeymoon*）、1906 年《新阿拉丁》（*The New Aladdin*）和《看看》（*See See*）之类的剧目。此类作品以荒诞可笑的对话和异域风情的场景著称，为阶层、种族和性方面的诸般禁忌提供了放飞的空间。

中国题材歌舞喜剧的剧情素来围绕跨种族恋情展开。恰如历史学家罗伯特·毕可思指出，流行文化的优点之一，就在于能够以虚构调侃的方式巩固时下的社会态度。现实里中英关系的核心要务就是让两国民众在性方面保持距离。[94]当莉莉·艾尔西（Lily Elsie）或加布里埃尔·雷（Gabrielle Ray）等身着中式戏服的女星在台上挥动扇子、搔首弄姿时，这一点暂时被抛到了九霄云外。不过，无论这些演出看似多么大胆前卫，跨种族恋情走的仍然是绝对意义上的单行道，只能是英勇的英国小伙爱上羞红的"中国"少女，绝不能国籍对调。另一方面，即便歌舞喜剧里的清朝可以极尽诙谐之能事，评论家们也从来没有忘记提醒观众清朝的现实。乔治·爱德华兹（George Edwardes）传奇般的欢乐剧场（Gaiety Theatre）如今已被公认为现代歌舞喜剧的重要影响源，殊不知它曾得到过这样一番评价：

> 我想任何了解远东的人都不该……被爱德华兹先生的魅力迷了心窍……实际上——无论是从国民、生活、服饰还是道德方面来看，清朝都绝对是天底下最卑劣、最阴郁的国家——是

---

* 这是按潮汕话发音处理的，粤语里找不到有意义的汉字搭配。

地球上一处让人看了无论如何也笑不起来的旮旯。[95]

《朱清周》熔维多利亚时代哑剧、爱德华时代歌舞喜剧和美国滑稽剧于一炉,成就了一出让休假士兵来到伦敦后直奔剧场的名作。由于士兵们的假期往往只有 24 小时,所以玩个痛快也是情有可原之事。而《朱清周》恰好承袭了一项历史悠久的英国传统,即一旦涉及东方主题,无论是后宫、澡堂还是奴隶市场,就可以堂而皇之地让戏剧观众们欣赏到白种女人暴露的肉体。

造访伦敦的战时盟友们可能英语能力有限,无法领会那些内涵丰富的段子,但欣赏几乎衣不蔽体的美丽女奴还是毫不费力的。《朱清周》一剧不断改进其盛装游行就是为了尽量露肉。正如女王陛下剧院的经理赫伯特·比尔博姆·特里(Herbert Beerbohm Tree)那句广为人知的妙语所言,剧中"肚脐的戏份比头饰多"。[96] 例如,有一套戏服是一件肉色紧身连体衣配蓬松的黑人假发,之所以如此设计,是因为身着这身行头的尼罗河舞娘干脆被设定成了"裸体"。《每日镜报》(The Daily Mirror)曾刊登过一张照片,上面有四个情色扮相的"沙漠舞娘"——头戴维京人的角盔,身上却裹着几片豹皮。这样的照片难免有伤风化,不过该报通过向读者提问,巧妙地摆脱了责难:"这些穿扮让您感到冒犯了吗?"[97] 就与地理或历史真实性的关联而言,答案很可能是肯定的。

"丝腿族"

战争造成了社会动荡,而后者又驱使戏剧内容日益走向香艳化。

生活的其他方面都因各种法规越收越紧，而戏剧领域却反倒愈见放纵。维多利亚时代的金融资本主义留给20世纪伦敦舞台的遗产，就是追求风险最小化，利益最大化。后世回顾，"金融投机家一窝蜂似的涌入戏剧业，在那兵荒马乱的四五年里借助后者的漏洞和不顾声誉的态度牟利"。[98]从战争爆发伊始，那些过去有可能被大法官斥为下流、打擦边球或淫秽的内容就获得了表演许可，一众卧室闹剧和睡衣戏由此应运而生。这股放荡之风正是对台下现实的反映。此前的伦敦已经被年轻女性的大军，也就是被D.H.劳伦斯戏称为"丝腿族"的独立打字员和话务员所占领，现在又有大量的军人涌入。[99]除此之外，还有一些年轻姑娘放弃家政服务，转而到兵工厂上班，进而收入大增。

过去的行为模式在战争引发的社会乱象中逐渐被人抛弃。一位评论员评价道："刚从战壕或殖民地远道而来的士兵们，仗着自己身为军人，便认为不顾一切道德、社会和婚姻的约束寻欢作乐，是完全合情合理的。"[100]更糟的是，他们还得到了女人的鼓励。后者被劳伦斯形容为"在灯红酒绿中四处闹腾"的"露臂蝗群"。[101]截至1916年底，前所未有的性自由风潮已然成为戏剧的主导话题。

《朱清周》是个矛盾体，因为它既能为观众提供数小时的消遣，让其暂时逃避战争，又可说就是战争的一部分。它那"洋溢着英雄色彩和独创性……险中取胜"的剧情"有力地支持了战场拼杀这出浪漫化的沙文主义大戏"。[102]关于该剧对英国民族意识的功效，甚至还涌现出了若干近乎神话的传说。比如，有人把该剧的录音唱片带去法国，后来寄回一些照片，上面记录着戴苦力帽子的歌舞团体表演《朱清周》的情形，他们不但在前线演出，甚至还在一座德军战俘营里演出，而且男扮女装。还有传闻说，第一支获胜的部队踏入德国时，军乐队演奏的就是《朱清周》里的《强盗进行曲》。《朱清周》演出期间的商品销售利润都捐给了战争事业，为战地医院和部队食堂提供经费。该剧的演出可谓饱经劫难，不仅挺过了空袭、断电，还经历过各种乱七八糟的事故。有一次，一头骆驼据说踩穿了玻璃做的舞台地板灯，然后掉进地下室摔死了。养骆驼的人后来提醒阿什先生，暂时不要去苏豪区下馆子，因为在实行配给、肉食稀缺的情况下，他已经把死骆驼卖给了当地的一家餐馆。

　　《朱清周》承袭正宗的哑剧传统，不仅对剧场外的真实事件加以评论，而且紧随战事进展自我调整。由此，该剧从单纯逃避战争恐怖的消遣，变成了"精确诠释那场战争的戏院编年史家"。[103] 为了将各类话题新闻的进展囊括其中，该剧的剧本不断改进。不过，每新增一幕场景，其主要动机都是为新一轮戏服改造和加大露肉尺度提供借口。《朱清周》不仅深得水手们和英国大兵喜爱，就连姑娘们也趋之若鹜。由此还催生了一个新物种，那就是所谓的"画廊女郎"，相当于轻佻女郎版的"堵门粉丝"："战时的剧院……是心智不足、热情有余的轻佻女郎的天下。真见鬼……剧院里活脱就是前座的轻佻女郎看台上的轻佻女郎。"[104] 从当时公开奇装异服秀和化装舞会的盛行可以看出，年轻女子希望在社交场合把自己对东方的幻想亲身演绎出来："我们照片里的这些女士，"《尚流》（Tatler）杂志在其刊登的一张《朱清周》剧照下面写道，"是来自巴格达的顶级时装模特，她们的服饰虽然与巴黎时尚前沿的模特有所不同，但只要不是从脚灯靠幕布的那一侧欣赏，也许会别有一番感受。"[105]

不过，并非所有人都被《朱清周》迷得神魂颠倒。例如，某位评论家就曾嘲讽，士兵们为了躲开它，欣然愿意返回战壕。托马斯·伯克的表态也与之类似。[106]在《出去走走》里，他曾对其作出这番评价："女王陛下剧院正在上演一出哑剧……戏剧界的金主们知道，从前线请假回来的小伙子肯定不会假作正经……遂借时局之便，把旧库房里的陈年糟粕都翻出来兜售。"[107]不用说，《朱清周》大获成功之后，其他中国主题的跟风之作也试图分一杯羹。除了《阿拉丁》，德鲁里巷还相中了美国出版人兼作曲家伊西多尔·维特马克（Isidore Witmark）的作品《上海》（Shanghai）。该剧是一出轻歌剧，既有美式音乐剧风格，又有上海寺庙和中国帆船这样的异国场景。然而，该剧获得的总体评价却是空有场面，但印象不深。

观众对舞台上光怪陆离的东方场景和恶贯满盈的华人形象乐此不疲，这股风气不仅在战前早已有之，而且在战后仍然热度不减。《朱清周》不仅是一战期间最炙手可热的名作，还是历史上连续上演时间最长的舞台剧。当它最终于1922年告别舞台的时候，华人的舞台形象已经在通俗小说对华人的塑造，加上现实中的犯罪事实和媒体的煽风点火共同作用下固化下来。

20世纪20年代中期，一个中国学生代表团来到伦敦，竟发现英国的流行文化对华人充满敌意，随即表示关切和不满。他们称当时在伦敦西区上演的《寂静之屋》（The Silent House）、《碧海春光》（Hit the Deck）、《黄色假面》（The Yellow Mask）、《倾听者》（Listeners）和《自大之徒》（Tin Gods）等不下五部戏剧都把华人塑造成"恶毒可恨之状"。中国公使馆代办陈维城为此向英国外交部发去一份正式抗议，却徒劳无功。后来在中国协会（China Society）的周年庆典宴会上，陈再次提起伦敦戏剧和电影界这股愈演愈烈的歪风，指出"没有任何其他的东方国家像（中国）这样，其国民在戏剧舞台上受到如此针对性的恶劣待遇"。[108] 他还建议对有过此类恶行的作家处以100英镑的罚款。皇家艺术协会（the Royal Society of Arts）的副主席爱德华·克劳爵士（Sir Edward Crowe）对其作了回应，他道歉说，T. P. 奥康纳（T. P. O'Connor）先生作为"中国的朋友"，想必断不会放出什么有伤和气的言论。[109] 当时奥康纳已经被任命为战时英国电影审查委员会（the British Board of Film Censors）的主席。此公不但是狂热的爱尔兰民族主义者，还在19世纪90年代创办了多家报社，堪称大众报业的奠基人之一。他于1917年向电影调查委员会（the Cinema Commission of Enquiry）提交了著名的"四十三条"禁令，对性、毒品和渎神内容做出了事无巨细的审查指导。尽管这份道德审查清单义正词严，但其中最接近种族丑化禁令的内容也不过是"第二十条：有可能贬低我们盟友的情况"，而且这条究竟有没有用在为中国人伸张正义上，也是令人存疑的。

《朱清周》固然为战时身心俱疲的公众提供了片刻消遣，但在演出落下帷幕后，人们也并非没有别的方式逃避现实。《泰晤士报》牵头的一个游说团体就曾义愤填膺地发现，伦敦的夜总会竟然还在举行阿帕奇之夜和酒神狂欢宴之类的活动，甚至把不堪入目的宣传单发到了警察手里。内务部长旋即推出了《夜总会法》(the Clubs Act)，在周末强制实行午夜宵禁，所有餐馆、酒吧和夜总会在晚上九点半后都不得接单。这一法案的效果立竿见影，伦敦城彻底清静了。

30多年前的1882年，罗伯特·路易斯·史蒂文森（Robert Louis Stevenson）发表了名为《新天方夜谭》（*New Arabian Nights*）的故事集，召唤出了一部关于伦敦夜生活的东方童话。伯克后来说，假如史蒂文森能亲眼看见战时伦敦的夜生活，一定会"把它收录进《新天方夜谭》之中，而后者将令他所有夸张离奇的故事相形见绌"。由于战时限制，伦敦成了"调包婴儿……所有户外油灯都被刷成了蓝色，所有店铺和住宅的灯火都被厚厚的幕布隐藏在室内，所有的公共建筑在九点半便关门大吉"。伯克描绘的这幅伦敦城闪着蓝色幽光的画面引人深思，与史蒂文森笔下东方化的伦敦夜景不谋而合。后者一度抓住了世纪之交的公众想象。现如今，"蓝雾"之中却只有戏院和音乐厅的点点灯光依稀可见。[110]

然而，宵禁的作用却不过是让伦敦的夜总会转战地下而已。在那里，它反而变得前所未有地热闹："其他种类的娱乐和消遣仍在紧闭的门后开展。"正如伯克回忆的那样，尽管当局试图管控，但可卡因泛滥的无照酒吧和自带酒水的聚会照样遍地开花。[111]截至1915年，仅苏豪区的非法夜总会就有150家之多。据社交名媛戴安娜·曼纳斯女爵士（Lady Diana Manners）描述，她日渐稀少的朋友们"在栓死的门后举行闹哄哄的派对"，这些活动"被我们的敌人蔑称为'死亡舞会'"。[112]他们选择了苦艾酒、伏特加、氯仿和鸦片来麻醉自我。而他们的敌人，自然指的是报界。

上流子弟吸毒成风的消息不胫而走，出现在伦敦各大报纸的八卦专栏。《晚间新闻》（*Evening News*）把矛头对准了伦敦西区的文化人群体，称其中作风放荡的轻佻女郎之间兴起了一股"愈演愈烈的大烟热"，英国的战士们必须远离这个"游手好闲的阶层"。[113] 其后数月，"士兵沦为女人和外国人的猎物"和"伦敦陷入吸毒热潮不能自拔"等忧心如焚的头条标题便充斥报端，诸如"似乎没人知道这些姑娘……为何如此轻易便能获得毒品"之类明知故问的评论也屡见不鲜。[114] 莱姆豪斯的华人已经成为众矢之的，而在媒体刨根问底的压力下，当局不得不作出回应。1916年7月28日，《国防法案》第40B条正式生效，持有可卡因和鸦片从此被定性为违法行为。

尽管嗑药被描绘成了战争事业的致命威胁，但对莱姆豪斯区的中国海员们来说，公众百般猜疑的那种神秘莫测之恶实际上一直是司空见惯之事："就像吃饭一样正常"。他们早上起床，吸口大烟，"接着就去干活"。[115] 虽然报纸的报道大多纯属杜撰，但谣言重复千遍，也难免让人留下这样的印象：华人毒贩散播的毒瘾正在迅速成为全国范围的威胁。从地理和文化角度而言，华人聚居的莱姆豪斯堤道不过是一片远离都会焦点的偏僻之地。然而，在伦敦西区乃至西区之外的地方，它却是挥之不去的噩梦。公众一直对傅满洲系列小说乐此不疲，直到大战结束良久之后才兴致渐衰。无论傅满洲的秘密藏匿于何处——英国也好，法国南部或埃及也罢——萨克斯·罗默都会想方设法地提到那个臭名昭著的地方：伦敦的莱姆豪斯中国城。

战后：嗑药的白人姑娘

1918年10月11日，第一次世界大战随着停战协议的签署正式结束。然而，即便是纪念这一里程碑事件的庆祝活动，在恢宏壮丽的程度上，也难以媲美阿什在《朱清周》第三幕里加入的新噱头。这出堪称维多利亚全盛时期哑剧凯旋的大戏，被强行插入了一幕名为《盟国和自治领》的新场景：一群列国的"合理代表"裹着各自的国旗，腼腼腆腆地立正站好，其中不乏比利时、新西兰、加拿大、日本和印度等国的身影。[116]印度代表是一个黑肤男孩，也是不列颠女神的殖民地"子女"，由阿什的女一号莉莉·布雷顿（Lily Brayton）女扮男装并全身涂黑扮演。经过这番处理，白人女演员扮演黑人可能导致的任何违和之处，都被巧妙地回避了。

值得注意的是，这张全家福里竟然没有中国，即便后者早在1917年8月便加入了协约国。箇中缘由其实很简单：该剧之所以大获成功，很大程度上都要归功于魅力四射而又背信弃义的"中国佬"朱清周。如果让中国也置身英雄之列，就很难自圆其说了。

英国公众究竟对中国在大战之中的贡献了解多少，恐怕谁也说不清。马克·奥尼尔在《华工军团》（*The Chinese Labour Corps*）

一书中指出，从1916年7月开始，一个人数多达13.5万的华工军团便在协约国的前线受雇服役了。由于英国的工会组织无论战时与否都强烈反对引进华工，这项计划只好秘密执行。1916年9月，英国工会联盟（the Trades Union Congress）霸占了全国各大报纸的头条，用耸人听闻的语言对华人走私鸦片和抢走英国海员工作的危害大加控诉。

它们要求政府立即出台一部法案，叫停英国船只上华人雇员日益增多的现象，声称这一问题"几乎和战争同等重要"。[117]全国船上服务员、厨师、屠夫和面包师工会（the National Union of Ships' Stewards, Cooks, Butchers and Bakers）的领袖抱怨"英国的船只上有1.5万多个中国人供职"，却没有对这些必不可少的职位空缺后如何填补给出建议。他提出"当前的战争已经证明，必须由大量英国土生土长的男性来充当英国海军和商船队的人手，必须不遗余力地鼓励英国土生土长的小伙子投身航海业"，反倒对如何打赢战争的问题避而不谈。不出所料，英国境内中国城的状况又被老调重弹。据他宣称，约有4000名以上的华人"在利物浦不具备宿舍或公寓资质的地方居住"，更耸人听闻的是，伦敦东部的鸦片窟和赌场正在大量生产鸦片，走私海外。为莱姆豪斯邻镇波普勒辩护的马奇先生（Mr March）是唯一尝试对这些指控予以驳斥的人，他说那种情况实际上只发现过一起。[118]

然而，他毕竟敌不过直言不讳的詹姆斯·塞克斯顿。后者说1905年的《外侨法》和后来1914年严厉得多的《外侨限制法》，实际上已经成了一纸空文。塞克斯顿于1906年一手促成了考察利物浦华人社区的调查委员会，希望以此举提醒公众关注"这种令人发指的现状"。塞克斯顿甚至称华人是"所有外侨当中最危险的群体",可以为了"每个月一先令"的报酬,卖掉妻女,出国跑船。[119]

面对这样的中伤,华人自然不会忍气吞声。"利物浦华人领袖"旋即于其后一周在报纸上发表了一封情绪激动的公开信。信中对利物浦存在 4000 华人居民的说法提出质疑,称全英国的华人也不过 4000 人,而且"我们的反对者们对两三万英国人在中国占据宝地,安居无忧,以至不愿回国的事实只字不提"。信中还援引了塞克斯顿调查委员会的报告,称后者完全证伪了所谓利物浦华人区公寓卫生条件恶劣的罪状。这封信也对有关鸦片走私的指控做出了辩护:"是谁先把鸦片强行销入我国,以至举国贫弱?⋯⋯实际上,我们的批评者们应该知晓,鸦片现在已经彻底禁绝,不仅在伦敦,在利物浦,而且在加迪夫(Cardiff)等其他任何地方都是如此。另外,华人也早已告别了这一恶习。"

至于雇佣华人海员的问题,那是因为船主发现他们踏实可靠,而且"叫英国人在船上干活简直比登天还难,除非他们在岸上没法谋生"。

最后,公开信称塞克斯顿"及其他一切造谣中伤者应该感到无地自容,因为他们侮辱了一个从未加害于彼,反而一再为大不列颠及其盟国两肋插刀的阶层"。[120]

《外侨法》后来于 1919 年再度修订,导致战时当局的紧急权力继续扩大。当年出台的《外侨限制法》进一步收紧了对英国商船雇用外侨海员的限制。华人海员正好撞在了枪口上,好在碍于商业利益的需要,法案还是留有一定的余地:"任何种族之外侨(前敌国外侨除外),凡经英国贸易部(the Board of Trade)认定,以任何职务惯常受雇于任何船只，或特别适应某一气候条件者，其受雇于英国船只之权利皆不受此法条影响。"

人们或许会说，阿什在"胜利"场景里对中国有意忽略，是因为后者在大战中并未实际参与作战。照这个思路，赫然在列的日本也应排除在外才是。当然，日本是个不容小觑的国家，而当时的清朝则不然。自从1905年俄国在日俄战争中爆冷败北后，如何对黄种人国家平等相待便成了一个需要创造性思维的问题。过去的人类学推断强调东方种族的退化，如今不得不做出调整；颅相学研究甚至还发现了日本人和雅利安人在生理上的相似之处："一种奇特的相似性贯穿始终，那就是日本人和我们民族之间鲜明的相似性。这种相像在举止、身体特征和头型方面都有体现。"[121] 这表明日本人具有"相当可观的心智能力"，可谓"东西方增进共鸣的吉兆"。政客和报界人士不谋而合，对日本人齐唱赞歌。不过，私人之间的看法则是另外一番景象。据G. K. 切斯特顿记载，有一次他同温斯顿·丘吉尔（Winston Churchill）及英国战争宣传局（the British War Propaganda Bureau）局长查尔斯·马斯特曼（Charles Masterman）交谈时，丘吉尔和马斯特曼都对日本人表示了不信任，称其是"一种蒙古猴子，鹦鹉学舌地效仿匈奴的唯物主义和军国主义，日后必将扫尽地上的文明"。[122]

紧跟时尚的伦敦步《朱清周》的后尘，计协约国代表齐聚皇家艾伯特音乐厅（the Royal Albert Hall）举办的胜利大舞会（the Great Victory Ball），用盛装巡游的方式庆祝停战之夜。在戴安娜·曼纳斯女爵士扮演的不列颠女神率领下，一众社交名媛和舞台丽人争奇斗艳。这次的游行队伍里倒是有中国，但整个活动其实就是一场雅俗共赏、四海一家的大杂烩，里面不仅有奥伯利·比亚兹莱的画作，还有《朱清周》女一号莉莉·布雷顿扮演的埃及艳后。不过，比起谁穿成了什么样子，胜利舞会对八卦专栏而言还有更猛的料可爆。

毒品：一个关于中国城和贩毒的故事

罗默的战时小说勾勒出了瘾君子的社会版图：未来主义艺术展、苏豪区的咖啡店、邦德街（Bond Street）的古玩市场，还有只对会员开放但内部人人平等的夜总会——贵族可以同歌舞女郎在其中相得无间，欢聚一堂。《黄爪》里的"摩登女记者"坎伯利小姐（Miss Cumberly）就用文章记录过这幅波希米亚式图景，并且配以《苏豪区的一餐》（"Dinner in Soho"）或《皇家咖啡店趣闻》（"Curiosities of the Café Royal"）之类的标题。她认出了瘾君子弗农夫人（Mrs Vernon）的尸体，知道后者是"那个身着最怪异的中式戏服出席最近一次艺术舞会的姑娘，她属于那种时髦的文艺青年……透支生命；沉迷于深夜跳舞、夜店、桥牌聚会，还有其他各种寻求刺激的活动"。[123]

比利·卡尔顿（Billie Carleton）是一名年轻的滑稽剧新星，她在胜利舞会欢度良宵后，旋即死于吸毒过量。此事在国际上造成轩然大波，似乎分毫不差地印证了英国的战时"黄祸"宣传。一时间，形形色色的头条新闻广为传扬，如："美人比利卡尔顿玉殒牵出伦敦夜生活乱象，英人举国震惊急促警方清查首都瘟疫之源。"[124] 调查过程中，他们不但发现伦敦的文艺圈吸毒行为泛滥，还发现梅费尔（Mayfair）富人区的睡衣派对竟然跟港埠中国城肮脏破旧的陋舍存在联系。一番审讯之后,莱姆豪斯居民骆宾友(音译,Lau Ping You)的苏格兰妻子埃达·骆宾(Ada Lau Ping)遭到起诉。她被控主持颓废圈子的"邪恶仪式",向他们提供可卡因和鸦片,并且在西区"不堪入目的性行为"及其在莱姆豪斯堤道私宅举办的鸦片狂欢中为这些人"煲膏"。[125] 从他们被报道的方式来看,该案的细节简直就是傅满洲小说的翻版。

现实中的比利·卡尔顿是个歌舞演员,她被至少一个有钱"干爹"包养着,在河岸大街(Strand)的萨伏伊考特街(Savoy Court)拥有一套公寓,而且素有嗜毒成癖的传闻。她的香消玉殒为罗默提供了灵感,直接促成后者标志性的毒品惊悚故事《毒品:一个关于中国城和贩毒的故事》(*Dope: A Story of Chinatown and the Drug Traffic*)于1919年问世。书的护封上称该作基于真实事件改编,其中描绘的"时髦又糜烂至极的群体",热衷于"源自布宜诺斯艾利斯、塞得港和北京……的各种骇人恶趣"。罗默无视鸦片业的实际情况,在他虚构版的卡尔顿案里任意发挥,声称:"华人把伦敦东区收到的货卖到西区,警界里的每名警官都对此心知肚明。"[126]

按照大众谣传的说法,生鸦片是由华人罪枭从远东的港口走私到伦敦的码头的。之后,它们被存进河滨的秘密仓库内,然后分发给梅费尔区和皮卡迪利街(Piccadilly)的时尚沙龙和夜店。《黄爪》含蓄地暗示了东西伦敦之间的这层联系:金先生在莱姆豪斯富丽堂皇的鸦片宫殿名叫"金龙窟",依稀可见现实中金犊窟的影子。

罗默战时小说中的英国妇女要么懵懂无知、意志薄弱、神经兮兮,要么就彻底道德沦丧,而且无一例外都是贵族出身。在《黄爪》里,米拉·勒鲁的嘴"异样地抽搐着;她是个极度神经质的人"。[127]《毒品》里吸毒成瘾的主角是一位弱不禁风的女演员,名叫丽塔·德累斯顿(Rita Dresden)。她寻欢作乐,过着那种让姑娘家易受华人蛊惑的波希米亚式生活。患有神经衰弱的丽塔及其闺蜜、弃妇莫莉·格雷特纳(Mollie Gretna)不仅是梅费尔区精制鸦片派对的常客,甚至还大胆地造访莱姆豪斯——这一切都是鸦片走私者冼仙华(音译,Sin Sin Wa)之妻洛拉·冼(音译,Lola Sin)的精心安排。两个年轻女人后来卷入了卢西恩·派恩爵士(Sir Lucien Pyne)的圈子,此人不但酷爱东方文化,还有种种怪癖,不禁让人怀疑其原型就是臭名昭著的神秘学家阿莱斯特·克劳利(Aleister Crowley)。三人乘车前往冼仙华位于莱姆豪斯的鸦片窟,途中经过东区,只见街上"点着石脑油灯,雾蒙蒙的灯光下有犹太男女、波兰人、瑞典人、东方人、拉丁佬和欧亚混血儿来去匆匆"。

罗默笔下的华人区与喧闹拥挤、肮脏不堪的邻区怀特查普尔(Whitechapel)截然不同,而是像当地居民一样神秘莫测,透着一股不祥之气:

> 经过河道后,汽车右拐进了西印度码头路。他们旋即把商业枢纽的喧嚣远远抛在身后,陷入阴暗狭窄的街道和狰狞可怖的小巷的左右包夹之中……一个华人男子在街角那间房子晦暗不明的门廊上投下一个静止不动的剪影。"啊!"莫莉·格雷特纳喜出望外地感叹道,"中国佬!我已经感到罪恶的美味了!"[128]

抵达冼仙华的寓所后,莫莉选中了一个卧榻之处,因为"那里的垫子透着东方的感官之乐和冷酷无情。它让我不禁想起正在读的一本书,那书有趣得很,叫《麝香、大麻和血液》(*Musk, Hashish and Blood*)"。莫莉提到的这本书其实是一部限量版英文译作,原文是一部法国"19世纪末"东方主义著作。它的作者在前言部分已经开门见山地声明,该书不适合"女子学院研读"。[129]

《毒品》出版的那年里,伦敦上演了三部以比利·卡尔顿的故事为主题的舞台剧:弗兰克·普赖斯(Frank Price)的《毒品:一部通俗剧》(*Dope: A Melodrama*)、欧文·琼斯(Owen Jones)的《毒魔》(*Drug Fiends*)、艾梅·格拉顿·克莱因斯(Aimee Grattan Clynes)的《吸毒女(玷污)》(*The Girl Who Took Drugs [aka Soiled]*)。不久之后,《世界新闻画报》(*World Pictorial News*)转载了一系列故事,内容都与伦敦东区和日益侵入的"黄祸"有关。拜前文已经提及的"灿烂郑"一案所赐,当时公众的胃口早已被吊了起来,迫切希望读到穿着轻薄的轻佻女郎和兜售毒品的"中国佬"共同演绎的故事。

埃兹拉·庞德在摄政街上经常光顾的那家中餐馆,恰好也是弗蕾达·肯普顿和"灿烂郑"初次邂逅的地方,而且财大气粗的郑家还是它的股东。郑氏本人似乎在什么方面都有一手,据说正是他一直向肯普顿提供毒品,而后者她死亡当晚停留的最后一站也是这家餐馆。尽管他最终并未涉嫌谋杀肯普顿,但庭审过后,他还是把生意从摄政街周遭的时髦地段搬到了莱姆豪斯堤道贴近码头的上海餐馆(Shanghai Restaurant)。按照马雷克·科恩的评价,这出变故无疑"正中当时盛行的种族洁癖之下怀"。实际上,郑氏是"一位受过教育、追求名利、思想西化的花花公子,却被迫混迹于水手、店主和工匠之间"。[130] 这样的人置身于莱姆豪斯的海员和商船水手们中间，想必是格格不入。鉴于伦敦东区的那片社区在战后时刻处于警方的高压之下，而且"它的两大文化特征"就是抽大烟和赌博，郑氏的到来恐怕不大可能受欢迎。[131]

这位穿着考究的华商既有威震一方的地下关系，又是名不虚传的勾女高手，难免让人联想到罗默笔下的魔头，这也是令"灿烂郑"案走向恶化的一大原因。据一则报道称，"他与六个吸毒后陷入疯狂的女人一起放浪形骸"，地点就在他上海餐馆楼上"美得醉人的淫窟"里。[132]

最终，另一位吸毒成瘾的前女演员维奥莉特·佩恩（Violet Payne）一命呜呼，让警方有了诬告郑氏的理由。随后他便遭到起诉，不仅被判14个月徒刑，而且刑满之后必须离境。

弗蕾达·肯普顿死后，《晚间新闻》连载了一系列耸人听闻的调查报告，称某个人称"中国毒王"的男人通过年轻女子组成的网络掌控着全伦敦的毒品走私。这些女人可能就是西区酒店和夜总会的雇员，从事着美甲师、按摩师、引座员或衣帽间服务员之类的工作。[133] 一如既往，有关"黄祸"的新闻报道总是模糊了现实和虚构的边界。距肯普顿死亡10天之前，报纸上就有一篇报道详尽描绘过一幅罗默小说里的惯用场景：女演员和时髦女郎通过霍尔本（Holborn）和肯辛顿（Kensington）地区可疑的古玩店获取毒品，而指引她们入彀的是店铺橱窗内摆放的中国古董。[134] 罗默还将为这生活和艺术的恶性循环完成最后一笔——他几乎连名字都没换，就把"灿烂郑"变成了"中国城最富有的男人"兼新作《黄影》中的邪恶天才缅甸张。

残花泪

一次大战的伦敦"黄祸"之恐成就了莱姆豪斯华人区的盛名。《莱姆豪斯夜谭》问世不到一年,就被好莱坞导演 D. W. 格里菲思(D. W. Griffith)选中,以 1000 英镑获得了电影改编权。伯克笔下的莱姆豪斯在美国观众当中颇有共鸣,因为后者不但熟知纽约和旧金山的唐人街,而且对其在低俗小说中的形象也如数家珍。格里菲思首先将书中的《中国佬与少女》(The Chink and the Child)改编成了电影《残花泪》(Broken Blossoms)。1919 年上映的该片堪称 20 世纪及其后莱姆豪斯华人区标志性银幕形象的滥觞。

1921 年,格里菲思又把书中的《中国城的吉娜》("Gina of the Chinatown")和《油灯的暗号》("The Sign of the Lamp")合并改编成了另一部电影《梦幻街》(Dream Street)。战后造访伦敦的美国人都把伯克描绘的莱姆豪斯定为自己伦敦行的必经之地,就连梅布尔·诺曼德(Mabel Normand)、多洛雷斯·德尔利奥(Dolores Del Rio)和查理·卓别林(Charlie Chaplin)等好莱坞巨星也不例外。1924 年,托马斯·库克(Thomas Cook)蒸蒸日上的旅游生意开始推出观光大巴服务,令莱姆豪斯的居民不胜其扰。一俟某个精心安排好的时间,当地的房门就会突然被人踹开。接着,若干雇来表演的华人,便会甩着长辫,手拿杀猪刀在街头上演互相追砍的戏码。[135] 莱姆豪斯向来是煽动性文案的灵感之源,如今又支撑起了一套规模不大的旅游产业。

于是,寻欢作乐的西区人喝过一两杯香槟鸡尾酒后,再展开"到中国城走一遭"的贫民窟旅游,竟成了司空见惯之事。[136] 诺埃尔·科沃德（Noël Coward）在现实中认识比莉·卡尔顿。他后来坦承，比莉正是其剧作《漩涡》（*The Vortex*）的灵感来源。作为一出展现乱交和毒瘾等不堪内容的大杂烩，该剧在1924年竟凭借臭名大获成功。阿诺德·本涅特也在日记里回忆了自己在战后最初几年如走马观花般追逐时尚的经历——在萨伏伊酒店用餐、在各大剧院赶首夜演出、在私人游艇上享受周末——当然，还有必不可少的中国城之行："我们从希罗夜总会开车花了整整15分钟才到那里。"[137]

莱姆豪斯华人区的恶名在20世纪30年代终于式微。早在1913年，也就是伯克创作《中国佬与少女》的时候，彭尼费特斯几乎完全是华人的天下。[138]而到了1934年，《选举人名册》（*Register of Electors*）上登记的该街住户共有27家，其中竟然只剩一户是华人。[139]这一锐减是《排华法案》、大萧条以及国际船运萎靡不振共同造成的结果。中国城的杂货铺、寄宿公寓和餐馆备受打击，原因正如一名观察者精辟概括的那样："定居的'中国佬'要靠来访的'中国佬'生存。"[140]

这一问题也因1928年的种种变故进一步恶化。当时，警方为了打击鸦片使用和可卡因走私相关的违法行为，采取了更加强硬的行动。他们按照内政部的指示，以摸底移民情况为由，对全英所有的华人寄宿公寓、洗衣店、餐馆和家庭开展了一系列协调联动的突击检查。[141]30年代中期，利物浦皮特街（Pitt Street）一带及莱姆豪斯堤道、彭尼费特斯的贫民窟清拆计划被提上日程。一名记者对即将迫近的灭顶之灾如是报道："只要有不错的住房作为补偿，他们似乎并不为中国城即将拆除这件事感到遗憾。"[142]

许多战争年代出生的中英混血儿都面临着父亲被驱逐出境的命运。如今他们已经到了毕业的年纪,却在莱姆豪斯看不到未来:"小伙子很难找到工作,姑娘们流落街头,被年龄相仿的白人女孩百般排挤。所谓残花,不是什么白人主妇,而是她们。"[143] 托马斯·库克推荐的"东区兜风"路线再也没能让莱姆豪斯吸引游客。[144] 传说和现实一起走向了没落。偶有英国境内的中国城日益萎缩的报道见诸报端,却并未博得任何同情。如果有,那也仅仅是对"写惊悚故事的人失去了一处激动人心的场景"感到惋惜。[145]

致谢

感谢企鹅中国的曾启鸿慧眼相中本文，感谢 Imogen Liu 出色的编辑工作。我还要感谢 Pak Hung Chan 与我分享他的利物浦中国城研究。

注 释

第一章 青岛之围

WO. FO – 陆军部（War Office）、外交部（Foreign Office）档案，国家档案局（Public Records Office），伦敦

NCH –《北华捷报》（The North China Herald），为《字林西报》（North China Daily News）的每周选辑

NYT –《纽约时报》（The New York Times）

FER –《远东评论》（Far Eastern Review）

1. 《守卫》（Watchman），雅各布·诺伊迈尔（Jakob Neumaier）的日记，引自 Burdick, p. 71。
2. WO106/662.
3. 注释，阿斯奎思（Asquith）111号档案箱，引自 Nish, p.140。
4. 对于青岛之战，洛内（Lone）提供了一份整体的记述，见概述：Fenby, China, pp. 49-50；关于阿瑟港（Port Arthur，今大连市旅顺口区），见：Allan, pp. 66-67, 79-91；克尔尔曼（Creelman），第五章以及他12月17日到19日在《纽约世界报》（New York World）的报道，提供了一份有关日本行径具争议性的记述，该记述见 Dorwart, pp. 106-111；关于日本的战争造诣，伊斯特莱克（Eastlake）和山田（Yamada）提供了一份令人敬佩的同代人记述。
5. 关于威廉皇帝，见：Massie, p. 180。
6. 关于袭击传教士，见：Fenby, China, pp. 81-82。
7. 关于威廉皇帝，见：Massie, p. 180。
8. 关于教会主教，见：Massie, p. 33。
9. 关于租借地的获取，施雷克（Schreker）提供了一份详尽的记述，见：pp. 29-30，其随后的历史，见：Heyking, p. 31。

10. 关于青岛，见：Forsyth, pp. 113-128。
11. 见：Forsyth, p. 283, 具体描述, pp. 113-128。
12. Meyer-Waldeck, Burdick, p. 18; Eberhard von Mantey in: Deutsches Biographisches Jahrbuch, Bd.X: Das Jahr 1928, Stuttgart 1931, s. 172-176.
13. http://query.nytimes.com/gst/abstract.html?res=F7091FF73A5412738DDDA00894DB405B838CF1D3；关于煤矿，见：Jones, pp. 166-167。
14. 有关德国位于影响力第二位的局限性，见：Schrecker, Ch 5, pp. 8-11；关于游客，见：Jones, p. 169。
15. 关于条约，见：Duus, pp. 277-278。
16. 关于英国军方的访问，见：Massie, p. 182-183。
17. 关于军事力量、热气球、飞机以及麦维德上校在青岛被封锁之后的声明，见：Jones, pp. 102-103；Burdick, pp. 19, 48。
18. 关于埃姆登号、凯旋号，见：Corbett, pp. 142-145, 147, 156；关于德军的炮弹、青岛的英国人、法国人，见：Burdick, pp. 49, 59；关于总督，见：Jones, p. 28。
19. 日记，WO106/662。
20. 报告，WO106/660。
21. Burdick, note 58, pp. 223-4.
22. 关于日本的声明和德国人的反应，见：Jones, pp. 34-36。
23. 关于德国归还青岛以及美国的立场，见：Schrecker, p. 246。
24. Grey, FO37/017, Burdick, note 56, p. 223.
25. 关于国务会议，见：Jones, pp. 10-14。
26. 关于登陆及进展，见：WO106/666。
27. 库勒的观点，见：Burdick, p. 62。
28. 陆军部日记，W0106/662；关于威廉皇帝，见：Robert Edgerton, *Warriors of the Rising Sun*（New York：Basic Books, 1999），p. 277。
29. 日记，W0106/662。
30. 关于巴纳迪斯顿（Barnardiston），见 WO106/665 和《伦敦宪报》(*London Gazette*) 1916 年 5 月 30 日刊。
31. 《北华捷报》，1914 年 10 月 31 日。
32. 报告，WO106/666。
33. 有关神尾光臣的自封，见：Burdick, p. 142。
34. FO371/2381, Nish, p. 132.
35. 《北华捷报》，1914 年 10 月 31 日。
36. 《北华捷报》，1914 年 10 月 31 日。
37. Burdick, pp. 122-3.
38. 关于坟墓和军官的号召，见：Burdick, p. 126。
39. 关于梅克伦堡疗养院和山谷间的桥梁，见：Jones, p. 57。

40. 关于骑兵、炮弹、停火、尸体，见：Jones, pp. 58-59。
41. Jones, pp. 71-4.
42. 《北华捷报》，1914 年 11 月 14 日。
43. 关于巴纳迪斯顿（Barnardiston），见：《伦敦宪报》，1916 年 5 月 30 日刊；关于《不能不爱你》和战俘，见：《北华捷报》，1914 年 10 月 31 日刊。
44. 关于威廉皇帝，见：Burdick, p. 154。
45. 《北华捷报》，1914 年 11 月 28 日；关于传单和混乱，见：Burdick, pp. 74, 166。
46. 关于日本天皇和天皇代表，见：Burdick, pp. 190-220。
47. 《一战英国史》(*British History of the Great War*)，见：Corbett, p. 385。
48. 关于美英代表团的观点，见：Macmillan, pp. 339-340。
49. 有关同盟，见：Nish, pp. 156, 193；Macmillan, p. 339。
50. Curzon, Macmillan, p. 339.
51. Wilson, Macmillan, p. 347.
52. Wilson, Macmillan, p. 347, Nicolson, pp. 146-7.
53. 有关《远东时报》(*Far Eastern Review*)，见：1919 年 7 月 27 日《纽约时报》。
54. Balfour, Nish, p. 274.
55. 有关五四运动，拉纳·米特（Rana Mitter）的著作《痛苦的革命：中国走向现代社会的斗争》(*A Bitter Revolution: China's Struggle with the Modern World*) 提供了一份详尽的记述。
56. 有关爱国主义，见：《远东时报》(FER)，《纽约时报》(NYT)，1919 年 7 月 27 日刊。

第二章 华工军团

无注释。

第三章 从沙皇铁路到红军

无注释。

第四章 为上海而战

1. 《北华捷报》(*The North China Herald*)，1914 年 1 月 31 日刊，第 310 页。
2. 兆丰酒店的突袭·《北华捷报》，1909 年 8 月 28 日，第 501—504 页；1909 年 10 月 9 日，第 92—96 页；1909 年 12 月 11 日，第 611—616 页。
3. 《1910 上海金融危机》('Shanghai Financial Crisis, 1910')，上海至英国外交部，1912 年 11 月 15 日：英国国家档案馆，FO 228/2508。
4. 怡和洋行（Jardine, Matheson & Co.）致函德国总领事馆，1898 年 10 月 22 日，德国

总领事馆致函上海公共租界工部局总办处，1898 年 10 月 28 日：上海档案馆，U1-1-716；《北华捷报》，1989 年 11 月 28 日，第 1014 页。
5. 《北华捷报》，1907 年 2 月 8 日，第 295—296 页；《上海总会增刊》（'Shanghai Club Supplement'），《北华捷报》，1909 年 2 月 20 日；Arnold Wright, Chief ed., *Twentieth Century Impressions of Hongkong, Shanghai, and Other Treaty Ports of China* (London, 1908), p. 390。
6. IF Clarke, *Voices Prophesying War: Future Wars, 1763–1984* (Oxford, 1966); Gillian Bickley, *Hong Kong Invaded! A '97 Nightmare* (Hong Kong, 2001)。
7. 《北华捷报》，1871 年 9 月 15 日，第 695—697 页；1893 年 9 月 29 日，第 505—508 页。
8. 《字林西报》（*North China Daily News*），1914 年 8 月 6 日，第 10 页。
9. 《字林西报》，1914 年 8 月 3 日，第 7 页。
10. John B. Powell, *My Twenty-Five Years in China* (New York, 1945), p. 55。
11. 《北华捷报》，1914 年 8 月 8 日，第 406—407 页。
12. 上海电报，第 190 号，1914 年 8 月 1 日：FO 228/1912；法磊斯致电朱尔典，1914 年 8 月 22 日：FO 228/1911。
13. 警务处日报，1914 年 8 月 8 日：上海档案馆，U1-1-1103。
14. 《北华捷报》，1914 年 8 月 29 日，第 661—662 页。
15. 法磊斯致电朱尔典，1914 年 10 月 6 日：英国国家档案馆，FO 228/1912。
16. 《北华捷报》，1914 年 10 月 10 日，第 94 页；《当第一位上海英国人启程参战》（'When the First Shanghai British Left for War'），《北华捷报》，1934 年 11 月 14 日，第 253 页。
17. 上海第 135 号，1914 年 10 月 17 日：英国国家档案馆，FO 228/1912。
18. 会议记录，1914 年 10 月 7 日，《上海公共租界工部局会议记录》（上海，2001），第 19 卷，第 214 页。
19. 克尼平：1914 年 11 月 11 日，截获的信件：上海至北京（寄信日期不明，收信日为 1914 年 12 月 3 日）：FO 228/1912. TNA；昂温：上海半官性函件，c.18 1914 年 10 月：中国第二历史档案馆，679，32217。
20. 上海到北京，电报第 130 号，1914 年 10 月 7 日：英国国家档案馆，FO 228/1912。
21. 北京到上海，电报第 91 号，1914 年 10 月 6 日：英国国家档案馆，FO 228/1911。
22. *Documents Illustrative of the Origin, Development and Activities of the Chinese Customs Service Vol. III* (Shanghai, 1938)，函件编号 2253，1914 年 8 月 8 日（战争服务），函件编号 2255，1914 年 8 月 10 日，函件编号 2255，1914 年 8 月 10 日（中立授权），第 199—211 页；上海半官性函件，c.18 1914 年 10 月：中国第二历史档案馆，679，32217。
23. 关于他们二人以及格伦，见昂温的评论，上海半官性函件，c.18 1914 年 10 月：中国第二历史档案馆，679 (1) 32217。
24. 《北华捷报》，1915 年 9 月 4 日，第 688 页。
25. 《北华捷报》，1914 年 1 月 17 日，第 207 页。

26. 除非特别说明，本节内容基于 1914 年 10 月 31 日《北华捷报》对于谏访丸号的报道，见第 314、319、369 页；1914 年 11 月 7 日，第 436 页；1914 年 11 月 14 日，第 529，561—562 页；1915 年 1 月 9 日，第 121 页；1915 年 1 月 16 日，第 148、171 页。
27. 《北华捷报》，1928 年 6 月 2 日，第 375 页。
28. 《肯尼思·莫里森·伯恩回忆录》（'The Memoirs of Kenneth Morison Bourne'），私人收藏，第 14 页。
29. 《海峡时报》(The Straits Times)，1914 年 10 月 28 日，第 8 页。
30. 《德臣西报》(The China Mail)，1915 年 10 月 21 日；《海峡时报》(The Straits Times)，1914 年 10 月 27 日，第 10 页。
31. 阿尔弗雷德·格林布尔致信麦克隐，1916 年 4 月 6 日：上海档案馆，U102-5-23。
32. 《北华捷报》，1915 年 10 月 9 日，第 121 页。
33. 《北华捷报》，1915 年 2 月 27 日，第 642 页。
34. 《北华捷报》，1916 年 3 月 31 日，第 868—869 页。
35. 阿尔弗雷德·格林布尔致信麦克隐，1916 年 4 月 6 日：上海档案馆，U102-5-23。
36. 《北华捷报》，1915 年 2 月 20 日，第 549 页。
37. 安格联致信维尔策，1914 年 8 月 14 日、8 月 23 日：中国第二历史档案馆，679（1），32834。
38. 安格联致信泰勒，1914 年 8 月 27 日：中国第二历史档案馆，679（1），32834；北京至上海，第 206 号，1914 年 10 月 21 日，FO 228/1911。
39. 法磊斯致信朱尔典，1915 年 12 月 5 日，机密：英国国家档案馆，FO 228/1950。
40. 法磊斯致信朱尔典，1914 年 10 月 30 日：英国国家档案馆，FO 228/1912。
41. 法磊斯致信朱尔典，1914 年 8 月 22 日：英国国家档案馆，FO 228/1911。
42. 朱尔典致信法磊斯，1915 年 1 月 24 日：英国国家档案馆，FO 228/1949。
43. 《日耳曼啤酒公司招股说明书》（'Prospekt Der Anglo-German Brewery Company, Ltd'），1903 年 4 月 16 日；"在青岛的日耳曼啤酒公司"（'Anglo-German Brewery at Tsingtao'）：英国国家档案馆，FO 371/2310/F15722。
44. 他们都死在那：《北华捷报》，1915 年 5 月 11 日，第 348 页（约翰斯顿）；1919 年 7 月 5 日，第 45 页（赖特森）；1920 年 2 月 28 日，第 550 页（詹纳·霍格）；1925 年 5 月 2 日，第 188 页（柏迪斯）。
45. 《北华捷报》，1914 年 9 月 19 日，第 916—928 页；1914 年 9 月 26 日，第 961 页，991—995 页。
46. 《北华捷报》，1915 年 5 月 15 日，第 171 页。
47. 《北华捷报》，1916 年 1 月 29 日，第 254 页；关于哈蒙德公司的慈善工作，详见 The China War Book, 2nd edition (Shanghai, 1916)。
48. 《北华捷报》，1915 年 3 月 27 日，第 892、906 页；《字林洋行》(The Municipal Gazette)，1915 年 1 月 14 日，第 10 页。

49. 关于这些事件以及他们的后续，参见：John Horne and Alan Kramer, *German Atrocities, 1914: A History of Denial* (New Haven, 2001)。
50. 《北华捷报》，1915 年 5 月 15 日，第 444—445 页，464 页；1915 年 5 月 22 日，第 523—524,540—542 页；《字林洋行》，1915 年 5 月 20 日，第 177 页。
51. 《北华捷报》，1915 年 3 月 8 日，第 383—390 页；1915 年 3 月 15 日，第 462—463 页。
52. 警务处日报，1915 年 5 月 12 日：上海档案馆，U1-1-1106。
53. 《北华捷报》，1915 年 5 月 22 日，第 514 页；泰勒致信莫理循，1915 年 5 月 14 日，参见：Lo Hui-min (ed) *The Correspondence of G.E. Morrison*, vol. II, 1912–1920 (Cambridge, 1978), pp. 399–400。
54. 《北华捷报》，1915 年 6 月 19 日，第 833—834 页；1915 年 8 月 14 日，第 424—425 页。
55. 《北华捷报》，5 月 22 日，第 548 页。他幸存下来，虽然身受重伤达 17 处：《北华捷报》，1915 年 6 月 12 日，1915 年 5 月 25 日：英国国家档案馆，WO 364/3166。
56. 上海第 88 号，1915 年 5 月 27 日，包含《字林西报》的剪报：英国国家档案馆，FO 228/1949。
57. 《北华捷报》，1915 年 8 月 7 日，第 355—357 页。
58. 例如，北京电报第 72 号，1915 年 6 月 5 日，上海电报第 55 号，1915 年 6 月 6 日：英国国家档案馆，FO 228/1949。
59. 莱韦森致信坎宁（China Association），1914 年 10 月 22 日：上海档案馆，U1-2-0451。
60. 《字林西报》，1914 年 9 月 25 日，第 7 页；《北华捷报》，1914 年 12 月 5 日，第 73—74 页；1915 年 5 月 1 日，第 319—320 页；1915 年 1 月 16 日，第 178 页。
61. 《北华捷报》，1913 年 12 月 20 日，第 902 页；1913 年 12 月 27 日，第 955—956 页；英国国家档案馆，WO 364/1966。以下的部分基于发表在《北华捷报》的信件，1915 年 2 月 20 日，第 549 页；1915 年 3 月 6 日，第 717 页；1915 年 3 月 20 日，第 869 页（卡斯尔）；1915 年 7 月 31 日，第 310 页（韦德）；1915 年 8 月 28 日，第 578 页（韦德）；1915 年 10 月 9 日，第 117 页（致特纳）。
62. 詹姆斯·艾德蒙爵士，编辑，*Military Operations France and Belgium, 1915: Battles of Aubers Ridge, Festubert, and Loos* (London, 1928)，第 294—295 页；《北华捷报》，1915 年 2 月 20 日，第 549 页。
63. 致信阿瑟·德·萨利斯·哈多上校，1915 年 3 月 22 日：帝国战争博物馆，PP/MCR/195，阿瑟·德·萨利斯·哈多上校文件。
64. 《北华捷报》，1915 年 10 月 23 日，第 262—263 页；Marquis de Ruvigny (comp.), *The Roll of Honour* (London, 1917), vol. 1, p. 321；《北华捷报》，1915 年 10 月 16 日，第 192–193 页；1916 年 1 月 8 日，第 34 页。
65. 这位是约瑟夫·特威格-巴尔默，前海关官员，曾在香港登船：英国国家档案馆，WO 363/B1626。

66. 此处及以下，除非特别说明，有关约克郡团第十营的详细情况来自战争日记（英国国家档案馆，WO 95/2156/2）以及刊自《北华捷报》（匿名除非标明作者）：1915年10月9日，第121页（登特）；1915年10月23日第262页（卡斯尔）；1915年11月6日，第412页（布雷迪什），第413—414页（韦德）；1915年11月13日，第494—495页（卡斯尔）；1915年11月20日，第570—572页（特纳、希尔顿-约翰逊、道格拉斯、克拉多克）；1915年12月4日，第722—723页（例如，路透）；1915年12月24日，第930—931页（朝圣者克拉多克）。

67. 埃德蒙兹，*Military Operations*, 1915, vol. 2, p. 294。

68. 埃德蒙兹，*Military Operations*, 1915, vol. 2, p. 344；关于战争，参见Nick Lloyd, *Loos 1915* (Stroud, 2008)。

69. 哈多上校致信莫德，1915年9月26日；《私人日记》，9月9日—23日，帝国战争博物馆，哈多上校文档。

70. 格林布尔致信麦克隐，1916年4月6日，3月5日，上海档案馆，U102-5-23。

71. 《北华捷报》，1915年11月24日，第51—57页。

72. 《北华捷报》，1915年10月9日，第79页；*War Memoirs of David Lloyd George Vol. 2*. pp. 67–68.

73. 埃德蒙兹，*Military Operations*, 1915, vol. 2, pp. 342, 391—392。

74. 《北华捷报》，1915年12月18日，第865—866页。

75. 《北华捷报》，1916年7月8日，第54页；格林布尔致信麦克隐，1916年4月6日，上海档案馆，U102-5-23。

76. 本节中关于道格拉斯的部分，见《北华捷报》，1915年12月31日，第995—996页，第997页；1916年1月8日，第70页；1916年1月15日，第94—95页；1916年2月12日，第388页；遗嘱档案，见英国国家档案馆，U102-5-23。

77. 订阅量：《北华捷报》，1931年3月3日，第312页。

78. 《北华捷报》，1917年11月3日，第278页；1919年1月4日，第23页；1919年8月30日，第548页；上海遇难者名单，请见：《北华捷报》，1918年11月2日，第308—311页；1918年11月9日，第378页；1919年1月4日，第23页。

79. *Queen Mary's Needlework Guild. Its Work During the Great War. St. James's Palace 1914–1919* (London, [1919]), pp. 77–78.

80. 西姆：《北华捷报》，1919年6月21日，第794—795页；凯：《北华捷报》，1934年5月23日，第267页。

81. 有关格林布尔的故事，参见他的服役记录，英国国家档案馆，WO 363/G1142；《北华捷报》，1916年9月30日，第691页。

82. 格林布尔致信麦克隐，1917年7月7日，上海档案馆，U102-5-23。

83. 《北华捷报》，1918年6月20日；1917年4月14日，第98页。

84. 《北华捷报》，1916年10月7日，第51页。

85. 《北华捷报》，1916年7月8日，第54页。

86.张伯伦个人档案：上海档案馆，U102-3-551。
87.《北华捷报》，1919年4月5日，第55页；1920年3月13日，第700页。
88.《北华捷报》，1934年8月1日，第171页。
89.《北华捷报》，1923年10月27日，第249页。

第五章　巴黎的背叛

1. 对北京停战庆典的报道，充斥着当时的国际报纸和在中国印行的英文报纸，不过关于1918年11月18日事件最好的现场目击者的记述，也许要见时任美国驻华公使芮恩施的回忆录 *An American Diplomat in China*, (Garden City, NY: Doubleday, 1922)。
2. 德属东非包括现在的布隆迪、卢旺达和坦噶尼喀（即今坦桑尼亚的大陆部分）。
3. 参见 Paul French, *Carl Crow: A Tough Old China Hand – The Life, Times, and Adventures of an American in Shanghai* (Hong Kong: Hong Kong University Press, 2006)。
4. 《二十一条》分为五号：
    第一号　确认日本在山东所获利益，并将其影响范围扩展至铁路、海岸和该省的主要城市；
    第二号　关于日本控制的南满铁路地区，延长租赁年限并扩大日本在南满和东内蒙古的势力范围，包括拥有定居权、治外法权、任命政府中的财政和行政官员的权力，以及日本人的投资优先权；
    第三号　由日本控制汉阳、大冶、萍乡的煤铁事业；
    第四号　禁止中国再为除日本之外的其他外国提供沿海口岸和岛屿租界；
    第五号　包括一系列各种各样的要求，如要求中国中央政府和警察机构聘用日本人担任顾问，准许日本佛教传教士在中国进行传教活动等。
5. Ellen Newbold LaMotte, *Peking Dust* (New York: The Century Company, 1919).
6. 阿托斯号是在马耳他东南320公里海域被鱼雷击中的。船上载有1000名华工和3名在法属印度支那捕获的德国特工。负责带领华工的西尔韦斯特（Silvestre）上尉及1名法国口译员，以及一个营的塞内加尔步兵及其法国军官，还有与船同沉的阿托斯号船长多里斯（Dorise），均丧失了生命。
7. 1917年4月2日，伍德罗·威尔逊总统在美国国会参众两院联席会议上发表了讲话。4天后，国会表决决定宣战，6名参议员和50名众议员投了反对票。威尔逊在国会讲话时说："引导这个爱好和平的伟大民族投入战争，是件可怕的事情，特别是投入这场所有战争中最残酷、损失最惨重的战争，文明本身似乎都命悬一线了。"
8. Bertram Lenox Putnam Weale, *The Fight for the Republic in China* (London: Hurst & Blackett, 1918).
9. 不过，日本海军的确派出了一些军舰到大西洋和地中海，配合英国皇家海军，担任商船的护航任务。在地中海，由一艘铁甲巡洋舰和八艘驱逐舰组成的一支日本舰队，以马耳他为基地，护送英国船只来往于法国马赛、意大利塔兰托（Taranto）和埃及之间，直到战争结束。

10. LaMotte, *Peking Dust*.
11. LaMotte, *Peking Dust*.
12. LaMotte, *Peking Dust*.
13. 不过尽管《兰辛—石井协定》对中国的事业和独立并不非常有利，它却不是所谓的秘密条约，即战前欧洲和日本密谋的遭到威尔逊批评的那些条约。
14. Arnold Bennett, *Over There: Scenes from the Western Front* (New York: George H. Doran & Co., 1915).
15. LaMotte, *Peking Dust*.
16. Stephen Bonsal, *Suitors and Supplicants, The Little Nations at Versailles* (Port Washington, NY: Kennicat Press, Inc., 1946).
17. Russell H. Fifield, *Woodrow Wilson and the Far East: The Diplomacy of the Shandong Question* (Hamden, CT: Archon Books, 1965).
18. 顾维钧的第一桩婚姻是奉父母之命，娶了张润娥。张陪顾去了美国，但受不了强烈的文化冲击，返回中国后离了婚。
19. Cyril Pearl, *Morrison of Peking* (London: Penguin, 1971).
20. Jonathan Clements, *Wellington Koo: China* (Makers of the Modern World)(London: Haus Publishing, 2008).
21. 威尔逊的话引自 David A. Andelman, *A Shattered Peace: Versailles 1919 and the Price we Pay Today* (Hoboken, NJ: John Wiley & Sons, 2007)。
22. Chu, Pao-chin, *V.K. Wellington Koo: A Case Study of China's Diplomat and Diplomacy of Nationalism, 1912–1966* (Hong Kong: The Chinese University Press, 1981).
23. Payson J. Treat,'The Shantung Issue', *The Journal of International Relations*, Vol. 10, No.3, January 1, 1920.
24. 日本要求在美国倡导的联盟里实现种族平等，但是且不管伍德罗·威尔逊的个人理想如何，他却是个在美国国内推动臭名昭著的种族隔离制的总统，他治下的美国，也仍然执行 1882 年最早通过的《排华法案》（Chinese Exclusion Act）。该法案严重限制了华人移民美国。尽管起初只打算实行 10 年，但在 1892 年又得到延续，并于 1902 年成为永久法案。最终，该法案于 1943 年被《麦诺森法案》（Magnuson Act）废止。英国和澳大利亚也反对种族平等条款，因为其与澳大利亚 1901 年开始实行的"白澳政策"相悖。
25. 德国战前在南太平洋的殖民地包括德属新几内亚（German New Guinea）和密克罗尼西亚（Micronesia；后来并入德属新几内亚）、威廉皇帝领地（Kaiser-Wilhelmsland）、俾斯麦群岛（Bismarck Archipelago）、布干维尔岛（Bougainville Island；今巴布亚新几内亚的一部分）、瑙鲁（Nauru）、马绍尔群岛（Marshall Islands）、马里亚纳群岛（Mariana Islands；即今天的北马里亚纳群岛）、加罗林群岛（即今天的密克罗

尼西亚联邦 [Federated States of Micronesia] 和帕劳 [Palau]）和德属萨摩亚（German Samoa；今萨摩亚）。

26. Harold Nicolson, *Peacemaking, 1919* (London: Faber & Faber, 1933).
27. Treat, 'The Shantung Issue'.
28. 顾维钧的发言被引用于大量文献中，包括：*Wilson and China: A Revised History of the Shandong Question*（New York: ME Sharpe, 2002）。
29. Norman A. Graebner and Edward M. Bennett, *The Versailles Treaty and Its Legacy: The Failure of the Wilsonian Vision* (Cambridge: Cambridge University Press, 2011).
30. 博登同情中国的诉求，很大程度上是因为他自己渴望在即将建立的国际联盟中，为加拿大争得单独的席位和签字权。当时加拿大仍被视为英国的自治领。后来劳合·乔治宽宏大度，加拿大独立签了字，从而成为国联完全而独立的成员。
31. Wunsz King (ed), *V.K. Wellington Koo's Foreign Policy* (Shanghai：Kelly & Walsh, 1931).
32. Stephen Bonsal, *Suitors and Supplicants.*
33. Reinsch, *An American Diplomat in China.*
34. Linda Pomerantz-Zhang, *Wu Tingfang (1862–1922): Reform and Modernization in Modern Chinese History* (Hong Kong: Hong Kong University Press, 1992).
35. A. Scott Berg, *Wilson* (London: Simon & Schuster, 2013).
36. 引自 Charles L. Mee, Jr., *The End of Order: Versailles 1919* (New York: EP Dutton, 1980)。
37. 在今克罗地亚，自第二次世界大战后更名为里耶卡（Rijeka）。
38. Clements, *Wellington Koo.*
39. Andelman, *A Shattered Peace.*
40. Margaret Macmillan, *Peacemakers – Six Months That Changed the World: The Paris Peace Conference of 1919 and its Attempt to End War* (London: John Murray, 2003).
41. 引自 Julia Boyd, *A Dance with the Dragon: The Vanished World of Peking's Foreign Colony* (London: IB Taurus, 2012)。
42. Andelman, *A Shattered Peace.*
43. Clements, *Wellington Koo.*
44. Reinsch, *An American Diplomat in China.*
45. Robert Lansing, *The Peace Negotiations: A Personal Narrative* (New York: Houghton Mifflin, 1921).
46. Reinsch, *An American Diplomat in China.*
47. Tyler Stovall, *Paris and the Spirit of 1919: Consumer Struggles, Transnationalism and Revolution* (Cambridge: Cambridge University Press, 2012).
48. Stovall, *Paris and the Spirit of 1919.*
49. 一战之后，随着中国工人人数的增多和战后欧洲经济的恢复，在法国的中国工人更好地组织了起来。一个名叫邓小平的年轻人于1920年夏天来到马赛，开始在克鲁梭（Le Creusot）的钢铁厂工作；温文尔雅的周恩来于1922年来到法国。这两位和其他一些曾在法国做工的人，后来都升至中国共产党的最高层。

50. Bonsal, *Suitors and Supplicants*.
51. 所有这几位，以及其他一些艺术家，包括若干女性，都因为见识了一战后欧洲的前卫艺术风格，而变得非常激进。他们的学习和经历，以及他们接触到的先进的艺术风格和形式，如静物和裸体模特写生（这在当时中国的美术学校是不可想象的），使他们得以将西洋技法融入传统中国画风中，从而推动了中国绘画艺术的进步。留学还使得中国画家们接触到欧洲的表现主义和现代主义艺术风格。
52. Bonsal, *Suitors and Supplicants*.
53. 见 Mee, Jr., *The End of Order*。顾维钧用"中国人的机会"这种说法，是带些讽刺意味的。这是美国人常用的一个短语，有多种起源，时间可追溯至中国移民参加第一条横贯美国大陆的铁路(the First Transcontinental Railroad)和中太平洋铁路(the Central Pacific Railroad) 建设时。工程很辛苦，包括爆破作业，华人经常担负点火任务，于是也经常死于爆炸。另一种解释是，在1849年加利福尼亚淘金热时，来碰运气的华人比大部分其他群体到得都晚，找到富矿的可能性不大了。
54. Reinsch, *An American Diplomat in China*.
55. 今天的崇文门大街。
56. Stephen G. Craft, *V.K. Wellington Koo and the Emergence of Modern China* (Lexington, KY: University of Kentucky Press, 2004).
57. Charles F. Horne (ed), *Source Records of the Great War, Vol. VII* (Washington DC: The American Legion, 1923).
58. Nicolson, *Peacemaking, 1919*.
59. 1901年的《辛丑条约》规定中国须付八国列强的赔款为白银4.5亿两，分39年还清。这个数额相当于今天的大约67亿美元，还须以黄金的形式付年息4%，直到债务于1940年12月31日全部分期偿清。德国在其中占有的份额为20.02%（1919年根据《凡尔赛和约》第128条取消）。
60. 欧洲人从中获得的好处大概比中国人更多——《凡尔赛和约》第134条规定德国在沙面岛（广东的外国通商口岸区）的财产将归英国所有，在上海法国租界内的德国学校将成为法国政府和中国政府的共同财产。
61. LaMotte, *Peking Dust*.
62. LaMotte, *Peking Dust*.
63. 德国皇帝威廉二世：1901年在德国北方赛舟协会（North German Regatta Association）的讲话。
64. 北京电影制片厂出品的影片《我的1919》，由黄健中执导，明星演员陈道明扮演顾维钧。影片中许多基本事实被改变，实际上使得该片无论作为凡尔赛会议还是顾维钧的历史记述，都是荒谬的。
65. Lou Tseng-Tsiang (Dom Pierre-Célestin), *Souvenirs et pensées* (Paris: Desclée de

Brouwer, 1945).
66. 陆徵祥在凡尔赛会议后的生活中，还有一件趣事。20 世纪 30 年代他曾在比利时的勒彭修道院（Loppen）传教，与一名叫作乔治·雷米（Georges Remi）的年轻人成为忘年交。雷米更为世人所知的身份是漫画家埃尔热（Hergé），即丁丁（Tintin）的创作者。埃尔热早年与陆徵祥及其他中国人的交往，使他对中国产生了浓厚的兴趣。见 Harry Thompson, *Tintin: Hergé and His Creation*（London: John Murray, 2011）。
67. Sao-ke 'Alfred' Sze, *Reminiscences of His Early Years*（self-published, 1962）.
68. Mai-Mai Sze, *Echo of a Cry: A Story Which Began in China*（New York: Harcourt, 1945）.

第六章　北洋政府的交易与失望

1. 外交头衔十分复杂，取决于各国之间关系状态。1914 年，中国和世界上大多数国家的关系都不是大使级的，因此外国在中国的代表被称为公使或常驻公使。来自 Jordan Papers, National Archives, FO 350/12。
2. Lo Huimin (ed.), *The Correspondence of George Morrison*, Cambridge University Press, Cambridge, 1978, vol. 2, p. 665.
3. Xu Guoqi, *China and the Great War: China's Pursuit of a New National Identity and Internationalization*, Cambridge University Press, Cambridge, 2005, pp. 107–11.
4. Jordan to Balfour, National Archives, FO 371/2913, 11 October 1917
5. Lo Huimin, 1978, p. 389, 521.
6. Daniele Varè, unpublished diary, 29 April 1913.
7. Colin Mackerras, *Modern China: A Chronology from 1842 to the Present*, Thames and Hudson, London, 1982, p. 245.
8. Quoted in Frank Dikotter, *The Age of Openness: China before Mao*, Hong Kong University Press, Hong Kong, 2008, p. 65.
9. Dikotter, 2008, p. 18.
10. Saint-John Perse, *Letters*, Princeton University Press, Princeton, 1978, p. 288.
11. Lo Huimin, 1978, p. 614.
12. Ellen N. LaMotte, *Peking Dust*, The Century Company, New York, 1919, p. 7.
13. LaMotte, 1919, pp. 9–10.
14. Jordan Papers, National Archives, FO 350/12.
15. Lo Huimin, 1978, p. 477, 486.
16. Paul S. Reinsch, *An American Diplomat in China*, Heinemann, London, 1922, p. 9.
17. Jordan Papers, National Archives, FO 350/13.
18. Perse, 1978, p. 313. 关于政府任命、辞职及重新任命，见：Mackerras, 1982。

19. Robert Lansing, *War Memoirs of Robert Lansing, Secretary of State*, Rich and Cowan, London, 1935, p. 281.
20. Jordan Papers, National Archives, FO 350/12. 加藤友三郎是一个海军上将,后为海军大臣和日本首相。
21. *The Problem of Japan by an Ex-Counsellor of Legation in the Far East* [Sidney Osborne], C. L. Van Langenhuysen, Amsterdam, 1918, p. 81.
22. 引自 Paul French, *Carl Crow – A Tough Old China Hand*, Hong Kong University Press, Hong Kong, 2006, p. 64。
23. 有关日本要求的文本,见:*The Problem of Japan*, pp. 252–7. French, 2006, p. 66。
24. Jordan Papers, National Archives, FO 350/14, 19 March 1915.
25. Jordan Papers, National Archives, FO 350/14.
26. Cabinet Papers, National Archives, CAB 24/146, 12 June 1917.
27. 15 February 1915, Lo Huimin, 1978, p. 374.
28. 1916年9月,英国试图强迫中国签署《西姆拉条约》(The Simla Agreement),随后出现了反对中国议会中有西藏成员的声音。
29. National Archives, FO 371/2658, 18 September 1916.
30. Lansing, 1935, p. 282.
31. Cabinet Papers, National Archives, CAB 24/146.
32. Lo Huimin, 1978, p. 647.
33. Lansing, 1935, p. 302.
34. Lansing, 1935, p. 303.
35. Varè, unpublished diary, 21 January 1913.
36. Varè, unpublished diary, 8 and 10 July 1913.
37. 陆徵祥娶了他的语言老师比利时人培德·博斐(Berthe Bovy),退休后移居瑞士,成为一名天主教本笃会修士。
38. 未刊日记:Varè, 20 February 1913。
39. Varè, 1938, p. 126.
40. 未刊日记:Varè, 28 July 1913。
41. Peise, 1978, p. 288.
42. 未刊日记:Varè, 6 October 1913。
43. Lo Huimin, 1978, p. 342, 519.
44. 引自:Julia Boyd, *A Dance with the Dragon*, I. B. Tauris, London, 2012, p. 84。
45. 引自:Boyd, 2012, p. 83。
46. Jordan Papers, National Archives, FO 350/12, 2 October 1914.
47. Jordan Papers, National Archives, FO 350/12, 9 October 1914.
48. 引自:Boyd, 2012, p. 85。
49. Jordan Papers, National Archives, FO 350/12, 24 November 1914.

50. Lansing, 1935, p. 369.
51. Reinsch, 1922, p. 161.
52. Daniele Varè, *Laughing Diplomat*, John Murray, London, 1938 pp. 116–7.
53. Varè, 1938, p. 119. 在鲁德亚德·吉卜林的《丛林故事》里,"Bandarlog"是猴子。
54. Jordan Papers, National Archives, FO 350/12 (1914), FO 350/14 (1915).
55. Varè, 1938, pp. 140–1.
56. National Archives, FO228/1919.
57. National Archives, FO 228/1919.
58. Lo Huimin, 1978, p. 661.
59. Frances Wood, *No Dogs and Not Many Chinese: Treaty Port Life in China*, John Murray, London, 1998, pp. 175–7.
60. Lo Huimin, 1978, p. 406.
61. National Archives, FO 228/1919.
62. Varè, 1938, p. 119.
63. Jordan Papers, National Archives, FO 350/12.
64. Lo Huimin, 19 May 1915. Lo Huimin, 1978, p. 399；公平地说,莫理循对此描述得更早。
65. LaMotte, 1919, pp. 192–3.
66. LaMotte, 1919, pp. 56–7.
67. Grant Hayter-Menzies, *Imperial Masquerade: The Legend of Princess Der Ling*, Hong Kong University Press, Hong Kong, 2008, p. 261.
68. LaMotte, 1919, pp. 14–15.
69. LaMotte, 1919, p. 152, 162–4.
70. Reinsch, pp. 235–6.
71. LaMotte, 1919, pp. 66–70.
72. A. H. Rasmussen, *China Trader*, Constable, London, 1954, p. 78.
73. P. D. Coates, *The China Consuls*, Oxford University Press, Hong Kong, 1988, pp. 399–401.
74. E. C. Peake, *Peake in China*, British Library, London, 2014, p. 178. 他是小说家、艺术家马文·匹克(Mervyn Peake)的父亲。
75. Lo Huimin, 1978, p. 400.
76. Coates, 1988, p. 409.
77. Lo Huimin, 1978, p. 399.
78. Hsi-sheng Ch'i, *Warlord Politics in China*, Stanford University Press, Stanford, 1976, p.16.
79. Meyrick Hewlett, *Forty Years in China*, Macmillan, London, 1944, pp. 92–108.
80. Hewlett, 1944, p. 80, 82.

81. National Archives, FO 228/1919. 公使馆任职被视为一种低层次的工作。
82. Cyril Cannon, *Public Success, Private Sorrow: The Life and Times of Charles Henry Brewitt-Taylor (1857–1938), China Customs Commissioner and Pioneer Translator*, Hong Kong University Press, Hong Kong, 2009, p. 132.
83. Coates, 1986, p. 410.
84. Paul French, *Through the Looking Glass: China's Foreign Journalists from Opium Wars to Mao*, Hong Kong University Press, Hong Kong, 2009, p. 103, 107.
85. Rasmussen, 1954, pp. 166–7.
86. Rasmussen, 1954, p. 159, 167.
87. Cannon, 2009, p. 132.
88. Charles Drage, *Servants of the Dragon Throne: Being the Lives of Edward and Cecil Bowra*, Peter Dawnay, London, 1966, pp. 260–1.
89. Cannon, 2009, p. 142.
90. Jordan Papers, National Archives, FO 350/12.
91. Boyd, 2012, pp. 97–8. *Bulletin of International News*, London, new series vol. 4, no. 2, 23 July 1923.
92. Jordan Papers, National Archives, FO 350/12.
93. Jordan Papers, National Archives, FO 350/12.
94. Jordan Papers, National Archives, FO 350/15.
95. 本处及之后的引文出处，见：Hugh Trevor Roper, *Hermit of Peking: The Hidden Life of Sir Edmund Backhouse*, Eland, London, 1993, pp. 162–87。
96. A. Scott Berg, *Wilson*, Simon and Schuster, London, New York, 2013, p. 423.
97. Reinsch, 1922, p. 168.
98. LaMotte, 1919, pp. 139–40, 183–4.
99. Xu Guoqi, 2005, p. 145.
100. 见提交给内阁的报告：National Archives, CAB 24, 22 and 24 February 1917。
101. Xu Guoqi, 2005, p. 178.
102. Betrand Russell, *The Problem of China*, Allen and Unwin, London, 1922, p. 91.
103. National Archives, FO 371/2658.
104. Xu Guoqi, 2005, p. 239.
105. Lo Huimin, 1978, p. 661.
106. Xu Guoqi, 2005, pp. 242–3.
107. National Archives, FO 371/2913, 7 September 1917.
108. National Archives, FO371/2913, 16 July 1917.
109. Lo Huimin, 1978, p. 617.
110. National Archives, FO 371/2913, 9 July 1917.
111. Perse, 1978, p. 262, 313.

112. Alston, National Archives, FO 371/2913, 17 July 1917.
113. Xu Guoqi, 2005, p. 172.
114. 见内阁备忘：National Archives, CAB 24/146, 4 April 1917, CAB 24/146。
115. Margaret Macmillan, *The Peacemakers: Six Months that Changed the World*, John Murray, London, 2001, p. 320.
116. National Archives, FO 371/2913.
117. National Archives, CAB 24, 14 November 1917.
118. National Archives, FO 371/2913, 20 October 1917.
119. Jordan Papers, National Archives, FO 350/16, February and June 1918.
120. National Archives, FO 371/2913.
121. National Archives, FO 371/2913.
122. National Archives, FO 371/2913, 5–8 September 1917.
123. Xu Guoqi, 2005, 2005, p. 199.
124. Reinsch, 1922, p. 317, 342.
125. Jordan Papers, National Archives, FO 350/16.
126. Lo Huimin, 1978, p. 659.
127. Xu Guoqi, 2005, p. 259.
128. Quoted in Macmillan, 2001, p. 341.
129. Macmillan, 2001, p. 315.
130. Xu Guoqi, 2005, p. 209.
131. Yuan-tseng Chen, *Return to the Middle Kingdom: One Family, Three Revolutionaries and the Birth of Modern China*（Union Square Press, New York, 2008, pp. 84–5）.
132. 作者与亚丁（Aden）历史学家 Zaki H. Kour 博士的谈话。
133. Yuan-tseng Chen, 2008, p. 86.

第七章　伦敦东方人区

1. George R. Sims, 'In Limehouse and the Isle of Dogs', Chapter 11, *Off the Track in London* (London: Jarrold & Sons, 1911). Originally published in *The Strand*, July 1905.
2. 参见：Jerry White, *Zeppelin Nights: London in the First World War* (London: The Bodley Head, 1914), p. 82。数据来自 HC Debates, 1916, Vol. LXXXIV, col. 1683, 26 July 1916。
3. Ibid.
4. Ibid.
5. Ibid.
6. Thomas Burke, *City of Encounters: A London Divertissement* (London: Little, Brown, 1932).

7. *The Times*, 15 November 1915.
8. 28 December 1915, The Lilly Library, Mss Department, Indiana University, Bloomington, Indiana, Thomas Burke Papers.
9. Caradoc Evans, 'A Bundle of Memories', *The Book of Fleet Street*, T. Michael Pope, ed., (London: Cassell & Co., 1930), p. 94. 梅尔罗斯出版伊文斯的 *My People* (1915), 该书讲述威尔士地区民众的人心狭隘和性压抑。
10. Stanley Unwin, *The Truth About a Publisher: An Autobiographical Record* (London: George Allen and Unwin, 1960), p. 133.
11. John Harris, ed., *Fury Never Leaves Us: A Miscellany of Caradoc Evans* (Bridgend: Poetry Wales Press, 1985), p. 120.
12. Grant Richards, *Author Hunting by an Old Literary Sportsman* (London: Hamish Hamilton, 1934), pp. 236–7.
13. September 1916, The Lilly Library, Mss Department, Indiana University, Bloomington, Indiana, Thomas Burke Papers.
14. *Times Literary Supplement*, 28 September 1916, p. 464.
15. *The Best Stories of Thomas Burke*, selected with a foreword by John Gawsworth (London: Phoenix House, 1950), pp. 8–9.
16. Arthur Winnington-Ingram, *Cleansing London: Addresses Delivered in Connections with the National Mission of Repentance and Hope* (London: C. Arthur Pearson Ltd., 1916), p. 25.
17. 威尔斯致信伯克: n.d., Burke Mss., The Lilly Library。
18. 科尔顿的言论引自: Samuel Hynes, *A War Imagined: The First World War and English Culture* (London: Pimlico, 1990), p. 58。
19. Ibid., p. 12.
20. Sax Rohmer, *The Mystery of Dr Fu-Manchu* (London: Methuen, 1913).
21. Thomas Burke, *English Night-Life: From Norman Curfew to Present Black-Out* (B. T. Batsford Ltd., 1941), p. 114.
22. James Greenwood, *Low-Life Deeps: An Account of the Strange Fish to be Found There* (London: Chatto & Windus, 1876), pp. 118–9. 亦参见: Greenwood's 'An Opium Smoke in Tiger Bay', in *In Strange Company: Being the Experiences of a Roving Correspondent* (London: Vizitely & Co., 1883)。
23. Charles Dickens, *The Mystery of Edwin Drood* (London: The Classics Book Club, 1942 [1870]), p. 2.
24. Oscar Wilde, *The Picture of Dorian Gray* (Ware, Hertfordshire: Wordsworth Editions Ltd., 1992 [1890]), p. 148.
25. 引自: Virginia Berridge, *Opium and the People: Opiate Use and Drug Control Policy in Nineteenth and Early-Twentieth Century England* (London & New York: Free

Association Books, 1999), p. 198。
26. James Platt, 'Chinese London and Its Opium Dens', *The Gentleman's Magazine*, 279 (1895), p. 273.
27. Walter Besant, *East London* (London: Chatto & Windus, 1901), pp. 205–6.
28. George A. Wade, 'The Cockney John Chinaman', *The English Illustrated Magazine* (July 1900), pp. 301–307.
29. Count E. Armfelt, 'Oriental London', collected in *Living London*, vol.1, ed. by George Sims (London: Cassell & Co. Ltd., 1902–3), pp. 81–7.
30. *Leslie's Illustrated Newspaper*, 18 December 1875.
31. Sir Charles Wentworth Dilke, *A Record of Travel in English Speaking Countries* (1885), pp.186–7. 转引自：William Purviance Fenn, 'Ah Sin and His Brethren in American Literature', *Publications of the College of Chinese Studies*, 7 (1933), p. 16.
32. Michael Keevak, *Becoming Yellow: A Short History of Racial Thinking* (New Jersey: Princeton University Press, 2011), p 124.
33. Charles H. Pearson, *National Life and Character, A Forecast* (London: Macmillan, 1893).
34. "变故"指晚清德国抢占胶州湾事件。《地球女皇》分 20 次出版（2 月 5 日—6 月 18 日）。建立自己的出版机构前，理查兹 1890 年到 1896 年为斯特德的《评中评》撰稿。
35. M. P. Shiel, *The Yellow Danger* (1898), p 18.
36. W. T. Stead, *Review of Reviews* (Feb 1895).
37. W. T. Stead, *Review of Reviews* (March 1895).
38. Ibid.
39. Ibid., p 273.
40. *The New York Times*, 16 July 1900.
41. *The Times*, 17 July 1900, p 9.
42. *Manchester Evening Chronicle*, 1905.
43. *Daily Mail* (December 1906).
44. Gregory B. Lee, *Troubadours, Trumpeters, Troubled Makers: Lyricism, Nationalism and Hybridity in China and Its Others* (London: Hurst and Company 1996), p. 206.
45. 'Chinatown in Liverpool: Indignant Protest', *Daily Mail* (December 1906).
46. Rohmer, *The Yellow Claw* (London: Methuen, 1915).
47. Cay Van Ash and Elizabeth Rohmer, *Master of Villainy: A Biography of Sax Rohmer* (Ohio: Bowling Green University Popular Press, 1972), p. 77.
48. Measuring Worth, http://www.measuringworth.com/index.php, 检索日期为 2014 年 9 月。
49. Edward Tupper, *Seamen's Torch: The Life Story of Captain Edward Tupper, National Union of Seamen* (London: Hutchinson & Co 1938). 转引自 Ross Forman, *China and the Victorian Imagination: Empires Entwined* (Cambridge: Cambridge University Press, 2013), p.165。

50. White, *Zeppelin Nights*, p. 195.
51. Rohmer, *The Yellow Claw*.
52. Ibid., pp. 421–2.
53. W. Locke, *Stories of the Land We Live in* (1878), p. 9.
54. Joseph Conrad, *Heart of Darkness* (London: Sovereign Press, 2012 (1899)), p. 9.
55. Rohmer, *Yellow Shadows* (London: Cassell, 1925).
56. Burke, *The Wind and the Rain: A Book of Confessions* (London: Thornton Butterworth Ltd., 1924), p. 136.
57. Burke, *Out and About: A Notebook of London in Wartime* (London: George Allen and Unwin, 1919), p. 33.
58. Burke, *Nights in Town*, (London: George Allen and Unwin, 1916), p. 91.
59. Burke, Out and About, pp. 39–41.
60. Marek Kohn, *Dope Girls: The Birth of the British Drug Underground* (London: Granta Publications 2001), p. 30.
61. *The Athenaeum*, 16 May 1919, p. 336.
62. Burke, *Out and About*, p. 43.
63. Letter to Isabel Pound, 15 March 1909. 转引自 Rebecca Beasley's *Ezra Pound and the Visual Culture of Modernism* (Cambridge: Cambridge University Press, 2007), p. 60。
64. Brigit Patmore, *My Friends When Young* (London: Heinemann, 1968), p. 75.
65. Omar Pound and A. Walton Litz, eds., *Ezra Pound and Dorothy Shakespear: Their Letters 1909-1914* (New York: New Directions, 1984), p. 267.
66. *Fortnightly Review*, 1 September 1914.
67. 3 September 1916. 转引自 Zhaoming Qian, *The Modernist Response to Chinese Art: Pound, Moore, Stevens* (Virginia: University of Virginia Press, 2003), p.18。
68. Cited in Hynes, *A War Imagined*.
69. Burke, *Living in Bloomsbury* (London: George Allen and Unwin, 1947 [1939]), p. 44.
70. Burke, *London In My Time* (London: Rich & Cowan Ltd., 1934).
71. Pound and Litz, eds., *Ezra Pound and Dorothy Shakespear: Their Letters 1909-1914* (New York: New Directions, 1984), p. 264. 据《每日快报》1924年4月11日的报道，臭名昭著的"灿烂邦"在摄政街的一家餐馆有股份，他的一些员工因提供可卡因而被捕。
72. Burke, *Out and About*, p. 52.
73. Claire Tomalin, *Katherine Mansfield: A Secret Life* (London: Viking, 1987), p. 60.
74. Ford Madox Ford, *The Marsden Case* (London: Duckworth & Co., 1923), p. 43.
75. Ibid., p.76.
76. *The Connoisseur*, vol. 40 (May 1915), p. 56.
77. Jacob Epstein, *Let There Be Sculpture* (New York: G. B. Putnam & Sons, 1940), p. 100.

78. 奥古斯都·约翰的描述，见：Michael Holroyd, *Augustus John* (London: Chatto & Windus, 1996), p. 418。
79. Rohmer, *The Yellow Claw*.
80. De Rachewiltz, M., Moody, A. and Moody, J., *Ezra Pound to His Parents: Letters 1895-1929* (Oxford: Oxford University Press, 2011), p. 334.
81. Hugh Kenner, *The Pound Era* (Berkeley: University of California Press, 1971), p. 202.
82. Ibid.
83. 4 Oct 1891– 5 June 1915. 戈蒂耶—布尔泽斯卡的死讯刊载在《漩涡》第二期。
84. 见艾略特为其选编的庞德诗集 *Selected Poems* 撰写的导言（London: Faber & Gwyer, 1928）。
85. A. David Moody, *Ezra Pound: Poet. Vol. 1: The Young Genius 1885-1920* (Oxford: Oxford University Press, 2009), p. 267.
86. Ford Madox Ford, *Thus to Revisit* (London: E. P. Dutton & Co., 1921), p. 180.
87. Ibid.
88. *The Globe*, 29 December 1917.
89. *The Pall Mall Gazette*, 29 December 1917.
90. *The Morning Post*, 27 December, 1917.
91. *The Stage*, 27 December 1917.
92. 自1916年8月31日首演，《朱清周》成为伦敦女王陛下剧院搬演时间最长的剧目，共2235场。见 Brian Singleton, *Oscar Asche, Orientalism, And British Musical Comedy* (Praeger: Connecticut and London, 2004)。
93. Clive Barker, 'Theatre and Society: the Edwardian Legacy,' in Clive Barker and Maggie B. Gale, eds., *British Theatre between the Wars 1918-1939* (Cambridge: Cambridge University Press, 2000), p. 13.
94. Robert Bickers, *Britain In China: Community, Culture and Colonialism 1900-1949* (Manchester: Manchester University Press, 1999), p. 49.
95. Review of *San Toy* in *The Illustrated Sporting and Dramatic News*, 329, 4 November 1899.
96. Cited in Gordon Williams, *British Theatre in the Great War: A Revaluation*, (London and New York: Continuum, 2005), p.18.
97. *Daily Mirror*, 4 September 1917.
98. *Morning Post*, 13 June 1924.
99. D. H. Lawrence, 'Matriarchy' in *Evening News*, 5 October 1928.
100. Theatre Critic, Huntly Carter. 转引自 Barker, 'Theatre and Society', p. 11。
101. Lawrence, 'Matriarchy', *Evening News*.
102. Singleton, *Oscar Asche*, p. 109.
103. Ibid., p. 133.

104. F. Vernon, *The Twentieth Century Theatre* (London: Harrap & Co. Ltd., 1924), pp. 220–1.
105. *The Tatler*, 293, 6 September 1916.
106. St John Ervine, *The Organised Theatre: A Plea in Civics* (London: George Allen and Unwin, 1924), p. 7.
107. Burke, *Out and About*, pp. 66–7.
108. Robert Bickers, 'New Light on Lao She, London and the London Missionary Society, 1921-1929', *Modern Chinese Literature*, 8 (1994), p. 33.
109. *China Express and Telegraph*, 31 May 1928.
110. Thomas Burke, *London In My Time* (London: Rich & Cowan Ltd., 1934; New York: Loring & Mussey, 1935), p. 126.
111. Burke, *London In My Time*, p. 126. 有关战时可卡因泛滥，亦见 Berridge (*Opium and The People*, p. 249) 及 Kohn (*Dope Girls*, Chapter 2, 'Snow on Their Boots')。
112. Diana Cooper, *An Autobiography* (London: M. Russell, 1979), p. 97.
113. See Kohn, *Dope Girls*, p. 31.
114. Ibid.
115. Lynn Pan, *Sons of the Yellow Emperor: The Story of Overseas Chinese* (London: Secker & Warburg, 1990), p. 87.
116. *The Sketch*, 27 November 1918.
117. *Devon and Exeter Gazette*, 9 September 1916.
118. Ibid.
119. Ibid.
120. *Liverpool Post and Mercury*, 15 September 1916.
121. 参见：Paul Greenhalgh, *Ephemeral Vistas: The Expositions Universelles, Great Exhibitions and Worlds Fairs, 1851-1939* (Manchester: Manchester University Press, 1988), pp. 96–9。观点引自：Frank Leslie, *Illustrated Historical Register of the Centennial Exposition 1876* (Philadelphia, 1876), facsimile available (New York: Paddington Press, 1984)；亦见 *Ephemeral Vistas*, p. 110, fn. 5。
122. Waller, 'Immigration into Britain: The Chinese', pp. 12–3.
123. Rohmer, *The Yellow Claw*, p. 59.
124. *The Syracuse Herald*, 15 June 1919.
125. Kohn, *Dope Girls*, p. 85.
126. Rohmer, *Dope: A Story of Chinatown and the Drug Traffic* (London: Cassell, 1919).
127. Rohmer, *The Yellow Claw*, p. 123.
128. Rohmer, *Dope*, p. 115. 有关莱姆豪斯华人区文化神秘主义的进一步讨论，见：Witchard, *Thomas Burke's Dark Chinoiserie: Limehouse Nights and the Queer Spell of Chinatown* (Farnham: Ashgate, 2009)。

129. Ibid.
130. Kohn, *Dope Girls*, p. 162.
131. Ibid.
132. *World's Pictorial News*, April 1924.
133. *Evening News*, 25, 27 April 1922.
134. *Evening News*, 24 Feb 1922.
135. The Godfrey Edition, Old Ordnance Survey Maps, 'Stepney and Limehouse 1914', (repr. 1999).
136. *The Sphere*, 164, 8 May 1926.
137. *The Journal of Arnold Bennett* (London: The Viking Press, 1933), p. 823.
138. 《中国佬与少女》的创作日期，见伯克写给 Earle J. Bernheimer 的信（n.d., Burke Mss., Lilly Library）。
139. 关于彭尼费特斯地区的华人名单，见：'Our Fascinating Borough', Tower Hamlets News, vol 1., no. 4., p. 3, Chinatown File, Local History Archive, Tower Hamlets Central Library。
140. *The Sphere*, 164, 8 May 1926.
141. Bickers, *Britain in China*, p. 52.
142. *Daily Mirror*, 21 November 1934.
143. *Evening News*, 11 April 1931.
144. 相反，此时莱姆豪斯的简介是："近年来，该地是臭名昭著的'华人区'：阴暗鸦片窟遍地，烂醉喧闹丛生。" *London: A Combined Guidebook & Atlas* (London: Thos. Cook & Son Ltd., 1937), p. 47.
145. 未知出处剪报：'Limehouse "Debunked"' (1934), Chinatown File, Local History Archive, Tower Hamlets Central Library.

封底凡无企鹅防伪标识者均属未经授权之非法版本。

图书在版编目（CIP）数据

企鹅一战中国史 /（英）乔纳森·芬比等著；陈元飞等译 . -- 上海：上海三联书店，2021.4
ISBN 978-7-5426-7267-4

Ⅰ . ①企… Ⅱ . ①乔…②陈… Ⅲ . ①第一次世界大战—史料 Ⅳ . ① K143

中国版本图书馆 CIP 数据核字 (2020) 第 234385 号

著作权合同登记图字：09-2020-1077

企鹅一战中国史

[英] 乔纳森·芬比等著；陈元飞等译

责任编辑 / 殷亚平
特约编辑 / 黄平丽　张旖旎　庆　圭
装帧设计 / 艾　藤
内文制作 / 陈基胜
责任校对 / 张大伟
责任印制 / 姚　军

出版发行 / 上海三联书店
　　　　（200030）上海市漕溪北路331号A座6楼
邮购电话 / 021-22895540
印　　刷 / 山东韵杰文化科技有限公司

版　次 / 2021年4月第1版
印　次 / 2021年4月第1次印刷
开　本 / 1230mm×880mm　1/32
字　数 / 319千字
印　张 / 17
书　号 / ISBN 978-7-5426-7267-4/K·620
定　价 / 98.00元

如发现印装质量问题，影响阅读，请与印刷厂联系：0533-8510898